ALTE ABENTEUERLICHE REISEBERICHTE

Charles Darwin nach seiner Reise um die Welt

Charles Darwin
Reise um die Welt
1831–36

Herausgegeben von
Gernot Giertz

Mit 89 Abbildungen und Karten

EDITION ERDMANN

Die deutsche Erstausgabe erschien 1875 in der E. Schweizerbart'schen Verlagshandlung Stuttgart unter dem Titel: Reise eines Naturforschers um die Welt von Charles Darwin. Aus dem Englischen übersetzt von J. Victor Carus.

Die Illustrationen auf den inneren Umschlagseiten zeigen eine Vogeljagd im brasilianischen Urwald und die Landschaft der australischen Ostküste.

Herausgeber und Verlag danken der Landesbibliothek Stuttgart und der Universitätsbibliothek Tübingen für die Beschaffung und freundliche Bereitstellung der Bildvorlagen.

Darwin, Charles
Reise um die Welt: 1831–36/Charles Darwin.
Hrsg. von Gernot Giertz. [Aus d. Engl. übers. von
J. Victor Carus]. – 4. Auflage. – Stuttgart: Wien:
Thienemann, Edition Erdmann, 1986.
(Alte abenteuerliche Reiseberichte)
Einheitssacht.: Voyage of a naturalist round
the world ⟨dt.⟩
ISBN 3-522-60130-0

Umschlag und Einband: Olaf Rethfeldt
Satz: Franz Spiegel Buch, Ulm
Druck und Bindung: Friedrich Pustet, Regensburg
Printed in Germany
5 4

Inhalt

Vorbemerkung des Herausgebers

Die Vielzahl der Publikationen über Südamerika und den Pazifik aus den letzten zweihundert Jahren ist beinahe unüberschaubar geworden. Reiseberichte und Forschungsergebnisse füllen ganze Bibliotheken. Abenteuerlust, Entdeckungsdrang und wirtschaftliche Interessen hatten schon früh die Erschließung dieser neuen Hemisphäre mit rasanter Geschwindigkeit vorangetrieben. Die ältesten Aufzeichnungen reichen bis zur Conquista, bis zu den ersten Eroberern Lateinamerikas zurück. Als Höhepunkte dieser oft blutigen Entdeckerliteratur ragen die Berichte von Cortés (1520–24) und anderen Conquistadoren, von Magellans Erdumseglung oder die Aufzeichnungen der deutschen Söldner Staden und Schmidel hervor. Diesen schloß sich später die Wissenschaft an. Die Veröffentlichungen eines Alexander von Humboldt z. B. sind – wie Darwins Aufzeichnungen – zu Klassikern geworden.

Ähnliches gilt für die Südsee, die in paradiesischer Abgeschiedenheit einem großen Garten Eden zu gleichen schien. Die Reisebeschreibungen von Tasman, Cook, Forster, Bougainville sind Meilensteine dieser Literaturgattung und zu Recht noch heute lebendig.

Der besondere Wert von Darwins Reisejournal liegt nicht allein in den wissenschaftlichen Beobachtungen, so folgenschwer sich diese auch erweisen sollten, sondern ebenso in der fast enzyklopädischen Vielfalt der darin behandelten Themen: Darwin erfaßt die Vorgänge und Begegnungen mit demselben scharfen Blick wie seine naturwissenschaftlichen Funde. Er betreibt Ethnologie mit gleichem Eifer wie Geologie, Botanik, Zoologie oder Klimatologie und erörtert die sozialen und humanitären Aspekte der Sklaverei in Brasilien mit der gleichen Anteilnahme, mit der er die Auswirkungen der Zivilisation auf die Eingeborenen von Feuerland, Tahiti oder Australien notiert.

Und schließlich geben die Aufzeichnungen dem Leser noch den Schlüssel zu Darwins Evolutionstheorie. Sie stellen in vieler Hinsicht die Präludien zu jenen Veröffentlichungen dar, die zu beispiellosen Kontroversen in Kirche und Wissenschaft führten. Ein großer Teil der Fakten und Erkenntnisse, die er Jahrzehnte später zu seiner Theorie über die »Entstehung der Arten« (1859) und die »Abstammung des Menschen« (1871) zusammentrug, ist hier bereits beschrieben. Darwin ist fasziniert vom *Leben* der Erde, dem Aufsteigen und Versinken ganzer Kontinente, von den daraus resultierenden Entwicklungen und Besonderheiten der Arten und folgt seinem inneren Drang, was immer er entdeckte, einem allgemeinen Gesetz unterzuordnen.

Charles Robert Darwin wurde am 12. Februar 1809 als Sohn eines Arztes in Shrewsbury geboren. Er begann im Oktober 1825 ein Medizinstudium in Edinburgh, das er nach zwei Jahren abbrach. Dann beschloß er auf Vorschlag des Vaters, Geistlicher zu werden, und ging nach Cambridge, wo er allerdings weniger studierte als die Freiheiten des Studentenlebens genoß. Rückblickend urteilte er: »In den drei Jahren, die ich in Cambridge verbrachte, war meine Zeit, was die akademischen Studien anging, so vollständig verschwendet wie in Edinburgh oder in der Schule.«

Mag seine Studienzeit in diesem Sinne vielleicht vergeudet gewesen sein, so schloß er doch in Cambridge Freundschaft mit dem Botanik-Professor John Stevens Henslow, eine Begegnung, die mehr als alles andere sein Leben beeinflussen sollte. Auf Anregung von Henslow las er einen Auszug von Alexander von Humboldts Schriften und die »Einführung in das Studium der Naturwissenschaften« von J. Herschel: »Keine anderen Bücher hatten auch nur entfernt einen so großen Einfluß auf mich wie diese beiden...«, gestand er später.

Im Frühjahr 1831 bestand Darwin das Abschlußexamen zum Bachelor of Arts und hätte sich um eine Pfründe bemühen können, doch ließ er sich von Henslow überreden, noch zwei Trimester Geologie zu belegen. Im Sommer bot sich ihm eine unerwartete Chance: »Als ich am 29. August 1831 von einer kurzen geologischen Exkursion durch Nord-Wales nach Shrewsbury zurückkehrte, fand ich einen Brief von Henslow vor, der mich wissen ließ, daß ein Kapitän Fitzroy beabsichtigte, einen Teil seiner Kajüte an einen jungen Mann abzutreten, der bereit sei, ohne Bezahlung als Naturforscher mit ihm die Reise auf der ›Beagle‹ anzutreten. Ich war sofort bereit, dieses Angebot anzunehmen...«

Die »Beagle«, ein Forschungsschiff Ihrer Majestät, der Königin Victoria, hatte im Auftrag der englischen Admiralität zusammen mit der »Adventure« unter dem Kommando von Kapitän Parker King 1826–30 die Küsten Südamerikas erforscht und verschiedene wissenschaftliche Aufgaben erfüllt. Um diese abzuschließen, sollte sie – nunmehr allein – Ende 1831 noch einmal zu einer mehrjährigen Reise um die Welt auslaufen. Am 27. Dezember lichtete der 31 m lange Dreimaster mit 76 Seelen an Bord die Anker und nahm die Fahrt auf.

Darwins Beschreibung der Reise existiert in vier Fassungen: Den Kern bilden 18 kleinformatige Notizbücher (Pocket books), von denen er stets eines bei sich hatte und in die er in Stichworten alles Bemerkenswerte eintrug. In ruhigeren Zeiten schrieb er nach diesen Notizen sein Tagebuch (Diary), das schließlich rund 800 Seiten umfaßte (und bis 1933 unveröffentlicht blieb).

Eine stark erweiterte Fassung dieses Tagebuchs erschien dann 1839 als Band III des von Robert Fitzroy herausgegebenen offiziellen Berichts für die Admiralität »Narrative of the Surveying Voyages of His Majesty's Ships Adventure and Beagle between the Years 1826 and 1836«. Darwins Band hatte den Titel »Journal and Remarks 1832–1836«, und er war mit zwei Nachdrucken innerhalb eines Jahres weit erfolgreicher als die Bände I und II. Das »Journal« unterscheidet sich vom Tagebuch durch eine Neugliederung: Darwin ersetzte darin die chronologische Darstellung durch eine Schilderung in geographischen Zusammenhängen, denn viele Plätze wurden im Verlauf der Reise mehrfach und oft nach langen Zeiträumen wieder besucht. Die Vorteile dieser Gliederung sind augenfällig: Das Journal gewinnt thematische Geschlossenheit, das Resümee der Beobachtungen wird deutlicher, der Text farbiger, die Lektüre spannender. (1844 erscheint eine zweibändige deutsche Ausgabe des Journals in der Übersetzung von Ernst Dieffenbach in Braunschweig.)

Dieser ersten Version des Reiseberichts folgte 1845 eine vollständig umgearbeitete zweite Auflage, die nun den Titel hatte: »Journal of Researches into the Natural History and Geology of the countries visited during the Voyage of H. M. S. Beagle round the world under the Command of Capt. Fitzroy«. Darwin wandte sich damit, wie er im Vorwort festhielt, an ein »größeres Publikum« und ließ eine Vielzahl wissenschaftlicher Beobachtungen und Erörterungen der früheren Ausgabe weg: »Ich habe in dieser Bearbeitung einige Teile bedeutend zusammengezogen und verbessert und zu anderen Zusätze gemacht, um die Schrift einem weiteren Leserkreis zusagender zu machen . . .« Auf dieser Fassung basierten alle folgenden Ausgaben des Journals. Die klassisch gewordene Übersetzung ins Deutsche besorgte 1875 J. Victor Carus, die wir auch für den vorliegenden Band benutzt haben. Er zog die textgetreue Wiedergabe einer sprachlich glättenden Fassung vor und erreichte damit zweierlei: Er bewahrte den Tagebuch-Charakter des nach literarischen Kriterien häufig gegen den Strich geschriebenen Originals und vermochte die kraftvolle Authentizität des Berichts auch in der deutschen Ausgabe zu erhalten.

Die »Reise eines Naturforschers um die Welt«, die über 600 Seiten in Großoktav umfaßte, konnte im Rahmen der Reihe »Alte abenteuerliche Reiseberichte« nicht vollständig herausgegeben werden. Erhebliche Kürzungen und Raffungen waren notwendig. Da Darwins Werk keine ungebrochene Abenteuergeschichte darstellt, sondern durchsetzt ist mit langen Aufzählungen, wissenschaftlichen Angaben und Verweisen, in denen häufig der Forschungsstand ausführlich diskutiert wird, scheint ein derartiges Verfahren gerechtfertigt, zumal der Lesefluß erhöht wird. Jenen Lesern aber, die mehr über die wissenschaftliche Ernte in Erfahrung bringen wollen, sei mit Darwin geantwortet, der seine Überarbeitung von 1845 mit dem Hinweis einführte: »Ich hoffe aber, daß Naturforscher sich erinnern werden, daß sie in betreff der Einzelheiten sich an die größeren Publikationen wenden müssen, welche die wissenschaftlichen Resultate der Expedition umfassen.«

Gernot Giertz

I. KAPITEL

St. Jago – Inseln des grünen Vorgebirges

Nachdem das Schiff »Beagle«, eine Brigg von zehn Kanonen unter dem Kommando des Kapitäns Fitzroy, durch heftige Südweststürme zweimal zurückgetrieben worden war, segelte es am 27. Dezember 1831 von Devonport ab. Der Zweck der Expedition war, die Aufnahme von Patagonien und Feuerland, welche unter Kapitän King in den Jahren 1826 bis 1830 begonnen worden war, zu vollenden, die Küsten von Chile, Peru und einigen Südsee-Inseln aufzunehmen und eine Kette von chronometrischen Messungen rund um die Erde auszuführen. Am 6. Januar erreichten wir Teneriffa, durften aber nicht landen, weil man fürchtete, wir brächten die Cholera. Am 16. Januar 1832 warfen wir in Porto Praya auf St. Jago, der Hauptinsel des Kapverdischen Archipels, Anker.

Die Umgebung von Porto Praya bietet, von der See aus gesehen, einen desolaten Anblick; das vulkanische Feuer vergangener Zeiten und die sengende Hitze einer tropischen Sonne haben an den meisten Stellen den Boden untauglich dafür gemacht, Vegetation zu tragen. Das Land steigt in hintereinander liegenden Stufen von Tafelland auf, mit dazwischenliegenden kegelförmigen Hügeln, und der Horizont wird von einer unregelmäßigen Kette höherer Berge begrenzt. Die Insel dürfte sonst für sehr uninteressant angesehen werden; aber für jeden, der nur an eine englische Landschaft gewöhnt ist, besitzt der Anblick eines völlig unfruchtbaren Landes etwas so Großartiges, daß etwas mehr Vegetation den Eindruck nur verderben würde. Über weite Strecken der Lava-Ebenen kann man kaum ein einziges grünes Blatt entdecken, und doch existieren Herden von Ziegen, ebenso wie ein paar Kühe. Es regnet sehr selten, aber während einer kurzen Zeit des Jahres fällt der Regen in heftigen Strömen, und unmittelbar darauf sprießt eine leichte Vegetation aus jeder Spalte empor. Diese verdorrt bald wieder, und von derartigem, natürlich gebildetem Heu leben die Tiere. Es hatte nun ein ganzes Jahr nicht geregnet. Als die Insel entdeckt wurde, war die unmittelbare Umgebung von Porto Praya mit Bäumen bedeckt; die unbedachte Zerstörung derselben hat aber hier, wie in St. Helena und auf einigen der Kanarischen Inseln, beinahe vollständige Unfruchtbarkeit erzeugt.

Eines Tages ritten zwei Offiziere und ich nach Ribeira Grande, einem Dorfe wenige Meilen östlich von Porto Praya. Nach einer Stunde kamen wir dort an und waren über den Anblick einer großen in Ruinen liegenden Festung und Kathedrale überrascht. Ehe der Hafen dieser kleinen Stadt zugeschüttet wurde, war sie der Hauptort auf der Insel; jetzt bietet sie ein sehr melancholisches, aber sehr malerisches Ansehen dar. Nachdem wir uns einen schwarzen Padre als Führer und einen Spanier, der während des Halbinselkriegs gedient hatte, als Dolmetsch verschafft hatten, sahen wir uns eine Gruppe von Gebäuden an, unter denen eine alte Kirche das hervorragendste war. Hier sind die Gouverneure und Generalkapitäne der Insel begraben worden. Einige der Grabsteine ergaben Daten aus dem 16. Jahrhundert. Die Kirche oder Kapelle bildete die eine Seite eines Vierecks, in dessen Mitte ein großer Haufen von Bananenstauden wuchs. An der anderen Seite war ein Hospital, welches ungefähr ein Dutzend elend aussehender Bewohner enthielt.

Ehe wir die Stadt verließen, besuchten wir die Kathedrale. Sie schien nicht so reich zu sein wie die kleinere Kirche, konnte sich aber einer kleinen Orgel rühmen, welche eigentümliche, unharmonische Laute ertönen ließ. Wir machten dem schwarzen Priester ein Geschenk von ein paar Schillingen; der Spanier sagte, ihm auf den Kopf klopfend, mit großer Gemütlichkeit: Er glaube, daß seine Farbe keinen großen Unterschied mache. Dann kehrten wir, so schnell die Ponys gehen wollten, nach Porto Praya zurück.

Die Felsen von St. Paul. – Bei der Fahrt über den Atlantischen Ozean legten wir am Morgen des 16. Februar dicht bei der Insel von St. Paul bei. Diese Gruppe von Felsen liegt in 0° 58' n. Br. und 29° 15' w. L. Sie ist 540 Meilen von der Küste von Amerika und 350 von der Insel Fernando Noronha entfernt. Der höchste Punkt liegt nur fünfzig Fuß über dem Meeresspiegel, und der ganze Umfang ist nicht ganz eine Dreiviertelmeile. Dieser kleine Punkt steigt ganz plötzlich aus den Tiefen des Ozeans heraus.

Die Felsen erscheinen aus der Entfernung von glänzend weißer Färbung. Dies kommt zum Teil von den Exkrementen einer ungeheuren Menge von Seevögeln her, zum Teil von einem Überzug einer harten, glänzenden perlmuttartigen Substanz, welche fest mit der Oberfläche der Felsen verbunden ist.

Wir fanden auf St. Paul nur zwei Vogelarten – den Tölpel und die Seeschwalbe. Beide sind zahm und so wenig daran gewöhnt, Besucher zu sehen, daß ich eine beliebige Zahl mit meinem geologischen Hammer hätte töten können. Der Tölpel legt seine Eier auf den nackten Felsen, die Seeschwalbe aber baut aus Seegras ein sehr einfaches Nest. Neben vielen dieser Nester lag ein kleiner fliegender Fisch, welcher, wie ich vermute, von dem männlichen Vogel für sein Weibchen dahin gebracht worden war. Es amüsierte mich, zu beobachten, mit welcher Geschwindigkeit eine große und behende Krabbe, welche die Felsenspalten bewohnt, den Fisch von der Seite des Nestes wegstahl, sobald wir die brütenden Vögel gestört hatten. Sir W. Symonds, eine der wenigen Personen, welche hier gelandet sind, erzählte mir, daß er gesehen habe, wie die Krabben selbst die jungen Vögel aus den Nestern geholt und verzehrt hätten. Nicht eine einzige Pflanze, nicht einmal eine Flechte wächst auf dieser Insel, und doch wird sie von mehreren Insekten und Spinnen bewohnt.

Bahia oder San Salvador, Brasilien, den 29. Februar. – Der ganze Tag war entzückend. Doch selbst Entzücken ist nur ein schwacher Ausdruck zur Wiedergabe der Gefühle eines Naturforschers, der zum ersten Male allein in einem brasilianischen Walde gewandert ist. Die Eleganz der Gräser, die Neuheit der parasitischen Pflanzen, die Schönheit der Blüten, das glänzende Grün des Laubes, vor allem aber die allgemeine Üppigkeit der ganzen Vegetation erfüllte mich mit Bewunderung. Ein höchst paradoxes Gemisch von Geräusch und Stille herrscht in den schattigen Teilen des Waldes. Das Geräusch der Insekten ist so laut, daß man

Im brasilianischen Wald

es in einem Schiff, welches selbst mehrere hundert Yards von der Küste entfernt vor Anker gegangen ist, hören kann; und doch scheint in der Abgeschiedenheit des Waldes ein allgemeines Stillschweigen zu herrschen. Für jemand, der Naturgeschichte liebt, bringt ein Tag wie dieser tieferes Vergnügen mit sich, als er jemals zu erfahren hoffen kann. Nachdem ich mehrere Stunden herumgewandert war, kehrte ich zum Landungsplatz zurück. Ehe ich ihn aber erreichte, überraschte mich ein tropisches Gewitter. Ich versuchte unter einem Baume Schutz zu finden, welcher so dick war, daß ein gewöhnlicher englischer Regen nie durchgedrungen sein würde; hier aber floß nach ein paar Minuten ein förmlicher Strom den Stamm herab.

Den 18. März. – Wir segelten von Bahia ab. Wenige Tage später, als wir nicht weit von den Abrolhos-Inseln entfernt waren, wurde meine Aufmerksamkeit durch eine rötlichbraune Erscheinung in der See gefesselt. Die ganze Oberfläche des Wassers schien bei der Betrachtung unter einer schwachen Lupe wie mit gehacktem Heu bedeckt. Es sind dies sehr kleine zylindrische Konverfen (Wasserfäden) in Bündeln von zwanzig bis sechzig Stück in jedem. Mr. Berkeley teilt mir mit, daß sie zu derselben Spezies gehören wie die auf weiten Flächen des Roten Meeres gefundenen, woher auch der Name dieses Meeresteils rührt. Die Zahl derselben muß unendlich sein. Das Schiff passierte mehrere Züge von ihnen, von denen jeder ungefähr zehn Yards breit und, nach der schlammähnlichen Farbe des Wassers zu urteilen, mindestens zwei und eine halbe Meile lang war. In der Schilderung beinahe einer jeden längeren Seereise ist dieser Konverfen Erwähnung getan. Sie scheinen besonders in dem Meer in der Nähe von Australien gemein zu sein. Kapitän Cook erzählt in seiner dritten Reise, daß die Matrosen diesem Gebilde den Namen Meersägespäne gegeben haben.

Tukan

II. Kapitel

Rio de Janeiro

4. April bis 5. Juli 1832. – Wenige Tage nach unsrer Ankunft wurde ich mit einem Engländer bekannt, welcher im Begriffe war, seine etwas über hundert Meilen von der Hauptstadt entfernt gelegene Besitzung, nördlich von Cap Frio, zu besuchen. Ich nahm mit Freuden die mir dargebotene Erlaubnis an, ihn zu begleiten.

8. April. – Unsre Reisegesellschaft bestand aus sieben Personen. Die erste Station war sehr interessant. Der Tag war gewaltig heiß, und als wir die Wälder passierten, war alles bewegungslos, mit Ausnahme der großen und prachtvollen Schmetterlinge, welche träge umherflatterten. Die sich beim Übergang über die Berge hinter Praia Grande bietende Aussicht war ganz wundervoll; die Farben waren intensiv, der vorherrschende Ton ein dunkles Blau; der Himmel und das ruhige Wasser der Bucht wetteiferten miteinander an Pracht. Nachdem wir durch eine Strecke kultivierten Landes gekommen waren, betraten wir einen Wald, welcher in der Großartigkeit aller seiner Teile nicht zu übertreffen war. Um Mittag kamen wir in Ithacaia an; dies kleine Dorf liegt in einer Ebene; rund um das in der Mitte gelegene Haus liegen die Hütten der Neger. In der regelmäßigen Form und Stellung erinnerten mich die letzteren an Abbildungen der Hottentottendörfer in Süd-Afrika. Da der Mond zeitig aufging, entschlossen wir uns, noch am selben Abend nach unserem Nachtquartier in der Lagoa Marica aufzubrechen. Mit Dunkelwerden zogen wir am Fuße eines jener massigen, kahlen und steilen Berge von Granit hin, welche in diesem Lande so zahlreich sind. Die Stelle ist berüchtigt, weil sie eine lange Zeit hindurch der Aufenthaltsort einiger entlaufener Sklaven war, welche durch Bebauung eines kleinen Stückchen Bodens nahe dem Gipfel sich eine erbärmliche Existenz gegründet hatten. Endlich wurden sie entdeckt; eine Abteilung Soldaten

Die Reede von Rio de Janeiro

wurde ihnen nachgeschickt und die ganze Gesellschaft ergriffen mit Ausnahme einer alten Frau, welche, ehe sie sich wieder in Sklaverei bringen ließ, sich vom Gipfel des Berges herabstürzte. Bei einer römischen Matrone würde man dies die edle Liebe zur Freiheit genannt haben: Bei einer armen Negerin ist es brutaler Starrsinn! Wir ritten noch mehrere Stunden fort. Die letzten paar Meilen war der Weg bedenklich, er ging durch eine öde Wüstenei von Marschen und Lagunen. In dem trüben Mondlicht war die Szenerie äußerst trostlos. Ein paar Leuchtkäfer flogen an uns vorüber; eine Bekassine stieß beim Auffliegen ihren klagenden Ruf aus. Das entfernte und dumpfe Brausen des Meeres unterbrach kaum die Stille der Nacht.

9. April. – Wir verließen unser erbärmliches Nachtquartier vor Sonnenaufgang. Die Straße ging über eine schmale sandige Fläche, welche zwischen dem Meer und der inneren salzigen Lagune lag. Als die Sonne aufging, wurde der Tag ganz außerordentlich heiß; der Reflex des Lichtes und der Wärme von dem weißen Sande war im hohen Grade peinigend. Wir aßen in Mandetiba zu Mittag; das Thermometer zeigte 84° im Schatten.* Die schöne Aussicht auf die entfernten bewaldeten Berge, welche sich in dem vollkommen ruhigen Wasser einer weiten Lagune widerspiegelte, erfrischte uns förmlich. Da die Vênda** hier eine sehr gute war und ich die angenehme, aber freilich seltene Erinnerung eines ausgezeichneten Mittagsmahls von hier mitnahm, will ich mich dankbar bezeigen und sofort dasselbe, als den Typus seiner Klasse, beschreiben. Diese Häuser sind häufig groß und aus dicken, aufrecht stehenden Stämmen mit dazwischengeflochtenen Zweigen gebaut und später beworfen. Sie haben selten Dielen und niemals verglaste Fenster, sind aber meist gut eingedacht. Allgemein ist der vordere Teil offen und bildet eine Art von Veranda, in welche Tische und Bänke gestellt werden. Die Schlafzimmer stoßen auf beiden Seiten hieran, und hier können

* Vgl. die Umrechnungstabelle Fahrenheit–Celsius am Schluß des Bandes

** vênda (portugies.) = Wirtshaus

Vênda

die Reisenden so gut sie können auf einer hölzernen, mit einer dünnen Strohmatratze bedeckten Platte schlafen. Die Vênda steht in einem Hofraum, wo die Pferde gefüttert werden. Bei der Ankunft pflegten wir zunächst die Pferde abzusatteln und ihnen ihr türkisches Korn zu geben; dann baten wir mit einer tiefen Verbeugung den Senhôr, uns die Gunst zu erweisen, uns etwas zu essen zu geben. »Alles, was Sie wünschen, mein Herr«, war seine gewöhnliche Antwort. Die paar ersten Male dankte ich vergebens der Vorsehung, daß sie uns zu einem so guten Manne geführt habe. Wie aber das Gespräch seinen weiteren Fortgang nahm, stellte sich der Fall meist als erbarmungswürdig heraus. »Können Sie uns etwas Fisch zu geben die Freundlichkeit haben?« – »O nein, mein Herr!« – »Etwas Suppe?« – »Nein, mein Herr!« – »Etwas Brot?« – »O nein, mein Herr!« – »Etwas getrocknetes Fleisch?« – »O nein, mein Herr!« Hatten wir Glück, so bekamen wir, nachdem wir ein paar Stunden gewartet hatten, Hühner, Reis und Farinha. Es kam nicht selten vor, daß wir genötigt waren, die Hühner zu unserem Abendessen selbst mit Steinen zu töten. Wenn wir, von Müdigkeit und Hunger gründlich erschöpft, schüchtern anzudeuten wagten, daß wir froh sein würden, wenn wir unser Essen bekommen könnten, war die hochtrabende und zwar wahre, aber äußerst unbefriedigende Antwort: »Es wird fertig sein, wenn es fertig ist.« Hätten wir gewagt, noch weiter vorstellig zu werden, so würde man uns nahegelegt haben, unsere Reise nur fortzusetzen, da wir zu unverschämt wären. Die Wirte sind äußerst ungefällig und unangenehm in ihren Manieren; ihre Häuser und ihre Personen starren oft von Schmutz; ganz allgemein ist der Mangel derartiger Bequemlichkeiten wie Gabeln, Messer und Löffel; ich bin überzeugt, kein Bauernhaus, keine Hütte in England ließe sich finden, die so vollständig jeden Komforts bar wäre. In Campos Novos indessen lebten wir prächtig; wir hatten Reis und Hühner, Biscuit, Wein und Likör zum Mittagessen, am Abend Kaffee und Fisch zum Frühstück. Alles dies kostete, mit gutem Futter für die Pferde, nur 2 sh. 6 d. per Kopf. Als indessen der Wirt dieser Vênda gefragt wurde, ob er nichts von einer Peitsche wisse, die einer von der Gesellschaft verloren hatte, antwortete er brummig: »Was soll ich das wissen? Warum kümmern Sie sich nicht selbst darum? – Ich vermute, die Hunde haben sie gefressen.«

Nachdem wir Mandetiba verlassen hatten, passierten wir wiederum eine wüste, von Seen durchzogene Gegend.

Beim Weiterreisen kamen wir über Strecken von Weideland, welches durch die enormen kegelförmigen, nahezu zwölf Fuß hohen Ameisennester bedeutend geschädigt war. Wir kamen in Engenhodo nach Dunkelwerden an, nachdem wir zehn Stunden zu Pferde gesessen hatten. Während der ganzen Reise habe ich nicht aufgehört, mich darüber zu verwundern, welche Masse von Arbeit die Pferde zu leisten imstande waren; sie schienen sich auch von einem Unfall viel schneller zu erholen als unsere englische Rasse. Die Vampir-Fledermaus ist häufig die Ursache vieler Störung, dadurch daß sie die Pferde am Widerrist beißt. Die Störung ist meist nicht so sehr Folge des Blutverlustes, als vielmehr der Entzündung, welche der Druck des Sattels auf die Bißwunde verursacht. Die ganze Sache ist vor kurzem in England bezweifelt worden; ich war daher sehr erfreut, gerade gegenwärtig zu sein, als einer dieser Vampire auf dem Rükken des Pferdes gefangen wurde. Wir biwakierten eines Abends spät in der Nähe von Coquimbo in Chile, als mein

Der Vampir

Diener bemerkte, daß eines der Pferde sehr unruhig wurde; er ging hin, um zu sehen, was es gäbe; da er meinte, irgend etwas unterscheiden zu können, griff er schnell mit der Hand nach dem Rücken des Pferdes und ergriff den Vampir. Am Morgen ließ sich die Stelle des Bisses leicht daran erkennen, daß sie etwas geschwollen und blutig war. Am dritten Tage darauf ritten wir aber das Pferd ohne üble Folgen wieder.

13. April. – Nach drei Tagen weiteren Reisens kamen wir in Socêgo an, der Besitzung des Senhôr Manuel Figuireda, einem Verwandten eines unserer Reisegesellschafter. Das Haus war einfach, und obschon es der Form nach einer Scheuer glich, entsprach es doch ganz gut dem Klima. Im Wohnzimmer stachen vergoldete Stühle und Sofas höchst merkwürdig gegen die einfach geweißten Wände, das Schindeldach und die glaslosen Fenster ab. Das Haus bildete mit den Getreidespeichern, den Ställen und den Werkstellen für die Neger, denen verschiedene Handwerke gelehrt worden waren, eine Art von Viereck, in dessen Mitte ein großer Haufen von Kaffee zum Trocknen lag.

Kaffee-Ernte

Diese Gebäude stehen auf einem kleinen Hügel, welcher das kultivierte Land überblickt und von allen Seiten mit einer Mauer dunkelgrünen üppigen Waldes umgeben ist. Das hauptsächlichste Produkt dieses Teils des Landes ist Kaffee. Jeder Baum gibt angenommenermaßen jährlich im Mittel zwei Pfund; manche geben aber bis zu acht Pfund. Mandioca oder Cassada wird gleichfalls in großer Menge angebaut. Jeder Teil dieser Pflanze ist verwendbar; die Blätter und Stengel fressen die Pferde, und die Wurzeln werden zu einem Brei gemahlen, welcher, wenn er trocken gepreßt und gebacken wird, die Farinha bildet, dieses hauptsächlichste Subsistenzmittel in Brasilien. Es ist eine merkwürdige, wenngleich wohlbekannte Tatsache, daß der Saft dieser äußerst nahrhaften Pflanze in hohem Grade giftig ist. Das Weideland erhält eine schöne Herde Rinder, und die Wälder sind so voll von Wild, daß an jedem der drei vorausgegangenen Tage ein Hirsch getötet worden war. Dieser Überfluß an Nahrung zeigte sich auch beim Mittag-

Negersklavinnen

essen, wo, wenn die Tische nicht stöhnten, die Gäste es sicherlich taten; denn man erwartete von jedem, daß er von jedem Gericht esse. Eines Tages hatte ich mir vorgenommen, daß nichts ungekostet abgetragen werden sollte, als zu meinem größten Schrecken ein gebratener Truthahn und ein Schwein in ihrer ganzen substantiellen Wirklichkeit erschienen.

Während der Mahlzeiten bestand die Beschäftigung eines der Diener darin, ein paar alte Hunde und Dutzende kleiner Negerkinder aus dem Zimmer zu treiben, die bei jeder Gelegenheit zusammen hereingekrochen kamen. Solange man sich die Idee der Sklaverei fernhalten konnte, lag in dieser einfachen und patriarchalischen Art des Lebens etwas außerordentlich Anziehendes; man war von der ganzen übrigen Welt vollkommen zurückgezogen und unabhängig. Sobald die Ankunft irgendeines Fremden bemerkt wird, wird mit einer großen Glocke geläutet, gewöhnlich wird auch irgendeine kleine Kanone abgefeuert. Das Ereignis wird hierdurch den Felsen und Wäldern angekündigt, aber niemandem weiter. Auf Fazêndas wie dieser zweifle ich durchaus nicht, daß die Sklaven ein glückliches und zufriedenes Leben führen. Sonnabend und Sonntag arbeiten sie für sich selbst, und in diesem fruchtbaren Klima reicht die Arbeit von zwei Tagen hin, einen Mann mit seiner Familie die ganze Woche zu erhalten.

14. April. – Nachdem wir Socêgo verlassen hatten, ritten wir zu einer andern Besitzung am Rio Macâe, welche das letzte Stück kultivierten Landes in dieser Richtung war. Die Besitzung war zwei und eine halbe Meile lang; wie viele Meilen sie breit war, hatte der Besitzer vergessen. Nur ein sehr kleines Stück war urbar gemacht worden; doch war beinahe jeder Acker imstande, alle die verschiedenen reichen Erzeugnisse eines tropischen Landes zu produzieren. Überdenkt man die ungeheure Flächenausdehnung Brasiliens, so verschwindet beinahe das Stückchen kultivierten Landes im Vergleich zu dem, was sich noch im Naturzustand befindet: Welche ungeheure Bevölkerung wird dies in späteren Zeiten tragen können!

Während ich mich auf dieser Besitzung aufhielt, wäre ich beinahe Augenzeuge eines jener schauerlichen Akte geworden, welche nur in einem Sklavenlande stattfinden können. Infolge eines Streites und eines Prozesses war der Besitzer darauf und daran, alle Frauen und Kinder den männlichen Sklaven wegzunehmen und sie einzeln auf den öffentlichen Auktionen in Rio zu verkaufen. Sein Interesse und nicht irgendein Gefühl von Mitleid verhinderten diesen Akt. Ich glaube in der Tat, daß es ihm gar nicht in den Sinn gekommen ist, daran zu denken, daß es unmenschlich sei, dreißig Familien, welche viele Jahre lang zusammengelebt hatten, auseinanderzureißen. Und doch verbürge ich mich dafür, daß er, was Humanität und Wohlwollen betrifft, dem gewöhnlichen Schlag dieser Leute überlegen war.

18. April. – Auf dem Rückweg brachten wir zwei Tage in Socêgo zu; ich benutzte dieselben dazu, Insekten im Wald zu sammeln. Die größere Zahl von Bäumen sind trotz ihrer Höhe doch nicht mehr als drei oder vier Fuß im Umfang. Die Palmbäume geben der Szenerie einen tropischen Cha-

Landschaft bei Socêgo

rakter. Hier schmückte die Kohl-Palme – einer der schönsten Bäume der Familie – die Wälder. Auf einem Stamme, der so dünn ist, daß man ihn fast mit den beiden Händen umspannen kann, erhebt sie ihre elegante Krone bis zu einer Höhe von vierzig oder fünfzig Fuß über den Boden. Die holzigen Schlingpflanzen, die selbst wieder mit anderen Kletterpflanzen bedeckt waren, erreichten eine bedeutende Dicke; einige, welche ich gemessen habe, waren zwei Fuß im Umfang. Viele der älteren Bäume boten infolge der von ihren Zweigen herabhängenden und Heubündeln ähnlichen, lockigen Lianen ein sehr merkwürdiges Aussehen. Wandte sich das Auge vom Laubwerk im oberen Teil des Waldes nach dem Boden darunter, so wurde es durch die außerordentliche Eleganz der Farnwedel und Mimosenblätter gefesselt. Die letzteren bedeckten an manchen Stellen die Oberfläche mit einem nur wenige Zoll hohen Buschwerk.

19. April. – Als wir Socêgo verließen, folgten wir während der ersten beiden Tage genau dem Weg, welchen wir herwärts gekommen waren. Es war ein sehr mühsames

Stück Arbeit, da sich der Weg meist quer über eine blendende heiße Sandebene nicht weit von der Küste hinzog. Ich bemerkte, daß jedesmal, wenn das Pferd seinen Fuß auf den feinen kieseligen Sand setzte, ein leises zirpendes Geräusch hervorgebracht wurde. Am dritten Tag schlugen wir einen anderen Weg ein und kamen durch das freundliche kleine Dorf Madre de Deôs. Es ist dies einer der Hauptknotenpunkte im Straßennetz Brasiliens; doch war der Weg in einem so schlechten Zustand, daß kein Gefährt auf Rädern, mit Ausnahme des schwerfälligen Ochsenwagens, fortkommen konnte. Auf unserer ganzen Reise kamen wir nicht über eine einzige Brücke, die aus Steinen gebaut gewesen wäre; und die aus Baumstämmen gemachten bedurften häufig so sehr der Reparatur, daß man genötigt war, einen Umweg zu machen, um sie zu vermeiden. Alle Entfernungen sind nur ungenau bekannt. An der Straße finden sich häufig Kreuze aufgestellt anstatt der Meilensteine, um den Ort zu bezeichnen, wo Blut vergossen wurde. Am Abend des 23. kamen wir nach Beendigung unseres angenehmen kleinen Ausflugs nach Rio zurück.

Während der übrigen Zeit meines Aufenthaltes in Rio wohnte ich in einem Häuschen an der Botofogo-Bucht. Es

Botofogo

ließ sich unmöglich irgend etwas Entzückenderes wünschen, als in dieser Weise einige Wochen in einem so prachtvollen Lande zubringen zu können.

Ich durchstreifte den Urwald in Begleitung eines alten portugiesischen Priesters, der mich mit hinausnahm, um mit ihm zu jagen. Das Jagdvergnügen bestand darin, einige Hunde in das Dickicht zu schicken und dann geduldig wartend auf jedes Tier loszuschießen, welches etwa sichtbar wurde. Es begleitete uns der Sohn eines benachbarten Farmers – ein hübsches Exemplar eines wilden brasilianischen jungen Mannes. Er war mit einem alten zerrissenen Hemd

Brasilianische Jäger

und ähnlichen Hosen bekleidet und ging mit bloßem Kopfe; er trug eine altmodische Flinte und ein großes Messer. Die Gewohnheit, Messer zu tragen, ist ganz allgemein; beim Durchschreiten eines dichten Waldes ist es beinahe notwendig wegen der Schlingpflanzen. Das häufige Vorkommen von Morden dürfte wohl zum Teil dieser Gewohnheit zugeschrieben werden. Die Brasilianer sind so geschickt im Gebrauch des Messers, daß sie es in ziemlicher Entfernung mit Präzision und genügender Kraft, eine tödliche Wunde zu verursachen, werfen können. Ich habe gesehen, wie eine Zahl kleiner Jungen sich in dieser Kunst als eine Art Spiel übte, und nach ihrer Geschicklichkeit, einen aufrechten Stock zu treffen, versprachen sie auch für ernstere Versuche der Art tüchtig zu werden. Mein Begleiter hatte am Tage vorher zwei große Bart-Affen geschossen. Die Tiere haben Greifschwänze, deren Spitze selbst nach dem Tode das ganze Gewicht des Körpers halten kann. Einer von ihnen blieb damit fest an einem Zweige hängen, und es war nötig, einen großen Baum zu fällen, um ihn zu bekommen. Dies war bald getan, und Baum und Affe fielen mit einem fürchterlichen Krach zu Boden. Die Jagdausbeute des Tages beschränkte sich außer dem Affen auf mehrere kleine grüne Papageien und ein paar Tukans. Ich machte mir indessen die Bekanntschaft des portugiesischen Padre zunutze; denn bei einer andern Gelegenheit gab er mir ein schönes Exemplar der Yagouaroundi-Katze.

Yagouarundi

Das Klima war während der Monate Mai und Juni, oder während des Winteranfangs, entzückend. Die mittlere Temperatur betrug nur 72°. Es regnete oft sehr stark, aber die austrocknenden Südwinde machten die Spaziergänge bald wieder angenehm. Eines Morgens fiel im Laufe von sechs Stunden 1,6 Zoll Regen. Wie dieses Gewitter über die Wälder zog, war das von den auf die zahllosen

Mengen von Blättern niederfallenden Regentropfen hervorgebrachte Geräusch sehr merkwürdig; man konnte es in einer Entfernung von einer Viertelmeile hören; es glich dem Rauschen einer großen Wassermasse. Nach den heißeren Tagen war es reizvoll, ruhig im Garten zu sitzen und den Übergang des Abends in die Nacht zu betrachten. Die Natur wählt sich in diesem Klima ihre Sänger aus bescheideneren Kreisen als in Europa. Ein kleiner Laubfrosch von der Gattung Hyla sitzt auf einem Grashalm, ungefähr einen Zoll über der Oberfläche des Wassers, und läßt ein ange-

Urwaldriesen

nehmes Zirpen erklingen; sind mehrere beisammen, so singen sie harmonisch in verschiedenen Tönen. Ich hatte ziemliche Schwierigkeit, ein Exemplar dieses Frosches zu fangen. Bei der Gattung Hyla enden die Zehen in kleine Saugnäpfe; ich fand, daß dies Tier an einer Glasscheibe in die Höhe kriechen konnte, wenn sie absolut senkrecht gehalten wurde. Verschiedene Zikaden und Grillen unterhalten gleichzeitig ein unaufhörliches grelles Geschrei, welches aber, sich durch die Entfernung abmildernd, nicht unangenehm ist. Jeden Abend nach Dunkelwerden begann dies große Konzert; und oft habe ich dagesessen und ihm zugehört.

Bei mehreren Gelegenheiten genoß ich das Vergnügen einiger kurzer, aber äußerst angenehmer Exkursionen in die benachbarte Landschaft. Eines Tages ging ich in den botanischen Garten, wo viele wegen ihrer großen Nützlichkeit bekannte Pflanzen zu sehen waren. Die Blätter des Kampfer-, Pfeffer-, Zimt- und Gewürznelkenbaums waren entzückend aromatisch; und der Brotbaum, die Jaca und der Mango wetteiferten miteinander in der Pracht ihres Laubes. Die Landschaft in der Nähe von Bahia erhält ihren Charakter von den beiden letztgenannten Bäumen. Ehe ich sie gesehen hatte, hatte ich keine Ahnung, daß irgendein Baum einen so intensiv schwarzen Schatten auf den Boden werfen könne. Beide stehen zu der immergrünen Pflanzenwelt dieser Gegend in derselben Art von Verhältnis wie Lorbeer und Stechpalme zu dem helleren Grün der blätterabwerfenden Bäume in England. Es ist noch zu bemerken, daß die Häuser in den Tropen von den wunderschönsten Pflanzenformen umgeben sind, weil viele derselben gleichzeitig dem Menschen äußerst nützlich sind. Wer zweifelt wohl daran, daß diese Eigenschaften bei der Banane, der Kokosnuß, den vielen andern Palmenarten, der Orange und dem Brotfruchtbaum vereinigt sind?

Bei einer andern Gelegenheit brach ich früh auf und ging nach dem Gavia oder Topsegelberg. Die Luft war kühl und würzig, und die Tautropfen glänzten noch auf den Blättern der großen lilienartigen Pflanzen, welche die kleinen Bäche klaren Wassers beschatteten. Ich setzte mich auf einen Granitblock nieder, und es war entzückend, die verschiedenen Insekten und Vögel zu beobachten, wie sie vorüberflogen. Der Kolibri scheint ganz besonders derartig schattige Stellen zu lieben. Sooft ich diese kleinen Wesen um eine Blume herumschwirren sah, ihre Flügel so rapid schwingend, daß sie kaum sichtbar waren, erinnerte ich mich unserer Schwärmer; in ihren Bewegungen und ihrer Lebensweise sind beide einander sehr ähnlich.

Einen Fußweg verfolgend, trat ich in einen noblen Wald, und von einer Höhe von fünf- oder sechshundert Fuß bot sich mir eine jener glänzenden Aussichten dar, welche auf allen Seiten um Rio herum so häufig sind. In dieser Höhe erhält die Landschaft ihre brillanteste Färbung; und jede Form, jede Schattierung übertrifft an Pracht so vollkommen alles, was ein Europäer jemals in seinem heimischen Erdteil gesehen hat, daß er nicht weiß, wie er seinen Gefühlen Ausdruck geben soll.

Kolibri, sein Nest verteidigend

III. Kapitel

Maldonado

5. Juli 1832. – Am Morgen früh machten wir uns auf den Weg aus dem prachtvollen Hafen von Rio de Janeiro hinaus. Auf unserer Überfahrt nach La Plata sahen wir nichts Besonderes mit Ausnahme einer großen Herde von Meerschweinen, viele hundert an der Zahl, die wir eines Tages antrafen. Das ganze Meer war stellenweise von ihnen durchfurcht, und es war ein außerordentlicher Anblick, wenn sie sich zu Hunderten sprungweise vorwärts bewegten, dabei ihre ganzen Körper dem Blicke darboten und auf diese Weise das Wasser zerschnitten. Wenn das Schiff neun Knoten die Stunde segelte, so konnten diese Tiere doch vor dem Bug beständig von einer zur anderen Seite hinüber- und herüberkreuzen und dann plötzlich gradausschießen. Sobald wir das Mündungsgebiet des Plata berührten, begann das Wetter sehr unsicher zu werden. Während einer dunklen Nacht waren wir von zahlreichen Robben und Pinguinen umgeben, welche so eigentümliches Geräusch machten, daß der wachhabende Offizier meldete, er könne die Rinder am Ufer brüllen hören. In einer anderen Nacht beobachteten wir ein prachtvolles natürliches Feuerwerk: Die Mastspitzen und die Enden der Rahen glänzten im Elmsfeuer. Es ließ sich sogar die Form der Windfahne beinahe verfolgen, als wenn sie mit Phosphor angerieben wäre. Das Meer war so außerordentlich leuchtend, daß die Züge der Pinguine durch feurige Linien markiert waren, und die Dunkelheit des Himmels wurde für Augenblicke durch die glänzendsten Blitze aufgehellt.

Den 26. Juli. – Wir ankerten vor Montevideo. Die »Beagle« war beauftragt, die südlichsten und östlichen Küsten Amerikas südlich vom La Plata während der zwei folgenden Jahre aufzunehmen. Um nun unnütze Wiederholungen zu vermeiden, will ich diejenigen Teile meines Tagebuchs hier im Auszug zusammenbringen, welche sich auf dieselben Gegenden beziehen, ohne mich immer streng nach der Ordnung zu richten, in welcher wir dieselben besuchten.

Maldonado liegt am nördlichen Ufer des Plata und nicht sehr weit von der Mündung der Meeresbucht. Es ist eine äußerst ruhige verlassene kleine Stadt; wie es meist in diesen Ländern der Fall ist, ist sie so gebaut, daß die Straßen rechtwinkelig zueinander verlaufen und in der Mitte einen großen Platz oder ein Square haben, welcher seiner Größe wegen die Dürftigkeit der Bevölkerung noch auffallender macht. Sie besitzt kaum irgendwelchen Handel; der Export beschränkt sich auf einige wenige Häute und wenige Köpfe lebenden Rindviehs. Die Bewohner sind hauptsächlich Landeigentümer, außerdem noch einige Krämer und die notwendigen Handwerker, wie Schmiede und Tischler, welche beinahe die ganze Arbeit für einen Umkreis von fünfzig Meilen besorgen. Die Stadt ist vom Fluß durch einen Zug von Sandhügeln, ungefähr eine Meile breit, getrennt; auf allen übrigen Seiten wird sie von einer offenen leichtwelligen Landschaft umgeben, welche von einer gleichförmigen Schicht schönen grünen Rasens bedeckt wird, auf dem zahllose Herden von Rindern, Schafen und Pferden grasen. Sehr wenig Land wird kultiviert, selbst dicht bei der Stadt. Einige wenige aus Kaktus und Agaven gebildete Hecken zeichnen die Stellen aus, wo etwas Weizen oder indisches Korn gepflanzt worden ist. Die landschaftlichen Züge der ganzen Gegend sind sich dem ganzen nördlichen Ufer des Plata entlang einander sehr ähnlich. Die einzige Verschiedenheit besteht darin, daß hier die Granitberge etwas kühnere Formen darbieten. Die Szenerie ist sehr uninteressant; es findet sich kaum ein Haus oder ein eingeschlossenes Stück Landes oder selbst nur ein Baum, um ihr den Anblick von Gemütlichkeit zu geben. Und doch, wenn man eine Zeitlang in einem Schiff gefangengehalten worden ist, so liegt ein Reiz in dem unbeschränkten Gefühl des Gehens über unbegrenzte Rasenflächen.

Ich blieb zehn Wochen in Maldonado und will eine kleine

Exkursion schildern, die ich bis zum Fluß Polanco, ungefähr siebzig Meilen in nördlicher Richtung, gemacht habe. Als Beweis, wie billig alles in diesem Lande ist, will ich noch anführen, daß ich nur zwei Dollars den Tag oder acht Schillinge für zwei Mann, inklusive einer Zahl von ungefähr einem Dutzend Reitpferden bezahlte. Meine Begleiter waren gut mit Pistolen und Säbeln bewaffnet, eine Vorsicht, welche ich für ziemlich unnötig hielt. Doch war die erste Neuigkeit, die wir hörten, die, daß am Tag zuvor ein Reisender aus Montevideo tot mit durchschnittener Kehle auf der Straße gefunden worden war. Und dies ereignete sich dicht bei einem Kreuz, dem Merkzeichen eines früheren Mordes.

Die erste Nacht schliefen wir in einem abgelegenen kleinen Landhaus, und dort fand ich sehr bald heraus, daß ich zwei oder drei Gegenstände, besonders einen Taschenkompaß, besaß, welcher grenzenloses Erstaunen erweckte. In jedem Haus wurde ich gebeten, den Kompaß zu zeigen und mit seiner Hilfe auf einer Landkarte die Richtung verschiedener Orte anzuzeigen. Es erregte die lebhafteste Bewunderung, daß ich, der ich doch ein vollkommen Fremder war, den Weg (denn Richtung und Weg sind in diesem offenen Lande synonym) nach Orten hin wissen könne, wo ich nie gewesen war. In dem einen Hause schickte eine junge Frau, welche krank zu Bett lag, nach mir, um mich zu bitten, zu ihr zu kommen und ihr den Kompaß zu zeigen. War ihre Überraschung groß, so war die meine wohl noch größer, eine solche Unwissenheit unter Leuten zu finden, welche ihre Tausende von Rindern und Estanzias von großer Ausdehnung besaßen. Sie kann nur durch den Umstand erklärt werden, daß dieser entlegene Teil des Landes nur selten von Fremden besucht wird. Man fragte mich, ob sich die Erde oder die Sonne bewege; ob es nach Norden hin wärmer oder kälter sei; wo Spanien liege und viele andere derartige Fragen. Die größere Zahl der Bewohner war der Ansicht, England, London und Nord-Amerika seien verschiedene Namen für ein und denselben Ort; die besser Informierten wußten aber ganz wohl, daß London und

In der Banda Oriental

Nord-Amerika getrennte Länder, aber dicht beieinander seien und daß England eine große Stadt in London sei! Ich hatte einige Zündhölzchen bei mir, welche ich durch Beißen entzündete. Man hielt es für so wunderbar, daß ein Mensch mit seinen Zähnen Feuer entzünden könne, daß gewöhnlich die ganze Familie versammelt wurde, um es zu sehen: Einmal bot man mir einen Dollar für ein einziges Zündhölzchen. Daß ich mir am Morgen mein Gesicht wusch, veranlaßte in dem Dorfe von Las Minas viel Kopfzerbrechen. Einer der besseren Kaufleute inquirierte mich förmlich über einen so sonderbaren Gebrauch, auch darüber, warum wir an Bord unsere Bärte trügen, denn er hatte von meinem Führer gehört, daß wir dies taten. Er betrachtete mich mit viel Verdacht! Vielleicht hatte er von den Waschungen in der mohammedanischen Religion gehört, und da er wußte, daß ich ein Ketzer sei, kam er vielleicht zu dem Schluß, daß alle Ketzer Türken seien. Es ist Brauch in diesem Lande, am ersten besten passenden Hause um ein Nachtquartier zu bitten. Das Erstaunen über meinen Kompaß und meine anderen Zauberstückchen war in einem gewissen Grade vorteilhaft, da ich den Leuten damit, ebenso wie mit den langen Geschichten, die meine Führer von mir erzählten, daß ich Steine bräche, giftige von unschädlichen Schlangen unterscheiden könne, Insekten sammle usw., die Gastfreundschaft der Leute einigermaßen bezahlte. Ich schreibe gerade, als ob ich unter den Bewohnern von Zentral-Afrika gewesen wäre: Banda Oriental wird durch diesen Vergleich wenig geschmeichelt sein; aber dies waren meine Empfindungen zu der damaligen Zeit.

Am nächsten Tage ritten wir nach dem Dorfe Las Minas. Die Landschaft war etwas hügeliger, aber sonst blieb sie beständig dieselbe; ein Bewohner der Pampas würde sie ohne Zweifel als eine echte Alpenlandschaft angesehen haben. Das Land ist so dünn bewohnt, daß wir während des ganzen Tages kaum einer einzigen Person begegneten. Las Minas ist viel kleiner selbst als Maldonado. Es liegt auf einer kleinen Ebene, rings umgeben von niedrigen felsigen Bergen. Es hat die gewöhnliche symmetrische Form und bietet mit seiner weißgetünchten, im Mittelpunkt stehenden Kirche ein nettes Ansehen dar. Die äußersten Häuser sprangen aus dem Boden empor wie isolierte Wesen ohne die Umgebung von Gärten oder Höfen. Dies ist meist der Fall in diesem Lande, und alle Häuser haben infolge hiervon ein ungemütliches Ansehen. Über Nacht blieben wir in einer Pulperia oder einem Trinkladen. Während des Abends kam eine große Zahl von Gauchos herein, um Schnaps zu trinken und Zigarren zu rauchen: Ihr Aussehen ist sehr auffallend; sie sind meist groß und hübsch, aber mit einem stolzen und liederlichen Ausdruck in ihrem Gesicht. Sie tragen häufig Schnurrbärte und langes, schwarzes, in Locken auf ihren Rücken herabfallendes Haar. Mit ihren hellgefärbten Gewändern, großen, an den Fersen klirrenden Sporen und den wie Dolche in ihren Gürteln steckenden (oft auch als Dolche gebrauchten) Messern sehen sie wie eine ganz fremde Menschenrasse aus, verschieden von dem, was sich nach dem Namen »Gauchos«, einfacher Landmann, hätte erwarten lassen. Ihre Höflichkeit ist übertrieben; sie trinken niemals ihren Branntwein, ohne die Erwartung auszudrücken, daß man ihn kosten werde; aber während sie ihren außerordentlich graziösen Diener machen, scheinen sie ebenso bereit dazu zu sein, wenn sich die Gelegenheit böte, einem den Hals abzuschneiden.

Am dritten Tage machten wir einen ziemlich unregelmäßigen Weg, da ich damit beschäftigt war, einige Marmorzüge zu untersuchen. Auf den schönen Grasebenen sahen wir viele Strauße. Einige der Herden enthielten zwanzig oder dreißig Vögel. Wenn diese auf irgendeiner kleinen Erhöhung standen und gegen den klaren Himmel sich abhoben, boten sie eine sehr edle Erscheinung. In keinem anderen Teil des Landes bin ich so zahmen Straußen begegnet: Es war leicht, bis auf eine kurze Entfernung an sie heranzugaloppieren; dann aber breiteten sie ihre Flügel aus, liefen mit allen Segeln gespannt vor dem Wind und ließen die Pferde sehr bald weit zurück.

Am Abend kamen wir an das Haus des Don Juan Fuentes, eines reichen Landeigentümers, der indessen keinem meiner Begleiter persönlich bekannt war. Nähert man sich dem Hause eines Fremden, so ist es gewöhnlich, mehrere kleine Etikettenpunkte zu erfüllen: Man reitet langsam bis an die Tür, gibt als Gruß ein Ave Maria, und bis irgend jemand kommt und bittet abzusteigen, ist es nicht gebräuchlich, vom Pferde herunterzusteigen: Die förmliche Antwort des Besitzers ist »sin pecado concebida«, empfangen ohne Sünde. Hat man das Haus betreten, so wird einige Minuten lang eine allgemeine Konversation gepflegt, bis man um die Erlaubnis bittet, die Nacht dort zubringen zu dürfen. Dies wird als selbstverständlich gewährt. Der Fremde nimmt dann die Mahlzeiten mit der Familie, und es wird ihm ein Zimmer angewiesen, wo er mit den zu seinem Recado (dem Sattel der Pampas) gehörigen Pferdedecken sein Bett macht. Es ist merkwürdig, wie ähnliche Umstände ähnliche Resultate in der Lebensweise herbeiführen. Am Kap der Guten Hoffnung findet man ganz allgemein dieselbe Gastfreundschaft und fast genau dieselben Punkte der Etikette. Indes zeigt sich der Unterschied zwischen dem

Charakter des Spaniers und dem des holländischen Bauern darin, daß der erstere seinen Gast niemals auch nur eine einzige Frage über die strikteste Regel der Höflichkeit hinaus fragt, während der biedere Holländer fragt, wo er gewesen sei, wo er hingehe, was sein Geschäft sei und selbst wieviel Brüder und Schwestern oder Kinder er etwa zufällig haben möge.

Bald nach unserer Ankunft bei Don Juan wurde eine der großen Rinderherden nach dem Hause zu getrieben, und drei Tiere wurden ausgesucht, um für den Bedarf der Niederlassung geschlachtet zu werden. Diese halbwilden Rinder sind sehr lebendig, und da sie das tödliche Lasso sehr wohl kennen, gaben sie den Pferden eine lange und mühselige Jagd. Nachdem wir Zeuge des Reichtums an Rohmaterial, der sich in der Zahl von Rindern, Menschen und Pferden entfaltet hatte, geworden waren, war der Anblick des miserablen Hauses Don Juans äußerst merkwürdig. Die Dielen bestanden aus erhärtetem Schlamm, und die Fenster waren ohne Glas; das Wohnzimmer konnte sich nur weniger sehr roher Stühle und Sessel mit ein paar Tischen rühmen. Obgleich mehrere Fremde zugegen waren, bestand das Abendessen nur aus zwei sehr gehäuften Schüsseln, einer mit gebratenem und einer mit gekochtem Rindfleisch mit einigen Stücken Kürbis. Außer diesen letzteren fand sich kein anderes Gemüse und nicht einmal ein Bissen Brot. Zum Getränk diente der ganzen Gesellschaft ein großer irdener Krug mit Wasser. Und doch war dieser Mann Besitzer mehrerer Quadratmeilen Landes, von denen beinahe jeder Acker Korn und mit nur etwas Mühe all die gewöhnlichen Gemüse hervorbringen würde. Der Abend wurde mit Rauchen hingebracht und mit etwas Gesang aus dem Stegreif, der von Gitarren begleitet wurde. Die Damen saßen alle zusammen in einem Winkel des Zimmers und aßen nicht mit den Männern.

Es sind schon so viele Werke über diese Länder geschrieben worden, daß es beinahe überflüssig ist, das Lasso oder die Bolas zu beschreiben. Das Lasso besteht aus einem sehr starken, aber dünnen, gut geflochtenen Strick, der aus

Der Gebrauch des Lassos

rohem Leder gemacht wird. Das eine Ende wird an dem breiten Sattelgurt befestigt, welcher das komplizierte Geschirr des »Recado«, des in den Pampas gebrauchten Sattels, zusammenhält. Das andere hält einen kleinen eisernen oder messingenen Ring, mittels dessen man eine Schlinge bilden kann. Will der Gaucho das Lasso benutzen, so hält er ein paar kurze Windungen des Lassos in der Zügelhand und in der anderen die lose Schlinge, welche sehr weit gemacht wird und meist einen Durchmesser von ungefähr acht Fuß hat. Diese wirbelt er um seinen Kopf herum und hält durch geschickte Bewegung seiner Hand die Schlinge offen; wirft er sie dann, so läßt er sie auf jeden beliebigen Punkt fallen, den er sich ausgesucht hat. Wird das Lasso nicht benutzt, so wird es kurz aufgerollt an den hinteren Teil des Recado gebunden. Die Bolas oder Kugeln sind zweierlei Art: Die einfachste, welche hauptsächlich dazu benutzt wird, Strauße zu fangen, besteht aus zwei runden, mit Leder überzogenen und durch einen dünn geflochtenen, ungefähr acht Fuß langen Riemen verbundenen Steinen. Die andere Art weicht nur darin ab, daß bei ihr drei Kugeln durch Riemen in einem gemeinsamen Mittelpunkte verbunden sind. Der Gaucho hält die kleinste der

Der Gebrauch der Bolas

drei Kugeln in seiner Hand und wirbelt die beiden anderen beständig rund um seinen Kopf; dann zielt er und wirft sie dann, wie Kettenkugeln wirbelnd, durch die Luft. Sobald die Kugeln irgendeinen Gegenstand berühren, winden sie sich rund herum, kreuzen einander und hängen fest an. Die Größe und das Gewicht der Kugeln schwankt je nach dem Zweck, zu dem sie gebraucht werden: Sind sie von Stein, so werden sie mit einer solchen Gewalt geschleudert, daß sie, obschon sie nicht größer als ein Apfel sind, doch zuweilen einem Pferd das Bein brechen. Ich habe Kugeln aus Holz und nicht größer als eine Rübe gesehen, um Pferde zu fangen, ohne sie zu verletzen. Die hauptsächliche Schwierigkeit bei der Benutzung sowohl des Lassos als der Bolas besteht darin, so gut zu reiten, daß man im gestreckten Galopp und beim plötzlichen Umbiegen sie immer noch so stetig über dem Kopfe wirbeln läßt, daß man zielen kann: Zu Fuß würde jedermann die Kunst bald lernen. Eines Tages amüsierte ich mich damit, zu galoppieren und die Kugeln über meinem Kopfe zu wirbeln, als die freie Kugel zufällig an ein Gebüsch anstieß. Da ihre Wirbelbewegung hierdurch aufgehoben wurde, fiel sie direkt auf den Boden; wie durch einen Zauber aber fing sie das eine Hinterbein meines Pferdes; die andere Kugel wurde mir aus der Hand geschlagen und das Pferd ordentlich gefangen. Glücklicherweise war es ein altes erfahrenes Tier, und es wußte, was es zu bedeuten hatte; im anderen Falle würde es wahrscheinlich so lange ausgeschlagen haben, bis es sich auf die Erde geworfen hätte. Die Gauchos brüllten vor Lachen; sie riefen, daß sie alle Arten Tiere hätten fangen sehen, aber noch niemals zuvor, daß sich ein Mann selbst gefangen hätte.

Während der nächsten zwei Tage erreichte ich den weitesten Punkt, welchen zu untersuchen mir besonders angelegen war. Die Landschaft trug den nämlichen Charakter, bis zuletzt der schöne grüne Rasen ermüdender wurde als eine staubige Landschaft. Überall sahen wir eine große Zahl von Rebhühnern. Diese Vögel leben nicht in Völkern, auch verbergen sie sich nicht wie die englische Art. Es scheint ein sehr dummer Vogel zu sein. Ein Mann zu Pferde kann dadurch, daß er in einem Kreis um ihn herum reitet, oder vielmehr in einer Spirale, so daß er ihm immer näher kommt, so viel auf den Kopf schlagen, als er nur will. Die gewöhnlichere Methode, sie zu fangen, ist mit einer offenen Schlinge oder einem kleinen Lasso, der aus dem Schaft einer Straußfeder, die an das Ende eines langen Stockes befestigt wird, gemacht ist. Ein Knabe auf einem ruhigen alten Pferde kann auf diese Weise häufig dreißig oder vierzig an einem Tage fangen.

Auf unserem Rückweg nach Maldonado schlugen wir einen anderen Weg ein. In der Nähe von Pan de Azúcar, einem Punkt, welcher allen denen wohlbekannt ist, die den Plata hinaufgesegelt sind, blieb ich einen Tag lang im Hause eines äußerst gastfreundlichen alten Spaniers. Früh am Morgen bestiegen wir die Sierra de la Ánimas. Die aufgehende Sonne machte die Szenerie beinahe pittoresk. Nach Westen dehnte sich der Blick über eine ungeheuere gleichförmige Ebene aus, weit hin bis zum Berg bei Montevideo, und östlich über das wellenförmige Land von Maldonado.

Das allgemeine und beinahe gänzliche Fehlen von Bäumen in der Banda Oriental ist merkwürdig. Einige der felsigen Berge sind zum Teil mit Dickicht bedeckt, und an den Ufern der größeren Flüsse, besonders nördlich von Las Minas, sind Weidenbäume nicht ungewöhnlich. In der Nähe der Arroyo Tapes hörte ich von einem Palmenwalde, und einen dieser Bäume von beträchtlicher Größe sah ich in der Nähe des Pan de Azúcar in fünfunddreißig Grad südlicher Breite. Diese und die von den Spaniern gepflanzten Bäume machen die einzigen Ausnahmen in bezug auf das allgemeine Fehlen von Wäldern aus. Unter den eingeführten Arten will ich Pappeln, Oliven, Pfirsiche und andere Fruchtbäume erwähnen. Die Pfirsichbäume gedeihen so gut, daß sie das hauptsächliche Brennholz für die Stadt Buenos Aires abgeben. Äußerst ebene Länder, so wie die Pampas, scheinen selten für das Wachstum von Bäumen günstig zu sein. Dies läßt sich möglicherweise der Gewalt der Winde oder auch der Art der Drainage zuschreiben.

Während unseres Aufenthalts in Maldonado sammelte ich mehrere Säugetiere, achtzig Arten von Vögeln und viele Reptilien, darunter neun Arten von Schlangen.

Die Ordnung der Nagetiere ist hier den Arten nach sehr zahlreich: Allein von Mäusen erhielt ich nicht weniger als acht Arten. Das größte Nagetier in der Welt, das Wasserschwein, ist hier auch häufig. Ein Exemplar, welches ich in Montevideo schoß, wog achtundneunzig Pfund; seine Länge betrug von der Schnauzenspitze bis zum stummelartigen Schwanze drei Fuß zwei Zoll. Diese großen Nagetiere besuchen gelegentlich die Inseln in der Mündung des Plata, wo das Wasser vollkommen salzig ist, sind aber bei weitem häufiger an den Ufern von Süßwasserseen und Flüssen. In der Nähe von Maldonado leben gewöhnlich drei oder vier zusammen. Bei Tage liegen sie entweder zwischen den Wasserpflanzen oder grasen ganz offen auf der rasigen Ebene. Sieht man sie von einer Entfernung aus, so gleichen sie wegen ihrer Gangart und ihrer Farbe Schweinen; sitzen sie aber auf ihren Keulen und beobachten sie aufmerksam irgendeinen Gegenstand mit einem Auge, so nehmen sie die Erscheinung ihrer Gattungsverwandten, der Meerschweinchen und Kaninchen, an. Sowohl die Vorder- als die Seitenansicht ihres Kopfes bietet einen geradezu lächerlichen Anblick wegen der großen Höhe ihrer Kinnladen. Bei Maldonado waren diese Tiere sehr zahm; indem ich vorsichtig vorschritt, näherte ich mich vier alten Tieren bis auf drei Yards. Diese Zahmheit läßt sich wahrscheinlich dadurch erklären, daß der Jaguar schon seit einigen Jahren vertrieben ist und daß der Gaucho es nicht für der Mühe wert hält, sie zu jagen. Als ich mich ihnen immer weiter und weiter näherte, machten sie häufig ihr eigentümliches Geräusch, welches ein tiefes, abgestoßenes Grunzen ist, nicht viel wirklichen Ton besitzt, sondern vielmehr die Folge des plötzlichen Ausstoßens von Luft ist. Nachdem ich diese vier auf beinahe Armweite (und sie mich wieder) mehrere Minuten beobachtet hatte, stürzten sie sich im vollen Galopp mit größtem Ungestüm ins Wasser und stießen gleichzeitig ihr Gebell aus. Nachdem sie eine kurze Strecke untergetaucht waren, kamen sie wieder an die Oberfläche, zeigten aber nur gerade den oberen Teil ihrer Köpfe. Wenn das Weibchen im Wasser schwimmt und Junge hat, so sollen, wie man sagt, die letzteren auf seinem Rücken sitzen. Die Tiere werden sehr leicht in Menge getötet; aber ihre Haut ist nur von geringem Wert, und das Fleisch ist ohne Geschmack. Auf den Inseln im Rio Paraná sind sie außerordentlich gemein und bieten dem Jaguar die gewöhnlichste Beute dar.

IV. Kapitel

Vom Rio Negro nach Bahía Blanca

24. Juli 1833. – Die »Beagle« segelte von Maldonado ab und kam am 3. August auf die Höhe der Mündung des Rio Negro. Dies ist der Hauptfluß auf der ganzen Küstenstrecke zwischen der Magellan-Straße und dem Plata. Er mündet ungefähr dreihundert Meilen südlich vom Ästuarium des Plata ins Meer. Vor ungefähr fünfzig Jahren, unter der alten spanischen Herrschaft, hatte sich eine kleine Kolonie hier niedergelassen; und noch immer ist es der südlichste Punkt (41° s. Br.) an dieser östlichen Küste von Süd-Amerika, welcher von zivilisierten Menschen bewohnt wird.

Das Land in der Nähe der Mündung des Flusses ist im äußersten Grade elend; auf der südlichen Seite beginnt eine lange Reihe senkrechter Uferriffe, welche dem Blick einen Durchschnitt der geologischen Beschaffenheit des Landes darbieten. Die Schichten bestehen aus Sandstein, und eine derselben war dadurch merkwürdig, daß sie aus einem fest zementierten Konglomerat von Bimssteinstükken zusammengesetzt war, welche weiter als vierhundert Meilen, von den Anden her, gewandert sein mußten. Die Oberfläche wird überall von einem dicken Kiesbett bedeckt, welches sich weit und breit über die offene Ebene erstreckt. Wasser ist außerordentlich selten, und wo es zu finden ist, ist es beinahe ausnahmslos brackig. Die Vegetation ist dürftig; und obgleich es Büsche von vielerlei Art gibt, so sind doch alle mit furchtbaren Dornen bewaffnet, als wollten sie den Fremden warnen, diese unwirtlichen Gegenden zu betreten.

Die Niederlassung liegt achtzehn Meilen stromaufwärts. Die Straße zieht sich am Fuße der sanft abfallenden Riffe hin, welche das nördliche Gehänge des großen Tales bilden, in dem der Rio Negro fließt. Auf dem Wege kamen wir an den Ruinen einiger schöner »Estanzias« vorbei, welche vor

Indianer mit Chuzos

wenigen Jahren von den Indianern zerstört worden waren. Sie widerstanden mehreren Angriffen. Jemand, der bei einem derselben gegenwärtig gewesen war, gab mir eine sehr lebendige Beschreibung von dem, was vorging. Die Einwohner hatten zeitig genug den Anschlag erfahren, um alle Rinder und Pferde in den »Corral« zu treiben, welcher das Haus umgab, und um gleichfalls einige kleine Kanonen herrichten zu können. Die Indianer waren Araucanier aus dem Süden von Chile; sie waren mehrere hundert an der Zahl und sehr diszipliniert. Sie erschienen zuerst in zwei Truppen auf einem in der Nähe liegenden Hügel; nachdem sie dort abgestiegen waren und ihre Pelzmäntel abgelegt hatten, kamen sie nackt zum Angriff vor. Die einzige Waffe eines Indianers ist ein sehr langer Bambus oder Chuzo, welcher mit Straußenfedern geschmückt ist und am Ende eine scharfe Lanzenspitze trägt. Mein Berichterstatter schien sich nur mit dem größten Entsetzen des Schwingens dieser Chuzos zu erinnern, als sie sich näherten. Als sie dicht herangekommen waren, rief der Kazike Pincheira die Belagerten an, ihre Waffen niederzulegen, sonst würde er ihnen allen die Kehle abschneiden. Da dies wahrscheinlich in jedem Fall geschehen wäre, war die Antwort eine Flintensalve. Die Indianer kamen mit großer Hartnäckigkeit selbst bis zur Einzäunung des Corrals heran; zu ihrer Überraschung fanden sie aber die Pfähle derselben durch eiserne Nägel miteinander verbunden, anstatt mit ledernen Strängen, und versuchten daher natürlich vergebens, dieselben mit ihren Messern zu zerschneiden. Dies rettete das Leben der Christen; viele der verwundeten Indianer wurden von ihren Genossen fortgetragen; und da zuletzt einer der Unterkaziken verwundet wurde, ertönte das Hornsignal zum Rückzug. Sie zogen sich bis zu ihren Pferden zurück und schienen einen Kriegsrat zu halten. Dies war ein fürchterlich spannender Moment für die Spanier, da sie alle ihre Munition mit Ausnahme einiger weniger Patronen verschossen hatten. In einem Augenblick bestiegen die Indianer ihre Pferde und galoppierten davon. Ein anderer Angriff wurde noch schneller zurückgeschlagen. Ein kaltblütiger Franzose bediente die Kanone; er wartete, bis sie ganz dicht herangekommen waren, und beschoß dann ihre Reihen mit Kartätschen; er streckte hierdurch neununddreißig nieder, und ein solcher Schlag warf natürlich die ganze Gesellschaft zurück.

Die Stadt wird El Carmen oder Patagones genannt. Sie ist auf die Fläche der Klippen gebaut, welche den Fluß beherrschen, und viele Häuser sind geradezu aus den Sandsteinen herausgehauen. Der Fluß ist ungefähr zwei- oder dreihundert Yards breit und tief und reißend. Die vielen Inseln mit ihrem Weidengebüsch und die flachen vorspringenden Berge, welche einer hinter dem andern an der nördlichen Grenze des grünen Tales zu sehen sind, bilden, von einem hellen Sonnenschein unterstützt, einen beinahe malerischen Anblick. Die Zahl der Einwohner übersteigt nicht wenige Hunderte. Diese spanischen Kolonien tragen nicht, wie unsere britischen, die Elemente des Wachstums in sich. Viele Vollblut-Indianer wohnen hier: Der Stamm des Kaziken Lucanee hat beständig seine Toldos* dicht an

* Die Hütten der Indianer werden so genannt.

den äußeren Häusern der Stadt. Die Lokalregierung versorgt die Indianer zum Teil mit Unterhalt, indem sie alle alten, abgenutzten Pferde bekommen; auch verdienen sie etwas, indem sie Pferdedecken und andere Artikel von Reitzeug machen. Diese Indianer werden als zivilisiert betrachtet; was aber ihr Charakter durch einen geringeren Grad von Wildheit gewonnen haben mag, wird beinahe durch ihre gänzliche Immoralität aufgewogen. Einige der jüngeren Leute sind indessen auf dem Wege, besser zu werden; sie sind bereit zu arbeiten, und vor nicht langer Zeit ging eine Anzahl mit auf eine Robbenjagdfahrt und betrug sich ganz gut. Sie genießen nun die Früchte ihrer Arbeit in der Weise, daß sie sich mit sehr bunten reinen Kleidern angetan haben und sehr faul sind. Der Geschmack, den sie in ihrem Anzug zeigten, war bewunderungswert; wenn man einen dieser jungen Indianer hätte in eine Bronzestatue verwandeln können, so würde seine Drapierung vollkommen graziös gewesen sein.

Eines Tages ritt ich nach einem großen Salzsee oder einer Salina, welcher fünfzehn Meilen von der Stadt entfernt war. Während des Winters besteht er aus einem seichten See von Salzlake, welcher im Sommer in ein Feld

El Carmen

schneeweißen Salzes verwandelt wird. Die Salzschicht ist in der Nähe der Ränder von vier zu fünf Zoll dick, aber nach der Mitte hin nimmt ihre Dicke zu. Dieser See war zwei und eine halbe Meile lang und eine Meile breit. In der weiteren Umgebung kommen andere vor, welche vielmal größer sind und einen zwei und drei Fuß in der Dicke haltenden Salzboden haben, selbst wenn sie im Winter unter Wasser stehen. Eine dieser glänzend weißen und eben ausgedehnten Flächen bietet inmitten der braunen und desolaten Ebene ein außerordentliches Schauspiel. Eine große Quantität Salz wird jährlich aus der Salina entnommen; und große Haufen, einige hundert Tonnen an Gewicht, lagen da, fertig zum Export. Die Zeit der Arbeit in den Salinas bildet die Erntezeit von Patagones; denn auf ihr beruht der Wohlstand des Orts. Beinahe die ganze Bevölkerung kampiert auf dem Flußufer; die Leute sind damit beschäftigt, das Salz in Ochsenwagen herauszufahren. Dies Salz ist in großen Würfeln kristallisiert und merkwürdig rein. Es ist eine eigentümliche Tatsache, daß es zur Konservierung von Fleisch nicht so gut benutzbar ist wie das Seesalz von den Kapverdischen Inseln; ein Kaufmann in Buenos Aires sagte mir, er hielte es für um fünfzig Prozent weniger wertvoll. Kapverdisches Salz wird daher beständig importiert und mit dem aus diesen Salinen vermischt. Die Reinheit des Patagonischen Salzes oder das Fehlen aller jener andern in allem Seewasser gefundenen salzigen Körper in ihm ist die einzige Ursache für diesen geringeren Wert, den man anführen kann: ein Schluß, den wohl, wie ich glaube, niemand erwartet haben dürfte, der aber durch die neuerlich ermittelte Tatsache unterstützt wird, daß diejenigen Salzarten am besten dazu dienen, Käse zu konservieren, welche die meisten zerfließenden Chloride enthalten.

Flamingos bewohnen diesen See in beträchtlicher Zahl und brüten hier; durch ganz Patagonien, in Nord-Chile und auf den Galapagos-Inseln traf ich diese Vögel, wo immer sich nur derartige Salzlakenseen fanden. Ich sah sie hier nach Nahrung suchend umherwaten, wahrscheinlich nach Würmern; diese letzteren wiederum leben wahrscheinlich von Infusorien oder Konverfen. Wir haben hiernach eine kleine in sich abgeschlossene lebende Welt, welche sich diesen Inlandseen von Salzlake angepaßt hat.

Nördlich vom Rio Negro, zwischen ihm und dem bewohnten Lande in der Nähe von Buenos Aires, haben die Spanier nur eine kleine, vor kurzem in Bahía Blanca gegründete Niederlassung. Die Entfernung von Buenos Aires beträgt in gerader Linie nahezu fünfhundert englische Meilen. Die wandernden Stämme der berittenen Indianer, welche immer den größeren Teil dieses Landes eingenommen haben, hatten die abgelegenen Estanzias vielfach belästigt; die Regierung von Buenos Aires hat daher vor einiger Zeit eine Armee unter dem Kommando des Generals Rosas ausgerüstet zum Zwecke, diese Indianer zu vernichten. Die Truppen hatten jetzt ein Lager an den Ufern des Colorado bezogen, eines Flusses ungefähr achtzig Meilen nördlich vom Rio Negro. Als General Rosas Buenos Aires verließ, zog er in einer geraden Linie quer durch die unerforschten Ebenen; und da das Land hierdurch ziemlich gut von Indianern gesäubert war, ließ er in großen Zwischenräumen kleine Truppen von Soldaten mit einer Anzahl Pferde »a posta« zurück, um dadurch in den Stand gesetzt zu sein, mit der Hauptstadt in Verbindung zu treten. Da die »Beagle« die Absicht hatte, in Bahía Blanca anzulaufen, entschloß ich mich, zu Lande dorthin zu reisen; schließlich erweiterte ich meinen Plan dahin, den ganzen Weg bis nach Buenos Aires über die Postas zu reisen.

11. August. – Mr. Harris, ein in Patagones lebender Engländer, ein Führer und fünf Gauchos, welche in Geschäften zur Armee gingen, waren meine Reisegesellschafter. Wie ich bereits gesagt habe, ist der Colorado ungefähr achtzig Meilen entfernt; und da wir langsam reisten, waren wir zwei und einen halben Tag unterwegs. Die ganze Strecke Landes verdient kaum einen besseren Namen als den einer Wüste. Wasser fanden wir nur in zwei kleinen Quellen: Man nennt es Süßwasser; aber selbst in dieser Zeit des Jahres, während der Regenzeit, war es vollständig brackig. Im Sommer muß dies eine elende Reise sein, denn schon

jetzt war sie trostlos genug. Das Tal des Rio Negro, so breit es auch ist, ist einfach aus der Sandsteinebene ausgehöhlt worden, denn unmittelbar oberhalb des Ufers, an welchem die Stadt liegt, beginnt ein ganz gleichmäßig ebenes Land, welches nur durch einige wenige unbedeutende Täler und Einsenkungen unterbrochen wird. Überall trägt die Landschaft einen und denselben unfruchtbaren Charakter; ein trockener, kiesiger Boden trägt Büsche von braunem verdorrtem Gras und niedrige, mit Dornen bewaffnete Büsche.

Kurz nachdem wir die erste Quelle passiert hatten, kamen wir in Sicht eines berühmten Baums, den die Indianer als den Altar des Walleechu verehren. Er steht auf einem erhöhten Teil der Ebene und ist daher als ein Merkzeichen in großer Entfernung sichtbar. Sobald ein Indianerstamm in Sicht von ihm kommt, drückt er seine Anbetung durch laut ausgestoßenes Rufen aus. Der Baum selbst ist niedrig, vielfach verzweigt und dornig: Unmittelbar über der Wurzel hat er einen Durchmesser von ungefähr drei Fuß. Er stand ganz allein für sich ohne irgendeinen Nachbar und war faktisch der erste Baum, den wir sahen; später trafen wir noch einige wenige andere von derselben Art an, sie waren aber durchaus nicht häufig. Da es Winter war, hatte der Baum keine Blätter, sondern an ihrer Stelle zahllose Fäden, mittels deren die verschiedenen Opfergaben, wie Zigarren, Brot, Fleisch, Stücke Zeugs usw. aufgehängt waren. Arme Indianer, welche nichts besseres haben, holen aus ihren Ponchos nur ein Stückchen Faden und binden es an den Baum. Wohlhabendere Indianer sind daran gewöhnt, Spiritus und Maté in ein bestimmtes Loch zu gießen, ebenso den Rauch nach oben zu blasen, wodurch sie ihrer Ansicht nach dem Walleechu alle nur möglichen Annehmlichkeiten darbieten. Um die Szenerie zu vervollständigen, war der Baum von gebleichten Knochen von Pferden umgeben, welche als Opfer geschlachtet worden waren. Alle Indianer von jedem Geschlecht und Alter bringen ihre Opfer dar; sie glauben dann, daß ihre Pferde nicht ermüden und daß sie selbst glücklich sind. Der Gaucho, der mir dies erzählte, sagte, daß er in Friedenszeiten diesem Schauspiel als Zeuge beigewohnt habe und daß er und andere gewöhnlich gewartet hätten, bis die Indianer abgezogen wären, um dem Walleechu die Opfergaben zu stehlen.

Ungefähr zwei Stunden jenseits dieses merkwürdigen Baums machten wir für die Nacht halt: In diesem Augenblick wurde eine unglückliche Kuh von den luchsäugigen Gauchos erspäht; sie setzten ihr in voller Jagd nach und brachten sie nach wenigen Minuten mit ihren Lassos hereingeschleppt und schlachteten sie. Wir hatten hier die vier notwendigen Dinge zum Leben »en el campo«: Weide für die Pferde, Wasser (nur ein schmutziger Tümpel), Fleisch und Brennholz. Die Gauchos waren sehr aufgeräumt, diesen Luxus hier zu finden, und bald machten wir uns an unsere Arbeit an der armen Kuh. Dies war die erste Nacht, welche ich unter dem freien Himmel zubrachte, nur mit dem Zeug meines Recado als Bett. In der Unabhängigkeit des Gaucho-Lebens liegt ein großer Genuß – jeden Augenblick das Pferd halten lassen zu können und zu sagen: »Hier wollen wir die Nacht zubringen!« Die Totenstille der Ebene, die Wacht haltenden Hunde, die Zigeunergruppe der Gauchos, welche sich ihre Betten rings um das Feuer machten – alles das hat in meiner Erinnerung ein scharf gezeichnetes Bild dieser ersten Nacht hinterlassen, welches ich niemals vergessen werde.

Während des nächsten Tagesmarsches blieb das Land dem ähnlich, wie ich es oben beschrieben habe. Es wird nur von wenig Vögeln oder Tieren aller Art bewohnt. Gelegentlich ist ein Hirsch oder ein Guanaco (wildes Lama) zu sehen.

Als wir uns am nächsten Morgen dem Rio Colorado näherten, änderte sich das Ansehen des Landes; wir kamen bald auf eine mit Rasen bedeckte Ebene, welche mit ihren Blumen, ihrem hohen Klee und den kleinen Eulen den Pampas glich. Wir passierten auch ein sumpfiges Moor von beträchtlicher Ausdehnung. Dort, wo wir den Colorado kreuzten, ist er nur ungefähr sechzig Yards breit; im allgemeinen muß er nahezu doppelt so breit sein. Sein Lauf ist sehr gewunden: In einer direkten Linie soll die Entfernung von hier bis zur Mündung neun Stunden, zu Wasser aber fünfundzwanzig sein. Wir wurden beim Übergang über den Fluß in dem Canoe durch eine ungeheure Zahl von Stuten aufgehalten, welche im Flusse schwammen, um einer Abteilung der Truppen nach dem Innern zu folgen. Einen lächerlicheren Anblick habe ich niemals gesehen als die Hunderte und Hunderte von Köpfen, welche sämtlich nach einer Richtung hin mit gespitzten Ohren und weitgeöffneten schnaubenden Nüstern gerade über dem Wasser sichtbar wurden, wie ein großer Zug irgendeines amphibischen Tieres. Stutenfleisch ist die einzige Nahrung, welche die Soldaten auf einer Expedition haben. Dies gibt ihnen eine große Leichtigkeit der Bewegung; denn die Entfernungen, welche diese Tiere über diese Ebenen getrieben werden können, sind ganz überraschend: Man hat mir versichert, daß ein unbeladenes Pferd viele Tage hintereinander hundert Meilen täglich zurücklegen kann.

Das Lager des Generals Rosas war dicht am Fluß. Es bestand aus einem von Wagen, Artillerie, Strohhütten usw. gebildeten Viereck. Die Soldaten waren beinahe alle Kavalleristen; und ich glaube, daß eine so schurkische, banditenartige Armee noch niemals zusammengebracht worden ist. Die größere Zahl der Leute war gemischter Abkunft, zwischen Neger, Indianer und Spanier. Ich kenne die Ursache nicht, aber Menschen solchen Ursprungs haben selten einen guten Gesichtsausdruck. Ich fragte nach dem Sekretär, um meinen Paß zu zeigen. Er fing an, mich in der würdevollsten und mysteriösesten Art zu examinieren. Glücklicherweise hatte ich einen Empfehlungsbrief von der Regierung in Buenos Aires an den Kommandanten von Patagones. Dieser wurde mit zum General Rosas genommen, der mir einen sehr verbindlichen Gruß sagen ließ; der Sekretär kam wieder, ganz lächelnd und gnädig. Wir nahmen unser Quartier in dem »Rancho« oder der Hütte eines merkwürdigen alten Spaniers, welcher unter Napoleon auf dem Zuge gegen Rußland gedient hatte.

Indianer am Rio Colorado

Wir blieben zwei Tage am Colorado; ich hatte wenig zu tun, denn das Land ringsherum war ein Moor, welches im Sommer (Dezember), wenn der Schnee auf den Kordilleren schmilzt, vom Fluß überschwemmt wird. Meine hauptsächlichste Unterhaltung war, die Indianerfamilien zu beobachten, wie sie hereinkamen, um in dem Rancho, wo wir wohnten, kleine Gegenstände zu kaufen. Man nahm an, daß General Rosas ungefähr sechshundert Indianer zu Verbündeten habe. Die Männer waren eine große, schöne Rasse; doch war es später leicht, in dem wilden Feuerländer dieselbe Gesichtsbildung wiederzufinden, nur durch Kälte, Nahrungsmangel und geringere Zivilisation häßlich geworden. Einige Schriftsteller haben bei Beschreibung der primären Menschenrassen diese Indianer in zwei Klassen geteilt; dies ist aber sicherlich unrichtig. Unter den jungen Frauen oder Chinas gibt es einige, welche schön genannt zu werden verdienen. Ihr Haar war grob, aber glänzend und schwarz, und sie trugen es in zwei bis zur Taille herabhängenden Zöpfen. Sie hatten lebendige Farben und Augen, welche von Feuer glänzten; ihre Beine, Füße und Arme waren klein und elegant geformt; ihre Knöchel, zuweilen auch ihre Taillen waren mit breiten Schnüren blauer Perlen geschmückt. Nichts konnte interessanter sein als einige der Familiengruppen. Häufig kam eine Mutter mit einer oder zwei Töchtern, auf demselben Pferde reitend, zu unserem Rancho. Sie reiten wie die Männer, haben aber die Knie höher hinaufgezogen. Vielleicht rührt dieser Gebrauch daher, daß sie gewöhnt sind, auf der Wanderung die beladenen Pferde zu reiten. Die Pflicht der Frauen ist, die Pferde zu beladen und abzuladen, die Zelte für die Nacht aufzuschlagen, kurz, wie die Frauen aller Wilden, nützliche Sklaven zu sein. Die Männer kämpfen, jagen, übernehmen die Sorge für die Pferde und machen das Reitzeug. Eine ihrer hauptsächlichsten Beschäftigungen im Hause ist die, zwei Steine so lange aneinanderzuschlagen, bis sie rund sind, um Bolas davon zu machen. Mit dieser wichtigen Waffe fängt der Indianer sein Jagdwild und auch sein Pferd, welches frei über die Ebene schweift. Beim Kämpfen versucht er zuerst das Pferd seines Gegners mit den Bolas niederzuwerfen und ihn selbst dann, wenn er sich beim Fall verwickelt, mit dem Chuzo zu töten. Wenn die Bolas nur den Hals oder Körper eines Tieres fangen, werden sie oft fortgerissen und verloren. Da das Rundmachen der Steine eine Arbeit von zwei Tagen ist, so ist die Herstellung der Kugeln eine sehr verbreitete Beschäftigung. Mehrere der Männer und Frauen hatten ihr Gesicht rot bemalt; ich habe aber hier niemals die horizontalen Streifen gesehen, die bei den Feuerländern so häufig sind. Ihren hauptsächlichsten Stolz setzen sie darein, alles aus Silber zu haben; ich habe einen Kaziken gesehen, dessen Sporen, Steigbügel, Messergriff und Zaum aus diesem Metall gemacht waren. Das Kopfgestell und die Zügel waren von Draht und nicht stärker als eine Peitschenschnur; ein feuriges Roß unter dem Kommando einer so leichten Kette sich herumschwenken zu sehen, gab der Reiterei einen merkwürdigen Charakter von Eleganz.

General Rosas ließ mir den Wunsch ausdrücken, mich zu sehen, ein Umstand, über welchen ich später sehr froh war.

Er ist ein Mann von außerordentlichem Charakter und hat einen äußerst hervorragenden Einfluß im Lande, den er, wie es wahrscheinlich zu sein scheint, zu dessen Gedeihen und Fortschritt benutzen wird.* Man sagt, er sei Eigentümer von vierundsiebzig Quadratstunden Landes und besitze ungefähr dreimalhunderttausend Stück Rinder. Seine Besitzungen sind ausgezeichnet verwaltet und produzieren viel mehr Getreide als die anderer Besitzer. Er erlangte zuerst durch die Gesetze für seine eigenen Estanzias Berühmtheit sowie dadurch, daß er mehrere hundert Mann disziplinierte, so daß sie mit Erfolg den Angriffen der Indianer widerstanden. Man erzählt sich viele Geschichten über die strenge Art und Weise, mit der seine Gesetze durchgeführt wurden. Eines davon war, daß kein Mann, bei Strafe, in den Klotz geschlossen zu werden, am Sonntag sein Messer tragen dürfe; dies ist der Haupttag für Spielen und Trinken, woraus denn viele Streitereien entstehen, welche wegen der allgemeinen Sitte, mit dem Messer zu kämpfen, häufig tödlich abliefen. Eines Sonntags kam der Gouverneur mit großen Formalitäten, der Estanzia einen Besuch zu machen; in Eile ging General Rosas hinaus, ihn zu begrüßen, und hatte wie gewöhnlich sein Messer im Gürtel stecken. Der Hofmeister griff ihm an den Arm und erinnerte ihn an das Gesetz; darauf wandte er sich zum Gouverneur und sagte, es tue ihm unendlich leid, er müsse sich aber in den Block schließen lassen, und bis er wieder herausgelassen sei, habe er selbst in seinem eigenen Haus keine Gewalt. Nach kurzer Zeit wurde der Hofmeister überredet, den Block zu öffnen und ihn herauszulassen; kaum war dies geschehen, so wandte er sich zum Hofmeister und sagte: »Jetzt haben Sie das Gesetz übertreten und nun müssen Sie meine Rolle im Block einnehmen.« Derartige Handlungen entzückten die Gauchos, welche alle einen sehr hohen Begriff von ihrer Gleichheit und Würde haben.

General Rosas ist auch ein vollendeter Reiter – eine Eigenschaft, welche in einem Lande, wo das ganze versam-

---

* Diese Prophezeiung hat sich als gänzlich und elendiglich falsch herausgestellt. 1845.

melte Heer seinen General durch die folgende Probe erwählt, von nicht geringer Bedeutung ist: Eine Herde nicht gezähmter Pferde wurde in den Corral getrieben und dann eine Pforte freigelassen, über welcher ein Querbalken liegt: Die Mannschaft war übereingekommen, daß derjenige ihr General sein sollte, welcher von diesem Querbalken sich auf eines dieser wilden Tiere, wenn sie hinausstürmen, herabfallen ließe und imstande wäre, es nicht bloß ohne Sattel und Zügel zu reiten, sondern es auch zur Tür des Corrals zurückzubringen. Die Person, welcher dies glückte, wurde dementsprechend gewählt und war auch zweifellos ein ganz passender General für eine solche Armee. Dieses außerordentliche Manöver ist denn auch von General Rosas ausgeführt worden.

Durch derartige Mittel und dadurch, daß er sich in der Kleidung und Lebensweise den Gauchos anglich, hatte er eine unbegrenzte Popularität im Lande und infolgedessen auch eine despotische Gewalt erlangt. Ein englischer Kaufmann hat mir versichert, daß ein Mann, welcher einen andern ermordet hatte, festgenommen und wegen der Beweggründe zu seiner Tat verhört wurde, geantwortet hat: »Er sprach von General Rosas verächtlich, da habe ich ihn getötet.« Nach Verlauf einer Woche war der Mörder in Freiheit. Dies war ohne Zweifel auf Betreiben der Partei des Generals geschehen und nicht durch den General selbst.

In der Unterhaltung ist er enthusiastisch, reizbar und sehr feierlich. Diese Feierlichkeit treibt er sehr weit. Von einem seiner verrückten Possenreißer (er hält sich deren zwei, wie die Barone vor alters) hörte ich die folgende Anekdote erzählen: »Ich wollte sehr gern ein gewisses Musikstück hören; ich ging daher zwei- oder dreimal zum General, um ihn zu bitten; er sagte mir: ›Geh an deine Arbeit, ich bin beschäftigt.‹ Ich ging ein zweites Mal zu ihm; er sagte: ›Wenn du noch einmal kommst, laß ich dich strafen.‹ Ein drittes Mal bat ich ihn; da lachte er. Ich stürzte aus dem Zelt, aber es war zu spät; er befahl zwei Soldaten, mich zu fangen und zu pfählen. Ich bat bei allen Heiligen im Himmel, er solle mich freilassen; er tat es aber nicht; – wenn der General lacht, dann schont er weder Narren noch Gesunde.« Der arme verrückte Herr schaute ganz schmerzlich drein bei der bloßen Erinnerung an das Pfählen. Dies ist eine sehr harte Strafe; vier Pfähle werden in den Boden getrieben und der Mensch mit seinen Armen und Beinen horizontal daran ausgestreckt, wo er dann mehrere Stunden ausgedehnt liegen gelassen wird. Die Idee hierzu ist wahrscheinlich von der gewöhnlichen Methode, Häute zu trocknen, entnommen. Meine Begegnung mit dem General ging ohne Lachen vorüber; ich erhielt einen Paß und eine Ordre für die Regierungs-Postpferde, und dies gab er mir in der verbindlichsten und bereitwilligsten Weise.

Am Morgen machten wir uns auf den Weg nach Bahía Blanca, welches wir in zwei Tagen erreichten. Nachdem wir das regelmäßige Lager verlassen hatten, kamen wir durch die Toldos der Indianer. Diese sind rund wie Backöfen und mit Häuten bedeckt; am Eingang in einen jeden war ein spitzer Chuzo in die Erde gesteckt. Die Toldos waren in besondere Gruppen geteilt, welche zu den Stämmen der verschiedenen Kaziken gehörten; diese waren wieder in kleinere geschieden, je nach den Verwandtschaftsverhältnissen der Besitzer. Mehrere Meilen lang reisten wir das Tal des Colorado entlang. Die Alluvialebenen zu beiden Seiten schienen fruchtbar zu sein, und man glaubt, daß sie zum Anbau von Getreide passen. Als wir uns vom Flusse nordwärts abwandten, betraten wir bald ein von den südlich vom Flusse gelegenen Ebenen verschiedenes Land. Noch immer blieb das Land trocken und steril; aber es trug viele verschiedene Arten von Pflanzen; das Gras, obschon es braun und verwelkt war, war reichlicher und die dornigen Gebüsche weniger reichlich vorhanden. Nach einer kurzen Strecke verschwanden diese letzteren vollständig, und die Ebenen trugen nun gar kein Dickicht mehr, ihre Nacktheit zu bedecken. Diese Veränderung in der Vegetation bezeichnet den Beginn der großen kalkig-tonigen Ablagerung, welche die weite Fläche der Pampas bildet und die granitischen Felsen der Banda Oriental bedeckt. Von der Magellan-Straße bis zum Colorado, eine Entfernung von ungefähr achthundert Meilen, besteht die Oberfläche des Landes überall aus Geröll. Nördlich vom Colorado dünnt sich diese Schicht aus, die Geröllsteine werden außerordentlich klein, und hier hört die charakteristische Vegetation von Patagonien auf.

Nachdem wir ungefähr fünfundzwanzig Meilen geritten waren, kamen wir an einen breiten Gürtel von Sanddünen, welcher sich, so weit nur das Auge reichen konnte, nach Osten und Westen erstreckte. Er ist ungefähr acht Meilen breit; zu einer früheren Zeit bildete er wahrscheinlich den Rand eines großen Ästuariums, wo der Colorado jetzt fließt. Nachdem wir den sandigen Strich durchschritten hatten, kamen wir am Abend an einem der Posthäuser an; und da die frischen Pferde in ziemlicher Entfernung grasten, beschlossen wir, die Nacht hier zuzubringen.

Das Haus lag am Fuße eines zwischen ein- und zweihundert Fuß hohen Riffs – ein merkwürdiger Zug im Charakter dieses Landes. Der Posten wurde von einem in Afrika geborenen Negerleutnant kommandiert: Zu seinem Ruhme muß ich sagen, daß es zwischen dem Colorado und Buenos Aires keinen Rancho gab, der auch nur in nahezu so guter Ordnung gewesen wäre wie der seinige. Er hatte ein kleines Zimmer für Fremde und einen kleinen Corral für die Pferde, alles aus Pfählen und Rohr gemacht; er hatte auch rings um das Haus einen Graben gezogen als Verteidigungsmittel im Fall eines Angriffs. Dies würde indes von wenig Nutzen gewesen sein, wenn die Indianer gekommen wären; sein hauptsächlichster Trost schien aber in dem Gedanken zu liegen, daß er sein Leben nur teuer verkaufen würde. Kurze Zeit vorher war ein Trupp Indianer in der Nacht vorübergekommen; hätten sie etwas von der Posta gewußt, so wäre sicher unser schwarzer Freund mit seinen vier Soldaten hingeschlachtet worden. Ich habe nirgends einen höflicheren und verbindlicheren Mann getroffen als diesen Neger; um so schmerzlicher bedauerten wir daher, daß er sich nicht niedersetzen und mit uns essen wollte.

Am Morgen schickten wir sehr zeitig nach den Pferden und brachen zu einem weiteren ermunternden Galopp auf. Wir passierten die Cabeza del Buey, ein alter, dem oberen Ende eines großen Moors gegebener Name, das sich bis nach Bahía Blanca erstreckt. Hier wechselten wir die Pferde und kamen einige Stunden lang durch Morast und Salzmoor. Nachdem wir zum letzten Male Pferde gewechselt hatten, fingen wir wieder an, durch den Schlamm zu waten. Mein Tier stürzte, und ich wurde gehörig von schwarzem Schlamm eingeweicht – ein höchst unangenehmer Zwischenfall, wenn man keine Kleider zum Wechseln hat. Einige Meilen vor der Festung begegneten wir einem Mann, der uns erzählte, daß man vier große Kanonen dort abgefeuert habe, ein Signal, daß Indianer in der Nähe sind. Wir verließen sofort die Straße und verfolgten den Rand eines Moors, was, wenn man gejagt wird, die beste Art des Entkommens darbietet. Wir waren froh, innerhalb der Mauern einzutreffen, wo wir erfuhren, daß der Lärm um nichts gewesen sei; die Indianer stellten sich als Freunde heraus, welche General Rosas' Armee zu begleiten wünschten.

Bahía Blanca verdient kaum den Namen eines Dorfes. Einige wenige Häuser und Baracken für die Truppen sind von einem tiefen Graben und einer befestigten Mauer umgeben. Die Niederlassung ist erst neueren Datums (seit 1828), und ihr Wachstum ist stets ein gestörtes gewesen. Die Regierung von Buenos Aires verteidigte sie ungerechterweise mit Gewalt, anstatt dem weisen Beispiele der spanischen Vizekönige zu folgen, welche das Land in der Nähe der alten Niederlassung des Rio Negro den Indianern abkauften. Daher rührt das Bedürfnis der Befestigung; daher kommt es, daß nur wenige Häuser und wenig kultiviertes Land außerhalb der Grenzen der Mauern liegen: Selbst die Rinder sind jenseits der Grenzen der Ebene, auf der die Festung steht, nicht sicher.

Da der Teil des Hafens, wo die »Beagle« vor Anker zu gehen beabsichtigte, fünfundzwanzig Meilen entfernt war, erhielt ich vom Kommandanten Pferde und einen Führer, um mich hinzubringen, damit ich sähe, ob sie angekommen sei. Nachdem wir die grüne Rasenebene, welche sich dem Laufe eines kleinen Bachs entlang erstreckte, verlassen hatten, betraten wir bald eine weite ebene Wüstenei, die entweder aus Sand, salzigem Moor oder bloßem Schlamm bestand. Einige Teile waren mit niedrigen Dickichten bekleidet, andere mit jenen saftigen Fettpflanzen, welche nur bei Gegenwart von Salz üppig gedeihen. So schlecht die Gegend war, so waren doch Strauße, Hirsche, Agoutis und Armadillos sehr häufig. Mein Führer erzählte mir, daß er vor zwei Monaten mit äußerst knapper Not dem Tode entgangen sei: Er war mit zwei andern Männern in keiner großen Entfernung von diesem Teile des Landes auf die Jagd ausgezogen, als sie plötzlich auf einen Trupp Indianer stießen, welche sie jagten und bald seine beiden Freunde überholten und töteten. Auch die Beine seines eigenen Pferdes wurden von den Bolas gefangen; er sprang aber ab und schnitt sie mit seinem Messer wieder los; während er dies tat, war er genötigt, um sein Pferd herumzukriechen, und erhielt dabei zwei schwere Wunden von ihren Chuzos. In

Armadillo

den Sattel springend, gelang es ihm durch eine gewaltige Anstrengung gerade noch, sich vor den langen Speeren seiner Verfolger zu retten, welche ihn bis in Sichtweite der Festung verfolgten. Seit der Zeit wurde der Befehl gegeben, daß sich niemand weit von der Festung entfernen solle. Als wir aufbrachen, wußte ich davon nichts und wunderte mich darüber, wie ernsthaft mein Führer einen Hirsch beobachtete, der von einem entfernten Punkte aus erschreckt worden zu sein schien.

Wir fanden, daß die »Beagle« noch nicht angekommen war, und traten deshalb sofort die Rückreise an; da aber die Pferde bald müde wurden, waren wir genötigt, auf der Ebene zu biwakieren. Am Morgen hatten wir einen Armadillo gefangen, welcher, obwohl er in seinem Knochenpanzer geröstet ein ausgezeichnetes Gericht abgibt, doch kein recht substantielles Frühstück und Mittagsbrot für zwei hungrige Menschen abgab. Der Boden war an der Stelle, wo wir die Nacht zugebracht hatten, mit einer Schicht schwefelsauren Natrons überzogen und enthielt daher natürlich kein Wasser. Unsere Pferde waren sehr arm dran und am Morgen, weil sie nichts zu trinken gehabt hatten, bald so erschöpft, daß wir zu Fuß gehen mußten. Ungefähr um Mittag töteten die Hunde ein Hirschkalb, welches wir uns rösteten. Ich aß etwas davon, es machte mich aber unerträglich durstig. Dies war um so quälender, da die Straße, infolge von etwas kürzlich gefallenem Regen, voll klaren Wassers war, von dem aber nicht ein Tropfen trinkbar war. Ich war kaum zwanzig Stunden ohne Wasser und nur einen Teil dieser Zeit der Sonnenhitze ausgesetzt gewesen, doch machte mich der Durst sehr matt. Wie Leute zwei oder drei Tage unter solchen Umständen leben bleiben können, kann ich mir nicht vorstellen; gleichzeitig muß ich bekennen, daß mein Führer durchaus nicht litt und erstaunt war, daß die Entbehrungen eines Tages mir schon so beschwerlich fielen.

Zwei Tage später ritt ich wiederum nach dem Hafen: Als wir nicht mehr weit von unserem Bestimmungsort waren, erspähte mein Begleiter, derselbe Mann wie früher, drei zu

Pferde jagende Leute. Er stieg sofort ab und sagte, indem er sie gespannt beobachtete: »Sie reiten nicht wie Christen, und niemand kann die Festung verlassen.« Die drei Jäger vereinigten sich und stiegen gleichfalls von ihren Pferden. Zuletzt stieg einer wieder auf und ritt über den Hügel uns aus dem Gesicht. Mein Begleiter sagte: »Wir müssen nun auf die Pferde; laden Sie Ihre Pistole«; dabei sah er auf seinen Säbel. Ich fragte: »Sind es Indianer?« – »Quién sabe? (Wer weiß?), wenn es nicht mehr als drei sind, hat es nichts zu bedeuten.« Es kam mir nun der Gedanke, daß der eine Mann über den Hügel gegangen sein könne, um die übrigen des Stammes zu holen. Ich äußerte dies zu ihm; aber die ganze Antwort, die ich aus ihm herausbringen konnte, war: »Quién sabe!« Sein Kopf und Auge hörten nicht eine Minute auf, langsam den entfernten Horizont aufmerksam zu beobachten. Seine ungemeine Kaltblütigkeit hielt ich doch für einen gar zu guten Scherz und fragte ihn, warum wir nicht umkehrten. Ich erschrak, als er mir antwortete: »Wir kehren zurück, aber auf einem Weg, der uns dicht an einem Moor vorüberbringt, in welchem wir unsere Pferde galoppieren lassen können, so weit sie gehen können; dann verlassen wir uns auf unsere Beine, so daß dann keine Gefahr mehr vorhanden ist.« Ich traute dem doch nicht so recht und wollte gern unsere Schritte beschleunigen. Er sagte: »Nicht eher, als sie es tun.« Sobald uns irgendeine kleine Unregelmäßigkeit des Bodens ihnen verbarg, galoppierten wir; waren wir in Sicht, ritten wir Schritt. Endlich erreichten wir ein Tal und galoppierten nun, uns nach links wendend, schnell an den Fuß eines Hügels; er gab mir sein Pferd zu halten, ließ die Hunde sich niederlegen und kroch auf Händen und Knien vor, um zu rekognoszieren. Er blieb eine Zeitlang in dieser Stellung, brach aber endlich in Gelächter aus und rief: »Mujeres! (Weiber!)« Er erkannte sie als die Frau und Schwägerin des Sohnes des Majors, welche nach Straußeneiern suchten. Ich habe das Benehmen dieses Mannes geschildert, weil er vollständig unter dem Eindrucke handelte, daß es Indianer seien. Sobald aber das alberne Mißverständnis aufgeklärt war, brachte er mir hundert Gründe vor, weshalb es keine Indianer gewesen sein konnten; die waren aber alle vorher vergessen worden. Wir ritten dann in Frieden und Ruhe nach einem niedrig gelegenen, Punta Alta genannten Punkte, von dem aus wir beinahe den ganzen großen Hafen von Bahía Blanca übersehen konnten.

Wir brachten die Nacht in Punta Alta zu; ich beschäftigte mich damit, fossile Knochen zu suchen: Dieser Ort war eine förmliche Katakombe für die Ungeheuer ausgestorbener Arten. Der Abend war vollkommen ruhig und klar. Als wir am Morgen zurückritten, trafen wir auf die frische Spur eines Pumas; es glückte uns aber nicht, ihn zu finden. Wir sahen auch ein paar Zorillos oder Stinktiere, widerwärtige Tiere, die durchaus nicht selten sind. Der allgemeinen Erscheinung nach ist der Zorillo dem Iltis ähnlich, er ist aber größer und im Verhältnis viel dicker. Seines Verteidigungsmittels bewußt, schweift er bei Tage über die offene Ebene und fürchtet weder den Hund noch den Menschen. Wenn ein Hund zum Angriff genötigt wird, so wird sein Mut augenblicklich durch wenige Tropfen des stinkenden Öles gebrochen, welches heftige Übelkeit verursacht. Was einmal von ihm befleckt wird, ist für immer unbrauchbar. Sicher ist, daß jedes andere Tier dem Zorillo äußerst willig Platz macht.

V. KAPITEL

Bahía Blanca

Die »Beagle« kam am 24. August hier an und segelte eine Woche später nach dem Plata. Mit Kapitän Fitzroys Zustimmung wurde ich zurückgelassen, um über Land nach Buenos Aires zu reisen. Ich will hier einige Beobachtungen einfügen, welche während dieses Besuchs und bei einer früheren Gelegenheit gemacht wurden, als die »Beagle« damit beschäftigt war, den Hafen zu vermessen.

Die Ebene gehört in einer Entfernung von wenigen Meilen von der Küste zu der großen Pampasformation, welche zum Teil aus einem rötlichen Ton, zum Teil aus einem in hohem Grade kalkhaltigen Mergel besteht. Näher nach der Küste hin finden sich einige Strecken, welche aus den Abfällen der oberen Ebene und aus Schlamm, Kies und Sand gebildet sind, die während der langsamen Erhebung des Landes vom Meer ausgeworfen wurden: Für diese Erhebung haben wir Beweise in den emporgehobenen Schichten rezenter Muscheln und abgerundeter Rollsteine von Bimsstein, welche über das Land verstreut sind. In Punta Alta haben wir einen Durchschnitt einer dieser später gebildeten kleinen Ebenen, welcher wegen der großen Zahl und des außerordentlichen Charakters der Überreste der in ihm eingebetteten gigantischen Landtiere interessant ist. Diese sind von Prof. Owen in der Zoologie der Reise der »Beagle« ausführlich beschrieben und dem Museum des College of Surgeons einverleibt worden. Ich will hier nur einen kurzen Umriß von der Natur dieser Funde geben.

Erstens: Teile von drei Schädeln und anderen Knochen des Megatherium, dessen kolossale Dimensionen durch seinen Namen ausgedrückt werden. Zweitens: Megalonyx, ein großes verwandtes Tier. Drittens: das Scelidotherium, gleichfalls ein verwandtes Tier, von dem ich ein nahezu vollständiges Skelett erhielt. Es muß so groß wie ein Rhinozeros gewesen sein. Im Bau seines Kopfes kommt es Mr.

Owen zufolge dem Ameisenfresser am nächsten, nähert sich aber in anderen Beziehungen den Armadillos. Viertens: das Mylodon Darwinii, eine nahe verwandte Gattung von unbedeutend geringerer Größe. Fünftens: ein anderes gigantisches zahnlückiges Säugetier. Sechstens: ein großes Tier, mit einem in Abschnitte geteilten Knochenpanzer, sehr ähnlich dem eines Gürteltieres. Siebtens: eine ausgestorbene Art von Pferd, auf welche ich später zurückkommen werde. Achtens: ein Zahn eines Pachydermen, wahrscheinlich derselben Art wie die Macrauchenia, ein kolossales Tier mit einem langen kamelartigen Halse. Endlich: das Toxodon, vielleicht eins der fremdartigsten Tiere, die je entdeckt worden sind. Der Größe nach glich es einem Elefanten oder Megatherium. Der Bau seiner Zähne beweist aber, wie Mr. Owen angibt, ganz unbestreitbar, daß es sehr nahe mit den Nagetieren verwandt war, mit der Ordnung, welche heutigen Tages die meisten der allerkleinsten Säugetiere umfaßt. In vielen Einzelheiten ist es mit den Pachydermen verwandt: Nach der Stellung seiner Augen, Ohren und Nasenlöcher zu urteilen, war es wahrscheinlich ein Wassertier, wie der Dugong und der Manatee, mit denen es gleichfalls verwandt ist. Wie wunderbar sind die verschiedenen Ordnungen, welche in der Jetztzeit so scharf

Rekonstruktion des Mylodon Darwinii

getrennt sind, in verschiedenen Punkten der Struktur des Toxodon miteinander verschmolzen!

Die Überreste dieser neun großen Säugetiere und viele einzelne Knochen fanden sich in dem flachen Ufer eingebettet, und zwar innerhalb eines Raumes von ungefähr zweihundert Quadrat-Yards. Es ist ein merkwürdiger Umstand, daß so viele verschiedene Spezies zusammen gefunden wurden; er beweist, wie zahlreich der Art nach die alten Bewohner dieses Landes gewesen sein müssen. In einer Entfernung von ungefähr dreißig Meilen von Punta Alta fand ich in einem Abhang von roter Erde mehrere Fragmente von Knochen, einige von bedeutender Größe. Die Erde, in welche diese Überreste eingebettet waren, enthielt wie die der Pampas acht Süßwasser- und ein Seewasser-Infusionstier; sie ist daher wahrscheinlich die Ablagerung eines Flußmündungsgebietes.

Die Überbleibsel von Punta Alta waren in geschichteten Kies und rötlichen Schlamm, so wie sie jetzt das Meer noch an ein niedriges Ufer werfen könnte, eingebettet. In ihrer Gesellschaft fanden sich dreiundzwanzig Muschelarten, von denen dreizehn noch leben; ob die übrigen ausgestorben oder einfach unbekannt sind, muß noch offen gelassen werden, da nur wenige Muschelsammlungen an dieser Küste gemacht worden sind. Durch den Umstand, daß die Knochen des Scelidotherium einschließlich der Kniescheiben in ihrer richtigen Lage begraben waren und daß der Knochenpanzer des großen armadilloartigen Tieres in Verbindung mit den Knochen eines seiner Beine sehr wohl erhalten war, können wir sicher sein, daß diese Reste frisch und noch von ihren Bändern zusammengehalten waren, als sie zusammen mit den Muscheln in dem Kies abgelagert wurden. Wir haben daher einen guten Beweis dafür, daß die oben aufgezählten riesenhaften Säugetiere, die von denen der Jetztzeit verschiedener sind als die ältesten tertiären Säugetiere Europas, zu einer Zeit lebten, als das Meer von den meisten seiner jetzigen Bewohner bevölkert war; und wir haben eine Bestätigung jenes merkwürdigen Gesetzes, daß nämlich die Langlebigkeit der Spezies bei den Säugetieren im ganzen geringer ist als bei den Schalentieren.

Die bedeutende Größe der Knochen der megatheroiden Tiere einschließlich des Megatherium, Megalonyx, Scelidotherium und Mylodon ist wirklich wunderbar. Die Lebensgewohnheiten dieser Tiere waren den Naturforschern ein vollkommenes Rätsel, bis Prof. Owen vor kurzem das Problem mit bemerkenswertem Scharfsinn löste. Die Zähne weisen durch ihren einfachen Bau darauf hin, daß die megatheroiden Tiere von vegetabilischer Nahrung und wahrscheinlich von Blättern und kleinen Zweigen von Bäumen lebten; ihre schwerfälligen Formen und großen, stark gekrümmten Klauen scheinen für eine leichte Bewegung so wenig angepaßt zu sein, daß einige ausgezeichnete Naturforscher wirklich angenommen haben, daß sie wie Faultiere, mit denen sie nahe verwandt sind, mit dem Rükken nach unten an Bäumen kletternd lebten und sich von den Blättern ernährten. Es war eine kühne, um nicht zu sagen widersinnige Idee, sich vorsintflutliche Bäume vorzustellen, deren Zweige stark genug wären, Tiere zu tragen, die so groß wie Elefanten waren. Mit viel größerer Wahrscheinlichkeit nimmt Prof. Owen an, daß sie, anstatt auf Bäume zu klettern, die Zweige zu sich herunterholten und die kleineren Bäume mit den Wurzeln ausrissen, um sich von den Blättern zu ernähren. Die kolossale Breite und Schwere ihrer Hinterteile, die man sich kaum vorstellen kann, ohne sie gesehen zu haben, ist nach dieser Ansicht von offenbarem Nutzen, statt nur eine Beschwerung zu sein. Ihre scheinbare Unbeholfenheit verschwindet. Ihre großen Schwänze und ihre kolossalen Fersen fast wie ein Dreifuß auf den Boden aufgestützt, konnten sie die volle Gewalt ihrer äußerst kräftigen Arme und Klauen ungehindert anwenden. Ungeheuer fest verwurzelt muß der Baum gewesen sein, welcher einer solchen Kraft widerstehen konnte! Überdies war das Mylodon mit einer langen vorstreckbaren Zunge, ähnlich der der Giraffe, versehen, welche durch eine jener wunderschönen Einrichtungen der Natur in dieser Weise mit Unterstützung des langen Halses ihre Blätternahrung erreicht. Ich will noch erwähnen, daß der Angabe von Bruce zufolge der Elefant in Abessinien, wenn er die Zweige mit seinem Rüssel nicht erreichen kann, den Stamm des Baumes mit seinen Stoßzähnen aufwärts und abwärts und ringsum tief einritzt, bis er hinreichend geschwächt ist, um umgebrochen zu werden.

Ich will nun eine Schilderung der Lebensweise einiger der interessanteren Vögel geben, welche auf den wilden Ebenen des nördlichen Patagonien gemein sind, und zunächst mit dem größten beginnen, dem südamerikanischen Strauß. Die Lebensart der Strauße ist jedermann bekannt. Sie leben von Pflanzenstoffen, wie Wurzeln und Gras; in Bahía Blanca habe ich aber wiederholt drei oder vier zur Ebbezeit zu den ausgedehnten Schlammbänken, welche dann trocken liegen, herabkommen sehen, um, wie die Gauchos sagen, kleine Fische zu fangen. Obgleich der Strauß in seiner Lebensweise so scheu, vorsichtig und solitär und obwohl er so flüchtig in seinem Laufe ist, so wird er doch von den Indianern oder Gauchos mit der Bola ohne große Schwierigkeit gefangen. Wenn mehrere Reiter in einem Halbkreis erscheinen, so wird er verwirrt und weiß nicht, nach welcher Richtung er entfliehen soll. Sie ziehen im allgemeinen vor, gegen den Wind zu laufen; bei dem ersten Anlauf aber breiten sie ihre Flügel aus und setzen, wie ein Schiff, alle Segel auf. An einem schönen warmen Tage sah ich mehrere Strauße ein Gebüsch von hohen Binsen betreten, wo sie verborgen niederkauerten, bis man ganz dicht an sie herangekommen war. Es ist nicht allgemein bekannt, daß Strauße sehr leicht ins Wasser gehen. Bei zwei Gelegenheiten sah ich einige Strauße quer über den Fluß Santa Cruz schwimmen, wo er ungefähr vierhundert Yards breit und das Gefälle reißend war.

Als ich in Rio Negro im nördlichen Patagonien war, hörte ich wiederholt die Gauchos von einem sehr seltenen Vogel sprechen, welchen sie Avestruz Petise nannten. Sie beschrieben ihn kleiner als den gemeinen Strauß, welcher dort sehr häufig ist, aber ihm doch im allgemeinen sehr ähnlich. Sie sagten, seine Farbe wäre dunkel und gefleckt, seine Beine wären kürzer und weiter hinab befiedert als beim gewöhnlichen Strauß. Er werde leichter mit den Bolas gefangen als die andere Art. Die wenigen Einwohner, welche beide Arten gesehen hatten, behaupteten, sie könnten beide aus einer weiten Entfernung voneinander unterscheiden. Diese Spezies kommt äußerst selten auf den an den Rio Negro anstoßenden Ebenen vor; aber ungefähr einen und einen halben Grad weiter nach Süden sind sie ziemlich häufig. Als wir in Port Desire in Patagonien (48° s. Br.) waren, schoß Mr. Martens einen Strauß. Ich sah ihn mir an, vergaß aber im Augenblick die ganze Geschichte von den Petises und glaubte, es sei ein noch nicht ausgewachsener Vogel der gemeinen Art. Er wurde gekocht und gegessen, ehe mein Gedächtnis zurückkehrte. Glücklicherweise waren der Kopf, Hals, die Beine, Flügel, viele der größeren Federn und ein großer Teil der Haut aufgehoben worden. Und aus diesen ist ein nahezu vollständiges Exemplar zusammengestellt worden, welches jetzt im Museum der Zoologischen Gesellschaft aufgestellt ist. Bei der Beschreibung dieser neuen Spezies hat Mr. Gould mir die Ehre erwiesen, sie nach meinem Namen zu nennen.

Ein sehr eigentümlicher kleinerer Vogel, Thinocorus rumicivorus, ist häufig anzutreffen; in seiner Lebensweise und im allgemeinen Ansehen besitzt er fast zu gleichen Teilen, so verschieden sie auch sind, die Charaktere der Wachtel und der Bekassine. Der Thinocorus findet sich im ganzen südlichen Süd-Amerika, wo es nur immer sterile Ebenen oder offenes trockenes Weideland gibt. Er lebt in Paaren oder kleinen Herden an den desolatesten Stellen, wo kaum irgendein anderes lebendes Geschöpf existieren kann. Nähert man sich ihnen, so ducken sie platt nieder und sind dann sehr schwer vom Erdboden zu unterscheiden. Suchen sie Nahrung, so gehen sie im ganzen langsam mit weit auseinandergestellten Beinen. Auf Straßen und sandigen Plätzen stäuben sie sich und besuchen besondere Stellen, wo sie Tag für Tag gefunden werden können: Wie die Rebhühner erheben sie sich in der Herde zum Flug. In allen diesen Beziehungen, in dem muskulösen Kaumagen, der für Pflanzenkost angepaßt ist, in dem gebogenen Schnabel, den kurzen Beinen und der Form des Fußes zeigt der Thinocorus eine nahe Verwandtschaft mit den Wachteln. Sobald man aber den Vogel fliegen sieht, verändert sich sein ganzen Ansehen; die lang zugespitzten Flügel, die von denen der hühnerartigen Vögel so verschieden sind, die unregelmäßige Art und Weise des Fluges und der klagende, im Momente des Erhebens ausgestoßene Ton rufen sofort das Bild der Bekassine hervor.

Die Gattung Furnarius enthält mehrere Spezies sämtlich kleiner Vögel, welche auf dem Boden leben und offene trockene Landstrecken bewohnen. Ihrem Bau nach können sie mit keiner europäischen Form verglichen werden. Die bestbekannte Spezies ist der Ofenvogel des La Plata, der »Casara« (Baumeister) der Spanier. Das Nest, von dem er seinen Namen hat, wird an den augenfälligsten Stellen angebracht, so auf der Spitze eines Pfahles, auf einem nackten Felsen oder auf einem Kaktus. Es wird aus Schlamm und Stückchen Stroh gebaut und hat starke, dicke Wände: Seiner Form nach gleicht es genau einem Backofen oder einem eingedrückten Bienenkorb. Die Öffnung ist groß und bogenförmig, und gerade vorn, innerhalb des Nestes, findet sich eine Scheidewand, welche bis nahe an das Dach reicht und so einen Vorsaal oder ein Vorzimmer für das eigentliche Nest bildet.

Eine andere und kleinere Art von Furnarius gleicht dem Ofenvogel in dem allgemeinen rötlichen Ton seines Gefieders, in einem eigentümlich schrillen, oft wiederholten Rufe und in einer merkwürdigen Manier stoßweise zu laufen. Seiner Verwandtschaft wegen nennen ihn die Spanier »Casarita« (oder kleiner Baumeister), obschon sein Nestbau völlig verschieden ist. Die Casarita baut ihr Nest am Grund einer engen zylindrischen Höhle, welche, wie man sagt, sich horizontal bis nahezu sechs Fuß unter der Erde hin erstreckt. Mehrere Personen des Landes erzählten mir, daß sie als Knaben versucht hätten, das Nest auszugraben, aber kaum jemals das Ende des Ganges erreicht hätten.

Ich habe bereits beinahe alle Säugetiere erwähnt, die in

dem Lande häufig sind. Von Gürteltieren kommen drei Arten vor, nämlich der Dasypus minutus oder Pichy, der D. villosus oder Peludo und der Apar. Die erste Art erstreckt sich zehn Grad weiter südlich als irgendeine andere; eine vierte Spezies, die Mulita, reicht südlich nicht bis nach Bahía Blanca. Diese vier Spezies haben eine nahezu ähnliche Lebensweise; der Peludo ist indessen ein Nachttier, während die anderen bei Tag über die offenen Ebenen wandern und sich von Käfern, Larven, Wurzeln und selbst kleinen Schlangen ernähren. Während eines Rittes in der Nähe von Bahía Blanca trafen wir mehrere. Um eins dieser Tiere zu fangen, war es aber meist notwendig, sich fast im Moment, wo man es bemerkte, vom Pferde herabzustürzen, denn im weichen Boden gräbt sich das Tier so schnell ein, daß das Hinterteil fast verschwindet, ehe man nur absteigt. Es scheint fast schade, so nette kleine Tiere zu töten, denn, wie ein Gaucho sagte, während er sein Messer auf dem Rücken eines derselben schärfte: »Son tan mansos. (Sie sind so ruhig.)«

Eidechsen gab es vielerlei Arten, aber nur eine (Proctotretus multimaculatus) war wegen ihrer Lebensweise merkwürdig. Sie lebt auf dem nackten Sand in der Nähe der Küste und kann wegen ihrer gefleckten Farbe kaum von der umgebenden Fläche unterschieden werden. Wird sie erschreckt, so versucht sie dadurch der Entdeckung zu entgehen, daß sie sich mit ausgestreckten Beinen, platt gedrücktem Körper und geschlossenen Augen totstellt: Wird sie noch weiter belästigt, so gräbt sie sich mit großer Geschwindigkeit in den losen Sand ein. Wegen ihres abgeplatteten Körpers und ihrer kurzen Beine kann diese Eidechse nicht schnell laufen.

Während meines Aufenthaltes in Bahía Blanca, während ich auf die »Beagle« wartete, war der Ort in einem beständigen Zustand von Aufregung durch Gerüchte von Krieg und Siegen zwischen den Truppen des General Rosas und den wilden Indianern. Eines Tages kam ein Bericht, daß die ganze Mannschaft einer kleinen, eine der Postas auf dem Wege nach Buenos Aires bildenden Truppe ermordet

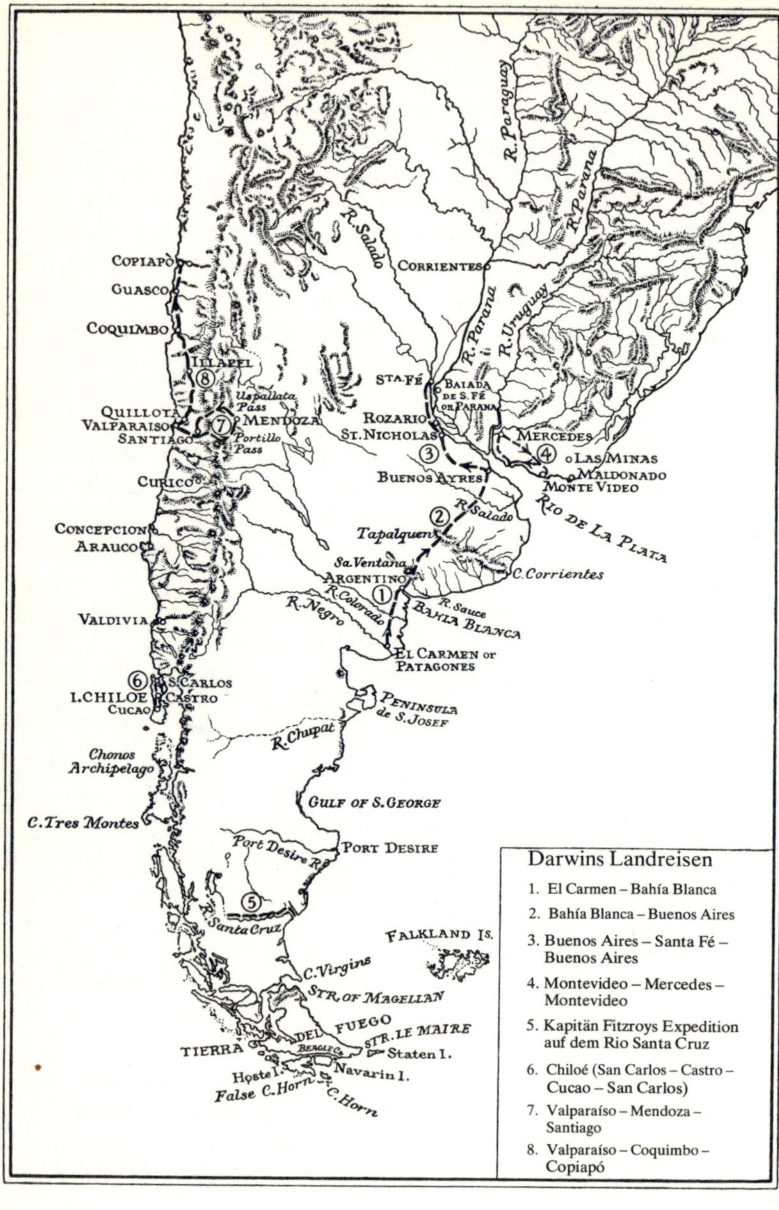
R. Paraguay
R. Parana
R. Salado
CORRIENTES
COPIAPÒ
GUASCO
COQUIMBO
ILLAPEL
QUILLOTA
VALPARAISO
SANTIAGO
Uspallata Pass
MENDOZA
Portillo Pass
STA. FÉ
BAIADA DE S. FÉ OR PARANA
R. Uruguay
ROZARIO
ST. NICHOLAS
MERCEDES
o LAS MINAS
MALDONADO
MONTE VIDEO
BUENOS AYRES
RIO DE LA PLATA
CURICO
R. Salado
CONCEPCION
ARAUCO
Tapalquen
Sa. Ventana
ARGENTINO
C. Corrientes
R. Colorado
R. Negro
R. Sauce
BAHIA BLANCA
VALDIVIA
EL CARMEN or PATAGONES
S. CARLOS
I. CHILOE
CASTRO
CUCAO
PENINSULA de S. JOSEF
R. Chupat
Chonos Archipelago
GULF OF S. GEORGE
C. Tres Montes
Port Desire R.
PORT DESIRE
R. Santa Cruz
FALKLAND IS.
C. Virgins
STR. OF MAGELLAN
TIERRA DEL FUEGO
STR. LE MAIRE
Staten I.
Navarin I.
Hoste I.
False C. Horn
C. Horn
Darwins Landreisen
1. El Carmen – Bahía Blanca
2. Bahía Blanca – Buenos Aires
3. Buenos Aires – Santa Fé – Buenos Aires
4. Montevideo – Mercedes – Montevideo
5. Kapitän Fitzroys Expedition auf dem Rio Santa Cruz
6. Chiloé (San Carlos – Castro – Cucao – San Carlos)
7. Valparaíso – Mendoza – Santiago
8. Valparaíso – Coquimbo – Copiapó

gefunden worden sei. Am nächsten Tage kamen dreihundert Mann unter dem Befehl des Kommandanten Miranda von Colorado an. Ein großer Teil dieser Leute waren Indianer (»mansos« oder »Zahme«), die zu dem Stamm des Kaziken Bernantio gehörten. Sie brachten die Nacht hier zu, und man kann sich unmöglich etwas Wilderes und Roheres vorstellen als die Szene ihres Biwaks. Einige tranken, bis sie berauscht waren, andere verschlangen das Blut des zu ihrem Abendessen geschlachteten Rindes, warfen dann in ihrer Trunkenheit alles wieder aus und wurden mit Schmutz und Blut über und über beschmiert.

Am Morgen brachen sie zum Ort des Mordes auf mit dem Befehl, dem »Rastro« oder der Spur zu folgen, selbst wenn sie dieselbe nach Chile führte. Wir hörten später, daß die wilden Indianer in die großen Pampas entkommen seien und daß aus irgendeiner Ursache die Spur verloren worden sei. Ein Blick auf den Rastro erzählt diesen Leuten eine ganze Geschichte. Nimmt man an, sie untersuchen die Spur von einem Tausend Pferde, so werden sie sehr bald die Zahl der gerittenen überschlagen können, wenn sie sehen, wie viele galoppiert haben; an der Tiefe der anderen Eindrücke, ob irgendwelche Pferde mit Lasten beladen waren; aus der Unregelmäßigkeit der Fußtritte, wie weit sie ermüdet waren; und aus der Art und Weise, in welcher die Nahrung zubereitet worden war, ob die Verfolgten in Eile fortzogen; endlich aus dem allgemeinen Ansehen, wie lange es her ist, daß sie die Stelle passierten. Sie halten einen Rastro von zehn oder vierzehn Tagen für völlig frisch genug, um aufgejagt zu werden. Wir hörten auch, daß Miranda vom westlichen Ende der Sierra Ventana in einer direkten Richtung nach der Insel Cholechel marschiert sei, die siebzig Stunden den Rio Negro aufwärts liegt. Dies ist eine Entfernung von zwei- bis dreihundert Meilen durch eine vollständig unbekannte Gegend. Welche anderen Truppen in der Welt sind so unabhängig? Mit der Sonne zum Führer, Stutenfleisch zur Nahrung, ihre Satteldecken zum Bett können, so lange ein wenig Wasser vorhanden ist, diese Leute bis zum Ende der Welt aushalten.

Wenige Tage später sah ich eine andere Abteilung dieser banditenartigen Soldaten zu einer Expedition gegen einen Indianerstamm an den kleinen Salinas aufbrechen, der von einem gefangenen Kaziken verraten worden war. Der Spanier, welcher den Befehl zu dieser Expedition brachte, war ein sehr intelligenter Mann. Er gab mir einen Bericht von dem letzten Gefecht, bei dem er zugegen gewesen war. Einige Indianer, die gefangengenommen worden waren, gaben Mitteilungen über einen nördlich von Colorado lebenden Stamm. Zweihundert Soldaten wurden ausgesandt; sie entdeckten die Indianer zuerst durch eine von den Füßen ihrer Pferde aufgeworfene Staubwolke, wie sie weiter wanderten. Das Land war bergig und wild, und es muß weit im Innern gewesen sein, denn die Cordillera war in Sicht. Die Indianer, Männer, Frauen und Kinder, waren ungefähr einhundertzehn an Zahl und wurden beinahe alle gefangen oder getötet; denn die Soldaten säbeln jedermann nieder. Die Indianer sind jetzt so erschreckt, daß sie keinen Widerstand in Masse leisten, sondern jeder flieht, seine Frau und Kinder verlassend; werden sie aber überholt, so kämpfen sie wie wilde Tiere gegen jede Überzahl bis zum letzten Atemzug. Ein sterbender Indianer erfaßte mit seinen Zähnen den Daumen seines Gegners und ließ sich das eigene Auge ausdrücken, ehe er seinen Biß losließ. Ein anderer, der verwundet war, stellte sich tot, hielt aber sein Messer bereit, um noch einen tüchtigen Streich damit zu tun. Mein Gewährsmann erzählte, daß, als er einen Indianer verfolgt habe, der Mann um Gnade gerufen, aber gleichzeitig heimlich die Bolas um seine Taille gelöst habe, in der Absicht, sie um den Kopf seines Verfolgers zu schwingen und ihn so niederzustrecken. »Ich streckte ihn aber mit meinem Säbel nieder, stieg dann vom Pferde ab und schnitt ihm mit dem Messer die Kehle ab.« Dies ist ein dunkles Gemälde, aber wieviel schaudervoller ist die unbestreitbare Tatsache, daß alle Frauen, die über zwanzig Jahre alt zu sein scheinen, mit kaltem Blute massakriert werden! Als ich ausrief, daß dies doch im ganzen inhuman schiene, antwortete er: »Warum? Was ist zu machen? Sie vermehren sich sonst!«

Jedermann ist hier völlig überzeugt, daß dies der allergerechteste Krieg ist, weil er gegen Barbaren geführt wird. Wer würde glauben, daß in dieser Zeit solche Scheußlichkeiten in einem christlichen zivilisierten Lande begangen werden könnten? Die Kinder der Indianer werden erhalten, um als Diener oder vielmehr Sklaven verkauft oder weggegeben zu werden. Ich glaube aber, in ihrer Behandlung haben sie sich nur über wenig zu beklagen.

In dem Kampfe liefen vier Mann zusammen fort. Sie wurden verfolgt, einer wurde getötet und die anderen lebendig gefangen. Es stellte sich heraus, daß sie Boten oder Gesandte von einer großen zu der gemeinsamen Sache der Verteidigung verbundenen Menge Indianer in der Nähe der Cordillera waren. Der Stamm, zu dem sie gesandt worden waren, war im Begriff, einen großen Rat zu halten. Das Festessen von Stutenfleisch war hergerichtet und der Tanz vorbereitet: Am Morgen hätten die Gesandten nach der Cordillera zurückkehren sollen. Sie waren merkwürdig schöne Leute, sehr blond, über sechs Fuß hoch und alle unter dreißig Jahre alt. Die drei Überlebenden waren natürlich im Besitze sehr wertvoller Informationen; und um diese aus ihnen herauszubringen, wurden sie in eine Reihe gestellt. Als die ersten beiden gefragt wurden, antworteten sie »no sé« (ich weiß nicht), und einer nach dem anderen wurde erschossen. Der dritte sagte gleichfalls »no sé« und setzte hinzu: »Schießt, ich bin ein Mann und kann sterben!« Nicht eine Silbe wollten sie verraten, wodurch sie die vereinte Sache ihres Vaterlandes hätten schädigen können! Das Benehmen des oben erwähnten Kaziken war hiervon sehr verschieden; er rettete sein Leben dadurch, daß er den besprochenen Kriegsplan und den Vereinigungspunkt in den Anden verriet. Man glaubte, daß bereits sechs- oder siebenhundert Indianer dort versammelt seien und daß sich im Sommer diese Zahl verdoppeln würde.

General Rosas' Plan ist, alle zerstreut Aufgefundenen zu töten und die übrigen, nachdem sie auf einem gemeinsamen Punkte zusammen getrieben wären, im Laufe des Sommers mit Unterstützung der Chilenen in Masse anzugreifen. Diese Operation solle in drei aufeinander folgenden Jahren wiederholt werden. Ich glaube, der Sommer ist für die Zeit des Hauptangriffs gewählt worden, weil die Ebenen dann kein Wasser haben und die Indianer nur in besonderen Richtungen ziehen können. Das Entkommen der Indianer nach dem Süden vom Rio Negro, wo sie in einem so ungeheueren unbekannten Lande sicher sein würden, wird durch einen Vertrag mit den Tehuelches verhütet, welcher dahin lautet, daß Rosas ihnen für jeden südwärts von dem Fluß getroffenen, getöteten Indianer soundso viel zahlt, daß sie aber, wenn sie dies nicht tun, selbst vernichtet werden. Der Krieg wird hauptsächlich gegen die Indianer in der Nähe der Cordillera geführt, denn viele von den Stämmen auf der östlichen Seite kämpfen auf Rosas' Seite. Da der General indessen daran denkt, daß seine Freunde in der Zukunft einmal seine Feinde werden könnten, stellt er sie immer in die vordersten Reihen, so daß ihre Zahl rapid abnimmt. Nachdem wir Süd-Amerika verlassen hatten, hörten wir, daß dieser Vernichtungskrieg vollständig fehlgeschlagen ist.

Unter den während dieses Gefechtes gefangengenommenen Mädchen waren zwei sehr hübsche Spanierinnen, die, als sie jung waren, von den Indianern weggeschleppt waren und nur noch die Sprache der Indianer reden konnten. Nach ihrer Schilderung müssen sie von Salta gekommen sein, in gerader Linie eine Entfernung von nahezu tausend Meilen. Dies gibt einen Begriff von dem ungeheueren Gebiet, über welches die Indianer schweifen: Und doch, so groß dies ist, glaube ich, daß in einem halben Jahrhundert nicht ein wilder Indianer nördlich vom Rio Negro noch leben wird. Die Kriegführung ist zu blutig, um dauern zu können. Die Christen töten jeden Indianer, und die Indianer tun dasselbe mit den Christen. Es ist traurig zu verfolgen, wie die Indianer vor den Eindringlingen zurückgewichen sind. Schmidel sagt, daß es 1535, als Buenos Aires gegründet wurde, Dörfer gab, welche zwei- und dreitausend Einwohner hatten. Selbst in Falconers Zeit (1750) machten die Indianer noch Streifzüge bis nach Luxan,

Areco und Arrecife. Jetzt aber sind sie bis jenseits des Salado zurückgetrieben. Es sind nicht bloß ganze Stämme vernichtet, sondern die übrigbleibenden Indianer sind barbarisch geworden: Anstatt in großen Dörfern zu leben und mit den Künsten des Fischfangs ebenso wohl wie der Jagd beschäftigt zu sein, wandern sie jetzt über die offenen Ebenen ohne Heimstätte und ohne feste Beschäftigungen.

Ich erhielt auch einen Bericht von dem Gefecht, welches, wenige Wochen vor dem erwähnten, bei Cholechel stattfand. Es ist dies ein sehr wichtiger Punkt, weil er ein Paß für Pferde ist, und er war deshalb eine Zeitlang das Hauptquartier einer Armeeabteilung. Als die Truppen dort ankamen, fanden sie einen Indianerstamm, von dem sie zwanzig oder dreißig töteten. Der Kazike entkam in einer Art und Weise, welche alle in Erstaunen setzte. Die Indianerhäuptlinge haben stets ein oder zwei ausgesuchte Pferde, welche sie für irgendeine dringende Gelegenheit bereithalten. Auf eins derselben, einen alten Schimmel, sprang der Kazike, seinen kleinen Sohn mit sich nehmend. Das Pferd hatte weder Sattel noch Zügel. Um die Schüsse zu vermeiden, ritt der Indianer in der eigentümlichen Art seines Volkes, nämlich den einen Arm um den Hals des Pferdes festgeschlungen und nur ein Bein auf dessen Rücken. In dieser Weise auf einer Seite hängend sah man ihn, den Kopf des Pferdes liebkosend und zu ihm sprechend. Die Verfolger machten alle Anstrengungen auf der Jagd, der Kommandant wechselte dreimal sein Pferd, aber alles vergebens. Der alte Indianer, Vater und Sohn, entkamen und waren frei. Was für ein schönes Bild kann man sich im Geiste machen, die bronzeartige Figur des alten Mannes mit seinem kleinen Jungen, wie ein Mazeppa auf dem Schimmel reitend und die Menge seiner Verfolger weit hinter sich lassend!

Eines Tages sah ich einen Soldaten an einem Stück Feuerstein Feuer schlagen, welches ich sofort als einen Teil einer Pfeilspitze erkannte. Er sagte mir, daß es in der Nähe der Insel Cholechel gefunden worden sei und daß sie dort häufig aufgelesen würden. Es war zwischen zwei und drei Zoll lang und daher zweimal so groß wie die jetzt in Feuerland gebrauchten: Es war aus einem opaken rahmfarbigen Feuerstein gemacht, aber die Spitze und Fahnen waren absichtlich abgebrochen worden. Es ist bekannt, daß kein Pampas-Indianer jetzt Bogen und Pfeile braucht. Ich glaube, ein kleiner Stamm in Banda Oriental muß ausgenommen werden; sie leben aber weit von den Pampas-Indianern entfernt und berühren sich nahe mit den Stämmen, welche die Wälder bewohnen und zu Fuß leben. Es scheint demnach, als seien diese Pfeilspitzen antiquarische Überreste der Indianer aus der Zeit her, ehe die große Veränderung in der Lebensweise durch die Einführung des Pferdes in Süd-Amerika eingetreten war.

VI. KAPITEL

Von Bahía Blanca nach Buenos Aires

8. September. – Ich mietete einen Gaucho, der mich auf meinem Ritt nach Buenos Aires begleiten sollte, hatte aber dabei einige Schwierigkeit; der Vater des einen Mannes fürchtete sich, ihn gehen zu lassen, und ein andrer, der willens zu sein schien, wurde mir als so furchtsam geschildert, daß ich besorgt wurde, ihn mitzunehmen; es wurde mir gesagt, daß er, wenn er einen Strauß in der Ferne sähe, ihn für einen Indianer halten und wie der Wind davor fliehen werde. Die Entfernung bis nach Buenos Aires beträgt ungefähr vierhundert Meilen; beinahe der ganze Weg führt durch ein unbewohntes Land. Wir brachen zeitig am Morgen auf. Nachdem wir wenige hundert Fuß aus dem mit grünem Rasen bekleideten Becken, in welchem Bahía Blanca liegt, aufwärts gestiegen waren, betraten wir eine weite wüste Ebene. Das Wetter war schön, die Atmosphäre aber merkwürdig dunstig; ich glaubte, ihr Ansehen kündete einen Sturm an, die Gauchos sagten aber, es rühre daher, daß die Ebene in einer großen Entfernung nach dem Innern zu brenne. Nach einem langen Galopp und zweimaligem Wechseln der Pferde erreichten wir den Rio Sauce: Es ist ein kleiner, tiefer, reißender Strom, nicht über fünfundzwanzig Fuß breit. Die zweite Posta auf der Straße nach Buenos Aires liegt an seinen Ufern; eine kurze Strecke stromaufwärts findet sich eine Furt für Pferde, wo das Wasser den Pferden nicht bis an den Bauch reicht; von diesem Punkt an ist er aber in seinem weiteren Verlauf bis zum Meer vollständig unpassierbar und bildet daher eine äußerst zweckmäßige Schranke gegen die Indianer.

10. September. – Nachdem wir am Morgen glücklich vor einem Sturm entflohen waren, kamen wir um die Mitte des Tages an der Sauce–Posta an. Auf dem Wege sahen wir Hirsche in großer Zahl und in der Nähe der Berge ein Guanaco. Die Ebene, welche an die Sierra Ventana

anstößt, ist von einigen merkwürdigen Gräben durchzogen, von denen einer ungefähr zwanzig Fuß breit und mindestens dreißig tief war; infolgedessen waren wir genötigt, einen beträchtlichen Umweg zu machen, ehe wir einen Übergang finden konnten. Wir blieben die Nacht in der Posta; das Gespräch drehte sich, wie es gewöhnlich der Fall ist, um die Indianer. Die Sierra Ventana war früher für sie ein bedeutender Versammlungsort; und vor drei oder vier Jahren wurde dort viel gekämpft. Mein Führer war anwesend, als viele Indianer getötet wurden; die Frauen entkamen auf die Spitze des Kammes und kämpften ganz verzweifelt mit großen Steinen; viele retteten sich dadurch.

11. September. – Wir gingen weiter zur dritten Posta in Begleitung des kommandierenden Leutnants. Die Entfernung wird auf fünfzehn Stunden angegeben; dies ist aber nur ungefähr geraten; allgemein überschätzt man die Entfernungen. Die Straße war uninteressant und führte über eine trockene grasige Ebene. Vor unserer Ankunft begegneten wir einer großen Herde von Rindern und Pferden, welche von fünfzehn Soldaten behütet wurden; man sagte uns aber, daß viele verloren worden seien. Es ist sehr schwer, Tiere über die Ebene zu treiben; denn wenn sich in der Nacht ein Puma oder selbst nur ein Fuchs nähert, so ist nichts imstande, die Pferde davon abzuhalten, nach allen Richtungen hin auseinanderzujagen; ein Gewitter hat dieselbe Wirkung. Es ist nicht lange her, daß ein Beamter mit fünfhundert Pferden Buenos Aires verließ; als er bei der Armee ankam, hatte er nicht ganz zwanzig.

Bald nachher merkten wir durch eine Wolke Staubes, daß ein Trupp Berittener auf uns zukam; als sie noch weit entfernt waren, erkannten sie meine Begleiter aus ihrem langen, ihren Rücken hinabwallenden Haar für Indianer. Die Indianer haben meistens nur ein Stirnband um ihre Köpfe, tragen aber nie eine Bedeckung; ihr schwarzes, quer über dunkelbraune Gesichter wehendes Haar erhöht in einem ganz ungemeinen Grade die Wildheit ihrer Erscheinung. Es stellte sich heraus, daß es ein Trupp von Bernantios befreundetem Stamme war, welcher nach Salz zu einer

Salina ging. Die Indianer essen viel Salz, die Kinder lutschen daran wie an Zucker. Die Indianer nickten uns freundlich zu, als sie in vollem Galopp bei uns vorbeikamen, einen Trupp Pferde vor sich hertreibend und ein Gefolge von mageren Hunden hinter sich.

12. und 13. September. – Ich blieb zwei Tage auf dieser Posta und wartete auf einen Trupp Soldaten, welche, wie General Rosas die Freundlichkeit gehabt hatte mich durch einen Boten wissen zu lassen, binnen kurzem nach Buenos Aires ziehen würden; er riet mir, diese Gelegenheit, mit einer Eskorte zu reisen, zu benutzen. Am Morgen ritten wir auf einige benachbarte Hügel, um einen Blick auf das Land zu haben und die Geologie desselben zu untersuchen. Nach dem Mittagessen teilten sich die Soldaten in zwei Gruppen, um sich in ihrer Geschicklichkeit mit den Bolas miteinander zu messen. Zwei Speere wurden fünfunddreißig Yards voneinander entfernt in den Boden gesteckt; sie wurden aber nur einmal unter vier oder fünf Würfen getroffen und umwickelt. Die Kugeln können fünfzig oder sechzig Yards weit, aber dann nur mit geringer Sicherheit geworfen werden. Dies bezieht sich aber nicht auf einen Mann zu Pferde; denn wenn die Geschwindigkeit des Pferdes noch zu der Stärke des Arms addiert wird, so können sie, wie man sagt, mit voller Wirkung noch auf eine Entfernung von achtzig Yards fortgeschleudert werden. Als einen Beweis für ihre Kraft will ich erwähnen, daß, als auf den Falkland-Inseln die Spanier mehrere ihrer eigenen Landsleute und alle Engländer ermordeten, ein junger befreundeter Spanier davonlief; ein starker, großer Mann, mit Namen Luciano, kam ihm in vollem Galopp nachgesetzt, rief ihm zu, er möge stehen bleiben, er wolle nur etwas mit ihm sprechen. Gerade als der Spanier im Begriff war, das Boot zu erreichen, warf Luciano die Kugeln nach ihm; sie trafen ihn an den Beinen mit einer solchen Wucht, daß er niedergeworfen wurde und eine Zeitlang besinnungslos blieb. Nachdem Luciano sein Gespräch mit ihm gehabt hatte, ließ man ihn laufen. Er sagte uns, daß seine Beine da, wo sich der Riemen herumgeschlungen hätte, mit großen Schwielen

gezeichnet gewesen wären, als wäre er mit einer Peitsche geschlagen worden. In der Mitte des Tages kamen zwei Männer, die ein Paket von der nächsten Posta zur Weiterbeförderung an den General brachten: Unsere Gesellschaft bestand sonach an diesem Abend außer diesen beiden aus meinem Führer, mir selbst, dem Leutnant und seinen vier Soldaten. Die letzteren waren fremdartige Geschöpfe; der erste war ein schöner junger Neger; der zweite halb Neger, halb Indianer, die andern beiden unbestimmbar, nämlich ein alter chilenischer Bergmann von Mahagoni-Farbe, der andere teilweise Mulatte; beide waren aber Mischlinge mit so abscheulichem Ausdruck, wie ich nie zuvor gesehen hatte. Des Nachts, wenn sie um das Feuer herumsaßen und Karten spielten, zog ich mich etwas zurück, um die Szene zu betrachten. Sie saßen unter einem niedrigen Felsvorsprung, so daß ich auf sie herabsehen konnte; um die Gesellschaft herum lagen Hunde, Waffen, Überreste von Hirschen und Straußen; ihre langen Speere waren in den Boden gepflanzt. Weiter hin im dunklen Hintergrund waren ihre Pferde angebunden, bereit für jede plötzliche Gefahr. Wurde die Stille der öden Ebene durch das Bellen eines der Hunde unterbrochen, so legte einer der Soldaten, das Feuer verlassend, seinen Kopf dicht an den Boden und musterte langsam den Horizont.

Welch elendes Leben scheinen uns doch diese Leute zu führen! Sie waren wenigstens zehn Stunden von der Sauce-Posta und seit dem von den Indianern verübten Massaker zwanzig von einer andern entfernt. Man vermutet, die Indianer hätten ihren Angriff mitten in der Nacht ausgeführt; denn sehr zeitig am Morgen nach dem Gemetzel wurden sie glücklicherweise bei ihrer Annäherung an diese Posta gesehen. Der ganze Trupp hier mitsamt dem Trupp Pferden entkam indessen. Jeder schlug eine Richtung für sich ein und trieb soviel Tiere mit sich fort, wie er nur konnte.

Die kleine aus Distelstengeln gebaute Hütte, in der sie schliefen, hielt weder den Regen noch den Wind ab; die Wirkung, die das Dach im ersteren Falle hatte, war, den

Regen in größere Tropfen zu sammeln. Sie hatten nichts zu essen, außer was sie sich fangen konnten, wie Strauße, Hirsche, Armadillos usw., und ihr einziges Feuerungsmaterial waren die trockenen Stengel einer kleinen einer Aloë ähnlichen Pflanze. Der einzige Luxus, den diese Leute genossen, bestand darin, die kleinen Papier-Zigarren zu rauchen und Maté zu schlürfen. Ich dachte mir immer, daß die Aasgeier, diese beständigen Begleiter des Menschen auf diesen traurigen Ebenen, während sie auf den kleinen Felsvorsprüngen in der Nähe saßen, durch die Geduld selbst, mit der sie dasaßen, auszusprechen schienen: »Ei, wenn die Indianer kommen, haben wir eine gute Mahlzeit.«

14. September. – Da die zur nächsten Posta gehörenden Soldaten zurückzukehren gedachten und wir zusammen eine Gesellschaft von fünf sämtlich bewaffneten Personen bilden würden, beschloß ich, nicht auf die Truppen zu warten. Mein Wirt, der Leutnant, drängte sehr in mich, zu bleiben. Da er sehr verbindlich gewesen war – er hatte mich nicht bloß mit Nahrung versehen, sondern mir sogar seine Privatpferde geliehen –, so wollte ich ihm gern irgendeine Entschädigung geben. Ich fragte also meinen Führer; er sagte aber ganz entschieden »Nein«; er meinte, daß die einzige Antwort, die ich erhalten würde, wahrscheinlich die wäre: »Wir haben in unserem Lande Fleisch für die Hunde, geben es daher auch einem Christen gern.« Man darf nicht etwa vermuten, daß die Stellung eines Leutnants in einer solchen Armee die Annahme einer Bezahlung irgendwie verhindern würde; es war nur das starke Gefühl der Gastfreundschaft, welches jeder Reisende als ganz allgemein in diesen Provinzen anzuerkennen verbunden ist. Nachdem wir einige Wegstunden galoppiert waren, kamen wir in eine niedrige, morastige Gegend, welche sich bis nahezu achtzig Meilen nach Norden, so weit bis zur Sierra Tapalquén hin erstreckt. In einigen Teilen fanden sich schöne, feuchte, mit Gras bedeckte ebene Stellen, während andere einen weichen, schwarzen, torfigen Boden hatten. Es waren dort auch viele große, aber seichte Seen und große mit Röhricht bedeckte Einsenkungen. Zur Nacht hatten wir etwas

Schwierigkeit, inmitten des Morastes einen trockenen Fleck für unser Biwak zu finden.

15. September. – Wir brachen sehr zeitig am Morgen auf und passierten bald darauf die Posta, wo die Indianer die fünf Soldaten getötet hatten. Der Offizier hatte achtzehn Chuzo-Wunden an seinem Körper. In der Mitte des Tages erreichten wir nach einem scharfen Galopp die fünfte Posta; wegen einiger Schwierigkeit, frische Pferde zu bekommen, blieben wir die Nacht hier. Da dieser Punkt der exponierteste auf der ganzen Strecke war, waren dort einundzwanzig Soldaten stationiert; mit Sonnenuntergang kamen sie von der Jagd zurück und brachten sieben Hirsche, drei Strauße und viele Armadillos und Feldhühner.

Der Rancho an dieser Stelle konnte sich nicht einmal eines Daches rühmen, sondern bestand nur aus einem Ring von Distelstengeln, um die Kraft des Windes zu brechen. Er lag am Rande eines ausgedehnten, aber seichten Sees, den äußerst zahlreiches wildes Geflügel bevölkerte; unter diesem war der schwarzhalsige Schwan auffallend.

16. September. – Ritt zur siebenten Posta am Fuß der Sierra Tapalquén. Die Gegend war vollständig eben und trug auf einem weichen torfigen Boden einen groben Pflanzenwuchs. Die Hütte hier war merkwürdig nett, die Pfosten und Balken waren aus ungefähr einem Dutzend trockener, mit Lederriemen zusammengebundener Distelstengel gemacht; und gestützt von diesen, ionischen Säulen ähnlich, waren das Dach und die Seitenwände mit Stroh bedeckt. Es wurde uns hier ein Ereignis erzählt, welches ich nicht geglaubt haben würde, wäre ich nicht selbst zum Teil noch Augenzeuge davon gewesen: daß nämlich in der vorigen Nacht Hagelsteine, so groß wie kleine Äpfel und außerordentlich hart, mit solcher Heftigkeit niedergefallen wären, daß die größere Zahl der wilden Tiere getötet wurde. Einer der Leute hatte bereits dreizehn Hirsche tot umherliegen gefunden, und ich habe ihre frischen Häute gesehen; ein anderer der Mannschaft brachte wenige Minuten nach meiner Ankunft noch weitere sieben. Ich weiß

doch nun, daß ein Mann ohne Hunde sieben Hirsche doch kaum in einer Woche erlegt haben könnte. Die Leute meinten, sie hätten ungefähr fünfzehn tote Strauße gesehen (von einem aßen wir zu Mittag), und sagten, sie hätten mehrere, offenbar auf einem Auge blind, herumlaufen sehen. Große Mengen kleinerer Vögel, wie Enten, Habichte und Feldhühner, waren erschlagen. Eins der letzteren habe ich gesehen, welches einen dunklen Fleck auf dem Rücken hatte, als wäre es von einem Pflasterstein getroffen worden. Eine Hecke von Distelstengeln rings um die Hütte war beinahe umgebrochen, und als mein Berichterstatter den Kopf hinausstreckte, um zu sehen, was denn los wäre, erhielt er einen heftigen Schlag. Das Hagelwetter soll von beschränkter Ausdehnung gewesen sein; gewiß ist, daß wir vom Biwak der letzten Nacht aus eine dichte Wolke und Blitze in dieser Richtung gesehen hatten. Es ist merkwürdig, daß so starke Tiere wie Hirsche auf diese Weise erschlagen werden konnten.

Nachdem wir unser Mittagessen von Hagelschlag-Fleisch beendet hatten, überstiegen wir die Sierra Tapalquén, eine niedrige, wenig hundert Fuß hohe Hügelkette, welche am Cap Corrientes beginnt.

Wir erreichten die Posta am Rio Tapalquén nicht vor Dunkelwerden. Beim Abendessen erfüllte mich auf einmal infolge irgend einer Äußerung, die ich hörte, der Gedanke mit Schaudern, daß ich eines jener Lieblingsgerichte des Landes äße: nämlich ein halbgebildetes Kalb, lange vor der eigentlichen Zeit seiner Geburt. Es stellte sich aber heraus, daß es Puma-Fleisch war; das Fleisch ist sehr weiß und im Geschmack dem Kalbfleisch merkwürdig ähnlich. Die Gauchos sind nicht einig in der Ansicht, ob Jaguar-Fleisch ein gutes Gericht sei; einstimmig sagen sie aber, daß Katze ausgezeichnet ist.

17. September. – Wir folgten dem Laufe des Rio Tapalquén durch eine sehr fruchtbare Gegend bis zur neunten Posta. Tapalquén selbst, oder die Stadt Tapalquén, wenn man es so nennen kann, besteht aus einer vollkommen flachen Ebene, welche, so weit das Auge reichen kann, mit

den Toldos oder backofenförmigen Hütten der Indianer besetzt ist. Die Familien der befreundeten, auf General Rosas' Seite kämpfenden Indianer wohnten hier. Wir trafen viele junge Indianerfrauen, welche zu zweien oder dreien zusammen auf einem Pferde ritten; sie sowohl als auch viele der jungen Männer waren auffallend hübsch – ihre schönen frischen Gesichter boten ein Bild der Gesundheit dar. Außer den Toldos waren drei Ranchos da; den einen bewohnte der Kommandant, die beiden andern hatten Spanier mit kleinen Kramläden inne.

Wir konnten hier etwas Zwieback kaufen. Mehrere Tage lang war nichts anderes als Fleisch über meine Lippen gekommen: Ich war dieser neuen Kost durchaus nicht abgeneigt, fühlte aber, daß sie mir nur bei starker körperlicher Anstrengung hätte bekommen können. Ich habe gehört, daß Patienten in England, wenn man von ihnen verlangte, daß sie sich, selbst mit der Hoffnung nur so ihr Leben erhalten zu können, ganz auf animale Diät beschränken sollten, kaum imstande waren, sie zu ertragen. Und doch rührt der Gaucho in den Pampas monatelang nichts anderes an als Rindfleisch. Sie essen aber, wie ich beobachtet habe, eine sehr große Menge Fett im Verhältnis zum Fleisch, und dies ist weniger animalisiert; auch haben sie eine ganz besondere Abneigung gegen trockenes Fleisch. Vielleicht ist es eine Folge ihrer Fleischdiät, daß die Gauchos, wie fleischfressende Tiere, lange ohne Nahrung aushalten können. Mir wurde erzählt, daß in Tandeel eine Abteilung Soldaten aus freien Stücken einen Trupp Indianer drei Tage lang ohne zu essen und zu trinken verfolgt habe.

In den Läden sahen wir viele Artikel, wie Pferdedecken, Gürtel und Strumpfbänder, welche die Indianerinnen gewebt hatten. Die Muster waren sehr hübsch und die Farben leuchtend; die Arbeit der Strumpfbänder war so gut, daß ein englischer Kaufmann in Buenos Aires behauptete, sie müßten in England fabriziert worden sein, bis er fand, daß die Quasten mit zerschlitzten Sehnen befestigt waren.

18. September. – Wir ritten an diesem Tag sehr weit. An

der zwölften Posta, welche sieben Stunden südlich vom Rio Salado liegt, kamen wir zu der ersten Estanzia mit Rindern und weißen Frauen. Später mußten wir viele Meilen durch überschwemmtes Land reiten, wo das Wasser den Pferden bis über die Knie ging. Dadurch, daß wir die Steigbügel auf dem Sattel kreuzten und nach Art der Araber mit aufgebogenen Beinen ritten, blieben wir ziemlich trocken. Es war beinahe dunkel, als wir am Salado ankamen; der Strom war tief und ungefähr vierzig Yards breit; im Sommer wird indessen sein Bett fast ganz trocken, und das wenige übrigbleibende Wasser ist so salzig wie Meerwasser. Wir schliefen auf einer der großen Estanzias des Generals Rosas. Sie war befestigt und von einer solchen Ausdehnung, daß ich bei unsrer Ankunft im Dunkeln glaubte, es sei eine Stadt und Festung. Am Morgen sahen wir ungeheure Rinderherden, da der General hier vierundsiebzig Quadratstunden Landes besitzt. Früher waren dreihundert Menschen auf dieser Estanzia beschäftigt; sie schlugen alle Angriffe der Indianer zurück.

19. September. – Wir passierten die Guardia del Monte. Es ist dies eine nette Stadt mit vielen Gärten voll von Pfirsichen und Quittenbäumen.

Während wir in Guardia die Pferde wechselten, fragten uns mehrere Leute eingehend über die Armee aus; ich habe niemals etwas dem Enthusiasmus für Rosas und für den Erfolg »des gerechtesten aller Kriege, des gegen Barbaren geführten« ähnliches gesehen. Man muß bekennen, daß dieser Ausdruck sehr natürlich ist; denn bis vor kurzem war weder Mann noch Frau, noch Pferd vor den Angriffen der Indianer sicher. Wir hatten einen langen Tagesritt über eine reiche grüne Ebene, voll von verschiedenen Herden, hier und da mit einer Estanzia und einem einzigen Ombu-Baume. Am Abend regnete es sehr stark; als wir an dem Haus der Posta ankamen, sagte uns der Besitzer, daß wir, wenn wir nicht einen regelrechten Paß hätten, weiter fort müßten; denn es gäbe so viele Räuber, daß er niemandem traute. Nachdem er indes meinen Paß gelesen hatte, der mit den Worten begann »El Naturalista Don

Carlos«, war seine Hochachtung und Höflichkeit ebenso unbegrenzt, als es vorher sein Argwohn gewesen war. Was ein Naturalista sein mochte, davon hatten, glaube ich, weder er noch seine Landsleute irgendeine Ahnung, aber wahrscheinlich verlor mein Titel deshalb nichts von seiner Bedeutung.

20. September. – Wir kamen um die Mitte des Tages in Buenos Aires an. Die Umgebung der Stadt sah ganz nett aus mit den Agave-Hecken und den Hainen von Oliven, Pfirsichen und Weiden, welche alle gerade ihre frischen grünen Blätter trieben. Ich ritt nach dem Hause des Mr. Lumb, eines englischen Kaufmanns, dessen Freundlichkeit und Gastfreundschaft ich während meines Aufenthalts in dem Lande sehr genoß.

Die Stadt Buenos Aires ist groß; und ich glaube, sie ist eine der allerregelmäßigsten auf der Welt. Jede Straße steht zu der sie kreuzenden in rechtem Winkel, und da die Parallelstraßen in gleichen Abständen voneinander laufen, stehen die Häuser in soliden Vierecken von gleichen Dimensionen zusammen; diese werden Quadras genannt. Andererseits sind die Häuser selbst hohle Vierecke; alle Zimmer gehen nach einem netten kleinen Hofe hinaus. Sie sind meist nur ein Stockwerk hoch, mit platten Dächern, welche mit Sitzen versehen sind und im Sommer von den Bewohnern viel besucht werden. Im Mittelpunkt der Stadt liegt die Plaza, wo die öffentlichen Gebäude, die Festung, die Kathedrale usw. stehen. Hier hatten auch vor der Revolution die alten Vizekönige ihre Paläste. Die Gesamtmasse der Gebäude besitzt eine ziemliche architektonische Schönheit, doch kann sich keines individuell einer solchen rühmen.

Der große Corral, wo die Tiere zum Schlachten gehalten werden, um diese Rindfleisch essende Bevölkerung mit Nahrung zu versorgen, ist eines der am meisten sehenswürdigen Schauspiele. Die Kraft des Pferdes verglichen mit der des Bullen ist völlig erstaunlich; ein Mann zu Pferde, der sein Lasso um die Hörner eines Tieres geworfen hat, kann es hinziehen, wo er nur will. Das Tier, welches mit ausge-

Ein sehenswertes Schauspiel: Öffentliches Schlachten

streckten Beinen den Boden aufpflügt in vergeblicher Anstrengung, der Gewalt zu widerstehen, bricht meistens in voller Gewalt nach einer Seite hin aus; das Pferd aber dreht sich augenblicklich, um den Stoß aufzufangen, und steht so fest, daß der Bulle beinahe niedergeworfen wird; und merkwürdig ist es, daß er nicht seinen Hals bricht. Der Kampf ist indes nicht mit gleichen Kräften, da des Pferdes Umfang gegen den ausgestreckten Hals des Bullen steht. In ähnlicher Weise kann ein Mann das wildeste Pferd halten, wenn es mit dem Lasso gerade hinter den Ohren gefangen ist. Wenn der Bulle zu dem Ort hingeschleift ist, wo er geschlachtet werden soll, schneidet ihm der »Matador« mit großer Vorsicht die Knieflechsen durch. Dann stößt das Tier sein Todesgeschrei aus; einen für wilden Todeskampf ausdrucksvolleren Laut kenne ich nicht; ich habe ihn oft aus einer großen Entfernung erkannt und immer gewußt, daß der Kampf nun zu Ende geht. Der ganze Anblick ist schaudervoll und widerstrebend; der Boden wird fast ganz von Knochen gebildet, und Pferd und Reiter sind mit Blut bedeckt.

VII. Kapitel

Von Buenos Aires nach Santa Fé

27. September. – Am Abend brach ich zu einem Ausflug nach Santa Fé auf, welches nahezu dreihundert englische Meilen von Buenos Aires entfernt an den Ufern des Paraná liegt. Die Straßen in der Nähe der Stadt waren nach dem regnerischen Wetter außerordentlich schlecht. Ich würde es nie für möglich gehalten haben, daß sich hier ein Ochsenwagen hätte fortwälzen können: Wie die Dinge standen, kamen sie kaum mit der Schnelligkeit von einer Meile in der Stunde vorwärts; auch mußte ein Mann immer vorausgehen, um zu untersuchen, welches die beste Richtung wäre, den weiteren Versuch zu machen. Die Ochsen waren schauerlich abgetrieben: Es ist ein großer Irrtum, annehmen zu wollen, daß in dem Verhältnis, in dem die Straßen verbessert werden und die Schnelligkeit des Reisens zunimmt, auch die Leiden der Tiere sich verstärken. Wir kamen an einem Wagenzug und einer Herde Ochsen auf dem Wege nach Mendoza vorbei. Die Entfernung beträgt ungefähr 580 Meilen, und die Fahrt wird meistens in fünfzig Tagen zurückgelegt. Die Wagen sind sehr lang, schmal und mit einem Dach aus Schilf bedeckt; sie haben nur zwei Räder, deren Durchmesser in manchen Fällen bis zu zehn Fuß beträgt. Jeder Wagen wird von sechs Ochsen gezogen, die mit einem Stachelstecken von mindestens zwanzig Fuß Länge angetrieben werden: Derselbe ist unterhalb des Strohdachs aufgehängt; für die Deichselochsen ist noch ein kleinerer vorhanden; und zum Antreiben des mittleren Paares springt von der Mitte des langen Steckens rechtwinklig eine Spitze vor. Das Ganze sieht wie ein kriegerischer Apparat aus.

28. September. – Wir kamen durch die kleine Stadt Luxan, wo sich eine hölzerne Brücke über den Fluß fand – eine Bequemlichkeit von äußerster Seltenheit in diesem Lande. Wir kamen auch durch Areco. Die Estanzias liegen

hier weit auseinander, denn es findet sich nur wenig gutes Weideland: Der Boden ist entweder mit großen Beeten eines bitteren Klees oder der großen Distel bedeckt. Die letztgenannte stand in dieser Zeit des Jahres in halbem Wuchse; an einigen Stellen war sie so hoch wie der Rücken der Pferde, an andern aber war sie noch nicht aufgegangen, und der Boden war kahl und staubig wie auf einer Landstraße. Die Pflanzengruppen waren von dem glänzendsten Grün und boten ein glänzendes Miniaturbild einer unterbrochenen Waldlandschaft dar. Wenn die großen Disteln voll ausgewachsen sind, dann sind die großen beetartigen Strecken undurchdringlich, mit Ausnahme weniger, wie in einem Labyrinth verwickelter Pfade. Diese sind nur den Räubern bekannt, welche sie zu der Jahreszeit bewohnen, nachts hervorbrechen und ungestraft die Kehlen abschneiden. Als ich an einem Hause fragte, ob es viele Räuber gebe, wurde mir geantwortet: »Die Disteln sind noch nicht in die Höhe.« Der Sinn der Antwort war mir anfangs nicht recht klar.

Am Abend setzten wir auf einem einfachen, aus zusammengebundenen Fässern gemachten Floß über den Rio Arrecife und schliefen im Posthaus am anderen Ufer. Ich bezahlte an diesem Tage Pferdemiete für einunddreißig Wegstunden, und obschon die Sonne glühend heiß war, war ich doch nur wenig ermüdet.

29. und 30. September. – Wir ritten fortwährend über Ebenen desselben Charakters. In San Nicolas sah ich zum erstenmal den prachtvollen Fluß Rio Paraná. Am Fuße des felsigen Rückens, auf welchem die Stadt liegt, lagen einige große Fahrzeuge vor Anker. Ehe wir in Rosario ankamen, kreuzten wir den Saladillo, einen Fluß mit schönem, klarem fließendem Wasser, was aber zu salzig zum Trinken war. Rosario ist eine große, auf einer ganz platten Ebene erbaute Stadt; die Ebene bildet einen ungefähr sechzig Fuß über dem Parana hohen Felsrücken. Der Fluß ist sehr breit, mit vielen Inseln, welche ebenso wie das gegenüberliegende Ufer niedrig und bewaldet sind. Der Anblick würde dem eines großen Sees ähnlich sein, wenn nicht die linien-

förmigen Inselchen allein die Idee an fließendes Wasser hervorriefen. Die Felsklippen bilden den pittoreskesten Teil; zuweilen sind sie absolut senkrecht und von roter Farbe; andere Male sind sie in große, von Kaktus und Mimosenbäumen bedeckte Massen zerklüftet. Die wirkliche Großartigkeit eines ungeheuren Flusses wie dieses tritt aber mit der Betrachtung uns entgegen, welch bedeutungsvolles Mittel für Kommunikation und Handel zwischen zwei Nationen er bildet, wie weit er läuft und von welch ungeheurem Gebiete er die große Masse von Süßwasser, welche zu unseren Füßen vorüberfließt, abführt.

1. Oktober. – Wir brachen bei Mondschein auf und kamen mit Sonnenaufgang an den Rio Tercero. Es wird dieser Fluß auch Saladillo genannt, und diesen Namen verdient er, da das Wasser brackig ist. Ich blieb den größeren Teil des Tages hier und suchte fossile Knochen. Außer einem vollkommenen Zahn des Toxodon und vielen verstreut umherliegenden Knochen fand ich nahe beieinander zwei ungeheure Skelette, die in kühnem Relief aus der senkrechten Felswand des Paraná vorsprangen. Sie waren indessen so vollständig verwittert, daß ich nur kleine Bruchstücke eines der großen Backenzähne mitnehmen konnte; diese reichten aber hin, zu zeigen, daß die Reste einem Mastodon angehörten, wahrscheinlich derselben Spezies, welche in früheren Zeiten in so großer Anzahl die Cordillera im oberen Peru bewohnte. Die Leute, welche mich im Canoe zur Stelle brachten, sagten mir, daß sie schon lange von diesen Skeletten gewußt und sich gewundert hätten, wie sie wohl dahin gekommen wären. Am Abend ritten wir eine Station weiter und kreuzten den Monge, einen anderen Fluß mit Brackwasser, der den Bodensatz der Auswaschungen der Pampas abführt.

2. Oktober. – Wir kamen durch Corunda, wegen der Üppigkeit seiner Gärten eines der hübschesten Dörfer, das ich gesehen habe. Von diesem Punkte an bis nach Santa Fé ist die Straße nicht recht sicher. Die westliche Seite des Paraná nach Norden zu ist nicht mehr bewohnt; daher kommen die Indianer zuweilen so weit herunter und lauern

den Reisenden an den Straßen auf. Auch begünstigt dies die Beschaffenheit des Landes; denn anstatt grasiger Ebenen findet sich hier ein offenes, aus niedrigen dornigen Mimosen gebildetes Waldland. Wir kamen an einigen Häusern vorüber, welche geplündert und seitdem verlassen worden waren; auch hatten wir einen Anblick, der meine Führer mit hoher Befriedigung erfüllte: Es war das mit der eingetrockneten, die Knochen überziehenden Haut bedeckte Skelett eines Indianers, das an einem Baumaste aufgehängt war.

Am Morgen kamen wir in Santa Fé an. Ich war überrascht zu sehen, welch große Veränderung des Klimas durch eine Verschiedenheit von nur drei Breitengraden zwischen diesem Ort und Buenos Aires verursacht wurde. Dies zeigte sich deutlich in dem Anzug und dem Teint der Menschen, in der bedeutenderen Größe der Ombu-Bäume, in der Zahl neuer Kaktus-Arten und anderer Pflanzen – und besonders in der Vogelwelt. Im Verlaufe einer Stunde hatte ich ein halbes Dutzend Vögel bemerkt, welche ich niemals in Buenos Aires gesehen hatte. Zieht man in Betracht, daß es keine natürliche Grenzlinie zwischen den beiden Orten gibt und daß der Charakter des Landes an beiden sehr ähnlich ist, so war die Verschiedenheit viel bedeutender, als man hätte erwarten können.

3. und 4. Oktober. – Ich wurde diese zwei Tage durch Kopfschmerzen ans Bett gefesselt. Eine gutmütige alte Frau, welche mich bediente, wollte viele kuriose Mittel probieren. Ein gewöhnliches Mittel ist, ein Orangenblatt oder ein Stückchen schwarzen Pflasters auf jede Schläfe zu binden; noch allgemeiner ist der Brauch, eine Bohne in zwei Hälften zu spalten, sie anzufeuchten und eine auf jede Schläfe zu legen, wo sie leicht haften. Man hält es nicht für gut, die Bohnen oder die Pflaster zu entfernen, sondern läßt sie abfallen; und wenn manchmal jemand mit Flecken am Kopf gefragt wird, was es denn gäbe, so wird die Antwort sein: »Ich hatte vorgestern Kopfschmerzen!« Viele von den Leuten hierzulande angewandte Mittel sind lächerlich und wunderbar fremdartig, aber zu ekelhaft, sie zu

erwähnen. Eines der noch am wenigsten widerwärtigen ist, zwei junge Hunde zu töten, aufzuschneiden und auf beide Seiten eines gebrochenen Gliedes zu binden. Kleine haarlose Hunde werden sehr gesucht, um zu Füßen von Invaliden zu schlafen.

Santa Fé ist eine ruhige kleine Stadt, welche reinlich und in guter Ordnung gehalten wird. Der Gouverneur Lopez war zur Zeit der Revolution gemeiner Soldat, ist aber nun schon siebzehn Jahre im Besitz der Gewalt. Diese Stetigkeit der Regierung ist eine Folge seiner tyrannischen Bräuche; denn Tyrannei scheint bis jetzt für diese Länder noch immer besser zu passen als Republikanismus. Die Lieblingsbeschäftigung des Gouverneurs ist, Indianer zu jagen; vor kurzem ließ er achtundvierzig hinschlachten und verkaufte die Kinder zu drei oder vier Pfund das Stück.

5. Oktober. – Wir setzten über den Paraná nach Sta. Fé Bajada, einer Stadt am gegenüberliegenden Ufer. Die Überfahrt nahm einige Stunden in Anspruch, da der Fluß hier aus einem Labyrinth kleiner, durch niedrige bewaldete Inseln getrennter Arme besteht. Ich hatte einen Empfehlungsbrief an einen alten katalonischen Spanier, welcher mich mit der allerungemeinsten Gastlichkeit behandelte. Santa Fé Bajada ist die Hauptstadt von Entre Rios. Im Jahre 1825 hatte die Stadt 6000, die Provinz 30000 Einwohner; doch hat, so klein auch die Zahl der Einwohner ist, keine andere Provinz mehr von blutigen und verzweifelten Revolutionen zu leiden gehabt. Sie rühmen sich hier des Besitzes von Repräsentanten, Ministern, einer stehenden Armee und Gouverneuren; es ist daher kein Wunder, daß sie auch ihre Revolutionen haben. In der Zukunft muß die Provinz eines der reichsten Länder am Plata sein. Der Boden ist verschiedenartig und fruchtbar; und die beinahe inselartige Form der Provinz gibt ihr zwei große Hauptkommunikationswege in den Flüssen Paraná und Uruguay.

Ich wurde hier fünf Tage aufgehalten und beschäftigte mich während derselben damit, die Geologie des umgebenden Landes zu untersuchen, welche sehr interessant war. Am Fuße der Felsen finden sich Schichten, welche Hai-

Landschaft am Paraná

fischzähne und Seemuscheln ausgestorbener Arten enthalten; nach oben gehen dieselben in einen erhärteten Mergel und dieser wiederum in die rote tonige Erde der Pampas über, welche die kalkigen Konkretionen und die Knochenreste von Landsäugetieren einschließt. Dieser senkrechte Durchschnitt weist deutlich darauf hin, wie in eine große Bucht von reinem Salzwasser Süßwassermassen kamen und sie allmählich in das Bett eines schlammigen Ästuariums verwandelten, in welches tote Tierleiber geschwemmt wurden.

In der Pampas-Ablagerung bei Bajada fand ich den Knochenpanzer eines riesenhaften armadilloartigen Tieres, dessen Innenseite, nachdem die Erde entfernt war, wie ein großer Kessel aussah; ich fand Zähne vom Toxodon und Mastodon und einen Pferdezahn in demselben schmutzigen und verwitterten Zustande. Dieser letztere Zahn interessierte mich in hohem Grade; ich gab mir die sorgfältigste Mühe, zu ermitteln, daß derselbe zu derselben Zeit wie die anderen Überreste in die Schicht eingeschlossen wurde; mir war damals noch nicht bekannt, daß unter den Fossilien von Bahia Blanca ein Pferdezahn war, welcher in dem Muttergestein verborgen lag, auch wußte man damals noch nicht mit Sicherheit, daß Fossilreste vom Pferde in Nord-Amerika häufig sind. Mr. Lyell hat vor kurzem einen Pferdezahn aus den Vereinigten Staaten mitgebracht; es ist nun eine interessante Tatsache, daß Professor Owen eine eigentümliche, denselben charakterisierende Krümmung in keiner, weder fossilen noch lebenden Spezies finden konnte, bis es ihm einfiel, ihn mit meinem hier gefundenen Exemplar zu vergleichen: er hat danach dieses amerikanische Pferd Equus curvidens genannt. Sicherlich ist es eine ganz wunderbare Tatsache in der Geschichte der Säugetiere, daß in Süd-Amerika ein eingeborenes Pferd gelebt hat und dann verschwunden ist, um in späteren Jahrhunderten durch die zahllosen Herden ersetzt zu werden, welche alle die Nachkommen der wenigen mit den spanischen Kolonisten eingeführten Individuen sind!

Das Vorkommen eines fossilen Pferdes, des Mastodon, möglicherweise eines Elefanten und eines hohlhörnigen Wiederkäuers, den die Herren Lund und Clausen in den brasilianischen Höhlen entdeckt haben, in Süd-Amerika sind mit Hinsicht auf die geographische Verbreitung der Tiere höchst interessante Tatsachen. Wenn wir Amerika, wie es in der Jetztzeit existiert, nicht am Isthmus von Panama, sondern im südlichen Teil von Mexiko beim 20.° n. Br. teilen, wo das große Tafelland der Wanderung der Spezies ein Hindernis darbietet dadurch, daß es das Klima beeinflußt und mit Ausnahme einiger Täler und einem Rande von niedrigem Terrain an der Küste eine Scheidewand bildet, dann stehen sich die beiden zoologischen Provinzen von Nord- und Süd-Amerika scharf einander gegenüber. Nur einige wenige Spezies haben die Scheidemauer überschritten und können als Einwanderer vom Süden angesehen werden, wie Puma, Opossum, Kinkajou und Peccari. Süd-Amerika wird durch den Besitz vieler eigentümlicher Nagetiere, einer Familie von Affen, des Lama, Peccari, Tapir, Opossum und besonders mehrerer Gattungen der Edentata charakterisiert, der Ordnung, welche die Faultiere, Ameisenfresser und Armadillos oder Gürteltiere umfaßt. Andererseits wird Nord-Amerika (wenn man einige wenige wandernde Arten beiseite läßt) durch zahlreiche eigentümliche Nagetiere und durch vier Gattungen hohlhörniger Wiederkäuer (Rind, Schaf, Ziege und Antilope) charakterisiert, von welcher Abteilung Süd-Amerika, soviel man weiß, nicht eine einzige Spezies besitzt. Früher, aber doch innerhalb der Periode, wo die meisten der gegenwärtig existierenden Muscheln lebten, besaß Nord-Amerika, außer hohlhörnigen Wiederkäuern, den Elefanten, das Mastodon, Pferd und drei Gattungen der Edentata, nämlich das Megatherium, Megalonyx und Mylodon. Innerhalb nahezu derselben Periode (wie es die Muscheln bei Bahia Blanca beweisen) besaß Süd-Amerika, wie wir soeben gesehen haben, ein Mastodon, Pferd, einen hohlhörnigen Wiederkäuer und dieselben drei Gattungen (ebenso wie noch mehrere andere) von Edentata. Es ist denn hiernach offenbar, daß Nord- und Süd-Amerika, welche in einer späten geologischen Periode diese verschiedenen Gattungen gemeinsam besaßen, im Charakter ihrer Landtiere viel näher miteinander verwandt waren, als sie es jetzt sind. Je mehr ich über diesen Fall nachdenke, desto interessanter erscheint er mir. Ich kenne kein anderes Beispiel, wo wir den Zeitpunkt und die Art und Weise der Teilung eines großen Gebiets in zwei scharf charakterisierte zoologische Provinzen beinahe bezeichnen können. Ein Geologe, welcher einen lebendigen Eindruck von den ungeheuren Schwankungen des Niveaus hat, die innerhalb neuerer Zeit die Erdrinde betroffen haben, wird nicht anstehen, über die neuere Erhebung des mexikanischen Plateaus oder, noch wahrscheinlicher, die neuerlich erfolgte Senkung von Land im westindischen Archipel als die Ursache der jetzigen zoologischen Trennung von Nord- und Süd-Amerika Betrachtungen anzustellen. Der südamerikanische Charakter der westindischen Säugetiere scheint darauf hinzuweisen, daß der Archipel früher mit dem südlichen Kontinent verbunden war und daß er später ein Senkungsgebiet gewesen ist.

Als Amerika, und besonders Nord-Amerika, seine Elefanten, Pferde und hohlhörnige Wiederkäuer besaß, war es in seinem zoologischen Charakter den gemäßigten Teilen von Europa viel näher verwandt, als es jetzt ist. Da die Überreste der nämlichen Gattungen auf beiden Seiten der Bering-Straße und auf den Ebenen Sibiriens gefunden werden, so werden wir darauf geführt, die nordwestliche Seite von Amerika als den früheren Kommunikationspunkt zwischen der Alten und der sogenannten Neuen Welt zu betrachten. Und da so viele sowohl lebende als auch ausgestorbene Arten dieser nämlichen Gattungen die Alte Welt bewohnen und bewohnt haben, so erscheint es in hohem Grade wahrscheinlich, daß die nordamerikanischen Elefanten, Mastodonten, Pferde und hohlhörnigen Wiederkäuer über seit jener Zeit untergesunkenes Land in der Nähe der Bering-Straße aus Sibirien nach Nord-Amerika und von dort über seit jener Zeit in West-Indien untergesunkenes Land nach Süd-Amerika gewandert sind, wo sie sich eine Zeitlang unter die jenem südlichen Kontinent charakteristischen Formen gemischt haben und seit jener Zeit dann untergegangen sind.

12. Oktober. – Ich hatte beabsichtigt, meine Exkursion noch weiter auszudehnen; da ich aber nicht ganz wohl war, war ich gezwungen, auf einer Balandra, einem einmastigen Fahrzeug von ungefähr hundert Tonnen Last, welches nach Buenos Aires bestimmt war, zurückzukehren. Da das Wetter nicht gut war, befestigten wir das Schiff noch zeitig am Tage an dem Ast eines Baumes auf einer der Inseln. Der Parana ist voll von Inseln, welche einem regelmäßigen Wechsel des Zerfalls und der Erneuerung unterliegen. Der Kapitän konnte sich erinnern, daß mehrere große Inseln verschwunden waren und neue sich gebildet hatten und durch Vegetation geschützt wurden. Sie bestehen aus einem schlammigen Sand ohne auch nur den kleinsten Stein und ragten damals vier Fuß über den Wasserspiegel vor; während der periodischen Überschwemmungen stehen sie indessen unter Wasser.

Die bewaldeten Ufer der großen Flüsse scheinen die Lieblingsaufenthaltsorte des Jaguars zu sein; südlich vom Plata wurde mir aber gesagt, daß sie die die Seeufer einfas-

Jaguarjagd

senden Schilfdickichte aufsuchten: Wo sie sich auch finden, sie scheinen Wasser nötig zu haben. Am Paraná haben sie viele Holzschläger getötet und sind selbst nachts auf Schiffe gekommen. In Bajada lebt noch jetzt ein Mann, der, im Dunkeln von unten heraufkommend, auf dem Verdeck angefallen wurde; doch entkam er noch, freilich mit dem Verlust des Gebrauchs des einen Arms. Wenn die Überschwemmungen diese Tiere von den Inseln vertreiben, sind sie am gefährlichsten. Mir ist erzählt worden, daß vor wenigen Jahren ein sehr großer Jaguar seinen Weg in eine Kirche von Santa Fé fand: Zwei Padres, welche einer nach dem andern hineingingen, wurden getötet, und ein dritter, welcher kam, um nachzusehen, was es gäbe, entkam nur mit Schwierigkeit. Das Tier wurde so beseitigt, daß es von der einen Ecke des Gebäudes aus, welches ohne Dach war, geschossen wurde. Zu solchen Zeiten richten sie auch unter

Rindern und Pferden große Verwüstungen an. Man sagt, sie töteten ihre Beute so, daß sie ihr den Hals brächen. Werden sie von den toten Leibern vertrieben, so kehren sie selten zu ihnen zurück. Die Gauchos sagen, daß der Jaguar, wenn er des Nachts umherschweift, sehr von dem Bellen der Füchse, die ihm folgen, belästigt wird. Diese Tatsache stimmt in einer merkwürdigen Weise mit der anderen allgemein behaupteten überein, daß die Schakale in einer ähnlich offiziösen Art den ostindischen Tiger begleiten. Der Jaguar ist ein lärmendes Tier, welches viel in der Nacht und besonders vor schlechtem Wetter brüllt.

Als ich eines Tages an den Ufern des Uruguay jagte, zeigte man mir gewisse Bäume, zu welchen diese Tiere beständig wieder zurückkommen, um, wie man sagt, ihre Krallen zu schärfen. Ich sah drei wohlbekannte Bäume; vorn war die Rinde glatt gerieben, wie von der Brust der Tiere, und an den Seiten fanden sich tiefe Ritzen oder vielmehr Gruben, die, nahezu einen Yard lang, sich in einer schrägen Richtung hinzogen. Die Risse waren von verschiedenem Alter. Eine gewöhnliche Methode sich zu vergewissern, ob ein Jaguar in der Nähe ist, ist die, diese Bäume zu untersuchen. Ich glaube, dieser Brauch des Jaguars ist dem völlig entsprechend, den man alle Tage bei der gemeinen Katze sehen kann, wenn sie mit ausgestreckten Beinen und vorgestreckten Krallen die Beine eines Stuhles kratzt. Irgendein derartiger Gebrauch muß auch dem Puma eigen sein; denn auf dem harten nackten Boden in Patagonien habe ich häufig so tiefe Ritzen gesehen, wie sie kein anderes Tier gemacht haben könnte. Der Zweck dieser Handlungsweise ist, wie ich glaube, die rauhen Stellen ihrer Krallen abzureißen und nicht, wie die Gauchos meinen, sie zu schärfen. Der Jaguar wird ohne viel Schwierigkeit mit der Hilfe von Hunden erlegt, welche ihn jagen und auf einen Baum treiben, wo ihm dann mit Kugeln der Garaus gemacht wird.

Infolge schlechten Wetters blieben wir zwei Tage an der Insel liegen. Unsere einzige Unterhaltung bestand darin, Fische zu unserem Mittagessen zu fangen: es gab mehrere

Arten, und alle waren gut zu essen. Ein »Armado« genannter Fisch war dadurch merkwürdig, daß er, wenn er mit dem Haken und der Leine gefangen wurde, ein scharfes kratzendes Geräusch macht, was deutlich gehört werden kann, wenn der Fisch noch unter Wasser ist. Dieser selbe Fisch hat auch die Fähigkeit, mit dem starken Stachel sowohl seiner Brustflossen als seiner Rückenflosse irgendeinen Gegenstand, so die Platte eines Ruders oder die Angelleine, festzuhalten. Am Abend war das Wetter vollständig tropisch, das Thermometer zeigte 79°. Eine große Anzahl von Leuchtkäfern schwebte umher, und die Moskitos waren sehr lästig. Ich hielt meine Hand ihnen fünf Minuten lang hin; sie war bald ganz schwarz von ihnen; ich glaube nicht, daß es weniger als fünfzig sein konnten, alle eifrig saugend.

15. Oktober. – Wir kamen vorwärts und passierten Punta Gorda, wo sich eine Kolonie zahmer Indianer aus der Provinz der Missiones findet. Wir segelten sehr schnell den Strom hinab, aber vor Sonnenuntergang legten wir aus einer albernen Furcht vor schlechtem Wetter in einem schmalen Flußarm bei. Ich nahm das Boot und ruderte eine Strecke weit den kleinen Fluß hinauf. Er war sehr schmal, gewunden und tief; eine dreißig oder vierzig Fuß hohe, aus Bäumen mit zwischen sie geflochtenen Kletterpflanzen gebildete Wand auf jeder Seite gab dem Kanal ein eigentümlich düsteres Ansehen. Ich sah hier einen außerordentlich merkwürdigen Vogel, den Scherenschnabel (Rhynchops nigra). Er hat kurze Beine, Schwimmhäute, äußerst lang zugespitzte Flügel und ist ungefähr von der Größe einer Seeschwalbe. Der Schnabel ist seitlich abgeplattet. Er ist so flach und elastisch wie ein elfenbeinernes Falzbein, und der Unterschnabel ist, verschieden von dem aller übrigen Vögel, anderthalb Zoll länger als der Oberschnabel. Auf einem See in der Nähe von Maldonado, dessen Wasser beinahe ganz abgelaufen war und in dem zahllose junge Fische waren, sah ich mehrere dieser Vögel, meistens in kleinen Herden, dicht an der Oberfläche des Wassers mit großer Schnelligkeit rückwärts und vorwärts fliegen. Sie

hielten ihre Schnäbel weit geöffnet, und die Unterkinnlade war halb in das Wasser eingetaucht. Indem sie so die Oberfläche leicht berührten, pflügten sie gewissermaßen das Wasser in ihrem Fluge. Dabei drehen sie sich häufig mit äußerster Geschwindigkeit herum und verstehen es sehr geschickt, mit ihrem vorspringenden Unterschnabel kleine Fische aufzuwerfen, welche dann mit der oberen und kürzeren Hälfte ihrer scherenartigen Schnäbel festgehalten werden.

16. Oktober. – Einige Stunden unterhalb Rosario wird das westliche Ufer des Paraná von senkrechten Klippen begrenzt, welche sich in einer langen Reihe bis unterhalb San Nicolas erstrecken; es ist daher dem Meeresufer viel ähnlicher als dem Ufer eines Süßwasserstromes. Es stört den Eindruck der Szenerie des Parana außerordentlich, daß sein Wasser wegen der weichen Beschaffenheit seiner Ufer so sehr schlammig ist. Der Uruguay, welcher durch einen granitischen Bezirk fließt, ist viel klarer; und wo sich die beiden Kanäle am oberen Ende des Plata vereinigen, lassen sich die beiden Wässer eine lange Strecke weit an ihrer schwarzen und roten Farbe voneinander unterscheiden. Da der Wind am Abend nicht günstig war, legten wir wie gewöhnlich sofort bei, und da es am nächsten Tage ziemlich frisch blies, trotzdem die Strömung uns günstig war, war doch der Kapitän viel zu indolent, um an einen Aufbruch zu denken. In Bajada wurde er mir als »hombre muy aflicto«, als einer, der ewig traurige Bedenklichkeiten hat, wenn es sich ums Weitergehen handelt, geschildert; sicher ist, daß er allen Aufenthalt mit bewunderungswerter Resignation ertrug. Er war ein alter Spanier, der schon viele Jahre im Lande war. Er versicherte, die Engländer sehr gern zu haben, behauptete aber doch steif und fest, daß die Schlacht von Trafalgar nur dadurch gewonnen worden sei, daß sämtliche spanische Kapitäne gekauft wären, und daß die einzige wirklich tapfere Waffentat auf beiden Seiten vom spanischen Admiral ausgeführt worden sei. Es berührte mich als sehr charakteristisch, daß dieser Mann

seine Landsleute lieber für die schändlichsten Verräter als für ungeschickt und feig gehalten wissen wollte.

18. und 19. Oktober. – Wir setzten unsere langsame Fahrt den prächtigen Strom hinab fort; die Strömung half uns nur wenig. Während unserer Hinabfahrt begegneten wir nur wenig Fahrzeugen.

20. Oktober. – Nachdem wir an der Mündung des Paraná angekommen waren, lag mir sehr viel daran, Buenos Aires zu erreichen; ich ging daher bei Las Conchas an Land mit der Absicht, dorthin zu reiten. Beim Landen fand ich zu meiner großen Überraschung, daß ich in gewisser Weise ein Gefangener sei. Da eine heftige Revolution ausgebrochen war, waren alle Häfen unter Embargo gelegt. Ich konnte nicht zu meinem Schiff zurückkehren, und zu Land nach der Stadt zu gehen, stand ganz außer Frage. Nach einer langen Unterhaltung mit dem Kommandanten erhielt ich die Erlaubnis, am folgenden Tage zu General Rolor zu gehen, welcher eine Abteilung Rebellen auf dieser Seite der Hauptstadt kommandierte. Am Morgen ritt ich zum Lager. Der General, die Offiziere und Soldaten sahen alle wie rechte Schurken aus, und ich glaube, sie waren es auch. Noch am letzten Abend, ehe er die Stadt verließ, war der General freiwillig zum Gouverneur gegangen und hatte, die Hand aufs Herz gelegt, sein Ehrenwort verpfändet, daß er mindestens bis zum letzten Augenblick treu bleiben würde. Der General sagte mir, daß sich die Stadt in einem Zustande enger Blockade befände und daß alles, was er für mich tun könnte, wäre, mir einen Paß an den Kommandeur »en chef« der Rebellen in Quilmes zu geben. Wir mußten daher einen großen Bogen um die Stadt machen und bekamen nur mit großer Schwierigkeit Pferde. Meine Aufnahme im Lager war ganz höflich, nur wurde mir gesagt, es sei unmöglich, mir die Erlaubnis zu geben, die Stadt zu betreten. Dies beunruhigte mich sehr, da ich glaubte, die »Beagle« würde zeitiger von La Plata absegeln, als sie es dann wirklich tat. Wie ich indessen die verbindliche Freundlichkeit des Generals Rosas gegen mich, als ich in Colorado war, erwähnt hatte, hätte selbst ein Zauber die

Umstände nicht schneller ändern können, als es diese Konversation tat. Man sagte mir augenblicklich, daß man mir zwar keinen Paß geben könne; wenn ich aber meinen Führer und meine Pferde zurücklassen wolle, könnte ich ihre Wachen passieren. Ich war nur zu froh, dies Anerbieten anzunehmen, und ein Offizier wurde fortgeschickt, um Befehl zu geben, daß ich nicht an der Brücke aufgehalten würde. Die Straße war eine Wegstunde lang vollständig verlassen. Mir begegnete ein Trupp Soldaten, die sich damit befriedigt fühlten, einen alten Paß mit wichtiger Miene anzusehen: Endlich war ich nicht wenig froh, mich in der Stadt zu wissen.

Dieser Revolution lag kaum irgendein Vorwand, etwa Beschwerden oder Klagen, zugrunde; in einem Staate aber, welcher im Verlauf von neun Monaten (vom Februar bis Oktober 1820) fünfzehn Regierungsänderungen durchmachte – wobei jeder Gouverneur nach der Verfassung auf drei Jahre gewählt wurde –, würde es sehr unverständig sein, nach Vorwänden zu fragen. In diesem Falle verließ eine Anzahl Leute, welche dem General Rosas sehr verbunden waren und den Gouverneur Balcarce nicht leiden konnten, ungefähr zu siebzig die Stadt, und mit dem Rufe »Rosas!« griff das ganze Land zu den Waffen. Die Stadt wurde nun blockiert, keine Nahrungsmittel, Rinder oder Pferde ließ man hinein; außer diesem fanden nur kleine Scharmützel statt, und wenig Leute wurden täglich getötet. Die Partei außerhalb der Stadt wußte sehr wohl, daß sie durch Abschneiden der Zufuhr von Fleisch sicher den Sieg erringen würde. General Rosas konnte von diesem Aufstand nichts wissen; es schien dies aber mit den Plänen seiner Partei völlig übereinzustimmen. Vor einem Jahre wurde er zum Gouverneur gewählt, er lehnte es aber ab, wenn ihm nicht auch die Sala außerordentliche Machtvollkommenheit übertragen wollte. Dies wurde verweigert, und seit der Zeit hat seine Partei gezeigt, daß sich kein anderer Gouverneur in seiner Stellung halten kann. Die Kriegführung wurde von beiden Seiten sehr lau betrieben, bis es möglich war, von Rosas zu hören. Wenig Tage nach-

Buenos Aires

dem ich Buenos Aires verlassen hatte, kam ein Brief des Generals, welcher es mißbilligte, daß der Frieden gebrochen worden sei, aber doch ausdrückte, daß seiner Meinung nach die Außenpartei das Recht auf ihrer Seite habe. Auf das bloße Eintreffen dieser Nachricht hin flohen der Gouverneur, die Minister und ein Teil des Militärs, im ganzen einige hundert, aus der Stadt. Die Rebellen rückten ein, wählten einen neuen Gouverneur und wurden, bis zu 5500 Mann, für ihre Dienste bezahlt. Nach diesen Vorgängen war es klar, daß Rosas schließlich Diktator werden würde: Gegen den Ausdruck König haben die Leute in dieser wie in anderen Republiken eine besondere Abneigung. Seitdem wir Süd-Amerika verlassen haben, haben wir gehört, daß General Rosas gewählt worden ist, und zwar mit einer Machtvollkommenheit und für eine Zeit, welche in völligem Widerspruch zu den konstitutionellen Grundsätzen der Republik stehen.

VIII. KAPITEL

Banda Oriental und Patagonien

Nachdem ich beinahe vierzehn Tage in der Stadt aufgehalten worden war, war ich froh, an Bord eines nach Montevideo bestimmten Dampfschiffes entkommen zu können. Eine Stadt im Blockadezustand muß immer ein unangenehmer Aufenthaltsort sein. Außerdem war hier immer noch eine beständige Furcht vor Räubereien im Innern vorhanden. Die Wachen waren von allen die schlimmsten, denn infolge ihrer Stellung und des Umstandes, daß sie Waffen in den Händen hatten, raubten sie mit einem Grade von Autorität, welchen andere Leute nicht nachahmen konnten.

Unsere Überfahrt war eine sehr lange und langweilige. Der Plata sieht auf der Landkarte wie ein großartiges Ästuarium aus, ist aber in Wahrheit sehr armselig. Eine große Fläche schlammigen Wassers bietet weder Großartigkeit noch Schönheit dar. Bei meiner Ankunft in Montevideo erfuhr ich, daß die »Beagle« vor Ablauf einer ziemli-

Blick auf Montevideo

chen Zeit nicht aussegeln würde; so machte ich mich denn bereit zu einer kurzen Expedition in diesen Teil der Banda Oriental. Alles was ich über das Land bei Maldonado gesagt, ist auch auf Montevideo anwendbar; aber mit der einzigen Ausnahme des grünen Berges, der vierhundertfünfzig Fuß hoch ist und von welchem der Platz seinen Namen hat, ist das Land viel ebener. Nur sehr wenig von der welligen grasigen Ebene ist eingehegt; doch finden sich in der Nähe der Stadt einige wenige mit Agaven, Kaktus und Fenchel bedeckte Hecken.

14. November. – Wir verließen Montevideo am Nachmittag. Ich beabsichtigte, nach der Colonia del Sacramiento, welche am nördlichen Ufer des Plata gegenüber Buenos Aires liegt, von da dem Laufe des Uruguay folgend, nach dem Dorfe Mercedes am Rio Negro (einem der vielen Flüsse dieses Namens in Süd-Amerika) zu gehen und von dem letzteren Punkte aus direkt nach Montevideo zurückzukehren. Wir schliefen im Hause meines Führers in Canelones. Am Morgen standen wir zeitig auf in der Hoffnung, ein gut Stück reiten zu können; es war aber ein vergeblicher Versuch, denn alle Flüsse waren übergetreten. Wir setzten in Booten über die Flüsse bei Canelones, Sta. Lucía und San José und verloren dadurch viel Zeit. Im Verlaufe des Tages unterhielt mich die Geschicklichkeit, mit welcher ein Gaucho ein widerspenstiges Pferd zwang, über den Fluß zu schwimmen. Er warf seine Kleider ab, sprang auf seinen Rücken, ritt es dann ins Wasser, bis es keinen Grund mehr hatte, dann glitt er über die Kruppe herunter, erfaßte den Schwanz, und sooft sich das Pferd herumdrehte, erschreckte er es damit, daß er ihm Wasser ins Gesicht spritzte. Sobald das Pferd wieder den Grund auf der anderen Seite berührte, zog sich der Mann nach und saß, den Zügel in der Hand, fest auf dem Rücken, ehe das Pferd das Ufer erreichte. Ein nackter Mensch auf einem nackten Pferde ist ein schöner Anblick; ich hatte keine Ahnung gehabt, wie gut die zwei Geschöpfe zueinander paßten. Der Schwanz eines Pferdes ist ein sehr nützlicher Anhang; ich passierte einen Fluß in einem Boot, welches

vier Leute enthielt, und es wurde in derselben Weise hinübergezogen wie der Gaucho.

Wir schliefen die Nacht und blieben den folgenden Tag in der Posta von Cufre. Am Abend kam der Postmann oder Briefträger an. Er kam einen Tag zu spät, es war indessen von keiner großen Bedeutung, denn obgleich er mehrere der Hauptstädte in Banda Oriental passiert hatte, war sein ganzes Gepäck doch nur zwei Briefe stark! Die Aussicht vom Hause war sehr angenehm: eine wellige grüne Fläche mit entfernten Blicken auf den Plata. Ich bemerke, daß ich jetzt diese Provinz mit ganz anderen Augen sehe als damals, als ich zuerst hier ankam. Ich erinnere mich, daß ich sie früher für eben hielt, jetzt aber, nachdem ich über die Pampas galoppiert bin, überrascht mich nur das eine: was mich jemals bestimmt haben kann, sie überhaupt eben zu nennen. Das Land bildet eine Reihe von Hügelketten, die an sich vielleicht nicht absolut groß, aber mit den Ebenen von Santa Fé verglichen wirkliche Berge sind.

17. November. – Wir kreuzten den Rosario, welcher tief und reißend war, und kamen, nachdem wir das Dorf Colla passiert hatten, um Mittag in der Colonia del Sacramiento an. Die Entfernung beträgt zwanzig Stunden, der Weg geht durch ein mit schönem Gras bedecktes, aber nur sparsam

Flußüberquerung

mit Rindern oder mit Einwohnern bevölkertes Land. Ich wurde eingeladen, in der Kolonie zu schlafen und am folgenden Tag einen Herrn nach seiner Estanzia zu begleiten. Die Stadt ist auf einem steinigen Vorgebirge gebaut, beinahe in derselben Art wie Montevideo. Sie ist stark befestigt, aber sowohl die Befestigungen als die Stadt selbst haben im brasilianischen Krieg bedeutend gelitten. Sie ist sehr alt, und die Unregelmäßigkeit der Straßen und die umgebenden Haine alter Orangen- und Pfirsichbäume gaben ihr ein nettes Ansehen. Die Kirche ist eine merkwürdige Ruine, sie wurde als Pulvermagazin benutzt, und bei einem der zehntausend Gewitter des Rio Plata schlug der Blitz hinein. Zwei Drittel des Gebäudes wurden bis auf den Grund weggeblasen, und der Rest steht nun als ein beschädigtes und merkwürdiges Monument der vereinten Kräfte des Blitzes und des Pulvers da. Des Abends wanderte ich um die halbzerstörten Mauern der Stadt herum. Hier war der hauptsächlichste Schauplatz des brasilianischen Krieges – eines Krieges, der für das Land äußerst nachteilig war, nicht nur in seinen unmittelbaren Wirkungen, sondern auch darin, daß er eine Menge von Generälen und allen übrigen Graden von Offizieren erzeugte. Man zählt (bezahlt sie aber nicht) in den vereinigten Provinzen von La Plata mehr Generäle als in den vereinigten Königreichen Großbritanniens. Diese Herren haben es gelernt, an Macht Vergnügen zu haben, und sind einem kleinen Handgemenge durchaus nicht abgeneigt. Daher sind immer viele darauf aus, Störungen hervorzurufen und eine Regierung über den Haufen zu stürzen, welche bis jetzt noch nie auf irgendeinem festen Grunde errichtet worden ist.

19. November. – Nachdem wir das Tal von Las Vacas passiert hatten, schliefen wir im Hause eines Nord-Amerikaners, welcher einen Kalkofen im Arroyo de Las Víboras in Betrieb hatte. Am Morgen ritten wir zu einem vorspringenden Berg an den Ufern des Flusses, Punta Gorda. Unterwegs versuchten wir, einen Jaguar zu finden. Wir fanden zahlreiche frische Spuren und untersuchten die Bäume, auf welchen sie ihre Klauen schärfen sollen; es gelang uns

aber nicht, einen aufzustöbern. Von diesem Punkt aus bot der Rio Uruguay den Blick einer prachtvollen Wassermasse. Wegen der Klarheit und der Schnelligkeit des Stromes war sein Ansehen dem seines Nachbarn, des Paraná, weit überlegen. Auf dem gegenüberliegenden Ufer ergossen sich mehrere Zweige des letzteren in den Uruguay. Da die Sonne schien, konnte man die Farben der beiden Gewässer als vollständig verschieden erkennen.

Am Abend setzten wir unsern Weg nach Mercedes am Rio Negro fort. Des Nachts baten wir um die Erlaubnis, in einer Estanzia schlafen zu können, an welcher wir zufällig ankamen. Es war ein sehr großes Besitztum von zehn Quadratstunden, und der Besitzer ist einer der größten Grundeigentümer des Landes. Sein Neffe hatte die Aufsicht über dieselbe, und bei ihm war ein Kapitän der Armee, welcher vor kurzem aus Buenos Aires entlaufen war. In Anbetracht ihrer Stellung war ihre Unterhaltung ziemlich amüsant. Sie drückten, wie es gewöhnlich der Fall war, unbegrenztes Erstaunen darüber aus, daß die Erde rund sei, und wollten kaum glauben, daß ein Loch, wenn es nur tief genug wäre, auf der anderen Seite wieder herauskäme. Sie hatten indessen von einem Lande gehört, wo es sechs Monate hell und sechs Monate dunkel sei und wo die Bewohner sehr lang und dünn wären. Sie waren sehr begierig zu erfahren, welches der Preis und der Zustand der Pferde und Rinder in England sei. Als sie erfahren hatten, daß wir unsere Tiere nicht mit dem Lasso fingen, riefen sie aus: »Oh, dann gebrauchen sie nur die Bolas!« Die Idee eines eingehegten Landes war ihnen völlig neu. Der Kapitän sagte mir zuletzt, daß er eine Frage an mich zu richten hätte, für deren völlig wahre Beantwortung er mir sehr verbunden sein würde. Ich zitterte vor Angst, wie tief wissenschaftlich sie vielleicht sein möchte; es war: Ob die Damen von Buenos Aires nicht die schönsten in der Welt seien. Ich erwiderte wie ein Abtrünniger: »Ohne allen Zweifel.« Er fuhr fort: »Ich habe noch eine andere Frage: Tragen die Damen in irgendeinem anderen Teile der Welt so große Kämme?« Ich versicherte ihm feierlich, daß sie dies nicht täten. Sie waren außer sich vor Entzücken. Der Kapitän rief aus: »Seht da, ein Mann, der die halbe Welt gesehen hat, sagt, daß es so ist, wir haben immer so gedacht, aber nun wissen wir es.« Mein ausgezeichnetes Urteil in bezug auf die Kämme und weibliche Schönheit verschaffte mir eine äußerst gastliche Aufnahme, der Kapitän zwang mich, sein Bett einzunehmen, und er schlief auf seinem Recado.

21. November. – Wir brachen mit Sonnenaufgang auf und ritten während des ganzen Tages langsam. Die geologische Beschaffenheit dieses Teiles der Provinz war von dem übrigen verschieden und der der Pampas sehr ähnlich. Infolge hiervon finden sich ungeheuere Strecken mit Disteln ebenso wie mit Cardonen bedeckt: man kann geradezu das ganze Land ein großes Beet von diesen Pflanzen nennen. Die beiden Arten wachsen getrennt, jede Pflanze in Gemeinschaft mit ihrer eigenen Art. Die Cardone ist so hoch wie der Rücken eines Pferdes, aber die Distel der Pampas ist oft höher als der Scheitel des Reiters. Die Straße auch nur für einen Yard verlassen zu können, ist ganz unmöglich; und die Straße selbst ist teilweise, in manchen Fällen sogar vollkommen geschlossen. Natürlich gibt es hier keine Weide: wenn Rinder oder Pferde einmal dieses Beet betreten, so sind sie für einmal vollständig verloren. Es gibt in diesen Bezirken sehr wenig Estanzias, und diese wenigen liegen in der Nachbarschaft feuchter Täler, wo glücklicherweise keine jener alles überwuchernden Pflanzen existieren kann. Da die Nacht herankam, ehe wir das Ende unserer Reise erreichten, schliefen wir in einer elenden, kleinen, von dem ärmsten Volke bewohnten Hütte. Die außerordentliche, wenngleich schon formelle Höflichkeit unseres Wirtes und unserer Wirtin war in Anbetracht ihrer Lebensstellung völlig entzückend.

22. November. – Wir kamen in einer Estanzia am Berquelo an, welche einem sehr gastfreundschaftlichen Engländer gehörte, an welchen ich einen Empfehlungsbrief von meinem Freunde Lumb hatte. Ich blieb hier drei Tage. Eines Morgens ritt ich mit meinem Wirt nach der Sierra del

Pedro Flaco, ungefähr zwanzig Meilen den Rio Negro aufwärts. Beinahe das ganze Land war mit gutem, wenn auch grobem Gras bedeckt, welches so hoch war, daß es den Bauch der Pferde erreichte; und doch gab es ganze Quadratstunden ohne ein einziges Stück Rind. Die Provinz von Banda Oriental könnte, wenn sie ordentlich bevölkert wäre, eine erstaunliche Zahl von Tieren erhalten; augenblicklich beträgt der jährliche Export von Häuten aus Montevideo dreißigtausend Stück, und der Verbrauch im Lande ist infolge des Verwüstens sehr beträchtlich.

Der Blick auf den Rio Negro von der Sierra war malerischer als irgendein anderer, den ich gesehen habe. Der breite, tiefe und reißende Fluß wand sich am Fuß einer felsigen, steil abfallenden Klippe entlang.

Eines Abends kam ein »Domador« (ein Pferdebändiger) in der Absicht, einige Füllen zu zähmen. Ich will die vorbereitenden Schritte beschreiben, da ich glaube, daß sie von keinem anderen Reisenden erwähnt worden sind. Eine Herde wilder junger Pferde wird in den Corral oder die große, mit Pfählen umgebene Einzäunung getrieben und die Tür geschlossen. Wir wollen annehmen, daß ein Mann allein ein Pferd zu fangen und zu besteigen hat, welches bis dahin niemals Zügel oder Sattel gefühlt hatte. Ich glaube, eine derartige Leistung würde, ausgenommen von einem Gaucho, für vollständig unausführbar gehalten werden. Der Gaucho sucht sich ein erwachsenes Füllen aus, und wenn das Tier rings im Kreis herumjagt, wirft er sein Lasso, daß er beide Vorderbeine fängt. In dem Augenblicke stürzt das Pferd mit einem heftigen Stoß kopfüber, und während es sich am Boden windet, beschreibt der Gaucho, das Lasso straff haltend, einen Kreis, so daß er eins der Hinterbeine gerade unterhalb der Fessel fängt, und zieht es nun dicht an die beiden Vorderbeine; dann schlingt er das Lasso herum, daß die drei zusammengebunden sind. Jetzt setzt er sich auf den Hals des Pferdes und befestigt einen starken Zügel, aber ohne Gebiß, am Unterkiefer. Dies tut er in der Weise, daß er einen schmalen Riemen durch die Löcher in den Zügelenden steckt und sie mehrere Male rund um die

Zunge und die Kinnlade windet. Die zwei Vorderbeine werden jetzt mit einem starken ledernen Riemen, der durch eine verschiebbare Schlinge befestigt ist, eng aneinander gebunden. Das Lasso, welches die drei Beine miteinander verband, wird nun gelöst, und das Pferd steht mit Schwierigkeit auf. Der Gaucho führt nun, den an der Unterkinnlade befestigten Zügel festhaltend, das Pferd aus dem Corral hinaus. Ist ein zweiter Mann dabei (im andern Falle ist die Mühe viel größer), so hält er den Kopf des Pferdes, während der erstere die Decke und den Sattel auflegt und das Ganze zusammengürtet. Während dieser Operation wirft sich das Pferd aus Schreck und aus Erstaunen, in dieser Weise rund um die Brust gebunden zu werden, immer und immer wieder auf den Boden und wird, ohne geschlagen zu werden, nicht aufstehen. Endlich, wenn das Satteln beendet ist, kann das arme Tier vor Furcht kaum atmen und ist weiß vor Schaum und Schweiß. Der Mann bereitet sich nun vor aufzusteigen, und zwar dadurch, daß er scharf auf den Steigbügel drückt, so daß das Pferd nicht etwa sein Gleichgewicht verliert; wenn er sein Bein über den Rücken des Tieres schwingt, zieht er die die Vorderbeine zusammenhaltende Schlinge auf, und das Tier ist frei. Manche Domadores lösen den Knoten, während das Tier auf dem Boden liegt, und lassen es, über dem Sattel stehend, unter sich aufstehen. Das Pferd, wütend vor Furcht, macht ein paar äußerst heftige Sprünge und bricht dann im vollen Galopp auf: Wenn es vollständig erschöpft ist, bringt es der Mann mit Geduld zum Corral zurück, wo das arme, vor Hitze dampfende und kaum lebendige Tier freigelassen wird. Diejenigen Tiere, welche nicht fortgaloppieren, sondern sich hartnäckig immer auf den Boden werfen, sind bei weitem die beschwerlichsten. Dieser ganze Prozeß ist furchtbar streng, aber nach zwei oder drei Versuchen ist das Pferd zahm. Doch wird das Pferd unter einigen Wochen nicht mit einem eisernen Mundstück und soliden Ringen geritten, denn es muß erst den Willen seines Reiters mit dem Gefühl des Zügels verbinden lernen, ehe selbst das stärkste Gebiß von irgendwelchem Nutzen sein kann.

Die Gauchos sind dafür bekannt, vollendete Reiter zu sein. Die Idee, abgeworfen zu werden, mag das Pferd tun, was es will, kommt ihnen niemals in den Sinn. Das Kennzeichen eines guten Reiters ist bei ihnen, wenn ein Mann ein ungezähmtes Füllen behandeln kann und wenn er, wenn sein Pferd stürzt, auf seine eigenen Beine zu stehen kommt oder wenn er andere derartige Stücke ausführen kann. Ich habe einen Mann wetten hören, daß er sein Pferd zwanzigmal niederwerfen und daß er neunzehnmal nicht selbst fallen würde. Ich erinnere mich, einen Gaucho gesehen zu haben, der ein sehr widerspenstiges Pferd ritt, dasselbe stieg dreimal hintereinander, so daß es mit großer Gewalt rückwärts niederschlug. Mit ungemeiner Kaltblütigkeit beurteilte der Mann den richtigen Augenblick herunterzugleiten, weder einen Augenblick vor, noch einen Augenblick nach der richtigen Zeit. Sobald das Pferd aufgestanden war, sprang ihm der Mann auf den Rücken, und endlich brachen sie im vollen Galopp auf. Der Gaucho scheint niemals irgend besondere Muskelkraft aufzuwenden. Eines Tages beobachtete ich einen guten Reiter, als wir in großer Geschwindigkeit dahingaloppierten, und sagte mir, wenn das Pferd ausbricht, so mußt du sicherlich fallen, so sorglos scheinst du im Sattel zu sitzen. In diesem Augenblick sprang ein männlicher Strauß gerade unter der Nase des Pferdes von seinem Nest in die Höhe. Das junge Pferd bog wie ein Hirsch nach einer Seite um; aber was den Mann betrifft, so war alles, was sich sagen ließ, daß er, mit seinem Pferde verbunden, erschrak und ausriß.

26. November. – Ich brach zu meiner Rückkehr nach Montevideo in gerader Richtung auf. Da ich von einigen Riesenknochen in einem benachbarten Farmhaus am Sarandis, einem kleinen sich in den Rio Negro ergießenden Fluß, gehört hatte, ritt ich in Begleitung meines Wirtes dorthin und kaufte für den Wert von achtzehn Pence den Kopf des Toxodon. Als er gefunden wurde, war er ganz vollkommen, aber die Jungen schlugen einige der Zähne mit Steinen heraus und stellten dann den Schädel als Scheibe auf, um danach zu werfen. Durch einen äußerst

glücklichen Zufall fand ich einen vollkommenen Zahn, der genau in die eine der Zahnhöhlen dieses Schädels paßte, ganz allein in einer Schicht an den Ufern des Rio Tercero in einer Entfernung von ungefähr hundertundachtzig Meilen von hier. Ich fand noch an zwei anderen Orten Überreste dieses außerordentlichen Tieres, so daß es früher häufig gewesen sein muß. Ich fand hier auch einige große Bruchstücke des Panzers eines gigantischen armadilloähnlichen Tieres und einen Teil des großen Schädels eines Mylodon. Die Zahl der in der großen Ästuariumablagerung, welche die Pampas bildet und die gigantischen Felsen der Banda Oriental bedeckt, eingeschlossenen Tierreste muß außerordentlich groß sein. Zu anderen Zeiten hörte ich von der merkwürdigen Eigenschaft gewisser Flüsse, welche die Macht haben, kleine Knochen in große zu verwandeln; manche Leute behaupten umgekehrt, die Knochen selbst wüchsen. Soweit ich sehen kann, kam keins dieser Tiere, wie früher vermutet wurde, in den Morästen oder schlammigen Flußbetten des jetzigen Landes um, sondern ihre Knochen wurden von den Flüssen an den Tag gefördert. Wir können annehmen, daß das ganze Gebiet der Pampas ein großes Grab dieser ausgestorbenen riesenhaften Vierfüßer ist.

In der Mitte des Tages am 28. kamen wir in Montevideo an, nachdem wir zwei und einen halben Tag unterwegs gewesen waren.

Während der letzten sechs Monate habe ich Gelegenheit gehabt, ein wenig den Charakter der Bewohner dieser Provinz kennenzulernen. Die Gauchos oder Landleute sind den Bewohnern der Stadt sehr überlegen. Der Gaucho ist ausnahmslos verbindlich, höflich oder gastfreundschaftlich: Ich bin auch nicht einem einzigen Beispiel von Grobheit oder Inhospitalität begegnet. Er ist bescheiden, aber gleichzeitig ein mutiger, kühner Gesell. Auf der anderen Seite werden viele Räubereien begangen, und es wird viel Blut vergossen: Die hauptsächlichste Ursache für letzteres ist der Brauch, ständig ein Messer zu tragen. Es ist beklagenswert, zu hören, wie viele Leben in kleinlichen Streitigkeiten verloren werden. Im Kampf versucht jede Partei das Gesicht seines Gegners durch Stöße auf die Nase und in die Augen zu zeichnen, wofür die häufigen tiefen und schauerlich aussehenden Narben Zeugnis ablegen. Räubereien sind eine natürliche Folge des allgemeinen Spielens, des vielen Trinkens und der äußersten Indolenz. In Mercedes fragte ich zwei Leute, warum sie nicht arbeiteten. Der eine sagte mir gewichtig, die Tage seien zu lang, der andere sagte, er wäre zu arm. Die große Zahl von Pferden und der Überfluß an Nahrung zerstört alle Industrie. Überdies gibt es gar zuviel Feiertage; ferner kann nichts gedeihen, wenn es nicht mit zunehmendem Monde angefangen wird, so daß der halbe Monat aus diesen zwei Ursachen verloren geht.

Die Polizei und die Gerichte sind völlig unzureichend. Wenn ein Armer einen Mord begeht und ergriffen wird, so wird er gefangengesetzt und vielleicht erschossen; ist er aber reich und hat Freunde, so kann er sich darauf verlassen, daß ihn keine strenge Bestrafung ereilen wird. Es ist merkwürdig, daß die alleranständigsten Bewohner des Landes ausnahmslos einen Mörder bei seiner Flucht unterstützen: sie scheinen anzunehmen, daß das Individuum gegen die Regierung und nicht gegen das Volk sich vergangen habe. Ein Reisender hat außer seinen Schußwaffen keinen Schutz; und der Brauch, solche zu tragen, ist das hauptsächliche Hindernis noch häufigerer Räubereien.

Der Charakter der höheren und besser erzogenen Klassen, welche in den Städten wohnen, ist, aber vielleicht in einem geringeren Grade, der guten Seiten des Gaucho teilhaftig, hat aber, wie ich fürchte, viele Laster, von denen jener frei ist. Sinnlichkeit, Verachtung jeder Religion und die gröbste Bestechlichkeit sind durchaus nicht selten. Beinahe jeder öffentliche Angestellte kann bestochen werden. Der Hauptbeamte der Postanstalt verkaufte gefälschte Freimarken. Der Gouverneur und Premierminister verbinden sich öffentlich dazu, den Staat zu plündern. Wo Gold ins Spiel kam, wurde Gerechtigkeit kaum von irgend jemand erwartet. Ich machte die Bekanntschaft eines Engländers, welcher zum Oberrichter ging (er erzählte mir, daß er, die Art und Weise des Ortes nicht vollständig begreifend, gezittert habe, als er in das Zimmer getreten sei) und ihm sagte: »Mein Herr, ich komme, Ihnen zweihundert (Papier-)Dollars (ungefähr fünf Pfund Sterling wert) anzubieten, wenn sie einen Mann, der mich betrogen hat, vor einer gewissen Zeit arretieren lassen. Ich weiß, es ist gegen das Gesetz, aber mein Advokat (ihn mit Namen anführend) empfahl mir, diesen Schritt zu tun.« Der Oberrichter lächelte in freundlicher Zustimmung, dankte ihm, und noch vor dem Abend war der betreffende Mann sicher in Gewahrsam. Und mit diesem völligen Mangel an Grundsätzen bei vielen der leitenden Persönlichkeiten, in einem Lande, das voll von schlecht bezahlten, unruhigen Beamten ist, hofft das Volk doch noch, daß eine demokratische Regierungsform Erfolg haben könne!

Wenn man zuerst in diesen Ländern in die Gesellschaft kommt, so fallen zwei oder drei Züge als besonders merkwürdig auf. Die höflichen und würdevollen Manieren, welche durch jede Lebensstellung hindurchgehen, der ausgezeichnete Geschmack, den die Frauen in ihrer Kleidung entfalten, und die Gleichheit zwischen allen Ständen. Am Rio Colorado pflegten ein paar Leute, welche die allereinfachsten Kramläden hielten, mit dem General Rosas zu Mittag zu speisen. Viele Offiziere der Armee können weder lesen noch schreiben, und doch begegnen sie sich alle in der Gesellschaft als gleich. Alles dies war in einem neu sich gründenden Lande zu erwarten; trotzdem erscheint einem Engländer das Fehlen der »gentlemen« von Profession ziemlich fremdartig.

6. Dezember. – Die »Beagle« segelte vom Rio Plata fort, um niemals wieder in den schlammigen Strom einzulaufen. Unsere Fahrt war nach Port Desire an der Küste von Patagonien gerichtet.

23. Dezember. – Wir kamen in Port Desire an, auf 47° s. Br. Die kleine Bucht läuft ungefähr zwanzig Meilen weit landeinwärts mit einer unregelmäßigen Breite. Die »Beagle« ankerte wenige Meilen innerhalb des Eingangs, den Ruinen einer spanischen Niederlassung gegenüber.

An demselben Abend ging ich an Land. Das erste Betreten des Bodens in irgendeinem neuen Land ist sehr interessant, besonders wenn, wie es hier der Fall ist, der ganze Anblick den Stempel eines scharf individuellen Charakters trägt. In der Höhe von zwischen zwei- und dreihundert Fuß über einigen Massen von Porphyr dehnt sich eine weite Ebene aus, welche für Patagonien wahrhaft charakteristisch ist. Die Oberfläche ist vollkommen waagerecht und besteht aus gutabgerundeten Flußrollsteinen, die mit einer weißlichen Erde vermischt sind. Hier und da finden sich zerstreut stehende Büschel braunen starren Grases und noch seltener einige niedrige dornige Gebüsche. Das Wetter ist trocken und angenehm, und der schöne blaue Himmel ist nur selten verdunkelt. Wenn man in der Mitte einer dieser wüsten Ebenen steht und nach dem Innern hinblickt, so ist die Aussicht meist durch die Böschung einer anderen, etwas höheren, aber gleich waagerecht ausgedehnten und trostlosen Ebene begrenzt; und in jeder anderen Richtung wird der Horizont durch die zitternde Luftspiegelung, welche von der erhitzten Oberfläche auszugehen scheint, undeutlich.

In einem solchen Land war das Schicksal einer spanischen Niederlassung bald entschieden; die Trockenheit des Klimas während des größeren Teils des Jahres und die gelegentlichen feindlichen Angriffe der wandernden Indianerstämme zwangen die Kolonisten, ihre halbbeendeten Gebäude zu verlassen. Indes zeigt der Stil, in dem sie begonnen wurden, die starke und liberale Hand des Spaniens der alten Zeit. Das Resultat aller Versuche, diese Seite von Amerika südlich vom 40. Grad zu kolonisieren, ist elend gewesen. Port Famine* drückt in seinem Namen die hinzehrenden und außerordentlichen Leiden mehrerer hundert unglücklicher Menschen aus, von denen nur einer übrig blieb, um ihr Mißgeschick erzählen zu können. In der St.-Joseph-Bucht an der Küste von Patagonien wurde eine kleine Niederlassung begründet; aber während eines Sonn-

* famine = Hungersnot

Wandernde Indianer

tags machten die Indianer einen Angriff und massakrierten die ganze Gesellschaft mit Ausnahme zweier Leute, welche viele Jahre hindurch gefangen blieben. Am Rio Negro habe ich mich mit einem dieser Leute, der jetzt ein äußerst hohes Alter erreicht hat, unterhalten.

Die Fauna von Patagonien ist ebenso beschränkt wie seine Flora. Auf den dürren Ebenen kann man einige wenige schwarze Käfer langsam herumkriechen und gelegentlich eine Eidechse herüber- und hinüberschießen sehen. Von Vögeln haben wir drei Aasfalken und in den Tälern ein paar Finken und Insektenfresser gesehen. Ein Ibis ist in den wüstesten Teilen nicht selten: In seinem Magen fand ich Heuschrecken, Zikaden, kleine Eidechsen und selbst Skorpione. Zu einer Zeit des Jahres gehen diese Vögel in Zügen, zu einer anderen in Paaren; ihr Geschrei ist sehr laut und eigentümlich, ähnlich dem Wiehern des Guanako.

Das Guanako oder wilde Lama ist das charakteristische Säugetier der Ebenen von Patagonien, es ist der südamerikanische Repräsentant des orientalischen Kamels. Im Urzustand ist es ein elegantes Tier mit einem langen

Guanakos

schlanken Hals und schönen Beinen. Es ist sehr gemein über die ganzen gemäßigten Teile des Kontinents, südlich bis zu den Inseln in der Nähe des Kap Horn. Es lebt meist in kleinen Herden von einem halben Dutzend bis dreißig in jeder; aber an den Ufern des Santa Cruz sahen wir eine Herde, die mindestens fünfhundert enthalten haben muß.

Eines Tages wurde die Schaluppe unter dem Kommando von Mr. Chaffers mit Proviant für drei Tage abgesandt, um den oberen Teil des Hafens aufzunehmen. Am Morgen suchten wir nach einigen Badeorten, welche in einer alten spanischen Karte erwähnt waren. Wir fanden einen kleinen Fluß, an dessen oberem Ende ein tröpfelnder Bach (der erste, den wir sahen) von Brackwasser war. Hier zwang uns die Flut, mehrere Stunden zu warten, und in der Zwischenzeit ging ich ein paar Meilen ins Innere. Die Ebene bestand, wie gewöhnlich, aus Kies, untermischt mit etwas Erde, welche der Kreide im Ansehen ähnlich, aber von ihr in der Beschaffenheit sehr verschieden war. Wegen der Weichheit dieser Bestandteile war die Fläche in vielen Rinnen zerklüftet. Es war nicht ein einziger Baum vorhanden, und ausgenommen das Guanaco, welches auf dem Gipfel eines Hügels als wachhabender Posten vor seiner Herde stand, fand sich kaum ein Tier oder ein Vogel. Alles war ruhig und verlassen.

Am Abend segelten wir ein paar Meilen weiter hinauf und schlugen dann die Zelte für die Nacht auf. In der Mitte des nächsten Tages saß die Schaluppe auf dem Grunde und konnte wegen der Seichtigkeit des Wassers nicht höher hinaufgehen. Da sich das Wasser als zum Teil süß herausstellte, nahm Mr. Chaffers das kleine Boot und ging noch zwei oder drei Meilen weiter hinauf, wo es gleichfalls auf den Grund kam, aber in einem Süßwasserfluß. Das Wasser war schlammig, und wenngleich der Fluß in bezug auf seine Größe äußerst unbedeutend war, so ist es doch schwer, seinen Ursprung zu erklären, ausgenommen durch den schmelzenden Schnee der Cordillera. An dem Orte, wo wir biwakierten, umgaben uns kühne Felsenriffe und steile Türme von Porphyr. Ich glaube, ich habe niemals woanders einen Fleck gesehen, der mir mehr von der übrigen Welt abgeschlossen zu sein schien als diese felsige Schlucht in der weiten Ebene.

Am zweiten Tage nach unserer Rückkehr zum Ankerplatz ging eine Gesellschaft von Offizieren und ich selbst aus, um ein altes Indianergrab genauer zu durchsuchen, welches ich auf dem Gipfel eines benachbarten Hügels gefunden hatte. Zwei ungeheure Steine, von denen jeder wahrscheinlich mindestens ein paar Tonnen wog, waren vor den vorspringenden Rand eines ungefähr sechs Fuß hohen Felsens gelegt. Auf dem Boden des Grabes auf dem harten Felsen war eine ungefähr einen Fuß tiefe Erdschicht, welche unten von der Ebene heraufgebracht worden sein mußte. Über dieser lag eine Pflasterung von glatten Steinen, auf welche andere so gehäuft waren, daß sie den Raum zwischen dem vorspringenden Rand und den zwei großen Felsblöcken erfüllten. Um das Grab zu vervollständigen, hatten die Indianer es möglich gemacht, von dem Felsrande ein ungeheures Stück loszubrechen und es so über den Steinhaufen zu legen, daß es auf den beiden Blöcken ruhte. Wir unterminierten das Grab von beiden Seiten, konnten aber keine Überreste, nicht einmal Knochen finden. Die letzteren waren wahrscheinlich schon lange zerfallen (in welchem Falle das Grab von einem äußerst hohen Alter gewesen sein mußte); denn an einem anderen Orte fand ich ein paar kleinere Haufen, unter denen ich äußerst wenige, zerbröckelnde Fragmente als zu einem menschlichen Skelett gehörig unterscheiden konnte.

Den 9. Januar 1834. – Ehe es dunkel war, ging die »Beagle« in dem schönen geräumigen Hafen von Port St. Julian vor Anker, der ungefähr einhundertzehn Meilen südlich von Port Desire liegt. Wir blieben acht Tage hier. Die Gegend ist der um Port Desire sehr ähnlich, vielleicht aber im ganzen noch unfruchtbarer.

Es ist unmöglich, über den Zustand des amerikanischen Kontinents ohne das tiefste Erstaunen nachzudenken. Früher muß er von großen Ungeheuern gewimmelt haben. Jetzt finden wir bloße Zwerge im Vergleich mit den vorausgegangenen verwandten Rassen. Die größere Zahl, wenn nicht sämtliche dieser ausgestorbenen Säugetiere haben in einer späten Periode gelebt und waren Zeitgenossen der meisten jetzt lebenden Meermuscheln. Seit der Zeit, wo sie lebten, kann keine sehr große Veränderung in der Bildung des Landes stattgefunden haben. Was hat denn nun so viele Spezies und ganze Gattungen vertilgt? Zunächst wird man unwiderstehlich zu der Annahme einer großen Katastrophe getrieben; aber um hierdurch Tiere, und zwar sowohl große als kleine im südlichen Patagonien, in Brasilien, auf der Cordillera, in Peru, in Nord-Amerika bis hinauf nach der Bering-Straße zerstören zu lassen, müßten wir das ganze Gerüste der Erde erschüttern. Überdies führt eine Untersuchung der Geologie von La Plata und Patagonien zu der Annahme, daß alle Gestaltungen des Landes das Resultat langsamer und allmählicher Umwandlungen sind. Aus der Beschaffenheit der Fossilien in Europa, Asien, Australien und Nord- und Süd-Amerika geht hervor, daß diejenigen Bedingungen, welche das Leben der größeren Säugetiere begünstigen, sich vor kurzem über die ganze Erde erstreckten: Worin diese Bedingungen bestanden, hat niemand bis jetzt auch nur zu vermuten versucht. Es kann kaum eine

Veränderung der Temperatur gewesen sein, welche in ungefähr derselben Zeit die Bewohner tropischer, gemäßigter und arktischer Breiten auf beiden Seiten der Erdkugel zerstörte. Wir wissen positiv, daß in Nord-Amerika die großen Säugetiere nach jener Periode lebten, wo Findlinge in Breiten gebracht wurden, zu welchen Eisberge jetzt niemals gelangen. Hat der Mensch nach seinem ersten Eindringen in Süd-Amerika, wie wohl vermutet worden ist, das ungelenke Megatherium und die anderen Edentaten zerstört? In bezug auf die Zerstörung des kleinen Tucutuco in Bahía Blanca und der vielen fossilen Mäuse und anderen kleinen Säugetiere in Brasilien müssen wir uns nach irgendeiner anderen Ursache umsehen. Niemand wird sich vorstellen, daß eine Dürre, selbst viel heftiger als diejenigen, welche so große Verluste in den Provinzen von La Plata verursachen, alle Individuen aller Spezies vom südlichen Patagonien bis zur Bering-Straße zerstören könnte. Was sollen wir vom Aussterben des Pferdes sagen; gaben jene Ebenen keine Weide, welche jetzt von Tausenden und Hunderttausenden der Nachkommen jenes von den Spaniern eingeführten Stammes überschwärmt werden? Haben die später eingeführten Spezies die Nahrung der großen vorausgehenden Rassen konsumiert? Gewiß ist keine Tatsache in der langen Geschichte der Erde so verwirrend als das ausgedehnte und wiederholt vorkommende Vertilgen ihrer Bewohner.

Wenn wir den Gegenstand von einem anderen Gesichtspunkt aus betrachten, so wird er weniger verwirrend erscheinen. Wir halten uns nicht fortwährend vor Augen, wie groß unsere Unwissenheit in bezug auf die Existenzbedingungen eines jeden Tieres ist; auch erinnern wir uns nicht immer daran, daß irgendein Hindernis beständig die zu rapide Zunahme jedes im Naturzustand gelassenen organischen Wesens aufhält. Im Naturzustand pflanzt sich jedes Tier fort; doch ist bei einer lange begründeten Spezies jede bedeutende Zahlenzunahme offenbar unmöglich und muß durch irgend etwas behindert werden. Nichtsdestoweniger sind wir selten in der Lage, in bezug auf irgendeine gegebene Spezies mit Sicherheit zu sagen, in welche Periode des Lebens oder in welche Periode des Jahres dieses Hindernis fällt oder ob es nur nach langen Zwischenräumen eintritt; ferner können wir auch nicht angeben, was dieses Hindernis ist. Daher rührt es wahrscheinlich, daß wir so wenig überrascht sind, wenn wir sehen, daß eine von zwei in ihrer Lebensweise nahe verwandten Spezies selten und die andere in einem und demselben Distrikt außerordentlich häufig ist oder daß die eine in dem einen Bezirk außerordentlich häufig und eine andere, die in dem Naturhaushalt dieselbe Stelle einnimmt, in einem benachbarten in seinen Lebensbedingungen nur sehr wenig verschiedenen Distrikt häufig ist. Wird man gefragt, woher dies kommt, so antwortet man sofort, daß es durch irgendwelche bedeutende Verschiedenheit im Klima, in der Nahrung oder der Zahl der Feinde bestimmt wird: Wie selten aber, wenn überhaupt jemals, können wir die genaue Beschaffenheit und Wirkungsweise eines solchen Hemmnisses angeben!

In den Fällen, wo wir die Vernichtung durch den Menschen verfolgen können, und zwar entweder überhaupt oder in einem begrenzten Bezirk, wissen wir, daß eine Spezies zunächst seltener und immer seltener wird und dann ausstirbt; es dürfte schwierig sein, irgendeinen Unterschied zwischen der Zerstörung einer Spezies durch den Menschen oder durch die Zunahme seiner natürlichen Feinde anzugeben. Die Beweise für das dem Aussterben vorausgehende Seltenwerden sind noch auffallender in den aufeinanderfolgenden tertiären Schichten. Es ist oft beobachtet worden, daß eine in einer tertiären Schicht sehr häufige Muschel jetzt äußerst selten ist. Wenn daher, wie es wahrscheinlich zu sein scheint, die Spezies zuerst selten werden und dann aussterben – wenn die zu rapide Zunahme einer jeden Spezies, selbst der am meisten begünstigten, beständig durch Hemmnisse aufgehalten wird, wie wir zugeben müssen, obschon es schwer ist zu sagen, wie und wann – und wenn wir ohne das geringste Erstaunen, doch außerstande den genauen Grund anzuführen, sehen, daß eine

Spezies außerordentlich häufig und eine andere nahverwandte Spezies in einem und demselben Bezirk selten ist – warum sollten wir ein großes Erstaunen empfinden, daß die Seltenheit noch einen Schritt weiter, nämlich zum Aussterben geführt wird?

IX. Kapitel

Santa Cruz, Patagonien und die Falkland-Inseln

13. April 1834. – Die »Beagle« ankerte innerhalb der Mündung des Santa Cruz. Der Fluß ist ungefähr sechzig Meilen südlich von Port St. Julian gelegen. Während der letzten Reise ging ihn Kapitän Stokes dreißig Meilen stromaufwärts, war aber dann genötigt, umzukehren. Mit Ausnahme dessen, was zu jener Zeit entdeckt wurde, war kaum irgend etwas von diesem großen Strom bekannt. Kapitän Fitzroy bestimmte nun, daß sein Lauf verfolgt werden sollte, soweit es die Zeit gestattete. Am 18. machten sich drei große Boote auf den Weg, mit Vorräten für drei Wochen; die Mannschaft bestand aus fünfundzwanzig Köpfen – eine Macht, welche genügend gewesen wäre, einem Heer von Indianern Trotz zu bieten. Mit einer guten Flut an einem schönen Tage legten wir eine gute Strecke zurück, tranken bald etwas Süßwasser und waren abends ziemlich außerhalb des Einflusses der Flut.

Der Fluß erhielt hier eine Größe und ein Ansehen, das selbst an dem höchsten Punkt, den wir schließlich erreichten, kaum vermindert wurde. Er war meist drei- bis vierhundert Yards breit und in der Mitte ungefähr siebzehn Fuß tief. Die Schnelligkeit seiner Strömung, welche in seinem ganzen Verlaufe im Verhältnis von vier bis sechs Knoten die Stunde lief, ist vielleicht der merkwürdigste Zug. Das Wasser ist von einer schönen blauen Farbe, aber mit einem leichten Stich ins Milchige, auch ist es nicht so durchsichtig, als man auf den ersten Blick erwartet haben würde. Der Strom fließt über eine Schicht von Rollsteinen, ähnlich denen, welche den Strand und die umgebenden Ebenen zusammensetzen. Er hat einen gewundenen Verlauf durch ein Tal, welches sich in einer geraden Linie nach Westen erstreckt. Das Tal variiert in seiner Breite von fünf bis zehn Meilen; es wird von stufenförmigen Terrassen begrenzt, welche an den meisten Stellen, eine hinter der andern, bis

Biwak

zur Höhe von fünfhundert Fuß ansteigen und sich auf den beiden gegenüberliegenden Ufern merkwürdig entsprechen.

19. April. – Gegen eine so starke Strömung war es natürlich ganz unmöglich, zu rudern oder zu segeln: Infolgedessen wurden die drei Boote Bug an Spiegel zusammengetaut, zwei Mann in jedem gelassen, während der Rest der Bemannung an das Ufer kam zum Ziehen. Die Mannschaft, mit Einschluß aller, wurde in zwei Wachen geteilt, von denen eine jede abwechselnd anderthalb Stunden am Schlepptau zog. Die Offiziere jeden Bootes lebten mit ihrer Mannschaft, hatten dieselbe Kost und schliefen in denselben Zelten, so daß jedes Boot vollkommen unabhängig vom andern war. Nach Sonnenuntergang wurde der erste ebene Fleck, wo irgendein Gebüsch wuchs, zur Wohnstatt für die Nacht ausgewählt. Jeder der Mannschaft übernahm der Reihe nach das Amt des Kochs. Unmittelbar nachdem das Boot heraufgezogen war, machte der Koch Feuer an; zwei andere schlugen das Zelt auf; der Bootführer reichte die Sachen aus dem Boot; die übrigen trugen sie zu den

Zelten hinauf und sammelten Brennholz. Infolge dieser Ordnung war alles in einer halben Stunde für die Nacht fertig. Stets wurde eine Wache von zwei Mann und einem Offizier gehalten, deren Pflicht war, nach dem Boote zu sehen, das Feuer zu unterhalten und vor Indianern auf der Hut zu sein. Jedermann in der Gesellschaft hatte seine Wachtstunde jede Nacht.

Wir zogen an diesem Tage nur eine kurze Strecke aufwärts; es waren so viele, mit dornigem Gebüsch bedeckte kleine Inseln da, und die Kanäle zwischen ihnen waren seicht.

20. April. – Wir passierten die Inseln und machten uns an unsere Arbeit. Unser regelmäßiger Tagesmarsch brachte uns, so hart er auch war, im Mittel nur zehn Meilen in einer geraden Linie und im ganzen vielleicht fünfzehn oder zwanzig Meilen vorwärts. Jenseits des Platzes, wo wir in der letzten Nacht schliefen, ist das Land vollständig Terra incognita; denn dort war es, wo Kapitän Stokes umkehrte. In der Entfernung sahen wir starken Rauch und fanden das Skelett eines Pferdes; wir wußten daher, daß Indianer in der Nähe waren. Am nächsten Morgen (21.) wurden Spuren einer Abteilung zu Pferde und durch das Schleifen der Chuzos oder langen Speere gemachte Streifen auf dem Boden bemerkt. Man war allgemein der Ansicht, daß uns die Indianer während der Nacht rekognosziert hatten. Kurz darauf kamen wir an eine Stelle, wo nach den frischen Fußspuren von Männern, Kindern und Pferden offenbar der Trupp den Fluß gekreuzt hatte.

22. April. – Das Land blieb immer dasselbe und war äußerst uninteressant. Die vollkommene Ähnlichkeit aller Naturerzeugnisse durch ganz Patagonien ist einer seiner auffallendsten Charaktere. Die ebenen Flächen dürren Kieses tragen die gleichen verkümmerten und zwerghaften Pflanzen; und in den Tälern wachsen überall dieselben dorntragenden Büsche. Überall sieht man dieselben Vögel und Insekten.

So arm aber auch Patagonien ist, so kann es sich doch einer größeren Menge kleiner Nagetiere rühmen als vielleicht irgendein anderes Land in der Welt. Mehrere Spezies von Mäusen sind äußerlich durch sehr lange dünne Ohren und einen sehr feinen Pelz charakterisiert. Diese kleinen Tiere wimmeln in den Dickichten der Täler, wo sie monatelang keinen Tropfen Wasser schmecken können als den Tau. Sie scheinen alle Kannibalen zu sein; denn es hatte sich kaum eine Maus in einer meiner Fallen gefangen, als sie von andern gefressen wurde. Ein kleiner und zartgestalteter Fuchs, welcher gleichfalls äußerst häufig ist, lebt wahrscheinlich ganz und gar von diesen kleinen Tieren. Auch das Guanako ist hier in seinem eigentlichen Reich; Herden von fünfzig oder hundert waren häufig; und, wie ich bereits angeführt habe, einmal sahen wir eine solche, welche mindestens fünfhundert enthielt. Der Puma, mit dem Kondor und andern Aasfalken in seinem Gefolge, verfolgt diese Tiere und lebt von ihnen. Die Fußspuren des Pumas waren beinahe überall auf den Ufern des Flusses zu sehen; und die Überreste mehrerer Guanakos mit verrenktem Halse und zerbrochenen Knochen zeigten, auf welche Weise sie ihren Tod gefunden hatten.

27. April. – Das Flußbett wurde etwas schmaler, die Strömung daher reißender. Sie hatte hier eine Geschwindigkeit von sechs Knoten in der Stunde. Aus dieser Ursache und wegen der vielen großen scharfkantigen Felsbrocken wurde das Schleppen der Boote sowohl gefährlich als mühsam.

Ich schoß heute einen Kondor. Er maß von einer Flügelspitze zur andern acht und einen halben Fuß und vom Schnabel bis zum Schwanze vier Fuß. Es ist bekannt, daß dieser Vogel eine weite geographische Verbreitung hat; man findet ihn an der Westküste von Süd-Amerika von der Magellan-Straße die Cordillera entlang bis acht Grad nördlich vom Äquator. Die steilen Klippen in der Nähe der Mündung des Rio Negro sind seine nördliche Grenze an der Patagonischen Küste; von der großen zentralen Linie seines Vorkommens auf den Anden ist er vierhundert Meilen bis dahin gewandert. Weiter südlich, um die steilen Abgründe am oberen Ende von Port Desire ist der Kondor

Puma

nicht selten; doch besuchen nur gelegentlich ein paar verirrte Individuen die Meeresküste. Eine Klippenreihe in der Nähe der Mündung des Santa Cruz wird von diesen Vögeln besucht; ebenso erscheint der Kondor wieder, wo ungefähr achtzig Meilen stromaufwärts die Talgehänge von steilen Abhängen gebildet werden. Nach diesen Tatsachen scheint es, als bedürfe der Kondor senkrechter Klippen. In Chile halten sie sich während des größeren Teils des Jahres in dem flachen Land in der Nähe der Küsten des Stillen Ozeans auf; des Nachts sitzen mehrere zusammen auf einem Baume; im ersten Teil des Sommers aber ziehen sie sich in die unzugänglichsten Teile der inneren Cordillera zurück, um dort in Ruhe zu brüten.

In bezug auf ihre Fortpflanzung wurde mir von den Landbewohnern in Chile gesagt, daß der Kondor kein Nest irgendwelcher Art baue, sondern in den Monaten November und Dezember zwei große weiße Eier auf eine nackte Felsenplatte lege. Man sagt, die jungen Kondore können vor einem ganzen Jahr nicht fliegen; und noch lange nachdem sie es gelernt haben, setzen sie sich nachts zu ihren Eltern und jagen am Tag mit ihnen.

29. April. – Von einem hoch gelegenen Punkte begrüßten wir mit freudigem Jauchzen die weißen Gipfel der Cordillera, wie wir sie gelegentlich durch ihre trübe Wolkenumhüllung durchblicken sahen. Während der wenigen folgenden Tage kamen wir immer nur langsam vorwärts; denn wir fanden den Lauf des Flusses sehr gewunden und überstreut mit ungeheuren Bruchstücken von verschiedenen alten schiefrigen Gesteinen und von Granit. Die das Tal begrenzende Ebene hatte hier eine Höhe von ungefähr 1100 Fuß über dem Flusse erreicht, und ihr Charakter war bedeutend verändert. Die wohl abgerundeten Rollsteine von Porphyr waren mit vielen ungeheuer großen scharfkantigen Fragmenten von Basalt und Urgesteinen untermischt. Die ersten dieser erratischen Blöcke, welche ich bemerkte, waren siebenundsechzig Meilen von dem nächsten Berg entfernt; ein anderer, den ich maß, war fünf Quadrat-Yard groß und sprang fünf Fuß über die Flußsteine in die Höhe.

Seine Kanten waren so scharfwinklig und seine Größe so bedeutend, daß ich ihn anfangs irrigerweise für einen Felsen in situ hielt und meinen Kompaß herausnahm, um seine Spaltungsrichtung zu beobachten. Die Ebene war hier nicht so waagerecht wie die in weiterer Nähe der Küste, ließ aber doch kein Zeichen irgendwelcher größerer Gewalt erkennen. Unter diesen Umständen ist es, glaube ich, ganz unmöglich, den Transport dieser riesigen Felsmassen auf eine Entfernung von so vielen Meilen von ihrem Mutterboden nach irgendeiner Theorie zu erklären, ausgenommen durch schwimmende Eisberge.

Während der letzten zwei Tage trafen wir Anzeichen von Pferden und mehrere kleine Sachen, welche Indianern gehört hatten – z. B. Stücke eines Mantels und einen Busch Straußenfedern –, sie schienen aber schon lange auf der Erde gelegen zu haben. Zwischen der Stelle, wo die Indianer so kurze Zeit zuvor den Fluß überschritten hatten, und dieser Gegend, trotzdem daß beide Punkte so viele Meilen weit auseinander liegen, schien das Land völlig unbetreten zu sein. In Anbetracht der großen Häufigkeit der Guanakos war ich anfangs hierüber überrascht; es wird aber durch die steinige Beschaffenheit der Ebenen erklärt, welche sehr bald ein nicht beschlagenes Pferd unfähig machen würde, an einem Jagdrennen teilzunehmen. Nichtsdestoweniger fand ich selbst inmitten dieser öden Gegend einen kleinen Haufen von Steinen, von welchen ich nicht glaube, daß sie zufällig zusammengeworfen worden sind. Sie lagen auf Punkten, welche über den Rand der höchsten Lavaklippen vorragten, und glichen, nur in einem kleinen Maßstabe, denen in der Nähe von Port Desire.

4. Mai. – Kapitän Fitzroy beschloß, die Boote nicht höher hinaufzuführen. Der Fluß hatte einen gewundenen Verlauf und war sehr reißend; auch bot die äußere Erscheinung des Landes keine Versuchung dar, noch weiter vorzudringen. Überall begegneten wir denselben Naturgegenständen und derselben traurigen Landschaft. Wir waren nun einhundertvierzig Meilen vom Atlantischen Ozean und ungefähr sechzig vom nächsten Arm des Stillen Ozeans

entfernt. Das Tal erweiterte sich in diesem oberen Teil in ein weites Becken, welches nach Norden und Süden von den basaltischen Plateaus begrenzt und gerade vor uns von der langen Reihe der Cordillera abgeschlossen wurde. Außer dem unnützen Zeitverlust, welchen uns ein Versuch, den Fluß noch höher hinaufzudringen, gekostet haben würde, hatten wir schon einige Tage lang nur halbe Brotrationen erhalten. Obschon dies wirklich für vernünftige Menschen genug war, so war es doch nach einem anstrengenden Tagesmarsch etwas dürftige Nahrung: Ein leichter Magen und eine leichte Verdauung sind ganz nette Sachen, um sich darüber zu unterhalten, aber in der Praxis sehr unangenehm.

5. Mai. – Wir begannen unsere Fahrt stromabwärts vor Sonnenaufgang. Wir schossen mit großer Geschwindigkeit den Fluß hinab, meistens mit zehn Knoten die Stunde. An diesem einen Tage kamen wir ein solches Stück Wegs hinunter, als uns fünf und einen halben Tag harter Arbeit beim Heraufweg gekostet hatte. Am 8. erreichten wir die »Beagle« nach einer Expedition von einundzwanzig Tagen. Alle, mit Ausnahme meiner, hatten wohl Ursache, enttäuscht zu sein; mir hatte sich aber auf diesem Wege stromaufwärts ein äußerst interessanter Durchschnitt der großen Tertiärformation von Patagonien dargeboten.

Die »Beagle« ankerte am 1. März 1833 und dann wieder am 16. März 1834 in Berkeley Sound, an der östlichen Falkland-Insel. Dieser Archipel liegt nahezu in derselben Breite mit der Mündung der Magellan-Straße und ist ein wenig mehr als halb so groß wie Irland. Nachdem Frankreich, Spanien und England um den Besitz dieser elenden Inseln gestritten hatten, wurden sie unbewohnt gelassen. Die Regierung von Buenos Aires verkaufte sie dann an eine Privatperson, benutzte sie aber gleichfalls, wie es das alte Spanien schon vorher getan hatte, als Strafniederlassung. England machte sein Recht geltend und nahm sie in Besitz. Der Engländer, dem die Wahrung der Flagge übergeben worden war, wurde infolgedessen ermordet. Dann wurde ein englischer Offizier abgeschickt: Und als wir anka-

Ruinen der französischen Niederlassung auf den Falkland-Inseln

men, fanden wir unter seiner Obhut eine Bevölkerung, welche mehr als zur Hälfte aus entflohenen Rebellen und Mördern bestand.

Das Theater ist der Szenen wert, die auf ihm gespielt werden. Ein wellenförmiges Land von desolatem und elendem Aussehen wird überall von einem torfigen Boden und starren Grase von einer monotonen braunen Färbung bedeckt. Hier und da bricht eine Kuppe von grauen Quarzfelsen aus der glatten Fläche hervor. Jedermann hat schon vom Klima dieser Gegenden gehört; man kann es mit dem vergleichen, was auf den Höhen zwischen ein- und zweitausend Fuß in den Bergen von Wales herrscht; doch hat es weniger Sonnenschein und weniger Frost, aber mehr Wind und Regen.

X. KAPITEL

Feuerland

17. Dezember 1832. – Nachdem ich nun mit Patagonien und den Falkland-Inseln fertig bin, will ich unsere erste Ankunft im Feuerlande beschreiben. Kurz nach Mittag umfuhren wir das Kap San Diego und kamen in die berühmte Straße Le Maire. Wir hielten uns dicht an der Küste des Feuerlandes, doch waren die Umrisse der zerklüfteten, unwirtlichen Staaten-Insel in den Wolken sichtbar. Am Nachmittag warfen wir in der Good Success Bay Anker. Als wir einfuhren, wurden wir nach der Manier der Bewohner dieses wilden Landes begrüßt. Eine Gruppe Feuerländer, zum Teil von dem dicht verwachsenen Walde bedeckt, kauerte an einem wilden, die See überragenden Punkte, und als wir vorbeifuhren, sprangen sie auf, schwangen ihre zerlumpten Mäntel und stießen ein lautes Geschrei aus. Die Wilden folgten dem Schiff, und noch ehe es dunkel war, sahen wir ihre Feuer und hörten ihr wildes Geschrei. Der Hafen hält ein schönes Stück Wasser, zur Hälfte von niedrigen, abgerundeten Bergen umgeben, welche bis zum Wasserrand von einem zusammenhängenden dichten, düsteren Walde bedeckt sind. Ein einziger Blick auf die Landschaft genügte, um mir zu zeigen, wie gänzlich verschieden es von all dem war, was ich jemals gesehen hatte. Des Nachts erhob sich ein heftiger Wind, und derbe Windstöße von den Bergen zogen über uns hin. Es würde draußen auf dem offenen Meer ein böses Wetter gewesen sein, und wir konnten ebensogut wie andere die Bucht die des guten Erfolgs nennen.

Am Morgen schickte der Kapitän eine Abteilung ab, um mit den Feuerländern Kontakt aufzunehmen. Als wir in Rufweite gekommen waren, kam einer der vier Eingeborenen, welche da waren, vorwärts, um uns zu empfangen, und fing an, äußerst heftig zu rufen, mit dem Wunsche, uns nach dem Platze hinzuleiten, wo wir landen sollten. Als wir am

Lande waren, sah die Gesellschaft im ganzen beunruhigt aus, sie fuhren aber fort, beständig zu sprechen und mit großer Geschwindigkeit zu gestikulieren. Es war ohne alle Ausnahme das merkwürdigste und interessanteste Schauspiel, das ich je erblickte: Ich hätte kaum geglaubt, wie groß die Verschiedenheit zwischen wilden und zivilisierten Menschen sei: Sie ist größer als zwischen einem wilden und domestizierten Tier, insofern beim Menschen eine größere Veredelungsfähigkeit vorhanden ist. Der Hauptsprecher war alt und schien das Oberhaupt der Familie zu sein, die drei andern waren kräftige, ungefähr sechs Fuß hohe junge Leute. Die Frauen und Kinder waren weggeschickt. Diese Feuerländer bilden eine von den verkümmerten, elenden, unglücklichen Geschöpfen weiter westlich sehr verschiedene Rasse und scheinen den berühmten Patagoniern der Magellan-Straße nahe verwandt zu sein. Ihr einziges Kleidungsstück besteht aus einem aus Guanako-Haut gefertigten Mantel, mit den Haaren nach außen. Diesen tragen sie nur über ihre Schulter geworfen und lassen dadurch ihren Körper ebenso oft nackt als bedeckt. Ihre Haut ist von einer schmutzig kupferig-roten Farbe.

Der alte Mann hatte ein Stirnband mit weißen Federn rund um den Kopf gebunden, welches zum Teil sein schwarzes, grobes und verwildertes Haar zusammenhielt. Quer über sein Gesicht zogen zwei breite Streifen; der eine, hellrot gemalt, reichte von einem Ohr zum andern und schloß die Oberlippe mit ein; der andere, weiß wie Kreide, lief über und parallel mit dem ersten, so daß selbst seine Augenbrauen so gefärbt waren. Die beiden andern Männer waren mit Strichen von schwarzem, aus Holzkohle gemachtem Pulver verziert. Die Gesellschaft war durchaus den Teufeln ähnlich, welche in Stücken wie »Freischütz« auf die Bühne kommen.

Ihre ganze Haltung war verächtlich und der Ausdruck ihrer Gesichter mißtrauisch, überrascht und entsetzt. Nachdem wir sie mit etwas rotem Tuch beschenkt hatten, welches sie sofort um ihren Hals banden, wurden wir gute Freunde. Dies drückten sie so aus, daß der alte Mann uns

Feuerländer

auf die Brust klopfte und eine Art glucksendes Geräusch machte, wie die Leute tun, wenn sie Hühnchen füttern. Ich ging mit dem alten Mann weiter, während diese Beweise von Freundschaft mehrere Male wiederholt wurden. Sie wurden von drei derben Schlägen beschlossen, welche mir gleichzeitig auf die Brust und den Rücken gegeben wurden. Er entblößte dann seinen Busen vor mir, um das Kompliment zu erwidern, was sofort geschah, worüber er höchlichst vergnügt zu sein schien. Die Sprache dieser Leute verdient nach unseren Begriffen kaum, artikuliert genannt zu werden. Kapitän Cook hat sie mit dem Laute verglichen, den ein Mensch macht beim Reinigen seiner Kehle; aber sicher hat kein Europäer jemals seine Kehle mit so viel harschen Gutturalen und glucksenden Geräuschen gereinigt.

Sie ahmen ausgezeichnet nach: Sooft wir husteten oder gähnten oder irgendeine eigentümliche Bewegung machten, ahmten sie uns augenblicklich nach. Einer von unserer Gesellschaft fing an zu schielen und von der Seite zu sehen; aber einer der jungen Feuerländer (dessen ganzes Gesicht schwarz bemalt war, mit Ausnahme eines weißen Streifens quer über seine Augen) übertraf ihn doch noch und machte noch widerwärtigere Grimassen. Sie konnten mit vollständiger Korrektheit jedes Wort in irgendeinem Satze, den wir an sie richteten, wiederholen, und sie erinnerten sich auch solcher Worte eine Zeitlang. Doch wissen wir Europäer alle, wie schwer es ist, die Laute in einer fremden Sprache voneinander zu unterscheiden. Wer von uns könnte z. B. einem Indianer von Amerika einen Satz von mehr als drei Worten nachsprechen? Alle Wilden scheinen in einem ganz ungeheueren Grade diese Fähigkeit des Nachahmens zu besitzen. Man hat mir beinahe mit denselben Worten die nämliche lächerliche Gewohnheit von den Kaffern erzählt. Die Australier sind gleichfalls schon lange dafür bekannt, daß sie imstande sind, den Gang eines jeden Menschen so nachzuahmen und zu beschreiben, daß er erkannt werden kann. Wie läßt sich diese Fähigkeit erklären? Ist sie eine Folge der häufiger geübten Gewohnheiten der Wahrnehmung und scharfen Sinne, welche allen Menschen im wilden Zustand gemeinsam ist?

Als von unserer Gesellschaft ein Gesang angestimmt wurde, glaubte ich, die Feuerländer würden vor Erstaunen zu Boden fallen. Mit gleicher Überraschung sahen sie unserem Tanz zu; doch hatte einer der jüngeren Leute, als er gefragt wurde, nichts gegen einen Walzer einzuwenden. So wenig sie an Europäer gewöhnt zu sein schienen, so kannten und fürchteten sie doch unsere Feuerwaffen. Nichts konnte sie verführen, eine Flinte in ihre Hand zu nehmen. Sie baten um Messer, sie dabei mit dem spanischen Wort »cuchilla« nennend. Sie erklärten uns auch, warum sie sie brauchten, indem sie uns vorstellten, als wenn sie ein Stück Speck in ihrem Munde hätten und nun versuchten, es zu schneiden, anstatt zu zerreißen.

Ich habe bis jetzt die Feuerländer noch nicht erwähnt, welche wir an Bord hatten. Während der früheren Reise der »Adventure« und der »Beagle« in den Jahren 1826 bis 1830 ergriff Kapitän Fitzroy eine Anzahl Eingeborener als Geiseln für den Verlust eines Bootes, welches gestohlen war. Einige dieser Eingeborenen, ebenso ein Kind, welches er für einen Perlmutterknopf gekauft hatte, nahm er mit sich nach England, entschlossen, sie auf seine eigenen Kosten erziehen und religiös unterrichten zu lassen. Diese Eingeborenen in ihrem eigenen Vaterlande wieder einzuführen, war einer der hauptsächlichsten Beweggründe für Kapitän Fitzroy, unsere gegenwärtige Reise zu unternehmen; und ehe die Admiralität beschlossen hatte, diese Expedition auszusenden, hatte Kapitän Fitzroy in großmütiger und liberaler Weise ein Schiff gechartert, um sie selbst zurückzubringen. Die Eingeborenen wurden von einem Missionar R. Matthews begleitet, über welchen ebenso wie über die Eingeborenen Kapitän Fitzroy einen ausführlichen und ausgezeichneten Bericht veröffentlicht hat. Zwei Männer, von denen einer in England an den Blattern starb, ein Knabe und ein kleines Mädchen waren ursprünglich mitgenommen worden, und jetzt hatten wir an Bord York Minster, Jemmy Button (dessen Name sein Kaufgeld bezeichnet) und Fuegia Basket. York Minster war ein erwachsener, kurzer, dicker, kräftiger Mann; zurückhaltend, schweigsam, moros und, wenn er gereizt wurde, leidenschaftlich heftig. Seine Zuneigung zu einigen wenigen Freunden an Bord war sehr stark, sein Intellekt gut. Jemmy Button war ein ganz allgemeiner Liebling, doch war er gleichfalls leidenschaftlich, sein Gesichtsausdruck zeigte sofort seine zärtlichen Anlagen. Er war heiter und lachte oft und war merkwürdig mitfühlend mit jedem, der Schmerzen hatte: Wenn das Meer unruhig war, war er oft etwas seekrank und pflegte dann zu mir zu kommen und in einer schmerzlichen Stimme zu sagen: »Armer, armer Kerl.« Aber nach seinem an das Wasser gewöhnten Leben die Idee in sich aufkommen zu lassen, daß ein Mensch seekrank wäre, war ihm zu lächerlich, und er mußte sich meist nach der Seite umdrehen und ein Lachen verbergen, worauf er dann sein »armer, armer Kerl« wiederholte. Er hatte viel Patriotismus und liebte es, seinen eigenen Stamm und sein Vaterland, in welchem, wie er mit Recht sagte, Massen von Bäumen wären, zu loben; dabei schimpfte er auf alle anderen Stämme: Er behauptete steif und fest, daß es in seinem Lande keine Teufel gäbe. Jemmy war kurz, dick und fett, aber auf seine persönliche Erscheinung eitel. Er pflegte stets Handschuhe zu tragen, sein Haar war sauber geschnitten, und er war unglücklich, wenn seine blank geputzten Schuhe beschmutzt wurden. Fuegia Basket endlich war ein nettes, bescheidenes, zurückhaltendes junges Mädchen mit einem im ganzen angenehmen, aber zuweilen trotzigen Ausdruck. Sie lernte sehr schnell alles, besonders Sprachen. Dies bewies sie dadurch, daß sie etwas Portugiesisch und Spanisch aufgeschnappt hatte, als sie eine kurze Zeit in Rio de Janeiro und Montevideo am Lande gelassen worden war, und in ihrer Kenntnis des Englischen. York Minster war sehr eifersüchtig auf irgendwelche ihr gewidmete Aufmerksamkeit, denn offenbar war er gewillt, sie zu heiraten, sobald sie sich am Ufer niedergelassen hätten.

Obgleich alle drei ziemlich gut Englisch sprachen und verstehen konnten, so war es doch eigentümlich schwierig, viel Aufklärung von ihnen in betreff der Lebensweise ihrer Landsleute zu erhalten: Dies war zum Teil eine Folge der offenbaren Schwierigkeit, die einfachste Alternative zu verstehen. Jeder, der gewohnt ist, mit sehr kleinen Kindern zu verkehren, weiß, wie selten man eine Antwort selbst auf eine so einfache Frage von ihnen bekommt, ob ein Gegenstand schwarz oder weiß ist; die Idee von Schwarz oder Weiß scheint ihr Bewußtsein abwechselnd zu erfüllen. Dies war mit diesen Feuerländern der Fall, und daher war es meist unmöglich, durch Querfragen herauszufinden, ob einer irgend etwas, was er behauptet hatte, auch wirklich recht verstanden hatte. Ihr Blick war merkwürdig scharf: Es ist bekannt, daß Matrosen infolge der langen Übung einen entfernten Gegenstand viel besser unterscheiden können als jemand, der auf dem Festland lebt; aber sowohl York als Jemmy waren allen Matrosen an Bord bedeutend überlegen: Mehrmals erklärten sie, was irgendein entfernter Gegenstand gewesen sei, und obschon es von allen bezweifelt wurde, stellte es sich heraus, daß sie recht hatten, wenn derselbe durch ein Teleskop untersucht wurde.

Es war interessant, das Benehmen der Wilden gegen Jemmy Button zu beobachten, als wir landeten. Sie nahmen sofort die Verschiedenheit zwischen ihm und uns wahr und pflogen eine lange Unterhaltung über den Gegenstand. Der ältere Mann richtete eine lange Anrede an Jemmy, welche sich, wie es schien, darum drehte, ihn einzuladen, bei ihnen zu bleiben. Aber Jemmy verstand nur sehr wenig von ihrer Sprache und war überdies von seinen Landsleuten gründlich beschämt. Als York Minster später an das Ufer kam, bemerkten sie ihn auf dieselbe Weise und sagten ihm, er solle sich rasieren, und doch hatte er nicht zwanzig verkümmerte Haare auf seinem Gesicht, während wir sämtlich ungestutzte Bärte trugen. Sie untersuchten die Farbe seiner Haut und verglichen sie mit unserer. Nachdem einer unserer Arme entblößt war, drückten sie ihre lebhafteste Überraschung und Verwunderung über seine Weiße aus, genau in derselben Weise, wie ich den Orang-Utan im zoologischen Garten dies habe tun sehen. Der längste unter den

Feuerländern war offenbar sehr geschmeichelt, daß wir seine Länge bemerkten. Als er Rücken an Rücken mit dem längsten von unserer Bootsmannschaft gestellt wurde, tat er alles mögliche, um auf einen höheren Fleck zu kommen und sich auf die Zehen zu stellen. Er öffnete seinen Mund, um seine Zähne zu zeigen, und drehte sein Gesicht herum, daß wir auch eine Seitenansicht erhielten. Und alles dies geschah mit solcher Munterkeit, daß ich wohl sagen darf, er hielt sich für den schönsten Mann in der Tierra del Fuego. Nachdem das erste Gefühl tiefen Erstaunens bei uns vorüber war, konnte nichts lächerlicher sein als die kuriose Mischung von Überraschung und Nachahmung, welche diese Wilden in jedem Augenblick darboten.

Am nächsten Tage versuchte ich ein Stückchen Weges in das Land einzudringen. Feuerland läßt sich als ein Bergland beschreiben, welches zum Teil in das Meer versenkt ist, so daß tiefe Buchten die Stellen einnehmen, wo Täler existieren sollten. Die bergigen Strecken sind mit Ausnahme der exponierten westlichen Küste vom Wasserrand aufwärts mit einem großen Walde bedeckt. Die Bäume gehen bis zu einer Bodenerhebung zwischen 1000 und 1500 Fuß hinauf, ihnen folgt dann ein Streifen von Torfland mit kleinen Alpenpflanzen; und diesen wieder folgt die Linie des ewigen Schnees. Es ist äußerst selten, einen Acker ebenen Landes in irgendeinem Teil des Feuerlandes zu finden. Ich erinnere mich nur einer kleinen flachen Stelle in der Nähe von Port Famine und einer andern von etwas größerer Ausdehnung in der Nähe von Goeree Road. An beiden Orten, wie überall sonst, ist die Oberfläche von einer dicken Schicht morastigen Torfes bedeckt. Selbst innerhalb des Waldes wird der Boden durch eine Masse langsam faulender vegetabilischer Substanz verborgen, welche, weil sie vom Wasser durchfeuchtet ist, dem Fuße nachgibt.

Da ich es für nahezu hoffnungslos fand, meinen Weg durch den Wald fortsetzen zu können, folgte ich dem Laufe eines Bergstromes. Anfangs konnte ich wegen der Wasserfläche und der großen Zahl abgestorbener Bäume kaum vorwärtskriechen; aber bald wurde das Flußbett etwas offener, weil die Überschwemmungen die Ränder abgekehrt hatten. Ich ging langsam eine Stunde lang den durchbrochenen felsigen Ufern entlang vorwärts und wurde durch die Großartigkeit der Szenerie reichlich belohnt. Die düstere Tiefe der Schlucht stimmte sehr gut mit den allgemeinen Zeichen der Gewalt überein. Auf allen Seiten lagen unregelmäßige Massen von Felsen und umgeworfene Bäume; andere Bäume, die zwar noch aufrecht standen, waren bis auf das Mark zerfallen und bereit, umzustürzen. Die verwickelte Masse der wachsenden und der umgefallenen erinnerte mich an die Wälder innerhalb der Tropen, doch bestand ein großer Unterschied: Denn in diesen stillen einsamen Örtlichkeiten schien der Tod anstatt des Lebens der vorherrschende Geist zu sein.

20. Dezember. – Die eine Seite des Hafens wird von einem ungefähr 1500 Fuß hohen Berg gebildet, welchen Kapitän Fitzroy nach Sir J. Banks genannt hat, zur Erinnerung an seine unglückliche Exkursion, welche das Leben zweier Leute aus seiner Gesellschaft und beinahe das des Dr. Solander kostete. Der Schneesturm, welcher die Ursache ihres Unglücks war, trat in der Mitte des Januars ein, der unserem Juli entspricht, und zwar in der Breite von Durham. Mir lag viel daran, den Gipfel dieses Berges zu erreichen, um Alpenpflanzen zu sammeln, denn Blumen irgendwelcher Art waren an den tieferen Stellen nur wenige an Zahl. Wir folgten demselben Wasserlauf wie am vorhergehenden Tag, bis er verschwand, und waren dann gezwungen, blindlings zwischen den Bäumen durch unsern Weg zu suchen. Diese waren infolge der Höhe und der stürmischen Winde niedrig, dick und gekrümmt. Endlich erreichten wir das, was aus der Entfernung wie ein Teppich schönen grünen Rasens erschienen war, welches sich aber als eine kompakte Masse kleiner, ungefähr vier oder fünf Fuß hoher Buchenbäume herausstellte. Sie standen so dicht aneinander wie Buchsbaum in den Rändern um Gartenbeete, und wir waren genötigt, über die flache, aber verräterische Ebene uns durchzukämpfen. Nach etwas weiterer Mühe erreichten wir den Torf und dann den nackten Schie-

ferfelsen. Ein Rücken verband diesen Berg mit einem andern einige Meilen entfernten und noch höheren, so daß Flecken von Schnee auf ihm lagen. Da es noch nicht hoch am Tage war, entschloß ich mich, dorthin zu gehen und auf dem Weg Pflanzen zu sammeln. Es wäre ein schweres Stück Arbeit gewesen, wenn nicht ein gut betretener und gerader, von den Guanakos gemachter Weg dagewesen wäre; denn diese Tiere gehen wie Schafe immer in einer Reihe. Als wir den Berg erreichten, fanden wir, daß es der höchste in der unmittelbaren Umgebung war, und die Wasser flossen in entgegengesetzter Richtung nach dem Meere. Wir hatten dort eine weite Umsicht über das umgebende Land, nach Norden hin erstreckte sich ein sumpfiges Moorland, nach Süden dagegen hatten wir eine Szene von wilder Großartigkeit, wie sie wohl zu Feuerland paßte. Es lag ein hoher Grad geheimnisvoller Großartigkeit in diesen Bergen hinter Bergen mit den tiefen dazwischenliegenden Tälern, die alle von einem einzigen dichten, dunkeln Walde massig bedeckt waren. Auch erscheint die Atmosphäre in diesem Klima, wo ein Sturm mit Regen, Hagel und Schloßen dem andern folgt, schwärzer als irgendwo anders. In der Magellan-Straße, gerade südwärts von Port Famine hinausblickend, schienen die entfernten Kanäle zwischen den Bergen ihrer Düsterheit wegen über die Grenzen der Welt hinauszuführen.

21. Dezember. – Die »Beagle« machte sich auf den Weg; am folgenden Tag dicht bei den Barnevelts, von einer schönen Ostbrise begünstigt, vorübersegelnd und am Cap Deceit mit seinen felsigen Piks vorüberlaufend, umschifften wir ungefähr um drei Uhr das stürmische Kap Horn. Der Abend war ruhig und klar, und wir genossen einen schönen Anblick auf die umgebenden Inseln. Das Kap Horn indes forderte seinen Tribut und schickte uns noch vor der Nacht einen Sturm gerade in die Zähne. Wir wendeten nach der See hinaus und am zweiten Tage wieder dem Lande zu, wo wir an unserer Windseite dieses berüchtigte Vorgebirge in seiner eigentümlichen Form sahen, von Nebel verschleiert und seine undeutlichen Umrisse von einem Wind und Was-

Kap Horn aus neun Meilen Entfernung

ser führenden Sturm umgeben. Große schwarze Wolken rollten quer über den Himmel, und Stürze von Regen mit Hagel wehten mit solcher äußersten Heftigkeit an uns vorüber, daß der Kapitän sich entschloß, in Wigwam Cove einzulaufen. Dies ist ein niedlicher kleiner Hafen nicht weit vom Kap Horn, und hier ankerten wir am heiligen Christabend in ruhigem Wasser. Das einzige, was uns an den Sturm außerhalb erinnerte, war alle Augenblicke ein heftiger Windstoß vom Berge, welcher das vor Anker liegende Schiff rollen machte.

25. Dezember. – Dicht bei der Bucht steigt ein spitzer Berg, Kater's Peak, bis zu einer Höhe von 1700 Fuß auf. Die herumliegenden Inseln bestehen alle aus konischen Massen von Grünstein, zuweilen in Verbindung mit weniger regelmäßigen Hügeln von zusammengebackenem und metamorphosiertem Tonschiefer. Dieser Teil des Feuerlandes läßt sich als das Ende der untergetauchten, bereits erwähnten Bergkette betrachten. Die Bucht erhielt ihren Namen »Wigwam« von einigen Feuerländer-Wohnungen. Doch könnte jede Bucht in der Nähe mit gleichem Recht so genannt werden. Die Einwohner, welche hauptsächlich von Muscheln leben, sind genötigt, beständig ihren Aufent-

haltsort zu wechseln; sie kehren aber nach Zwischenräumen zu denselben Stellen zurück, wie aus den Haufen alter Muscheln hervorgeht, die oft viele Tonnen im Gewicht betragen müssen.

Der Wigwam der Feuerländer ist in Größe und Dimension einem Heuschober ähnlich. Er besteht aus einigen wenigen abgebrochenen, in die Erde gesteckten Ästen und ist an der einen Seite sehr unvollkommen mit ein paar Gras- und Binsenschichten bedeckt. Das Ganze kann nicht mehr als die Arbeit einer Stunde sein und wird nur für wenige Tage benutzt. In Goeree Road sah ich einen Ort, wo einer der nackten Leute geschlafen hatte: Er bot absolut nicht mehr Schutz dar als das Lager eines Hasen. Der Mann lebte offenbar allein für sich, und York Minster sagte, er sei ein sehr schlechter Mann, der wahrscheinlich irgend etwas gestohlen habe. An der Westküste sind indes die Wigwams im ganzen besser, denn sie sind dort mit Robbenfellen bedeckt. Wir wurden hier mehrere Tage durch das schlechte Wetter aufgehalten. Das Klima ist sicherlich elend: Die Sommersonnenwende war nun vorüber, und doch fiel jeden Tag Schnee auf die Berge, und in den Tälern gab es Regen in Gesellschaft mit Schloßen. Das Thermometer zeigte meistens ungefähr 45 Grad, fiel aber in der Nacht auf 38 oder 40 Grad. Wegen des feuchten, stürmischen Zustandes der Atmosphäre, der nicht durch einen einzigen Sonnenblick erheitert wurde, hielt man das Klima selbst für noch schlechter, als es wirklich war.

Während wir eines Tages in der Nähe der Wollaston-Insel an Land gingen, ruderten wir neben einem Canoe mit sechs Feuerländern. Es waren dies die verächtlichsten und elendesten Geschöpfe, die ich irgendwo gesehen habe. An der Ostküste haben die Eingeborenen, wie wir gesehen haben, Guanako-Mäntel, und auf der Westküste besitzen sie Robbenfelle. Unter diesen zentralen Stämmen haben die Männer meist eine Otterhaut oder irgendeinen schmalen Streifen ungefähr so groß wie ein Taschentuch, der kaum hinreicht, ihren Rücken bis hinab zu den Weichen zu bedecken. Er wird quer über die Brust durch Schnüre festgehalten und, je nachdem der Wind bläst, von einer Seite zur andern geschoben. Diese Feuerländer aber in dem Canoe waren völlig nackt, und selbst eine ganz erwachsene Frau war absolut nackt. Es regnete stark, und das Süßwasser, zusammen mit den Spritzern von den Rudern, rieselte an ihrem Körper hinab. An einem andern, nicht weit entfernten Hafenplatze kam eines Tags eine Frau, welche ein vor kurzem geborenes Kind stillte, an die Seite des Schiffes und blieb dort aus bloßer Neugier, während die Schloßen herabfielen und auf ihrer nackten Brust ebenso wie auf der Haut ihres nackten Säuglings tauten. Diese armen, elenden Geschöpfe waren in ihrem Wachstum verkümmert, ihre häßlichen Gesichter waren mit weißer Farbe beschmiert, ihre Haut schmutzig und fettig, ihre Haare verwirrt, ihre Stimmen mißtönend und ihre Gebärden heftig. Erblickt man solche Menschen, so kann man kaum glauben, daß sie unsere Mitgeschöpfe und Bewohner einer und derselben Welt sind. Des Nachts schliefen fünf oder sechs nackte und kaum vor dem Wind und Regen dieses stürmischen Klimas geschützte Wesen auf der Erde, wie Tiere zusammengekrümmt. Sooft Ebbe ist, müssen sie, Winter oder Sommer, Tag oder Nacht aufstehen, um Muscheln von den Felsen zu sammeln; und die Weiber tauchen entweder, um See-Igel zu sammeln, oder sitzen geduldig in ihren Canoes und schnellen mit einer mit einem Köder versehenen Schnur ohne irgendwelche Haken kleine Fische heraus. Wird eine Robbe getötet oder das treibende Aas eines Walfisches entdeckt, so gibt es ein Fest; und solch elende Nahrung wird nur durch einige wenige, geschmacklose Beeren und Pilze gewürzt.

Sie leiden oft an Hungersnöten: Ich hörte, wie Mr. Low, der Kapitän eines Robbenjägers, der sehr genau mit den Eingeborenen des Landes bekannt war, eine merkwürdige Schilderung des Zustandes von einer Gesellschaft von hundertfünfzig Eingeborenen an der Westküste gab, welche sehr mager und in großer Not waren. Eine Reihe von Stürmen hinderte die Frauen, Muscheln von den Felsen zu sammeln, auch konnten sie nicht in Canoes ausfahren, um Robben zu fangen. Eine kleine Partie dieser Leute machte sich eines Morgens auf den Weg, und die anderen Indianer erklärten ihm, daß sie sich auf eine viertägige Reise machten, um Nahrung zu holen: Bei ihrer Rückkehr ging Low hin, um sie zu treffen, und fand sie äußerst ermüdet: Jeder trug ein großes viereckiges Stück fauligen Walfischspecks, mit einem Loch in der Mitte, durch das sie ihren Kopf gesteckt hatten, gerade so wie die Gauchos ihren Poncho oder Mantel tragen. Sobald der Speck in einen Wigwam gebracht war, schnitt ein alter Mann dünne Scheibchen davon ab, murmelte ein paar Worte über sie, röstete sie eine Minute lang und verteilte sie dann an seine verhungerte Gesellschaft, welche während der ganzen Zeit ein tiefes Stillschweigen bewahrte. Mr. Low glaubt, daß, sobald ein Walfisch an das Ufer geworfen wird, die Eingeborenen große Stücke davon im Sande vergraben als Hilfsvorrat in Zeiten der Hungersnot, und ein eingeborener Knabe, den wir an Bord hatten, fand einmal einen in dieser Weise vergrabenen Vorrat. Sind die verschiedenen Stämme miteinander im Krieg, so sind sie Kannibalen. Nach den übereinstimmenden, aber völlig unabhängigen Zeugnissen des von Mr. Low mitgenommenen Knaben und Jemmy Buttons ist es gewiß richtig, daß, wenn sie im Winter vom Hunger geplagt werden, sie eher ihre alten Weiber töten und verzehren, ehe sie ihre Hunde schlachten. Als der Knabe von Mr. Low gefragt wurde, warum sie dies täten, antwortete er: »Hunde fangen Otter, alte Weiber nicht.« Dieser Knabe beschrieb die Art und Weise, in welcher sie durch Halten über Rauch und daher durch Ersticken getötet werden; er machte ihr Geschrei zum Scherz nach und beschrieb die Teile ihres Körpers, welche als die besten zum Essen betrachtet werden. So schrecklich ein derartiger Tod durch die Hand ihrer Freunde und Verwandten sein muß, so ist es doch noch peinlicher, an die Furcht der alten Weiber zu denken, wenn der Hunger anfängt zu drücken. Es wurde uns gesagt, daß sie häufig in die Berge davonlaufen, daß sie aber von den Männern verfolgt und zu dem Schlachthaus an ihren eigenen Herd zurückgebracht werden.

Kapitän Fitzroy konnte niemals sicher ermitteln, ob die Feuerländer irgendeinen bestimmten Glauben an ein künftiges Leben haben. Sie begraben zuweilen ihre Toten in Höhlen und zuweilen in den Bergwäldern; wir wissen nicht, was für Zeremonien sie ausführen. Jemmy Button wollte keine Landvögel essen, weil sie tote Menschen äßen: Sie erwähnen nicht einmal gern ihre toten Freunde. Wir haben keinen Grund zur Annahme, daß sie irgendeine Art religiösen Dienst ausüben; obschon vielleicht das Murmeln des alten Mannes, ehe er den fauligen Speck seiner verhungerten Familie austeilt, etwas Derartiges sein mag. Jede Familie oder Stamm hat einen Zauberer oder Beschwörungsdoktor, dessen Geschäft wir niemals sicher ermitteln konnten. Jemmy glaubt an Träume, aber, wie ich gesagt habe, nicht an den Teufel; ich glaube, daß unsere Feuerländer viel abergläubischer waren als einige von den Matrosen. Denn ein alter Quartiermeister glaubte steif und fest, daß die einander folgenden heftigen Stürme, welche uns auf der Höhe von Kap Horn trafen, dadurch verursacht wären, daß wir die Feuerländer an Bord hatten.

Die verschiedenen Stämme haben keine Regierung und keine Häuptlinge; und doch ist jeder von andern feindlichen Stämmen, welche verschiedene Dialekte sprechen, umgeben und voneinander nur durch einen Streifen wüsten Landes oder neutrales Territorium getrennt: Die Ursache ihrer Kämpfe scheinen die Nahrungsmittel zu sein. Ihr Land ist eine zerklüftete Masse wilder Felsen, hoher Berge und nutzloser Wälder; und diese erblickt man durch Nebel und endlose Stürme. Das bewohnbare Land ist auf die Steine am Strande beschränkt; um Nahrung zu suchen, sind sie gezwungen, unablässig von Ort zu Ort zu wandern, und die Küste ist so steil, daß sie nur in ihren elenden Canoes von Ort zu Ort kommen können. Das Gefühl, ein Daheim zu haben, können sie nicht kennen und noch weniger das von häuslicher Anhänglichkeit; denn der Mann ist für die Frau der brutale Herr eines mühselig arbeitenden Sklaven. Ist je eine schaudervollere Tat ausgeführt worden als die, welche Byron an der Westküste als Zeuge erlebte, wo er eine unglückliche Mutter ihren kleinen blutenden, sterbenden Jungen aufheben sah, den ihr Mann schonungslos an die Felsen geschleudert hatte, weil er einen Korb mit Seeigeln hatte fallen lassen! Wie wenig können hier die höheren Geisteskräfte in Tätigkeit kommen: Was kann dort die Einbildungskraft sich vormalen, die Vernunft vergleichen, das Urteil entscheiden. Eine Schüssel Muscheln vom Felsen zu stoßen, erfordert nicht einmal Schlauheit, diese niedrigste Geisteskraft eines Tieres. Ihre Geschicklichkeit kann in mancher Beziehung mit dem Instinkt der Tiere verglichen werden; denn er wird durch Erfahrung nicht veredelt: Ihr Canoe, ihre ingeniöseste Arbeit, so elend es ist, ist, wie wir wissen, die letzten zweihundertfünfzig Jahre dasselbe geblieben.

Wenn man diese Wilden betrachtet, so fragt man, wo sind sie hergekommen, was kann wohl einen Stamm von Menschen versucht oder welche Veränderung kann ihn gezwungen haben, die schönen Gegenden des Nordens zu verlassen, die Cordillera oder das Rückgrat von Amerika hinabzuwandern, Canoes zu erfinden und zu bauen, welche von den Stämmen in Chile, Peru und Brasilien nicht gebraucht werden, und dann eins der unwirtlichsten Länder auf der ganzen Erde zu betreten? Obschon derartige Betrachtungen anfangs sich dem Geiste aufdrängen, dürfen wir doch sicher sein, daß sie zum Teil irrig sind. Es liegt kein Grund vor zur Annahme, daß die Feuerländer an Zahl abnehmen; wir müssen daher annehmen, daß sie ihren Anteil an Glück, welcher Natur dies auch sein mag, genießen, und zwar genug, um ihr Leben des Besitzes wert zu machen. Die Natur, welche die Gewohnheit zu einer unwiderstehlichen Macht und ihre Wirkungen erblich gemacht hat, hat den Feuerländer dem Klima und den Erzeugnissen seines elenden Vaterlandes angepaßt.

Nachdem wir sechs Tage in Wigwam Cove durch sehr schlechtes Wetter aufgehalten worden waren, stießen wir am 30. Dezember in See. Kapitän Fitzroy wünschte westlich zu gehen, um York und Fuegia in ihrem Vaterland an Land zu setzen. Als wir auf der See waren, hatten wir in beständiger Aufeinanderfolge Stürme, und die Strömung war gegen uns. Wir wurden bis zu 57° 23' abgetrieben.

Am 11. Januar 1833 kamen wir durch starkes Andrücken der Segel bis innerhalb weniger Meilen des großen zerklüfteten Berges York Minster (von Kapitän Cook so genannt, der Ursprung des Namens des älteren Feuerländers), als ein heftiger Sturm uns zwang, die Segel zu reffen und das offene Meer zu gewinnen. Die Brandung brach sich furchtbar an der Küste; und das Flugwasser wurde über eine zu 200 Fuß Höhe geschätzte Klippe fortgetragen. Am 12. war der Sturm sehr heftig, und wir wußten nicht genau, wo wir waren. Es war ein äußerst unangenehmer Laut, beständig wiederholen zu hören: »Paßt auf, leewärts!« Am 13. raste der Sturm mit voller Wut: Unser Horizont war sehr eng umgrenzt durch die vom Winde aufgerührten Flächen von Flugwasser. Das Meer sah bedenklich aus, wie eine trübselige, wogende Fläche mit Flecken getriebenen Schnees: Während das Schiff sich schwer fortarbeitete, glitt der Albatros mit ausgedehnten Schwingen gerade dem Winde entgegen. Um Mittag brach eine starke See über uns herein und füllte eines der großen Boote mit Wasser, so daß es augenblicklich abgeschnitten werden mußte. Die arme »Beagle« erzitterte unter dem Stoß und wollte für wenige Minuten nicht einmal dem Steuer gehorchen. Bald aber, wie ein gutes Schiff, was es auch war, stellte es sich zurecht und kam wieder vor den Wind. Wäre eine zweite See der ersten gefolgt, so würde unser Schicksal bald, und zwar für immer, entschieden gewesen sein. Wir hatten nun vierundzwanzig Tage lang vergebens versucht, nach Westen vorzukommen; die Leute waren abgetrieben vor Ermüdung und hatten für viele Nächte und Tage nichts Trockenes anzuziehen gehabt. Kapitän Fitzroy gab den Versuch, an der äußeren Küste nach Westen vorzukommen, auf. Am Abend liefen wir hinter dem falschen Kap Horn ein und ließen den Anker in siebenundvierzig Faden Wasser fallen, wobei die Funken aus der Winde sprangen, als die Kette um sie herumrasselte. Wie entzückend war diese stille

Nacht, nachdem wir so lange in das Getöse der sich bekriegenden Elemente eingetaucht gewesen waren.

15. Januar 1833. – Die »Beagle« ankerte in Goeree Road. Da Kapitän Fitzroy beschlossen hatte, die Feuerländer, ihren Wünschen entsprechend, in Ponsonby Sound an Land zu setzen, wurden vier Boote ausgerüstet, sie durch den Beagle-Kanal dahin zu führen. Dieser Kanal, welchen Kapitän Fitzroy während der letzten Reise entdeckt hatte, ist ein äußerst merkwürdiger Zug in der Geographie dieses oder geradezu jeden anderen Landes. Man könnte ihn mit dem Tal von Loch Ness in Schottland mit seiner Kette von Seen und Fjorden vergleichen. Er ist ungefähr 120 Meilen lang mit einer mittleren Breite von ungefähr zwei Meilen und ist dem bei weitem größeren Teile nach so vollkommen gerade, daß die Aussicht, auf beiden Seiten durch eine Reihe von Bergen begrenzt, in der weiten Entfernung allmählich undeutlich wird. Er durchschneidet den südlichen Teil des Feuerlandes in einer ostwestlichen Richtung, in der Mitte stößt in rechtem Winkel auf der Südseite ein unregelmäßiger Kanal auf ihn, welcher Ponsonby Sound genannt worden ist. Dies ist der Aufenthaltsort von Jemmy Buttons Stamm und Familie.

19. Januar. – Drei große Boote und die Schaluppe mit einer Gesellschaft von 28 Mann brachen unter dem Kommando von Kapitän Fitzroy auf. Am Nachmittag fuhren wir in die östliche Mündung des Kanals ein und fanden kurz darauf eine nette kleine, von einigen darumliegenden Inselchen verborgene Bucht. Hier schlugen wir unsere Zelte auf und brannten unsere Feuer an. Nichts konnte gemütlicher aussehen als diese Szene. Das spiegelglatte Wasser des kleinen Hafens mit den Zweigen der über den felsigen Strand herabhängenden Bäume, die vor Anker liegenden Boote, die von den gekreuzten Rudern gestützten Zelte und der das bewaldete Tal hinaufwirbelnde Rauch gaben ein Bild ruhiger Zurückgezogenheit. Am nächsten Tag (20.) glitten wir auf der glatten Fläche mit unserer kleinen Flotte weiter und kamen in einen bewohnteren Bezirk. Wenige, wenn überhaupt einer dieser Eingeborenen konnten jemals einen

Feuerländer-Wigwams

weißen Menschen gesehen haben. Sicherlich konnte nichts ihr Erstaunen beim Erscheinen der vier Boote übertreffen. Auf allen Punkten wurden Feuer entzündet (daher der Name Tierra del Fuego oder Feuerland), sowohl um unsere Aufmerksamkeit zu fesseln, als auch um die Neuigkeit weit und breit zu verbreiten. Einige der Männer liefen meilenweit dem Ufer entlang. Ich werde niemals vergessen, wie wüst und wild eine Gruppe uns erschien: Es erschienen plötzlich vier oder fünf Leute am Rand einer überhängenden Klippe; sie waren absolut nackt, und ihr langes Haar hing um ihr Gesicht herum; sie hielten rohe Stöcke in ihren Händen und, von der Erde aufspringend, schwangen sie ihre Arme um die Köpfe und stießen das widerlichste Geschrei aus.

Um die Mittagszeit landeten wir unter einer Gesellschaft Feuerländer. Anfangs waren sie nicht geneigt, freundlich zu sein, denn bis der Kapitän an der Spitze der anderen Boote heranruderte, hielten sie ihre Schleudern in der Hand. Wir entzückten sie aber bald durch unbedeutende Geschenke, wie z. B. rotes Band, das sie um ihre Köpfe banden. Sie hatten unsere Zwiebacke gern: Als aber einer der Wilden mit seinem Finger etwas von dem in Zinnbüchsen konservierten Fleisch berührte, das ich aß, und es weich und kalt fand, zeigte er so großen Widerwillen dagegen, wie ich vor faulendem Speck gezeigt haben würde. Jemmy war durch und durch beschämt von seinen Landsleuten und erklärte, sein eigener Stamm wäre hiervon ganz verschieden, worin er aber in unseliger Weise irrte. Es war ebenso leicht, diese Wilden zu amüsieren, als es schwer war, sie zufriedenzustellen. Junge und Alte, Männer und Kinder hörten nicht auf, das Wort »Yammerschooner«, was »gib mir« bedeutet, zu wiederholen. Nachdem sie fast jeden Gegenstand, einen nach dem andern, selbst die Knöpfe an unseren Rökken bezeichnet und ihr Lieblingswort in so viel Ausdrucksweisen, als nur möglich, gesagt hatten, sprachen sie es dann in einem neutralen Sinn aus und wiederholten tonlos »Yammerschooner«. Nachdem sie für jeden einzelnen Gegenstand sehr eifrig geyammerschoonert hatten, wiesen sie, einen sehr einfachen Kunstgriff brauchend, auf ihre jungen Frauen und kleinen Kinder, was so viel heißen sollte als: »Wenn ihr's mir nicht geben wollt, dann werdet ihr es doch denen da geben.«

Am Abend versuchten wir vergebens, eine unbewohnte Bucht zu finden, und waren endlich genötigt, nicht weit von einem Trupp Eingeborener zu biwakieren. Sie waren sehr harmlos, solange sie nur gering an Zahl waren; nachdem sich aber am Morgen (21.) andere zu ihnen gesellt hatten, zeigten sich Symptome von Feindseligkeit, und wir glaubten, daß es zu einem Scharmützel kommen würde. Ein Europäer ist im großen Nachteil, wenn er mit Wilden, wie diesen, zu tun hat, welche nicht die geringste Idee von der Kraft der Feuerwaffen haben. Selbst in dem Moment, in dem er seine Flinte anlegt, erscheint er nach der Ansicht des Wilden einem mit Bogen und Pfeil, mit dem Speer oder selbst mit der Schleuder bewaffneten Manne weit unterlegen zu sein. Auch ist es nicht leicht, sie unsere Überlegenheit zu lehren, ausgenommen durch einen tödlichen Schuß. Wie wilde Tiere scheinen sie nicht Zahlen miteinander zu vergleichen; denn jedes Individuum wird, wenn es angegriffen wird, anstatt sich zurückzuziehen, versuchen, das Gehirn seines Feindes mit einem Stein auszuschlagen, so gewiß, wie ein Tiger unter ähnlichen Umständen ihn zerreißen würde. Kapitän Fitzroy war bei einer Gelegenheit viel daran gelegen, und zwar aus guten Gründen, einen Trupp fortzuschrecken, er schwang zuerst seinen Hirschfänger vor ihnen, wozu sie nur lachten; dann feuerte er zweimal seine Pistole dicht vor einem Eingeborenen ab. Der Mann sah beide Male wie betäubt aus und rieb sich sorgfältig, aber sehr geschwind seinen Kopf, dann stutzte er eine Weile und schwatzte mit seinen Gefährten, schien aber nicht daran zu denken, fortzulaufen. Wir können uns kaum in die Lage dieser Wilden versetzen und ihre Handlungsweise verstehen. Was den Fall dieses Feuerländers betrifft, so konnte die Möglichkeit eines solchen Lautes, wie der Schuß einer Flinte dicht an seinem Ohr, niemals in seinen Kopf gekommen sein. Er wußte vielleicht buchstäblich eine Sekunde lang nicht, ob es ein Laut oder ein Schlag gewesen war, und rieb sich daher sehr natürlich seinen Kopf. Wenn ein Wilder ein von einer Kugel getroffenes Ziel sieht, so wird es in einer ähnlichen Weise eine ziemliche Zeit erfordern, ehe er imstande ist, nur irgendwie zu verstehen, wie dies bewirkt worden ist; denn die Tatsache, daß ein Köprer seiner Geschwindigkeit wegen unsichtbar ist, würde ihm vielleicht eine gänzlich unbegreifliche Idee sein. Überdies dürfte die außerordentliche Kraft einer Kugel, welche eine harte Substanz durchbohrt, ohne sie zu zerreißen, den Wilden davon überzeugen, daß sie durchaus gar keine Kraft habe.

22. Januar. – Nachdem wir die Nacht unbelästigt auf einem, wie es scheinen mochte, neutralen Gebiet zwischen Jemmys Stamm und den Leuten, die wir gestern sahen, zugebracht hatten, setzten wir unsere angenehme Fahrt fort. Die Berge waren hier ungefähr dreitausend Fuß hoch und endeten in scharfen zerrissenen Spitzen. Sie stiegen in einer ununterbrochenen Erhebung vom Rande des Wassers auf und waren bis zur Höhe von vierzehn- bis fünfzehnhundert Fuß mit dem düster gefärbten Walde bedeckt.

Des Nachts schliefen wir dicht an der Verbindung des Ponsonby Sound mit dem Beagle-Kanal. Eine kleine Familie von Feuerländern, welche in der Bucht lebte, war ruhig und harmlos und vereinigte sich bald mit unserer Gesellschaft um ein prächtiges Feuer. Wir waren gut bekleidet und waren doch, trotzdem wir dicht am Feuer saßen, durchaus nicht zu warm; und doch sahen wir, wie diese nackten Wilden, obwohl sie weit weg saßen, zu unserer großen Überraschung von Schweiß überströmt waren, weil sie ein solches Rösten aushalten mußten. Sie schienen indes alle sehr befriedigt zu sein und fielen alle in den Chor der Matrosenlieder mit ein: Aber die Art und Weise, in welcher sie ausnahmslos immer ein bißchen zu spät waren, war vollständig lächerlich.

Während der Nacht hatte sich die Nachricht verbreitet, und zeitig am Morgen (23.) kam ein frischer Trupp an, welcher zu den Tekenika oder zu Jemmys Stamm gehörte. Mehrere von ihnen waren so schnell gelaufen, daß ihre Nasen bluteten, und ihr Mund schäumte infolge der Schnelligkeit, mit der sie sprachen. Und mit ihren nackten, über und über schwarz, weiß und rot beschmierten Körpern sahen sie aus wie Dämonen, die miteinander gekämpft haben. Wir gingen dann (von zwölf Canoes, von denen jedes vier oder fünf Leute hielt, begleitet) weiter Ponsonby Sound hinab, nach dem Ort, wo der arme Jemmy erwartete, seine Mutter und Verwandten zu finden. Er hatte bereits gehört, daß sein Vater tot war; da er aber in bezug hierauf einen »Traum in seinem Kopfe« gehabt hatte, so schien ihm das nicht sehr am Herzen zu liegen; er tröstete sich wiederholt mit der sehr natürlichen Betrachtung: »Ich nicht helfen.« Er war nicht imstande, irgendwelche Einzelheiten über den Tod seines Vaters zu erfahren, da seine Verwandten nicht darüber sprechen wollten.

Jemmy war nun in einem wohlbekannten Gebiet und leitete die Boote nach einer netten, ruhigen Bucht, genannt Woollya, umgeben von kleinen Inseln, von denen jede einen eigenen Namen hatte. Wir fanden hier eine Familie von Jemmys Stamm, aber nicht seine Verwandten: Wir wurden mit ihnen befreundet; und am Abend sandten sie ein Canoe, um Jemmys Mutter und Bruder zu benachrichtigen. Die Bucht war von einigen Äckern guten, sich sanft erhebenden Landes umgeben, das nicht (wie überall sonst) mit Torf oder Waldbäumen bedeckt war. Wie früher angeführt, beabsichtigte Kapitän Fitzroy, York Minster und Fuegia zu ihrem eigenen Stamm zu bringen; da sie aber den Wunsch aussprachen hierzubleiben und da der Fleck eigentümlich günstig war, entschloß sich Kapitän Fitzroy, die ganze Gesellschaft zusammen mit dem Missionar Matthews an Land zu setzen. Fünf Tage wurden darauf verwandt, ihnen drei Wigwams zu bauen, ihre Effekten zu landen, zwei Gärten zu graben und Samen zu säen.

Am Morgen nach unserer Ankunft (24.) fingen die Feuerländer an hereinzuströmen, auch kamen Jemmys Mutter und Bruder. Jemmy erkannte die Stentorstimme eines seiner Brüder schon in einer ungeheuren Entfernung. Die Begegnung war weniger interessant als zwischen einem frei auf das Feld gelassenen Pferde und einem alten Gefährten, dem es wieder zugesellt wird. Kein Zeichen von Zuneigung machte sich bemerkbar; sie starrten einfach einander eine kurze Zeit an, und die Mutter ging augenblicklich wieder fort, um nach ihrem Canoe zu sehen. Durch York hörten wir indes, daß die Mutter über den Verlust Jemmys untröstlich gewesen sei und überall nach ihm gesucht habe, da sie glaubte, daß er uns, nachdem wir ihn in das Boot genommen hatten, bald wieder verlassen haben würde. Die Weiber zollten der Fuegia viel Aufmerksamkeit und waren sehr freundlich mit ihr. Wir hatten bereits bemerkt, daß Jemmy beinahe seine Muttersprache vergessen hatte. Ich sollte meinen, es habe kaum ein anderes menschliches Wesen mit einem so kleinen Sprachvorrat gegeben als ihn, denn auch sein Englisch war sehr unvollkommen. Es war zum Lachen, aber beinahe zum Erbarmen, ihn seinen wilden Bruder englisch anreden und ihn dann spanisch (»no sabe?«) fragen zu hören, ob er ihn nicht verstände.

Während der nächsten drei Tage ging alles friedlich fort, in welcher Zeit eben die Gärten gegraben und die Wigwams gebaut wurden. Wir schätzten die Zahl der Eingeborenen auf ungefähr 120. Die Frauen arbeiteten hart, während die Männer den ganzen Tag lang herumlungerten und uns beobachteten. Sie baten um alles, was sie sahen, und stahlen, was sie konnten. Sie waren entzückt über unser Tanzen und Singen und interessierten sich ganz besonders dafür, uns in einem nahe gelegenen Bach uns waschen zu sehen; allem anderen schenkten sie nicht viel Aufmerksamkeit, nicht einmal unseren Booten. So sehr unsere weiße Haut die Eingeborenen überraschte, so tat dies doch nach Mr. Lows Schilderung ein Neger, der als Koch auf einem Robbenfänger war, noch mehr. Und der arme Kerl wurde so von den Leuten verfolgt und angeschrien, daß er nicht wieder an Land gehen wollte. Alles ging ruhig weiter, so daß einige der Offiziere und ich selbst lange Spaziergänge auf den umgebenden Bergen und in den Wäldern machten. Am 27. verschwanden indes plötzlich alle Frauen und Kinder. Wir waren darüber etwas beunruhigt, da weder York noch Jemmy die Ursache ausfindig machen konnten. Einige meinten, sie wären darüber erschrocken, daß wir unsere Flinten am vergangenen Abend gereinigt und abgeschossen hatten; andere sagten, es sei die Folge davon, daß ein alter Wilder sich beleidigt glaubte, der, als ihm gesagt worden war, sich weiter fort zu halten, kaltblütig der Wache ins Gesicht gespuckt und dann durch Gesten, die er über einem schlafenden Feuerländer gemacht, deutlich gezeigt habe, wie erzählt wurde, daß er unsern Mann gern in Stücke schnitte und aufäße. Kapitän Fitzroy hielt es, um die Aussicht auf eine feindliche Begegnung, die für so viele der Feuerländer unglücklich gewesen wäre, zu vermeiden, für uns geraten, in einer wenige Meilen entfernten Bucht zu übernachten. Matthews beschloß mit seiner gewöhnlichen ruhigen Stärke (bei einem Manne merkwürdig, der dem Aussehen nach wenig Energie des Charakters besaß), bei den Feuerländern zu bleiben, welche an sich keine Unruhe zeigten; und so verließen wir sie denn, um ihre erste schreckliche Nacht zuzubringen.

Bei unserer Rückkehr am Morgen (28.) waren wir sehr

froh, sie alle ruhig und die Männer damit beschäftigt zu finden, von ihren Canoes aus Fische zu speeren. Kapitän Fitzroy beschloß, die Schaluppe und eines der großen Boote nach dem Schiff zurückzuschicken und mit den anderen Booten, das eine unter seinem eigenen Kommando (in welchem er mir freundlichst gestattete, ihn zu begleiten) und eins unter Mr. Hammond, weiterzugehen um die westlichen Teile des Beagle-Kanals aufzunehmen und später zu der Niederlassung zurückzukehren und sie nochmals zu besuchen. Zu unserem Erstaunen war der Tag überwältigend heiß, so daß unsere Haut verbrannt wurde.

Wir segelten fort bis es dunkel war, und schlugen dann unsere Zelte in einer ruhigen Bucht auf. Der größte Genuß war, daß wir für unser Lager einen Strand mit Kieseln fanden, welche trocken waren und dem Körper nachgaben. Torfiger Grund ist feucht, Felsen ist uneben und hart; Sand gerät in das Fleisch, wenn es nach Schiffsmanier gekocht und gegessen wird; aber in unsere Decken eingehüllt auf einem guten Lager glatter Rollsteine liegend, brachten wir äußerst gemütliche Nächte zu.

29. Januar. – Zeitig am Morgen kamen wir an dem Punkt an, wo sich der Beagle-Kanal in zwei Arme teilt. Wir fuhren in den nördlichen ein. Die Szenerie wird hier selbst noch großartiger als vorher. Die hohen Berge an der nördlichen Seite bilden das Rückgrat des Landes und steigen kühn bis zu einer Höhe von zwischen drei- und viertausend Fuß an, mit einem Pik von über sechstausend Fuß Höhe. Sie sind mit einem weißen Mantel ewigen Schnees bedeckt, und zahlreiche Wasserfälle ergießen das Wasser durch die Wälder in die schmalen Kanäle darunter. An vielen Stellen erstrecken sich prachtvolle Gletscher von der Seite der Berge bis an den Rand des Wassers.

Als wir die westliche Mündung dieses nördlichen Armes des Beagle-Kanals erreicht hatten, segelten wir zwischen vielen unbekannten, öden Inseln hin, und das Wetter war elendiglich schlecht. Wir begegneten keinen Eingeborenen. Die Küste war beinahe überall so steil, daß wir mehrere Male viele Meilen zu rudern hatten, ehe wir Platz genug finden konnten, unsere Zelte aufzuschlagen; die eine Nacht schliefen wir auf großen runden erratischen Blöcken, zwischen denen faulendes Seegras lag. Und als die Flut stieg, mußten wir aufstehen und unsere Decken entfernen. Der weiteste Punkt nach Westen, den wir erreichten, war die Stewart-Insel, eine Entfernung von ungefähr 150 Meilen von unserem Schiff. Wir kehrten in den Beagle-Kanal durch den südlichen Arm zurück und fuhren dann ohne Abenteuer zurück nach Ponsonby Sound.

6. Februar. – Wir kamen in Woollya an: Matthews gab uns eine so schlechte Schilderung des Betragens der Feuerländer, daß Kapitän Fitzroy beschloß, ihn zur »Beagle« zurückzubringen. Schließlich wurde er in Neuseeland gelassen, wo sein Bruder Missionar war.

Am Abend setzten wir Segel, um mit Matthews an Bord zum Schiff zurückzukehren, aber nicht durch den Beagle-Kanal, sondern der Südküste entlang. Die Boote waren schwer beladen und die See rauh, so daß wir eine gefährliche Überfahrt hatten. Am Abend des 7. waren wir an Bord der »Beagle« nach einer Abwesenheit von zwanzig Tagen, während welcher Zeit wir dreihundert Meilen in den offenen Booten gefahren waren. Am 11. besuchte Kapitän Fitzroy die Feuerländer allein und fand sie wohlbehalten.

Am letzten Tag des Februars im folgenden Jahr (1834) ankerte die »Beagle« in einer wunderschönen kleinen Bucht im östlichen Eingang des Beagle-Kanals. Kapitän Fitzroy beschloß, den kühnen und, wie sich herausstellte, erfolgreichen Versuch zu machen, auf derselben Route gegen die Westwinde zu lavieren, welche wir in den Booten nach der Niederlassung in Woollya eingeschlagen hatten.

Am 8. März ankerten wir in der Bucht bei Woollya, sahen aber nicht eine Seele dort. Wir waren hierüber beunruhigt, denn die Eingeborenen in Ponsonby Sound machten durch Gestikulationen uns verständlich, daß es Kämpfe gesetzt habe, und später hörten wir, daß die gefürchteten Öns-Männer herabgekommen waren. Bald sahen wir ein kleines Canoe mit einer kleinen Flagge sich uns nähern, in dem einer der Leute sich die Farbe von seinem Gesicht abwusch. Dieser Mann war der arme Jemmy – jetzt ein magerer, elender Wilder mit langem, unordentlichen Haar und nackt mit Ausnahme eines Stückchens Decke, das er um seine Lenden gebunden hatte. Wir erkannten ihn nicht wieder, bis er dicht bei uns war, denn er schämte sich über sich selbst und drehte dem Schiff den Rücken zu. Wir hatten ihn fett, rund, rein und gut bekleidet verlassen; ich habe niemals einen so vollständigen und traurigen Wechsel gesehen. Sobald er indes bekleidet und die erste Aufregung vorüber war, nahmen die Dinge ein ganz gutes Ansehen an. Er aß mit Kapitän Fitzroy zu Mittag und verzehrte seine Mahlzeit so reinlich wie früher. Er erzählte uns, er hätte genug zu essen, er fröre nicht, seine Verwandten seien sehr gute Leute, und er wünschte nicht, nach England zurückzugehen: Am Abend erkannten wir die Ursache dieser großen Änderung in Jemmys Gefühlen bei der Ankunft seiner jungen, nett aussehenden Frau. Mit seinen gewöhnlichen guten Gesinnungen brachte er zwei wundervolle Otterfelle für zwei seiner besten Freunde und einige Speerspitzen und Pfeile, die er mit seinen eigenen Händen für den Kapitän gemacht hatte. Er sagte, er habe ein Canoe für sich gebaut und rühmte sich, daß er etwas von seiner Muttersprache sprechen könne! Jemmy hatte sein ganzes Besitztum verloren. Er erzählte uns, daß York Minster ein großes Canoe gebaut habe und vor mehreren Monaten mit seiner Frau Fuegia in sein Vaterland gegangen sei, daß er aber mit einem Akt abgemachter Gemeinheit Abschied genommen habe; er hatte Jemmy und seine Mutter überredet, mit ihm zu kommen, und sie dann unterwegs bei Nacht verlassen und ihnen alles, was ihnen gehörte, gestohlen.

Jemmy verließ uns, um am Lande zu schlafen, am Morgen kehrte er zurück und blieb an Bord, bis das Schiff abging, was sein Weib sehr erschreckte, das beständig heftig weinte, bis er in sein Canoe kam. Er kehrte zurück, reich beladen mit wertvollem Besitz. Jedermann an Bord war von Herzen traurig, ihm für das letzte Mal Lebewohl zu sagen. Ich zweifle jetzt nicht, daß er so glücklich und vielleicht noch glücklicher sein wird, als wenn er niemals sein Vaterland verlassen hätte.

Kormoran

XI. Kapitel

Magellan-Straße – Klima der südlichen Küsten

Ende Mai 1834 fuhren wir zum zweiten Male in die östliche Mündung der Magellan-Straße ein. Das Land besteht zu beiden Seiten aus beinahe horizontalen Ebenen, wie die von Patagonien. Kap Negro, eine kurze Strecke innerhalb der zweiten Enge der Straße, kann als derjenige Punkt angesehen werden, wo das Land die ausgesprochenen Züge des Feuerlandes annimmt. Auf der Ostküste, südlich der Straße, verbindet eine unterbrochene parkartige Szenerie in gleichförmiger Weise die beiden Länder, welche in beinahe jedem einzelnen Zug ihres landschaftlichen Bildes einander entgegengesetzt sind. Es ist wahrhaft überraschend, auf einem Raum von zwanzig Meilen einen derartigen Wechsel in der Landschaft zu finden. Wenn wir eine größere Entfernung nehmen, z.B. zwischen Port Famine und Gregory-Bucht, das sind ungefähr sechzig Meilen, so ist der Unterschied noch wunderbarer. Am ersteren Ort haben wir abgerundete Bergrücken, mit undurchdringlichen Wäldern bedeckt, welche durch die endlose Aufeinanderfolge von Stürmen vom Regen durchschwemmt werden; während beim Kap Gregory ein klarer und heller blauer Himmel über den trockenen und unfruchtbaren Ebenen ausgespannt ist.

Während unseres früheren Besuchs (im Januar) trafen wir am Kap Gregory mit den berühmten, sogenannten gigantischen Patagoniern zusammen, welche uns eine herzliche Aufnahme gewährten. Ihre Größe erscheint wegen ihrer großen Guanako-Mäntel, ihres langen wallenden Haars und ihrer ganzen Erscheinung bedeutender, als sie wirklich ist: Im Mittel beträgt ihre Größe ungefähr sechs Fuß, einige Männer sind kleiner und nur wenige größer; auch die Frauen sind groß; alles zusammengenommen sind sie sicher die größte Rasse, welche wir irgendwo gesehen haben. In ihrem Gesicht sind sie den weiter nördlich leben-

Patagonische »Riesen«

den Indianern, welche ich bei Rosas sah, auffallend ähnlich; ihre Erscheinung ist aber wilder und furchtbarer; ihr Gesicht war stark mit Rot und Schwarz bemalt, und ein Mann, wie ein Feuerländer, mit Weiß geringelt und gefleckt. Kapitän Fitzroy bot ihnen an, drei von ihnen an Bord zu nehmen, und alle schienen entschlossen zu sein, zu diesen dreien zu gehören. Es dauerte lange, ehe wir unser Boot klarmachen konnten; endlich kamen wir mit unseren drei Riesen an Bord, welche mit dem Kapitän zu Mittag aßen und sich ganz wie gebildete Leute benahmen, Messer, Gabel und Löffel ganz ordentlich gebrauchend; an nichts ergötzten sie sich so sehr wie an Zucker. Dieser Stamm ist so vielfach mit Robben- und Walfischfängern in Berührung gewesen, daß die meisten der Leute ein wenig Englisch und Spanisch sprechen können; sie sind halb zivilisiert und auch entsprechend demoralisiert.

Am nächsten Morgen ging eine große Gesellschaft ans Land, um Felle und Straußenfedern zu tauschen; Feuerwaffen wurden verschmäht, aber Tabak war stark begehrt, viel mehr als Äxte und Werkzeuge. Die ganze Bevölkerung der Toldos, Männer, Frauen und Kinder, hatte sich an einem kleinen Hügel geordnet. Es war eine unterhaltende Szene, und es war unmöglich, die sogenannten Riesen nicht gern zu haben; sie waren so durchaus gutmütig und frei von Mißtrauen; sie baten uns wiederzukommen. Sie scheinen zu wünschen, daß Europäer unter ihnen leben; und die alte Maria, eine Frau von Bedeutung in ihrem Stamme, bat einmal Mr. Low, irgendeinen seiner Matrosen bei ihnen zu lassen. Sie verbringen den größeren Teil des Jahres hier; im Sommer aber jagen sie am Fuß der Cordillera; zuweilen wandern sie selbst bis zum Rio Negro, 750 Meilen weit nach Norden. Sie sind sämtlich gut mit Pferden versehen; der Angabe Mr. Lows zufolge hat jeder Mann sechs oder sieben, und alle Frauen und selbst Kinder haben ihre eigenen Pferde. In der Zeit Sarmientos (1580) hatten diese Indianer Bogen und Pfeile, welche schon lange außer Gebrauch sind.

1. Juni. – Wir ankerten in dem schönen Busen von Port Famine. Es war jetzt Winteranfang, und niemals habe ich einen ungemütlicheren Anblick gehabt; die düsteren Wälder, durch Schnee gefleckt erscheinend, konnte man durch die mit Staubregen erfüllte, dunstige Atmosphäre nur undeutlich sehen. Wir waren indessen so glücklich, zwei schöne Tage zu haben. An einem derselben bot der Mount Sarmiento, ein entfernt liegender, 6800 Fuß hoher Berg, ein großartiges Schauspiel.

Ehe wir Port Famine erreichten, sahen wir zwei Männer das Ufer entlanglaufen und das Schiff anrufen. Es wurde ein Boot nach ihnen abgeschickt. Es stellte sich heraus, daß es zwei Matrosen waren, welche von einem Robbenfänger weggelaufen und zu den Patagoniern gegangen waren. Diese Indianer hatten sie mit ihrer gewöhnlichen uneigennützigen Gastfreundschaft aufgenommen. Durch Zufall hatten sie sich wieder von ihnen getrennt und waren nun auf dem Wege nach Port Famine, in der Hoffnung, dort irgendein Schiff zu finden. Ich kann wohl sagen, sie waren nichtswürdige Vagabunden, ich habe aber niemals elender aussehende gesehen. Sie hatten mehrere Tage lang nur von Muscheln und Beeren gelebt, und ihre zerlumpten Kleider waren verbrannt, weil sie zu nahe am Feuer geschlafen hatten. Sie waren Tag und Nacht ohne irgendwelchen Schutz den letzten unaufhörlichen Stürmen mit Regen, Schloßen und Schnee ausgesetzt gewesen, befanden sich aber doch ganz wohl.

Während unseres Aufenthalts in Port Famine kamen die Feuerländer zweimal und störten uns. Da wir viele Instrumente, Sachen und Mannschaft am Land hatten, wurde es für notwendig gehalten, sie fortzuschrecken. Das erste Mal wurden ein paar große Kanonen gelöst, als sie weit entfernt waren. Es war ein äußerst lächerlicher Anblick, die Indianer durch ein Fernglas zu beobachten; so oft der Schuß auf das Wasser aufschlug, warfen sie Steine in die Höhe und in stolzer Herausforderung nach dem Schiff, obwohl sie anderthalb Meilen entfernt waren! Ein Boot wurde mit dem Befehl abgesandt, ein paar Flintenschüsse weit von ihnen abzufeuern. Die Feuerländer verbargen sich hinter Bäumen, und auf jeden Flintenschuß schossen sie ihre Pfeile ab; sie fielen indes vom Boot entfernt ins Wasser, und der Offizier wies auf sie und lachte. Dies machte die Feuerländer unsinnig vor Leidenschaft, und in vergeblicher Wut schüttelten sie ihre Mäntel. Als sie endlich sahen, wie die Kugeln in die Bäume flogen und trafen, liefen sie davon, und wir wurden nun in Ruhe und Frieden gelassen. Während der früheren Reise waren die Feuerländer hier sehr lästig, und um sie zu erschrecken, wurde des Nachts eine Rakete über ihre Wigwams abgeschossen; dies tat seine Dienste ganz vortrefflich; einer der Offiziere erzählte mir, daß der Kontrast zwischen dem zuerst erhobenen Geschrei und dem Bellen der Hunde und dem tiefen, eine oder zwei Minuten später eintretenden Stillschweigen förmlich lächerlich gewesen sei.

8. Juni. – Wir lichteten den Anker zeitig am Morgen und verließen Port Famine. Kapitän Fitzroy beschloß, die Magellan-Straße durch den Magdalenen-Kanal zu verlassen, welcher nicht lange vorher entdeckt worden war. Unser Weg lag gerade nach Süden, jener düstern, früher erwähnten Straße entlang, welche in eine andere und

schlimmere Welt zu führen schien. Der Wind war günstig, aber die Atmosphäre war sehr trübe und dicht, so daß wir viel von der landschaftlichen, sehr merkwürdigen Szenerie verloren. Die dunklen zerrissenen Wolken wurden mit reißender Schnelligkeit über die Berge getrieben, von ihren Gipfeln bald bis zu ihrem Fuße. Die einzelnen Blicke, welche wir durch die düstere Masse erhaschten, waren sehr interessant; zerklüftete Gipfel, Schneekegel, blaue Gletscher, starke, vom schmutzigen Himmel sich abhebende Umrisse waren in verschiedenen Entfernungen und Höhen zu sehen. Inmitten einer solchen Szenerie ankerten wir bei Kap Turn, dicht am Mount Sarmiento, welcher von den Wolken verhüllt war. Am Fuß der hohen und beinahe senkrechten Wände unserer kleinen Bucht lag ein verlassener Wigwam, und er allein erinnerte uns daran, daß zuweilen der Mensch in diese öden und verlassenen Gegenden wandert. Es dürfte aber schwer sein, sich eine Szene vorzustellen, wo er weniger Ansprüche oder weniger Autorität zu haben scheint. Die unbelebten Werke der Natur – Felsen, Eis, Schnee, Wind und Wasser, alle miteinander im Kampfe liegend und doch gegen den Menschen verbündet – herrschten hier in absoluter Oberherrlichkeit.

9. Juni. – Am Morgen waren wir entzückt, als wir den Nebelschleier sich allmählich vom Mount Sarmiento erheben und diesen unserem Blick sich darbieten sahen. Dieser Berg, welcher einer der höchsten in Feuerland ist, hat eine Höhe von 6800 Fuß. Sein Fuß ist bis ungefähr zu einem Achtel der ganzen Höhe mit düsteren Wäldern bekleidet, und oberhalb derselben erstreckt sich ein großes Schneefeld bis zum Gipfel. Diese ungeheuren Massen Schnee, welche niemals schmelzen und dazu bestimmt zu sein scheinen, so lange zu bestehen, als die Welt zusammenhält, gewähren ein prächtiges und sublimes Schauspiel. Die Umrisse des Berges waren wunderbar klar und bestimmt. Infolge der Masse von Licht, welche von der weißen und glänzenden Oberfläche reflektiert wurde, war kein Schatten auf irgendeinem Teil; und nur die Linien konnten unterschieden werden, welche sich gegen den Himmel

abgrenzten. Die ganze Masse stand daher im kühnsten Relief da. Mehrere Gletscher stiegen in gewundenem Verlauf von der oberen großen Schneefläche nach der Meeresküste hinab; man könnte sie mit großen gefrorenen Niagara-Fällen vergleichen. Abends erreichten wir den westlichen Teil des Kanals; das Wasser war aber so tief, daß kein Ankerplatz zu finden war. Wir waren daher gezwungen, in diesem engen Meeresarm in einer pechschwarzen Nacht von vierzehn Stunden abwechselnd land- und seewärts beizulegen.

10. Juni. – Am Morgen suchten wir, so gut es ging, in das offene Wasser des Stillen Ozeans zu kommen. Die Westküste besteht meistens aus niedrigen, abgerundeten, vollständig kahlen Hügeln von Granit und Grünstein. Außerhalb der Hauptinseln liegen zahllose verstreute Felsen, an welchen die Brandung des offenen Ozeans wütet. Wir fuhren zwischen den östlichen und westlichen Furien hinaus; ein wenig nach Norden zu liegen so viele Klippen, daß das Meer die Milchstraße genannt wird. Ein einziger Blick auf eine solche Küste reicht hin, um einen Menschen vom Festland eine Woche lang von Schiffbrüchen, Gefahr und Tod träumen zu lassen; und mit diesem Blick sagten wir für immer Feuerland Lebewohl.

Ich will die hauptsächlichsten Tatsachen, welche sich auf Klima, Wirkung des Eises und die organischen Produkte der südlichen Hemisphäre beziehen, in der Phantasie nach Europa versetzen, mit dessen Natur wir um so viel besser bekannt sind: Es würden dann da in der Nähe von Lissabon die gemeinsten Seemuscheln tropischen Charakter haben. In den südlichen Provinzen von Frankreich würden prachtvolle Wälder, durch baumartige Gräser verflochten, ihre Bäume mit parasitären Pflanzen beladen, die Oberfläche des Landes bedecken. Der Puma und der Jaguar würden durch die Pyrenäen schweifen. In der Breite des Mont Blanc, aber auf einer Insel so weit nach Westen hinaus, wie das zentrale Nord-Amerika, würden Baumfarne und Orchideen in den dichten Wäldern gedeihen. Selbst so weit nördlich wie Dänemark würde man Kolibris um zarte Blumen flattern und Papageien zwischen den immergrünen Wäldern ihre Nahrung finden sehen; und im Meere würden wir dort alle Muscheln von bedeutender Größe und von kräftigem Wachstum finden. Nichtsdestoweniger würde auf einigen, nur 360 Meilen nördlich von unserem Kap Horn in Dänemark liegenden Inseln ein im Boden begrabener (oder in das seichte Meer hinabgeschwemmter und mit Schlamm bedeckter) Tierleib beständig gefroren erhalten bleiben.

Wenn irgendein kühner Schiffahrer den Versuch wagte, nördlich von diesen Inseln vorzudringen, würde er tausend Gefahren zwischen riesigen Eisbergen ausgesetzt sein, auf einigen von denen er große Felsblöcke weit von ihrer ursprünglichen Lage fortgetragen sehen würde. Eine andere Insel von bedeutender Größe in der Breite des südlichen Schottland, aber zweimal so weit nach Westen, würde beinahe gänzlich mit ewigem Schnee bedeckt sein, und jede Bucht würde mit Eisklippen enden, von denen sich jährlich große Massen lösten; diese Insel würde sich nur eines kleinen Mooses, Grases und der Pimpernelle rühmen können, und eine Heidelerche wäre ihr einziger Landbewohner. Von unserem neuen Kap Horn in Dänemark aus würde eine Bergkette, kaum halb so hoch wie die Alpen, in gerader Linie nach Süden laufen, und auf ihrer Westseite würde jede tiefe Meeresbucht oder jeder Fjord in steilen und erstaunlichen Gletschern enden. Diese einsamen Kanäle würden häufig vom Sturz von Eismassen widerhallen, und ebenso häufig würden große Wellen die Küsten entlang stürzen; zahlreiche Eisberge, manche so hoch wie Dome und gelegentlich mit Felsblöcken beladen, würden an den äußeren Inseln stranden; von Zeit zu Zeit würden Erdbeben ungeheure Massen von Eis in die Gewässer darunter stoßen. Endlich würden Missionare, welche in einen langen Meeresarm einzudringen versuchten, sehen, wie die nicht hohen umgebenden Berge viele große Eisströme nach der Meeresküste hinabsenden, und ihre Weiterfahrt in den Booten würde durch unzählige Eisberge, manche groß und manche klein, aufgehalten werden; und dies würde an unserem 22. Juni und in einer Breite, in der sich jetzt der Genfer See ausbreitet, passieren!

Albatros

XII. KAPITEL

Zentrales Chile

23. Juli. – Die »Beagle« ankerte spät in der Nacht im Meerbusen von Valparaíso, dem Haupthafen von Chile. Als der Morgen herankam, erschien alles entzückend. Nach dem Feuerland war die Empfindung des Klimas ganz köstlich – die Atmosphäre war so trocken und der Himmel so klar und blau mit glänzend scheinender Sonne, daß die ganze Natur von Leben zu sprudeln schien. Die Ansicht vom Ankerplatz aus ist sehr hübsch. Die Stadt ist unmittelbar am Fuß einer ungefähr 1600 Fuß hohen und im ganzen steilen Bergkette gebaut. Die abgerundeten, nur zum Teil mit einer dürftigen Vegetation bedeckten Hügel sind von zahllosen kleinen, ausgewaschenen Gräben durchzogen. In nördlicher Richtung hat man einen schönen Blick auf die Anden. Der Vulkan von Aconcagua ist ganz besonders prachtvoll. Diese ungeheure und unregelmäßig konische Masse hat eine bedeutendere Höhe als der Chimborazo; denn nach den von den Offizieren der »Beagle« ausgeführten Messungen beträgt seine Höhe nicht weniger als 23000 Fuß. Jedoch verdankt die Cordillera, von diesem Punkt aus gesehen, den größeren Teil ihrer Schönheit der Atmosphäre, durch welche hindurch sie gesehen wird. Wenn die Sonne im Stillen Ozean unterging, war es wunderbar schön zu beobachten, wie deutlich ihre zerklüfteten Umrisse unterschieden werden konnten, und doch auch, wie mannigfaltig und zart die Schattierung ihrer Färbung war.

14. August. – Ich brach zu einer Exkursion zu Pferde auf, um den basalen Teil der Anden, welcher nur in dieser Jahreszeit nicht vom Winterschnee bedeckt ist, geologisch zu untersuchen. Unser Ritt am ersten Tage führte uns nordwärts der Meeresküste entlang. Nach Dunkelwerden erreichten wir die Hazienda von Quintero, das Landgut, welches früher dem Lord Cochrane gehört hatte. Ich ging in der Absicht dorthin, die großen Muschellager zu sehen,

Valparaíso

welche einige Yards über dem Meeresspiegel liegen und zu Kalk gebrannt werden. Die Beweise für die Erhebung dieser ganzen Küstenstrecke sind ganz unzweideutig: In der Höhe von einigen hundert Fuß sind alt aussehende Muscheln zahlreich, ich fand deren auch in 1300 Fuß Höhe. Diese Muscheln liegen entweder lose an der Oberfläche oder sind in eine rötlich-schwarze Erde eingeschlossen. Ich war sehr überrascht, unter dem Mikroskop zu finden, daß diese Erde wirklich Meeresschlamm ist, voll von sehr kleinen Stückchen organischer Körper.

15. August. – Wir kehrten zum Tal von Quillota zurück. Die Landschaft war äußerst lieblich, genau so, wie es die Dichter als Hirtenlandschaft bezeichnen würden: Grüne offene Matten wurden durch kleine von Bächen durchströmte Täler voneinander getrennt, und die Hütten, wir wollen uns vorstellen: der Schäfer, lagen verstreut an den Abhängen der Berge. Wir waren genötigt, den Rücken des Chilicauquen zu überschreiten. An seinem Fuß fanden sich viele schöne immergrüne Waldbäume, sie gediehen aber ordentlich nur in den Schluchten, wo es fließendes Wasser gab. Hätte jemand nur die Gegend in der Nähe von Valparaíso gesehen, so würde er sich niemals gedacht haben, daß es in Chile solche malerischen Punkte gäbe. Sobald wir den Rücken der Sierra erreicht hatten, lag das Tal von Quillota unmittelbar zu unseren Füßen. Der Anblick zeigt eine merkwürdige, künstlich hervorgerufene Üppigkeit. Das Tal ist sehr breit und ganz flach und wird daher in allen Teilen sehr leicht bewässert. Die kleinen viereckigen Gärten sind ganz dicht voll von Orangen und Oliven und allen Sorten von Gemüsen. Auf beiden Seiten erheben sich kolossale nackte Berge, und dies macht des Kontrastes wegen das mosaikartig bebaute Tal um so angenehmer. Wer nur immer »Valparaíso« zuerst das »Valle del paradiso«, das Tal des Paradieses, genannt haben mag, er muß an Quillota gedacht haben. Wir gingen quer hindurch nach der Hacienda de San Isidro, welche unmittelbar am Fuß des Glocken-Berges liegt.

Tal in der Cordillera

Chile ist, wie man ja auf den Landkarten sieht, ein schmaler Streifen Landes zwischen der Cordillera und dem Stillen Ozean; und dieser Streifen wird selbst wieder von mehreren Gebirgszügen durchsetzt, welche in diesem Teil ihres Verlaufs mit der Hauptkette parallel ziehen. Zwischen diesen äußeren Bergreihen und der Hauptkette der Cordillera erstreckt sich eine aufeinanderfolgende Reihe ebener, meist durch enge Übergänge sich ineinander öffnender Becken weit nach Süden; in diesen liegen die hauptsächlichsten Städte, wie San Felipe, Santiago, San Fernando. Diese Becken oder Ebenen stellen zusammen mit den queren flachen Tälern (wie das von Quillota), welche sie mit der Küste verbinden, ohne Zweifel den Boden alter, in das Land einspringender Meeresarme oder tiefer Meerbusen dar, so wie sie heutigentags ganz Feuerland und die westliche Küste durchschneiden. Dem letztgenannten Land muß Chile früher in der Verteilung des Landes und Wassers ähnlich gewesen sein. Diese Ähnlichkeit trat gelegentlich sehr auffallend hervor, wenn eine horizontale

Nebelschicht die ganzen niedriger gelegenen Teile des Landes wie mit einem Mantel bedeckte; die weißen, in die Schluchten hinaufwirbelnden Dämpfe stellten wunderschön die kleinen Buchten und Busen dar, und hier und da zeigte ein einzeln stehender, aus der Nebelmasse hervorlugender Hügel, daß er früher als kleine Insel hier gestanden habe. Der Gegensatz zwischen diesen flachen Tälern und den Bergen gab der Szenerie einen für mich neuen und sehr interessanten Charakter.

16. August. – Der Majordomus der Hazienda war freundlich genug, mir einen Führer und Pferde zu geben; wir brachen daher am Morgen auf, um die Campana oder den Glocken-Berg zu besteigen, der 6400 Fuß hoch ist. Die Wege waren sehr schlecht; aber sowohl die Geologie als die Szenerie wogen die Mühe leicht auf. Am Abend erreichten wir eine Quelle, Agua del Guanaco genannt, welche in beträchtlicher Höhe liegt. Es muß dies ein alter Name sein, denn es ist schon sehr viele Jahre her, daß ein Guanako vom Wasser dieser Quelle getrunken hat. Während des Steigens bemerkte ich, daß auf dem nördlichen Abhang nur Büsche wuchsen, während auf dem südlichen Abhang ein ungefähr fünfzehn Fuß hoher Bambus stand. An einigen wenigen Stellen fanden sich Palmen, und ich war sehr überrascht, eine solche in einer Höhe von mindestens 4500 Fuß zu finden. Diese Palmen sind häßliche Bäume. Ihr Stamm ist sehr groß und von einer merkwürdigen Form, nämlich in der Mitte dicker als an der Basis und an der Spitze. Sie sind in einigen Teilen von Chile ganz außerordentlich zahlreich und wegen einer Sorte Sirup, die man aus ihrem Saft bereitet, wertvoll. Auf einer großen Besitzung in der Nähe von Petorca versuchte man, sie zu zählen; der Versuch schlug aber fehl, nachdem man mehrere hunderttausend gezählt hatte. Jedes Jahr werden im zeitigen Frühjahr, im August, sehr viele umgeschlagen, und wenn der Stamm auf der Erde liegt, wird die Blätterkrone abgeschnitten. Der Saft beginnt dann sofort am oberen Ende auszulaufen und läuft einige Monate lang fort; es ist indes nötig, jeden Morgen eine dünne Scheibe von diesem Ende abzuschneiden, um

eine frische Oberfläche der Luft auszusetzen. Ein guter Baum gibt neunzig Gallonen (409 Liter), und das alles muß in den Gefäßen des scheinbar trockenen Stammes enthalten gewesen sein. Man sagt, daß der Saft viel schneller an den Tagen ausfließe, wenn die Sonne recht mächtig ist, ebenso daß es absolut notwendig ist, dafür Sorge zu tragen, daß beim Niederhauen des Baumes das obere Ende desselben nach der höheren Seite des Berges hin falle, denn wenn er nach abwärts falle, fließe kaum Saft aus, trotzdem man doch meinen sollte, daß in diesem Falle das Ausfließen durch die Wirkung der Schwerkraft unterstützt, anstatt gehindert werde. Der Saft wird durch Kochen eingedickt und dann Sirup genannt, dem er im Geschmack sehr ähnlich ist.

Wir sattelten die Pferde in der Nähe der Quelle ab und bereiteten uns vor, hier die Nacht zuzubringen. Der Abend war schön und die Atmosphäre so klar, daß die Masten der im Meerbusen von Valparaíso vor Anker liegenden Schiffe, obwohl sie nicht weniger als sechsundzwanzig geographische Meilen entfernt waren, deutlich als kleine schwarze Streifen unterschieden werden konnten. Ein Schiff, welches mit aufgesetzten Segeln die Spitze umschiffte, erschien als ein glänzender weißer Fleck.

Der Untergang der Sonne war ganz prachtvoll; die Täler waren schwarz, während die schneeigen Gipfel der Anden noch immer eine rötliche Färbung behielten. Als es dunkel war, machten wir ein Feuer unter einer kleinen Laube von Bambus, brieten unser Charqui (getrocknete Streifen Rindfleisch), nahmen unseren Maté und waren ganz gemütlich. Es gewährt einen unaussprechlichen Reiz, in dieser Weise in der freien Luft zu leben. Der Abend war ruhig und still – gelegentlich hörte man den Lärm der Berg-Viscache und das schwache Geschrei eines Ziegenmelkers.

17. August. – Am Morgen kletterten wir die rauhe Masse von Grünstein* hinauf, welche den Gipfel krönt. Wie es so

* Grünstein, eine der älteren Geologie geläufige Bezeichnung für das vulkanische Gestein Diabas (Anm. d. Hrsg.)

häufig vorkommt, war dies Gestein in ungeheuer große, kantige Bruchstücke zerklüftet und umhergestreut. Doch beobachtete ich einen merkwürdigen Umstand, daß nämlich viele Flächen dieser Fragmente vollkommen frisch waren; einige sahen so aus, als seien sie am Tage vorher erst gebrochen, während an anderen sich Flechten eben erst befestigt hatten oder schon lange daran gewachsen waren. Ich war so vollständig der Ansicht, daß dies eine Folge der häufigen Erdbeben sei, daß ich mich unwillkürlich veranlaßt sah, nicht unterhalb eines der losen Haufen zu verweilen. Da man sich bei Tatsachen dieser Art sehr leicht täuschen kann, so zweifelte ich an der Richtigkeit meiner Deutung, bis ich den Wellington-Berg in Australien bestieg, wo keine Erdbeben vorkommen; dort fand ich, daß der Gipfel in ähnlicher Weise gebildet und mit Fragmenten überstreut war; aber die ganzen Blöcke erschienen so, als seien sie vor Tausenden von Jahren in ihre gegenwärtige Lage geschleudert worden.

Wir brachten den Tag auf dem Gipfel zu, und ich habe niemals wieder einen Tag so vollständig genossen. Chile war, von den Anden und dem Stillen Ozean begrenzt, wie auf einer Landkarte zu sehen. Das Vergnügen an der an und für sich schon schönen Szenerie wurde noch durch die vielen Betrachtungen erhöht, welche der bloße Blick auf den Gebirgszug der Campana mit den niedrigeren parallelen Zügen und auf das breite Tal von Quillota hervorrief. Wer muß hier nicht die Kraft bewundern, welche diese Gebirge emporgehoben hat, und noch mehr die unendliche Zeit, deren es bedurft hat, um ganz große Massen derselben zu durchbrechen, zu entfernen und einzuebnen?

Die Erscheinung der Anden war verschieden von dem, was ich erwartet hatte. Die untere Grenzlinie des Schnees war natürlich horizontal, und mit dieser Linie schienen die ebenen Gipfel der Kette parallel zu sein. Nur in langen Zwischenräumen zeigte eine Gruppe von Bergspitzen oder ein einzelner Kegel, wo ein Vulkan existiert hatte oder noch existierte. Die Bergkette war daher einer großen soliden Mauer ähnlich, welche hie und da von einem Turm überragt wird und eine äußerst vollständige Grenzscheidewand für das Land bildet.

Beinahe jeder Punkt in den Bergen ist auf der Suche nach Goldminen angebohrt worden: die Wut auf den Bergbau hat kaum einen Fleck in Chile undurchwühlt gelassen. Den Abend brachte ich wie den vorhergehenden zu, mit meinen beiden Begleitern um das Feuer gelagert und schwatzend. Die Guasos von Chile entsprechen zwar den Gauchos der Pampas, sind aber doch eine sehr verschiedene Art Leute. Ein Reisender begegnet hier nicht jener schrankenlosen Gastfreundschaft, welche jede Bezahlung verschmäht, alles wird aber mit solcher Liebenswürdigkeit geboten, daß gar keine Skrupel entstehen können, es anzunehmen. Beinahe ein jedes Haus in Chile wird dich für die Nacht aufnehmen; man erwartet aber am Morgen eine Kleinigkeit dafür; selbst ein reicher Mann wird zwei oder drei Schillinge annehmen. Der Gaucho ist ein Gentleman, wenn er auch ein Halsabschneider sein mag; der Guaso ist in einigen wenigen Beziehungen besser, aber gleichzeitig ist er ein gemeiner, ordinärer Kerl. Der Gaucho scheint ein Stück von seinem Pferde zu sein und weist verächtlich jede Anstrengung zurück, ausgenommen, wenn er auf dem Rücken jenes sitzt; der Guaso kann als Feldarbeiter zur Arbeit gemietet werden. Der erstere lebt gänzlich von animaler, der letztere beinahe gänzlich von vegetarischer Kost. Wir sehen hier nicht mehr die weißen Stiefel, die weiten Hosen und die scharlachne Chilipa, das malerische Kostüm der Pampas. Hier werden gewöhnliche Hosen durch schwarze und grüne hohe Gamaschen geschont. Der Poncho ist indessen beiden gemeinsam. Der Hauptstolz des Guaso liegt in seinen Sporen, welche ganz albern groß sind. Ich habe ein paar gemessen, deren Spornrädchen sechs Zoll im Durchmesser hielten, und die Rädchen hatten über dreißig Spitzen. Die Steigbügel sind in demselben Maßstab gemacht; jeder besteht aus einem viereckigen, geschnitzten und ausgehöhlten Stück Holz, was drei oder vier Pfund wiegt. Der Guaso ist vielleicht noch erfahrener im Gebrauch des Lassos als der Gaucho; der Beschaffenheit

Ein Guaso, der chilenische Gaucho

des Landes wegen kennt er aber den Gebrauch der Bolas nicht.

18. August. – Wir stiegen den Berg hinab und kamen an einigen prächtigen kleinen Fleckchen mit Bächen und schönen Bäumen vorüber. Nachdem wir in derselben Hazienda wie vorher geschlafen hatten, ritten wir die zwei folgenden Tage das Tal hinauf und kamen durch Quillota, das mehr aussieht wie eine Sammlung von Gemüsegärten als wie eine Stadt. Wir kamen auch durch San Felipe, eine kleine, zerstreut angelegte Stadt wie Quillota. Das Tal erweitert sich an dieser Stelle in eine jener großen Buchten oder Ebenen, welche bis an den Fuß der Cordillera reichen und welche, wie ich oben erwähnt habe, einen so merkwürdigen Zug in der Szenerie von Chile bilden. Am Abend erreichten wir die Bergwerke von Jajuel, die in einer Schlucht an der Seite der großen Kette liegen. Ich hielt mich hier fünf Tage auf. Mein Wirt, der Oberaufseher des Bergwerks, war ein schlauer, aber im ganzen unwissender Bergmann aus Cornwall. Er hatte eine Spanierin geheiratet und gedachte nicht wieder in seine Heimat zurückzukehren.

Santiago

Die Bergwerke fördern Kupfer, und das Erz wird verschifft, um in Swansea geschmolzen zu werden. Die Bergwerke haben daher ein eigentümlich ruhiges Ansehen, verglichen mit denen in England: Hier stören weder Rauch noch Hochöfen, noch große Dampfmaschinen die Ruhe der umgebenden Gebirge.

Die chilenische Regierung, oder vielmehr das alte spanische Gesetz, ermutigt auf alle mögliche Art das Suchen nach Erzgruben. Der Entdecker kann ein Bergwerk auf jedwedem Grund und Boden gegen Erlegung von fünf Schillingen bearbeiten, und ehe er diese bezahlt, kann er, selbst in dem Garten eines andern, zwanzig Tage versuchsweise nachgraben.

Die Grubenarbeiter haben eine sehr harte Arbeit. Es wird ihnen nur wenig Zeit für ihre Mahlzeiten gelassen, und Sommer und Winter durch fangen sie die Arbeit an, wenn es hell wird, und hören mit Dunkelwerden auf. Sie erhalten ein Pfund Sterling im Monat und freie Kost; diese besteht beim Frühstück aus sechzehn Feigen und zwei kleinen Laiben Brot, zum Mittagsbrot aus gekochten Bohnen und zum Abendbrot aus gerösteten zerdrückten Weizenkörnern. Sie bekommen kaum jemals Fleisch zu kosten, denn mit den zwölf Pfund das Jahr haben sie sich zu kleiden und ihre Familien zu erhalten. Die Bergleute, welche in den Gruben selbst arbeiten, haben fünfundzwanzig Schillinge den Monat, und es wird ihnen auch etwas Charqui gereicht. Diese Leute kommen aber nur einmal alle vierzehn Tage oder drei Wochen aus ihren traurigen Aufenthaltsorten herunter.

26. August. – Wir verließen Jajuel und durchschritten wiederum das Talbecken von San Felipe. Der Tag war echt chilenisch: blendend hell und die Atmosphäre vollkommen klar. Die dicke und gleichförmige Decke frisch gefallenen Schnees machte den Blick auf den Vulkan von Aconcagua und die Hauptkette ganz prachtvoll. Wir überschritten den Cerro del Talguen und schliefen in einem kleinen Rancho. Der Wirt sprach über den Zustand von Chile im Vergleich mit andern Ländern, war aber dabei sehr bescheiden:

»Manche sehen mit zwei Augen und manche nur mit einem, ich für meinen Teil glaube aber, daß man hier in Chile mit gar keinem sieht.«

27. August. – Nachdem wir über mehrere kleine Berge gekommen waren, stiegen wir in die rings eingeschlossene Ebene von Guitron hinab. Sobald wir die ebene Straße erreicht hatten, trieben wir unsere Pferde zum Galopp an und kamen noch vor Dunkelwerden in die Stadt.

Ich blieb eine Woche lang in Santiago und ergötzte mich sehr. Des Morgens ritt ich nach mehreren Punkten in der Ebene, und des Abends aß ich mit mehreren der englischen Kaufleute zu Mittag, deren Gastfreundschaft in dieser Stadt sehr bekannt ist. Eine niemals unbefriedigt lassende Quelle von Vergnügen war die Besteigung des kleinen Felsenhügels (Sta. Lucía), welcher sich in der Mitte der Stadt erhebt. Von der Stadt selbst habe ich nichts Besonderes zu erwähnen: Sie ist weder so schön noch so groß wie Buenos Aires, ist aber nach demselben Muster gebaut. Ich war auf einem bogenförmigen Umweg nach Norden hierher gekommen; ich entschloß mich daher, nach Valparaíso mittels eines etwas längeren Ausflugs nach Süden zurückzukehren.

5. September. – Um die Mitte des Tages kamen wir an einer der aus Tierhäuten gemachten Hängebrücken an, welche den Maypu überspannt, einen großen stürmischen Fluß, einige wenige Stunden südlich von Santiago. Diese Brücken sind elende Machwerke. Der der Krümmung der tragenden Taue folgende Weg ist von Bündeln von Stöcken gemacht, die dicht aneinander gelegt sind. Er war voller Löcher und schwankte ganz fürchterlich, selbst schon unter dem Gewicht eines sein Pferd am Zügel führenden Menschen. Am Abend erreichten wir ein komfortables Farmhaus, wo sich mehrere Señoritas vorfanden. Sie waren sehr entsetzt darüber, daß ich aus bloßer Neugierde in eine ihrer Kirchen gegangen wäre. Sie fragten mich: »Warum werden Sie nicht ein Christ – denn unsere Religion ist ganz gewiß und wahr?« Ich versicherte ihnen, daß ich eine Art Christ sei; sie wollten aber davon nichts hören und beriefen sich

Hängebrücke

auf meine eigenen Worte: »Heiraten denn Ihre Padres, ja selbst Ihre Bischöfe nicht?« Die Ungereimtheit, daß ein Bischof eine Frau habe, frappierte sie ganz besonders; sie wußten kaum, ob sie sich über eine solche Ungeheuerlichkeit mehr amüsieren oder entsetzen sollten.

6. September. – Wir gingen gerade nach Süden weiter und schliefen in Rancagua. Die Straße führte über die horizontale, aber schmale, auf der einen Seite von hohen Hügeln, auf der andern von der Cordillera begrenzte Ebene. Am nächsten Tage wendeten wir uns aufwärts in das Tal des Rio Cachapual, in welchem die heißen, seit langer Zeit wegen ihrer heilenden Eigenschaften berühmten Bäder von Cauquenes liegen. Wir erreichten die Bäder am Abend und blieben fünf Tage dort, die letzten zwei durch heftige Regen festgehalten. Die Baulichkeiten bestehen aus einem Viereck elender kleiner Hütten, jede mit einem einzigen Tisch und einer Bank. Sie liegen in einem engen tiefen Tale, dicht vor der Cordillera. Es ist ein ruhiger einsamer Ort von wilder Schönheit.

13. September. – Wir verließen die Bäder von Cauquenes, schlugen die Hauptstraße ein und schliefen am Rio

Claro. Von dieser Stelle aus ritten wir nach San Fernando. Die Stadt ist vierzig Stunden von Santiago entfernt; es war dies mein südlichster Punkt, denn hier wandten wir uns im rechten Winkel der Küste zu. Wir schliefen in den Goldgruben von Yaquil, welche von Mr. Nixon, einem amerikanischen Herrn, betrieben werden, dem ich für große Freundlichkeit während eines viertägigen Aufenthalts in seinem Hause sehr verbunden bin. Am nächsten Morgen ritten wir nach den Minen, welche in der Entfernung von einigen Stunden in der Nähe des Gipfels eines hohen Berges liegen.

Als wir an der Grube ankamen, frappierte mich das bleiche Aussehen vieler Leute, und ich erkundigte mich bei Mr. Nixon nach ihrer Lage. Die Grube ist 450 Fuß tief, und jeder Mann bringt ungefähr 200 Pfund Gewicht an Steinen herauf. Mit dieser Last haben sie die abwechselnd in die Baumstämme, welche in einer Zickzacklinie den Schacht hinaufgestellt sind, eingehauenen stufenartigen Einschnitte heraufzuklettern. Selbst bartlose junge Männer, achtzehn und zwanzig Jahre alt, mit geringer muskulöser Entwicklung ihres Körpers (sie sind ganz nackt mit Ausnahme von Hosen), steigen mit derselben Last aus nahezu derselben Tiefe hinauf. Ein starker, nicht an diese Arbeit gewohnter Mann gerät in Schweiß, wenn er nur seinen eigenen Körper heraufträgt. Bei dieser sehr schweren Arbeit leben sie nur von gekochten Bohnen und Brot. Sie würden vorziehen, Brot allein zu essen; aber da ihre Herren finden, daß sie mit diesem allein nicht so hart arbeiten können, so behandeln diese sie wie Pferde und lassen sie die Bohnen essen. Ihr Lohn ist hier etwas höher als in Jajuel, er beträgt von 24 bis 28 Schilling den Monat. Sie verlassen die Grube nur einmal in drei Wochen, wo sie dann zwei Tage lang bei ihren Familien bleiben. Eines der Gesetze in diesen Bergwerken klingt sehr hart, bewährt sich aber für den Herrn ganz gut. Die einzige Methode, Gold zu stehlen, ist, Erzstücke zu verbergen und sie fortzuschaffen, wenn sich einmal eine Gelegenheit findet. Sobald nun der Majordomus einen auf diese Weise verborgenen Klumpen findet, wird sein voller Wert dem Lohn sämtlicher Leute abgezogen; diese sind daher, wenn sie sich nicht alle miteinander verbünden, genötigt, aufeinander aufzupassen.

So schlecht auch die Behandlung der Bergleute ist, so wird sie doch gern von ihnen angenommen; denn der Zustand der zum Feldbau verwendeten Arbeiter ist noch viel schlimmer. Ihr Lohn ist geringer, und sie leben beinahe ausschließlich von Bohnen. Es muß diese Armut hauptsächlich eine Folge des dem Feudalwesen ähnlichen Systems sein, nach welchem das Land bestellt wird; der Grundbesitzer gibt dem Arbeiter ein kleines Stück Grund und Boden, auf dem er sich anbauen und welches er kultivieren kann, und als Gegenleistung hat er dessen Arbeit (oder die eines Stellvertreters) für jeden Tag seines Lebens ohne irgendwelchen Lohn. Bis ein Vater einen erwachsenen Sohn hat, welcher durch seine Arbeit die Pacht zahlen kann, ist, ausgenommen an gelegentlichen Tagen, niemand da, welcher sich seines eigenen Stückchens Boden annähme. Äußerste Armut ist daher unter den arbeitenden Klassen hierzulande sehr häufig.

19. September. – Wir verließen Yaquil und verfolgten das flache, wie das von Quillota gebildete Tal, in welchem der Rio Tinderidica fließt, bis es sich zu einer großen Ebene erweiterte, welche sich vom Meere bis zu den Bergen westlich von Rancagua erstreckte. Im Laufe des Tages fühlte ich mich sehr unwohl und wurde von dieser Zeit an bis Ende Oktober nicht wieder besser.

22. September. – Wir kamen beständig über grüne Ebenen ohne einen Baum. Am nächsten Tage kamen wir an einem Hause in der Nähe von Navidad an der Küste an, wo uns ein reicher Haciendero Wohnung gab. Ich hielt mich hier die zwei folgenden Tage auf, und obgleich ich mich sehr unwohl fühlte, machte ich es doch möglich, aus der Tertiärformation einige Seemuscheln zu sammeln.

24. September. – Unser Kurs war nun direkt nach Valparaíso gerichtet, das ich mit großer Schwierigkeit am 27. erreichte; dort lag ich, ans Bett gefesselt, bis Ende Oktober.

XIII. Kapitel

Chiloé und Chonos-Inseln

10. November. – Die »Beagle« segelte von Valparaíso aus nach Süden in der Absicht, den südlichen Teil von Chile, die Insel Chiloé und das zerfallene Land, Chonos-Archipel genannt, südlich bis zum Vorgebirge der Tres Montes aufzunehmen. Am 21. ankerten wir im Meerbusen von S. Carlos, der Hauptstadt von Chiloé.

Diese Insel ist ungefähr neunzig Meilen lang, mit einer Breite von etwas weniger als dreißig. Das Land ist hügelig, aber nicht bergig und wird von einem großen Wald bedeckt, ausgenommen, wo rings um die mit Stroh gedeckten Hütten ein paar grüne Stellen abgeräumt sind. Aus der Entfernung ist die Ansicht der von Feuerland ähnlich, die Waldungen sind aber, mehr in der Nähe gesehen, ganz unvergleichlich schöner. Viele Arten schöner immergrüner Bäume und Pflanzen mit einem tropischen Charakter nehmen hier die Stelle der düsteren Buche der südlichen Ufer ein. Im Winter ist das Klima schaudervoll, und im Sommer ist es nur ein wenig besser. Ich glaube, es gibt innerhalb der gemäßigten Zonen wenige Teile der Erde, wo so viel Regen fällt. Die Winde sind sehr stürmisch, und der Himmel ist beinahe immer bewölkt.

Die Bewohner scheinen nach ihrem Teint und der kleinen Statur drei Viertel Indianerblut in ihren Adern zu haben. Sie sind eine bescheidene, ruhige, fleißige Sorte Leute. Obschon der fruchtbare Boden eine üppige Vegetation trägt, ist doch das Klima all den Erzeugnissen nicht günstig, welche zum Reifen viel Sonnenschein bedürfen. Es ist nur wenig Weidegrund für die größeren Säugetiere vorhanden; infolgedessen sind die Hauptnahrungsmittel Schweine, Kartoffeln und Fische. Die Leute kleiden sich alle in starkes wollenes Tuch, welches jede Familie für sich fabriziert und mit Indigo dunkelblau färbt. Die Künste stehen indessen auf der niedersten Stufe, wie man aus ihrer fremdartigen Art und Weise zu pflügen, ihrer Methode zu spinnen, Korn zu mahlen und aus der Konstruktion ihrer Boote sehen kann. Die Wälder sind so undurchdringlich, daß das Land nirgends kultiviert ist, ausgenommen in der Nähe der Küste und auf den benachbarten kleinen Inselchen. Selbst wo Wege existieren, sind sie wegen des weichen und sumpfigen Zustands des Bodens kaum zu passieren. Obgleich sie vollauf zu essen haben, sind die Leute doch sehr arm: Es besteht keine Nachfrage nach Arbeit, und deswegen können die niederen Klassen nicht genug Geld sammeln, um sich auch nur die kleinsten Genüsse zu kaufen. Es herrscht auch ein großer Mangel an zirkulierendem Tauschmittel. Ich habe gesehen, wie ein Mann auf seinem Rücken einen Sack mit Holzkohle brachte, womit er sich irgendeine geringfügige Sache kaufen wollte; ein anderer brachte eine Planke geschleppt, um sie gegen eine Flasche Wein einzutauschen. Jeder Handwerker muß daher auch ein Kaufmann sein und die Waren wieder verkaufen, die er im Tausch annimmt.

24. November. – Die Schaluppe und ein großes Boot wurden unter dem Kommando des Mr. Sulivan abgeschickt, um die östliche oder nach dem Festland zu gelegene Küste von Chiloé aufzunehmen, mit der Weisung, die »Beagle« am südlichen Ende der Insel wieder zu treffen; nach diesem Punkte wollte er auf der äußeren Seite herumfahren, so daß die ganze Insel umschifft wurde. Ich begleitete diese Expedition; anstatt aber am ersten Tag mit den Booten zu gehen, mietete ich Pferde, um mich nach Chacao, an der nördlichen Spitze der Insel, zu bringen. Die Straße folgte der Küste; von Zeit zu Zeit überschritt sie von schönen Wäldern bedeckte Vorgebirge. Auf diesen schattigen Wegen ist es absolut notwendig, daß die ganze Straße aus Holzklötzen gemacht wird, welche viereckig zugeschnitten und einer neben den andern gestellt werden. Da die Sonnenstrahlen das immergrüne Laub niemals durchdringen, so ist der Boden so feucht und weich, daß, ausgenommen auf diese Weise, weder ein Mensch noch ein Pferd imstande wäre, vorwärtszukommen. Ich kam im Dorfe

Chasao an, kurz nachdem die zu den Booten gehörenden Zelte zum Nachtlager aufgeschlagen worden waren.

Das Land ist an dieser Stelle in ausgedehnter Weise urbar gemacht worden, und am Waldrande waren viele stille und sehr malerische Winkel zu sehen. Chacao war früher der Haupthafen der Insel; da aber wegen der gefährlichen Strömungen und Klippen in der Meerenge viele Fahrzeuge zugrunde gingen, so brannte die spanische Regierung die Kirche nieder und zwang damit willkürlich die größere Zahl der Einwohner, nach S. Carlos auszuwandern. Wir waren noch nicht lange in unserem Biwak, als der barfüßige Sohn des Gouverneurs herunterkam, uns zu rekognoszieren. Als er die englische Flagge an der Mastspitze der Schaluppe aufgehißt sah, fragte er mit der allergrößten Gleichgültigkeit, ob sie immer in Chacao wehen solle. An mehreren Orten waren die Einwohner sehr über das Erscheinen von Booten eines Kriegsschiffes erstaunt und hofften und glaubten, sie wären die Vorläufer einer spanischen Flotte, welche käme, die Insel der patriotischen Regierung von Chile wieder abzunehmen. Die sämtlichen Beamten waren indessen von unserem beabsichtigten Besuch unterrichtet worden und äußerst höflich. Während wir unser Abendbrot aßen, machte uns der Gouverneur einen Besuch. Er war Oberstleutnant in spanischen Diensten gewesen, war aber jetzt ganz erbärmlich arm. Er gab uns zwei Schafe und nahm dagegen zwei baumwollene Taschentücher, zwei Stück Messingschmuck und etwas Tabak an.

25. – Ströme von Regen kamen herunter: Wir machten es indessen möglich, die Küste hinunter bis nach Huapi-lenou zu kommen.

26. – Der Tag brach prachtvoll klar an. Der Vulkan von Osorno warf Massen von Rauch aus. Dieser außerordentlich schöne, wie ein vollkommener Kegel gebildete und von Schnee weiße Berg steht vor der Cordillera. Später sahen wir den Corcovado mit seinem hohen Gipfel, der wohl den Namen »el famoso Corcovado« verdient. Außer diesen sahen wir noch weit nach Süden mehrere andere mit

Schnee bedeckte Bergkegel, welche, obschon nicht als tätige Vulkane bekannt, doch ihrem Ursprunge nach vulkanisch sein müssen. Die Reihe der Anden ist in dieser Gegend nicht annähernd so hoch wie in Chile; auch scheint sie keine so vollkommene Grenzscheide zwischen den verschiedenen Regionen der Erde zu bilden.

Als wir um Mittag landeten, sahen wir eine Familie von rein indianischer Herkunft. Der Vater war dem York Minster merkwürdig ähnlich, und einige der jüngeren Knaben hätten mit ihrem rotbraunen Teint für Pampas-Indianer gehalten werden können. Alles, was ich gesehen habe, bestärkt mich in der Überzeugung, daß die verschiedenen amerikanischen Stämme nahe zusammenhängen, obwohl sie verschiedene Sprachen sprechen. Diese Gesellschaft hier konnte nur sehr wenig Spanisch und unterhielt sich untereinander in ihrer eigenen Sprache. Mehr nach Süden zu sahen wir viele reine Indianer; ja, alle Bewohner einiger der kleinen Inseln behalten ihre indianischen Familiennamen bei. Bei der Volkszählung von 1832 fanden sich auf Chiloé und den dazugehörigen Inseln zweiundvierzigtausend Seelen; die Mehrzahl von diesen scheint gemischten Blutes zu sein.

30. November. – Zeitig am Sonntagmorgen erreichten wir Castro, die alte Hauptstadt von Chiloé, jetzt aber ein äußerst einsamer und verödeter Ort. Die gewöhnliche viereckige Anordnung der spanischen Städte konnte noch verfolgt werden, die Straßen und die Plaza waren aber mit schönem grünen Rasen überzogen, auf welchem Schafe weideten. Die Kirche, welche in der Mitte steht, ist ganz aus Pfosten gebaut und hat ein malerisches und ehrwürdiges Ansehen. Die Armut des Ortes kann man sich nach der Tatsache vorstellen, daß, obgleich ein paar hundert Einwohner hier sind, einer aus unserer Gesellschaft nicht imstande war, weder ein Pfund Zucker noch ein gewöhnliches Messer zu kaufen. Kein einziges Individuum besaß weder eine Uhr noch eine Wanduhr; und ein alter Mann, von dem man meinte, er habe eine ordentliche Vorstellung von Zeit, war dazu angestellt, nach Gutdünken die Kir-

chenglocke zu schlagen. Die Ankunft unserer Boote war in diesem ruhigen, abgelegenen Winkel der Erde ein seltenes Ereignis, und fast sämtliche Einwohner kamen herunter zum Strand, um uns unsere Zelte aufschlagen zu sehen. Sie waren sehr höflich und boten uns ein Haus an; ein Mann schickte uns selbst ein Faß Apfelwein zum Geschenk. Am Nachmittag machten wir dem Gouverneur unsere Aufwartung – ein ruhiger alter Herr, welcher in seiner Erscheinung und seiner Lebensweise kaum höher stand als ein englischer Bauer. Spätabends fing es sehr stark zu regnen an, indessen kaum stark genug, den großen Kreis von Zuschauern von unseren Zelten wegzutreiben. Eine Indianer-Familie, welche in einem Canoe von Caylen gekommen war, um hier zu handeln, biwakierte in der Nähe von uns. Sie hatten während des Regens keinen Schutz. Am Morgen fragte ich einen jungen Indianer, der bis auf die Haut naß war, wie er die Nacht zugebracht habe. Er schien vollständig zufrieden zu sein und antwortete: »Muy bien, Señor.«

6. Dezember. – Wir erreichten Caylen, welches »el fin de la cristiandad« genannt wird. Am Morgen hielten wir wenige Minuten bei einem Haus am nördlichen Ende von Laylec an, welches der äußerste Punkt der südamerikanischen Christenheit ist; es war eine recht erbärmliche Hütte. Die Breite ist 43° 10′, also zwei Grade weiter südlich als der Rio Negro an der atlantischen Küste. Diese Christen des äußersten Postens waren sehr arm und baten, unter Vorhalt ihrer Lage, um etwas Tabak. Als einen Beweis für die Armut dieser Indianer will ich erwähnen, daß wir vor kurzer Zeit einem Mann begegnet waren, welcher dreieinhalb Tage zu Fuß gegangen war und ebenso viele auch wieder zurückgehen mußte, um sich den Wert einer kleinen Axt und einiger weniger Fische wiederzuholen. Wie äußerst schwierig muß es da sein, auch den kleinsten Artikel zu kaufen, wenn solche Mühe darauf verwandt wird, eine so kleine Schuld einzuziehen!

Am Abend erreichten wir die Insel San Pedro, wo wir die »Beagle« vor Anker liegen fanden. Beim Umsegeln der Spitze gingen zwei von den Offizieren an Land, um mit den

Theodoliten eine Reihe von Winkelaufnahmen zu machen. Ein Fuchs von einer, wie man sagt, der Insel eigentümlichen, aber auf ihr sehr seltenen Art, welcher eine neue Spezies ist, saß auf den Felsen. Das Tier war so intensiv davon absorbiert, die Arbeiten der Offiziere zu beobachten, daß ich imstande war, ruhig hinter ihn zu kommen und ihm mit meinem geologischen Hammer auf den Kopf zu schlagen. Dieser Fuchs, neugieriger oder wissenschaftlicher als die große Mehrzahl seiner Brüder, steht jetzt ausgestopft im Museum der zoologischen Gesellschaft.

10. Dezember. – Die Schaluppe und das große Boot fuhren unter Mr. Sulivan in ihrer Aufnahme-Arbeit fort; ich blieb aber an Bord der »Beagle«, welche den nächsten Tag San Pedro verließ und nach Süden weiterging. Am 13. liefen wir in eine offene Stelle im südlichen Teil von Guaitecas oder dem Chonos-Archipel ein, und es war unser Glück, daß wir es taten, denn am folgenden Tag erhob sich ein Sturm, der des Feuerlandes würdig gewesen wäre und mit großer Wut raste.

Wir blieben drei Tage hier. Das Wetter blieb schlecht; es hatte dies aber nicht viel zu bedeuten, denn die Oberfläche des Landes auf allen diesen Inseln ist beinahe vollständig unpassierbar. Die Küste ist so zerklüftet, daß ein Versuch, ihr entlangzugehen, ein beständiges Auf-und-ab-Kriechen über die scharfkantigen Glimmerschieferfelsen erfordert; und was die Wälder betrifft, so legten unsere Gesichter, Hände und Schienbeine beredtes Zeugnis für die schlechte Behandlung ab, welche wir bei dem Versuch, in ihre verbotenen Heimlichkeiten einzudringen, erfahren hatten.

18. Dezember. – Wir wendeten uns wieder auf das Meer hinaus. Am 20. sagten wir dem Süden Lebewohl und wandten mit einem günstigen Wind den Bug unseres Schiffes dem Norden zu. Vom Vorgebirge Tres Montes segelten wir sehr angenehm der hohen, verwetterten Küste entlang. Am nächsten Tage wurde ein Hafen entdeckt, welcher an dieser gefährlichen Küste für ein Schiff in Not von großem Nutzen sein kann. Er kann leicht an einem 1600 Fuß hohen Berg wiedererkannt werden, welcher selbst noch vollkommener

kegelförmig ist als der berühmte Zuckerhut bei Rio de Janeiro. Am nächsten Tag, nachdem wir geankert hatten, glückte es mir, den Gipfel dieses Berges zu erreichen. Es war ein mühsames Unternehmen, denn die Seiten waren so steil, daß an manchen Stellen die Bäume als Leitern benutzt werden mußten. Es fanden sich dort auch mehrere ausgedehnte Gebüsche von Fuchsien mit ihren schönen hängenden Blüten; es war aber sehr schwer, durch sie durchzukriechen.

Immer regt sich ein starkes Verlangen danach, sich zu vergewissern, ob irgendein menschliches Wesen schon vor uns einen nicht besuchten Ort betreten hat. Ein Stückchen Holz mit einem Nagel darin wird aufgehoben und studiert, als wäre es mit Hieroglyphen bedeckt. Von diesem Gefühl beherrscht, erstaunte es mich sehr, an einer wilden Stelle der Küste unter einem Felsvorsprung eine aus Gras gemachte Lagerstätte zu finden. Dicht dabei war ein Feuer gewesen; auch hatte der Mensch eine Axt gebraucht. Das Feuer, das Lager und die Lage zeigten die Geschicklichkeit eines Indianers; es konnte aber kaum ein Indianer gewesen sein; denn infolge des Wunsches der katholischen Missionare, auf einen Schlag Christen und Sklaven zu machen, ist die Rasse in dieser Region ausgestorben. Damals hatte ich eine leichte Ahnung, der einsame Mann, welcher sein Lager an diesem wilden Orte aufgeschlagen hatte, müßte irgendein schiffbrüchiger Matrose sein, welcher beim Versuch, die Küste hinaufzuwandern, sich für seine traurige Nachtruhe hier niedergelegt hatte.

28. Dezember. – Das Wetter blieb beständig sehr schlecht, es gestattete uns aber doch endlich, mit der Aufnahme fortzufahren. Die Zeit wurde uns endlos lang, wie es immer der Fall war, wenn wir von einem Tag zum andern durch eine Reihe aufeinanderfolgender Stürme aufgehalten wurden. Am Abend wurde ein anderer Hafen entdeckt, wo wir ankerten. Unmittelbar danach wurde ein Mensch gesehen, der uns mit seinem Hemd winkte; es wurde daher ein Boot abgeschickt, welches mit zwei Matrosen zurückkam. Eine Gesellschaft von sechs Mann war von einem amerika-

nischen Walfischfahrer entlaufen und etwas weiter südlich in einem Boot gelandet, das kurze Zeit danach von der Brandung in Stücke zerschellt wurde. Sie waren nun fünfzehn Monate lang an der Küste auf- und abwärts gewandert, ohne zu wissen, wohin sie gehen müßten, noch wo sie wären. Was für eine eigentümliche Laune des Glücks war es, daß dieser Hafen jetzt entdeckt wurde! Wenn dieser glückliche Zufall nicht eingetreten wäre, so hätten sie wandern können, bis sie alte Leute geworden wären, und wären dann an dieser rauhen Küste umgekommen. Ihre Leiden waren sehr groß gewesen, und einer von ihnen war dadurch ums Leben gekommen, daß er von einer Klippe herunterstürzte. Zuweilen waren sie genötigt, sich zu trennen, um Nahrung zu suchen, und dies erklärte die Lagerstätte des einsamen Menschen. In Anbetracht dessen, was sie auszustehen gehabt hatten, waren sie doch mit der Zeitrechnung sehr gut zu Rande gekommen, denn sie hatten nur vier Tage verloren.

30. Dezember. – Wir ankerten in einer niedlichen kleinen Bucht am Fuß einiger hoher Berge in der Nähe der nördlichen Spitze von Tres Montes. Am nächsten Morgen nach dem Frühstück erstieg eine Gesellschaft unserer Leute einen dieser Berge, der 2400 Fuß hoch war.

1. Januar 1835. – Das neue Jahr wird mit den in diesen Gegenden dazugehörigen Zeremonien begrüßt. Es weckt keine trügerischen Hoffnungen; ein heftiger Nordweststurm mit ständigem Regen kündigt das erstehende Jahr an. Gott sei Dank, daß es uns nicht bestimmt ist, auch das Ende davon hier zu erleben, sondern daß wir hoffen können, dann auf dem Stillen Ozean zu sein, wo eine blaue Luft uns sagt, daß es einen Himmel gibt – etwas jenseits der Wolken über unseren Köpfen.

Da die Nordwestwinde auch während der nächsten vier Tage noch anhielten, so glückte es uns nur, quer über eine große Bucht zu segeln, und wir ankerten dann in einem anderen sicheren Hafen. Ich begleitete den Kapitän in einem Boot an das obere Ende einer tiefen Bucht. Unterwegs war die Zahl der Robben, die wir sahen, ganz erstaunlich; jedes Stückchen flachen Felsens und Teile des Strandes waren ganz von ihnen bedeckt. Sie schienen äußerst friedvoller Stimmung zu sein und lagen fest eingeschlafen aneinander geschmiegt, wie Schweine; aber selbst Schweine würden sich über ihren Unrat und über den von ihnen ausgehenden schrecklichen Gestank geschämt haben. Eine jede Herde wurde von dem geduldigen, aber Schlimmes verkündenden Auge des brasilianischen Geiers beobachtet. Dieser widerwärtige Vogel mit seinem kahlen scharlachroten, zum Wühlen in faulenden Stoffen gebildeten Kopfe ist an der Westküste sehr häufig, und seine Aufmerksamkeit auf die Robben zeigt, auf was sie wegen ihrer Mahlzeiten warten. Wir fanden das Wasser (wahrscheinlich nur an der Oberfläche) beinahe süß; dies war die Folge einer großen Zahl von Wildbächen, welche sich, in Kaskaden über die steilen Granitberge herabfallend, in das Meer ergossen. Das Süßwasser zieht die Fische an, und diese wieder bringen viele Sturmvögel, Möwen und zwei Arten von Kormoranen herbei. Wir sahen auch ein Paar der schönen schwarzhalsigen Schwäne und mehrere kleine See-Otter, deren Pelz in so hohem Wert gehalten wird. Bei unserer Rückkehr amüsierte es uns wieder, die stürmische Art und Weise zu sehen, mit welcher die Robben, junge und alte, sich ins Wasser stürzten, als das Boot vorüberging. Sie blieben nicht lange unter Wasser, sondern kamen herauf, folg-

Der Geier – »dieser widerwärtige Vogel . . .«

ten uns mit ausgestrecktem Hals und drückten große Verwunderung und Neugierde aus.

7. – Nachdem wir die Küste hinaufgesegelt waren, ankerten wir in der Nähe des nördlichen Endes des Chonos-Archipels in Lows Hafen, wo wir eine Woche blieben. Die Inseln wurden hier, wie in Chiloé, von einer geschichteten, weichen, littoralen Ablagerung gebildet; und die Vegetation war infolgedessen herrlich üppig. Die Wälder kamen herab bis zum Strande, genau in derselben Weise wie immergrünes Strauchwerk als Einfassung eines Kieswegs.

XIV. Kapitel

Chiloé und Concepción: Großes Erdbeben

Am 15. Januar segelten wir aus Lows Hafen ab und ankerten drei Tage später zum zweiten Mal in der Bucht von S. Carlos in Chiloé. In der Nacht vom 19. war der Vulkan Osorno in Tätigkeit. Um Mitternacht beobachtete die Wache etwas wie einen großen Stern, der allmählich an Größe zunahm bis ungefähr um drei Uhr, wo er einen äußerst glänzenden Anblick darbot. Mit Hilfe eines Glases sah man, daß ständig mitten in einem großen, blendend roten Licht dunkle Gegenstände in die Höhe geworfen wurden und niederfielen. Am Morgen wurde der Vulkan wieder ruhig.

Ich war sehr überrascht, als ich später hörte, daß der Aconcagua in Chile, 480 Meilen nördlich, in derselben Nacht in Tätigkeit war; noch mehr überraschte es mich aber, als ich hörte, daß die große Eruption des Coseguina (2700 Meilen nördlich von Aconcagua), von einem über 1000 Meilen fühlbaren Erdbeben begleitet, innerhalb sechs Stunden von derselben Zeit stattfand. Dieses Zusammentreffen ist um so merkwürdiger, als der Coseguina sechsundzwanzig Jahre lang ruhig gewesen war und der Aconcagua überhaupt äußerst selten irgendein Zeichen von Tätigkeit zeigt. Es ist schwierig, auch nur zu vermuten, ob dieses Zusammentreffen zufällig war oder irgendeinen unterirdischen Zusammenhang andeutet. Wenn der Vesuv, der Ätna und der Hekla auf Island (alle drei einander relativ näher als die entsprechenden Punkte in Süd-Amerika) plötzlich in einer und derselben Nacht in eine Eruption ausbrechen würden, würde man das Zusammentreffen für merkwürdig halten: In diesem Falle hier ist es aber noch weit merkwürdiger, wo die drei Auswurfsöffnungen in eine und dieselbe große Bergkette fallen und wo die ungeheuren Ebenen der ganzen Ostküste entlang erkennen lassen, in welch gleichmäßiger und zusammenhängender Art und Weise die hebenden Kräfte gewirkt haben.

Da Kapitän Fitzroy daran gelegen war, daß an der äußeren Küste von Chiloë einige Landmarken aufgenommen würden, wurde ausgemacht, daß Mr. King und ich nach Castro und von da quer über die Insel nach der an der Westküste gelegenen Capella de Cucao reiten sollten. Nachdem wir Pferde und einen Führer gemietet hatten, brachen wir am Morgen des 19. auf. Wir waren noch nicht weit gekommen, als sich eine Frau mit zwei Knaben zu uns gesellte, welche die gleiche Reise vorhatte. Jedermann reist auf dieser Straße mit dem Grundsatz: »Willkommen, Gesell, wohl trifft es sich, daß wir zusammen wandern!« Auch kann man hier das in Süd-Amerika so seltene Glück genießen, ohne Schußwaffen reisen zu können. Anfangs bestand das Land aus einer Reihenfolge von Bergen und Tälern; näher nach Castro hin wurde es sehr eben. Die Straße selbst ist eine merkwürdige Geschichte; sie besteht in ihrer ganzen Länge, mit Ausnahme von sehr wenigen Stellen, aus großen Holzklötzen, welche entweder breit und der Länge nach hingelegt sind oder schmal und quer gelegt. Im Sommer ist die Straße nicht schlecht; im Winter aber, wo das Holz durch den Regen schlüpfrig geworden ist, ist das Reisen äußerst schwierig. Zu dieser Zeit des Jahres wird der Boden zu beiden Seiten ein Morast und häufig überschwemmt: Daher ist es notwendig, daß die langen Klötze durch quere, auf beiden Seiten in die Erde gepfählte Pfosten befestigt werden. Diese Pfähle machen einen Sturz vom Pferde gefährlich, da die Aussicht, auf einen solchen zu fallen, nicht gerade klein ist. Es ist indes merkwürdig, wie beweglich die Gewohnheit die Chilotaner Pferde gemacht hat. Beim Übergang über schlechte Stellen, wo die Klötze aus ihrer Lage gekommen sind, springen sie von einem auf den andern mit der Schnelligkeit und der Sicherheit eines Hundes.

Obschon die Entfernung von S. Carlos nach Castro in einer geraden Linie nur zwölf Stunden beträgt, so muß doch der Bau der Straße eine sehr mühevolle Arbeit gewesen sein. Mir ist erzählt worden, daß früher mehrere Menschen bei dem Versuch, durch den Wald quer durchzudringen, ums Leben gekommen sind. Der erste, dem es glückte, war ein Indianer, welcher in acht Tagen einen Weg durch das Röhricht schnitt und S. Carlos erreichte; die spanische Regierung belohnte ihn durch Verleihung eines Stück Landes. Während des Sommers wandern viele der Indianer in den Wäldern umher (aber hauptsächlich in den höheren Teilen, wo die Wälder nicht so dicht sind), um das halbwilde Rind aufzusuchen, welches von den Blättern des Rohres und gewisser Bäume lebt. Es war einer dieser Jäger, welcher vor wenig Jahren durch Zufall ein englisches Schiff entdeckte, welches an der äußeren Küste gestrandet war. Die Mannschaft hatte nichts mehr zu essen, und es ist nicht wahrscheinlich, daß sie sich ohne die Hilfe dieses Mannes je aus den kaum durchdringlichen Wäldern hätten befreien können. Einer der Matrosen starb auf dem Marsch faktisch an Erschöpfung. Die Indianer richten sich bei diesen Exkursionen nach der Sonne; hält daher trübes, wolkiges Wetter eine Zeitlang an, so können sie nicht reisen.

Der Tag war wunderschön; eine große Zahl in voller Blüte stehender Bäume parfümierte die Luft; und doch konnte selbst dies kaum den Eindruck der düsteren feuchten Natur des Waldes zerstören. Überdies geben die vielen, wie Skelette dastehenden, abgestorbenen Baumstämme den Urwäldern stets einen Charakter der Feierlichkeit. Bald nach Sonnenuntergang biwakierten wir für die Nacht. Unsere weibliche Begleiterin, die gar nicht übel aussah, gehörte einer der respektabelsten Familien in Castro an; sie ritt indessen nach Männerart und ohne Schuhe und Strümpfe. Mich überraschte der gänzliche Mangel an Stolz bei ihr und ihrem Bruder. Sie brachten Nahrungsmittel für sich mit, saßen aber bei allen unseren Mahlzeiten da und sahen mir und Mr. King so lange beim Essen zu, bis wir uns so zu schämen anfingen, daß wir die ganze Gesellschaft fütterten. Die Nacht war wolkenlos; während wir in unseren Betten lagen, ergötzten wir uns an dem Anblick der Menge Sterne (und dies ist ein großer Genuß), welche die Dunkelheit des Waldes erhellten.

23. Januar. – Wir standen zeitig am Morgen auf und erreichten die hübsche ruhige Stadt Castro um zwei Uhr. Der alte Gouverneur war seit unserem letzten Besuch gestorben, und ein Chilene vertrat seine Stelle. Wir hatten einen Empfehlungsbrief an Don Pedro, welchen wir äußerst gastfreundlich und liebenswürdig und weniger neugierig fanden, als es auf dieser Seite des Kontinents gewöhnlich der Fall zu sein pflegt. Am nächsten Tage besorgte uns Don Pedro frische Pferde und erbot sich selbst, uns zu begleiten. Wir gingen nach Süden, meist der Küste folgend und dabei durch mehrere kleine Weiler kommend, jeder mit seiner großen, scheunenartigen, aus Holz gebildeten Kapelle. In Vilipilli bat Don Pedro den dortigen Kommandanten, uns einen Führer nach Cucao zu geben. Der alte Herr erbot sich selbst mitzukommen; lange Zeit aber wollte er sich nicht überreden lassen, daß zwei Engländer wirklich nach einem so ganz abgelegenen Orte wie Cucao gehen wollten. Auf diese Weise wurden wir von den beiden größten Aristokraten des Landes begleitet, wie sich deutlich in der Art und Weise des Benehmens aller ärmeren Indianer gegen sie zeigte. Bei Chonchi wendeten wir uns quer über die Insel; wir folgten dabei verwickelten gewundenen Pfaden, kamen zuweilen durch prachtvolle Wälder, zuweilen durch hübsche urbar gemachte Stellen mit reichen Korn- und Kartoffelernten. Bei Vilinco, welches an den Ufern des Sees von Cucao liegt, waren nur ein paar Felder urbar gemacht; alle Einwohner schienen Indianer zu sein. Es ist dieser See zwölf Meilen lang und erstreckt sich in einer west-östlichen Richtung.

Die Straße nach Cucao war so schlecht, daß wir uns entschlossen, uns in einer »Periagua« einzuschiffen. Der Kommandant befahl in der allergebieterischsten Art sechs Indianern, sich fertig zu machen, uns nach Cucao zu rudern, ohne sie auch nur eines Wortes darüber zu würdigen, ob sie bezahlt werden würden oder nicht. Die Periagua ist ein merkwürdiges rohes Boot, aber die Bemannung war noch merkwürdiger: Ich zweifle, ob je sechs noch häßlichere kleine Menschen in einem Boote zusammengesessen haben. Sie ruderten indessen sehr gut und gemütlich. Der Vormann schwatzte indianisch und stieß fremdartige Schreie aus, bald so wie ein Schweinehirt, wenn er seinen Schweinen zuruft. Wir hatten bei der Abfahrt eine leichte Brise gegen uns, erreichten aber die Capella de Cucao noch ziemlich zeitig. Das Land zu beiden Seiten des Sees war ein ununterbrochener Wald. In derselben Periagua mit uns wurde noch eine Kuh eingeschifft. Ein so großes Tier in ein kleines Boot zu bringen, scheint auf den ersten Blick schwierig zu sein; doch brachten es die Indianer in einer Minute fertig. Sie brachten die Kuh an die Seite des Bootes, welches ihr entgegen auf die Seite geneigt wurde; dann brachten sie zwei Ruder unter ihren Bauch und ließen deren Enden auf dem Rande des Bootes ruhen; mit Hilfe dieser Hebel wurde nun das arme Vieh kopfüber in das Boot geworfen und dann mit Stricken festgebunden. In Cucao fanden wir eine unbewohnte Hütte (welche die Wohnung des Padre ist, wenn er dieser Capella einen Besuch macht), wo wir ein Feuer anzündeten, unser Abendbrot kochten und uns sehr komfortabel fühlten.

Die Gegend von Cucao ist der einzig bewohnte Teil an der ganzen Westküste von Chiloé. Es wohnen ungefähr dreißig oder vierzig Indianer-Familien in ihm, welche über einen Raum von vier oder fünf Meilen der Küste entlang verstreut sind. Sie sind von dem übrigen Chiloé sehr abgeschieden und haben kaum irgendwelche Art von Handel, ausgenommen zuweilen mit ein wenig Öl, welches sie aus Robbentran gewinnen. Sie sind hinreichend mit Stoffen eigener Manufaktur bekleidet und haben vollauf zu essen. Sie schienen indessen unzufrieden, dabei aber doch in einem für den Beschauer geradezu peinlichen Grade demütig zu sein. Diese Empfindungen sind, wie ich glaube, hauptsächlich der rauhen und gebieterischen Art und Weise zuzuschreiben, mit welcher sie von ihren Herrschern behandelt werden. Obgleich unsere Begleiter gegen uns so äußerst höflich waren, benahmen sie sich doch gegen die Indianer eher so, als wären diese Sklaven statt freie Männer. Sie befahlen ihnen, Nahrung heranzuschaffen und den

Gebrauch ihrer Pferde zu gestatten, ohne sich je herabzulassen, ein Wort über den Preis oder überhaupt darüber zu sagen, ob die Einwohner bezahlt werden würden oder nicht. Da wir am Morgen mit diesen armen Leuten allein gelassen wurden, machten wir uns bald durch Geschenke von Zigarren und Maté beliebt. Ein Stück weißen Zuckers wurde unter alle Anwesenden verteilt und mit der größten Neugierde gekostet. Alle ihre Klagen schlossen die Indianer mit der Rede: »Und es ist nur, weil wir arme Indianer sind und nichts wissen; es war aber nicht so, als wir einen König hatten.«

26. Januar. – Wir stiegen wieder in die Periagua, kehrten quer über den See zurück und bestiegen dann unsere Pferde. Ganz Chiloé nutzte diese Woche ungewöhnlich schönen Wetters, um den Boden durch Feuer urbar zu machen. Nach allen Richtungen hin sah man Massen von Rauch sich kräuselnd nach oben erheben. Obschon die Bewohner so eifrig waren, jeden Teil des Waldes anzuzünden, habe ich doch nicht ein einziges größeres Feuer gesehen. Wir aßen mit unserem Freunde, dem Kommandanten, zu Mittag und erreichten Castro erst nach Dunkelwerden. Am nächsten Morgen brachen wir sehr zeitig auf. Nachdem wir eine Zeitlang geritten waren, bekamen wir von dem Gipfel eines steilen Berges eine weit ausgedehnte Aussicht auf den großen Wald (und dergleichen ist auf dieser Straße eine Seltenheit). Oberhalb des von Bäumen gebildeten Horizontes traten der Corcovado und der große flachgipfelige Vulkan nördlich davon in stolzer Größe hervor. Ich denke, ich werde diesen Abschiedsblick auf die prachtvolle Cordillera Chiloé gegenüber sobald nicht vergessen. Nachts biwakierten wir unter einem wolkenlosen Himmel und erreichten am nächsten Morgen S. Carlos. Wir kamen zur rechten Zeit an, denn vor Abend noch trat heftiger Regen ein.

4. Februar. – Wir segelten von Chiloé ab. Ich glaube, wir waren alle froh, Chiloé Lebewohl zu sagen; und doch könnte, wenn man den trüben und unaufhörlichen Regen bringenden Winter vergessen könnte, Chiloé für eine rei-

zende Insel gelten. Auch in der Einfachheit und demütigen Höflichkeit der armen Bewohner liegt etwas sehr Anziehendes.

Wir steuerten der Küste entlang nach Norden, erreichten aber infolge nebligen Wetters Valdivia nicht vor der Nacht zum 8. Am nächsten Morgen ging das Boot zur Stadt weiter, welche zehn Meilen entfernt ist. Wir folgten dem Lauf des Flusses, kamen gelegentlich bei ein paar Hütten und bei einigen gerodeten Stellen in dem sonst ununterbrochenen Walde vorbei. Die Stadt liegt an den niedrigen Ufern des Flusses und ist so vollständig in einem Wald von Obstbäumen begraben, daß die Straßen nur Gänge in einem Obstgarten sind. Ich habe nirgends ein Land gesehen, wo Apfelbäume so gut zu gedeihen schienen als in diesem feuchten Teil von Süd-Amerika.

11. Februar. – Ich brach mit meinem Führer zu einem kurzen Ritt auf, wobei ich allerdings nur wenig sah, sowohl von der Geologie des Landes als von seinen Bewohnern. In der Nähe von Valdivia findet sich nur wenig gerodetes Land; nachdem wir in der Entfernung von wenigen Meilen über einen Fluß gesetzt hatten, betraten wir den Wald und kamen dann, ehe wir den Platz für unsere Nachtruhe erreichten, nur bei einer elenden Hütte vorbei. Die immergrünen Bäume scheinen nicht zahlreich zu sein; infolgedessen hat der Wald eine hellere Färbung. Wie in Chiloé sind die unteren Teile durch Rohr miteinander verflochten: auch wächst hier eine andere Art in Gruppen (dem Bambus von Brasilien ähnlich und ungefähr zwanzig Fuß hoch) und verziert die Ufer einiger Flüsse in einer sehr hübschen Art. Aus dieser Art machen sich die Indianer ihre Chuzos, die langen, spitz zulaufenden Speere. Das Haus, wo wir schlafen sollten, war so schmutzig, daß ich vorzog, draußen zu schlafen: Auf diesen Reisen ist die erste Nacht meist sehr ungemütlich, weil man an das Kitzeln und Stechen der Flöhe noch nicht gewöhnt ist. Am Morgen war sicherlich nicht ein Fleck an meinen Beinen, der nicht sein kleines rotes Zeichen, wo der Floh sich eine Güte getan hatte, getragen hätte.

12. Februar. – Wir ritten fortwährend durch den nicht ausgeholzten Wald und begegneten nur gelegentlich einem Indianer zu Pferde oder einem Trupp schöner Maultiere, welche Getreide von den südlichen Ebenen herüberbrachten. Am Nachmittag fing eins der Pferde zu lahmen an; wir befanden uns auf dem Gipfel eines Berges, welcher eine schöne Aussicht auf die Llanos darbot. Die Llanos sind die fruchtbarsten und am dichtesten bevölkerten Teile des Landes, da sie beinahe ganz frei von Bäumen sind. Ehe wir den Wald verließen, kamen wir über ein paar kleine, ebene Lichtungen, um welche herum, wie in einem englischen Park, einzelne Bäume standen: In bewaldeten wellenförmigen Bezirken habe ich oft mit Überraschung bemerkt, daß die völlig ebenen Teile ganz der Bäume entbehren. Wegen des ermüdeten Pferdes entschloß ich mich, in dem Missionshaus von Cudico zu bleiben, an dessen geistlichen Herrn ich einen Empfehlungsbrief hatte. Cudico ist ein zwischen dem Wald und den Llanos liegender Bezirk. Es finden sich ziemlich viele Bauernhäuser hier mit Strecken von Getreide und Kartoffeln, welche beinahe alle Indianern gehören. Die von Valdivia abhängigen Stämme sind »reducidos y cristianos«. Die Indianer weiter nördlich, in der Umgegend von Arauco und Imperial, sind noch immer sehr wild und nicht bekehrt; sie haben aber sämtlich viel Verkehr mit den Spaniern. Der Padre sagte, daß die christlichen Indianer nicht sehr gern zur Messe kämen, daß sie aber sonst Respekt vor der Religion zeigten. Die größte Schwierigkeit besteht darin, sie die Zeremonien der Heirat beobachten zu lassen. Die wilden Indianer nehmen so viele Frauen, wie sie erhalten können, und ein Kazike hat zuweilen mehr als zehn: Beim Betreten seines Hauses kann man die Zahl der Frauen an der Zahl der Feuer erkennen. Jede Frau lebt der Reihe nach eine Woche mit dem Kaziken; aber alle werden damit beschäftigt, Ponchos usw. für ihn zu weben. Die Frau eines Kaziken zu sein, ist eine von den Indianerfrauen sehr erstrebte Ehre.

Die Männer aller dieser Stämme tragen einen groben wollenen Poncho: Die südlich von Valdivia tragen kurze

Kazikenfrauen

Hosen, die nördlich davon einen Rock, ähnlich der Chilipa des Gauchos. Alle haben ihr langes Haar von einem scharlachnen Stirnband zusammengehalten, tragen aber keine andere Bedeckung auf ihrem Kopfe. Es haben diese Indianer eine ziemliche Größe; ihre Wangenknochen springen vor, und in der allgemeinen Erscheinung gleichen sie der großen amerikanischen Familie, zu welcher sie gehören; ihre Physiognomie schien mir aber von der aller anderen Stämme, die ich vorher gesehen hatte, unbedeutend verschieden zu sein. Ihr Ausdruck ist meist feierlich und selbst streng und zeigt viel Charakter; dies kann man für den Ausdruck einer ehrlichen Derbheit oder einer wütenden Entschlossenheit halten. Das lange schwarze Haar, das feierliche, viele Falten darbietende Gesicht und der dunkle Teint riefen mir alte Porträts von Jakob I. in Erinnerung. Unterwegs begegneten wir niemandem, der jene bescheidene Höflichkeit gezeigt hätte, wie sie in Chiloé so allgemein ist. Manche gaben ihr »mari-mari« (guten Morgen) mit Bereitwilligkeit, die größere Zahl schien aber nicht geneigt zu sein, irgendwelchen Gruß zu entbieten. Diese Unabhängigkeit der Manieren ist wahrscheinlich eine Folge ihrer langen Kriege und der wiederholten Siege, welche sie, und sie allein von allen Stämmen in Amerika, über die Spanier errungen haben.

Ich verlebte den Abend sehr angenehm in Gesprächen mit dem Padre. Er war äußerst liebenswürdig und gastfreundlich. Da er ein Mann war, der ein wenig Erziehung genossen hatte, beklagte er sich bitter über den gänzlichen Mangel an Gesellschaft. Am folgenden Tage begegneten wir auf unserer Rückreise sieben sehr wild aussehenden Indianern, von denen einige Kaziken waren, die soeben von der Chilener Regierung ihren geringen jährlichen Lohn dafür, daß sie lange treu geblieben waren, erhalten hatten. Es waren schön aussehende Männer; sie ritten einer hinter dem andern mit äußerst düsterem Ausdruck. Ein alter Kazike, der sie anführte, war, wie ich vermute, in noch übertriebenerem Maße als die übrigen betrunken gewesen, denn er sah ebensowohl äußerst ernst und feierlich, als sehr sauer und grämlich aus. Kurz vor dieser Begegnung gesellten sich zwei Indianer zu uns, welche von einer entfernten Mission aus wegen eines Prozesses nach Valdivia reisten. Ich bot beiden häufig Zigarren an; und obschon sie bereit waren, sie, ich darf wohl sagen, dankbar anzunehmen, so ließen sie sich doch kaum herab, mir zu danken. Ein Chilotaner Indianer würde seinen Hut abgenommen und sein »Dios le pague!« gesagt haben. Das Reisen war sehr langweilig, sowohl wegen der schlechten Beschaffenheit der Straße als auch wegen der Zahl großer umgestürzter Bäume, über die man notwendigerweise springen mußte oder wegen deren man, um sie zu vermeiden, lange Umwege machen mußte. Wir schliefen auf der Straße und erreichten am nächsten Morgen Valdivia, von wo ich an Bord ging.

20. Februar. – Dieser Tag ist in den Annalen Valdivias denkwürdig geworden wegen des heftigsten Erdbebens, das selbst die ältesten Bewohner erlebt haben. Ich war zufällig

an Land und hatte mich im Walde hingestreckt, um mich auszuruhen. Es trat plötzlich ein und dauerte zwei Minuten; die Zeit schien aber viel länger zu sein. Das Erschüttern des Bodens war sehr merkbar. Die Erzitterungswellen schienen meinem Begleiter wie mir selbst rein aus Osten zu kommen, während andere der Meinung waren, sie kämen von Süd-Westen her: Dies zeigt, wie schwierig es zuweilen ist, die Richtung der Schwingungen wahrzunehmen. Man hatte keine Schwierigkeit, aufrecht zu stehen, die Bewegung machte mich aber beinahe schwindlig: Sie war der Bewegung eines Fahrzeuges in kleinen, sich kreuzenden Wellen ähnlich oder noch mehr dem Gefühl, welches man beim Schlittschuhlaufen über sehr dünnes Eis hat, wenn sich das Eis unter den Füßen biegt.

Ein schlimmes Erdbeben zerstört auf einmal unsere ältesten Vorstellungen: Die Erde, das wahre Sinnbild der Festigkeit, hat sich unter unseren Füßen wie ein dünne Kruste auf einer Flüssigkeit bewegt – eine einzige Sekunde hat im Geiste ein fremdartiges Gefühl der Unsicherheit hervorgerufen, welches Stunden von Nachdenken nicht erzeugt haben würden. Wie im Wald, wo ich war, eine Brise die Bäume bewegte, so fühlte ich nur die Erde zittern und sah keine andere Wirkung. Kapitän Fitzroy und einige Offiziere waren während des Erdstoßes in der Stadt, und dort war die Szene noch auffallender; denn obschon die Häuser, da sie aus Holz gebaut sind, nicht umfielen, so wurden sie doch heftig erschüttert, und die Balken knarrten und rasselten. Die Leute stürzten in der größten Unruhe aus den Häusern heraus. Diese begleitenden Umstände sind es, welche jenes vollständige Entsetzen hervorrufen, welches alle, die in dieser Weise die Wirkungen der Erdbeben gesehen und gefühlt haben, an sich erfahren haben. Innerhalb des Waldes war es eine in hohem Grade interessante, aber durchaus keine schaudererregende Erscheinung. Im Laufe des Abends fanden noch viele schwächere Stöße statt, welche im Hafen die allerkompliziertesten Strömungen, einige von bedeutender Stärke, hervorzubringen schienen.

4. März. – Wir fuhren in den Hafen von Concepción ein. Während das Schiff nach dem Ankerplatz hin lavierte, landete ich auf der Insel Quiriquina. Der Majordomus kam schleunig zu mir herabgeritten, um mir die schreckliche Nachricht des großen Erdbebens vom 20. mitzuteilen: Nicht ein Haus in Concepción oder Talcahuano (dem Hafenort) stehe mehr; siebzig Dörfer seien zerstört, und eine große Welle habe die Ruinen von Talcahuano beinahe ganz fortgewaschen. Für diese letztere Angabe sah ich bald hinreichende Beweise: Die ganze Küste war mit Bauholz und Hausgerät überstreut, als ob tausend Schiffe gestrandet wären. Außer Stühlen, Tischen, Bücherregalen usw. in großer Anzahl lagen auch mehrere Dächer von kleinen Häusern da, welche beinahe ganz fortgetragen worden waren. Die Lagerhäuser von Talcahuano waren geborsten, und große Säcke mit Baumwolle, Yerba und anderen wertvollen Waren waren über das Ufer verstreut. Während meines Gangs rund um die Insel nahm ich wahr, daß zahlreiche Felsbruchstücke hoch auf den Strand hinaufgeschleudert worden waren, welche noch vor kurzem in tiefem Wasser gelegen haben mußten; eins derselben war sechs Fuß lang, drei Fuß breit und zwei Fuß dick.

Die Insel zeigte die überwältigende Macht des Erdbebens ebenso deutlich, als der Strand die Wirkung der dem Erdbeben folgenden großen Welle erkennen ließ. Der Boden war an vielen Stellen in nördliche und südliche Linien gespalten. Einige von den Spalten in der Nähe der Uferklippen waren ein Yard breit. Viele ungeheure Massen waren bereits auf den Strand hinabgefallen; und die Bewohner waren der Meinung, daß, wenn die Regenzeit einträte, noch viele größere Erdspalten aufreißen würden. Die Wirkung der Schwingung auf den harten Urschiefer, welcher die Grundmasse der Insel bildet, war noch merkwürdiger; die oberflächlich gelegenen Teile von ein paar schmalen Höhenrücken waren so vollständig zersplittert, als wenn sie mit Schießpulver gesprengt worden wären.

Am nächsten Tag landete ich in Talcahuano und ritt dann später nach Concepción. Beide Städte boten das schauervollste, aber doch interessanteste Schauspiel dar, das ich je gesehen habe. Für jemand, welcher sie früher gekannt hat, dürfte möglicherweise der Eindruck noch mächtiger gewesen sein: Denn die Ruinen waren so durcheinandergemengt, und die ganze Szene besaß so wenig das Ansehen eines bewohnbaren Ortes, daß es kaum möglich war, sich den früheren Zustand vorzustellen. Das Erdbeben begann vormittags halb zwölf Uhr. Wäre es mitten in der Nacht eingetreten, so hätte die größere Zahl der Einwohner (die sich in dieser einen Provinz auf viele Tausende beläuft) umkommen müssen, während so nur weniger als hundert umgekommen sind: Wie es nun war, so hat die ausnahmslos befolgte Gewohnheit, beim ersten Erzittern des Bodens aus dem Hause ins Freie zu laufen, sie ganz allein gerettet. In Concepción stand jedes Haus oder jede Reihe Häuser für sich, ein Haufen oder eine Reihe von Ruinen; in Talcahuano aber konnte infolge der großen Welle wenig mehr als eine einzige große Schicht Ziegelsteine, Dachsteine und Bauholz, hier und da mit einem Stück einer stehengelassenen Wand, unterschieden werden. Dadurch bot Concepción, obgleich es nicht so vollständig verwüstet war, doch einen fürchterlicheren und, wenn ich so sagen darf, malerischen Anblick dar. Der Stoß war ein sehr plötzlicher. Der Majordomus in Quiriquina erzählte mir, daß die erste Notiz, die er vom Erdbeben empfangen habe, darin bestand, daß er sowohl als das Pferd, welches er ritt, sich auf einmal am Boden gewälzt hätten. Er sei aufgestanden und wieder niedergeworfen worden. Auch sagte er mir, daß ein paar Kühe, welche auf der steilen Küste der Insel gestanden hätten, in das Meer hinabgerollt wären. Die große Welle verursachte den Tod vieler Rinder; auf einer niedrigen Insel, in der Nähe des oberen Endes des Meerbusens, wurden siebzig Tiere fortgerissen und ertränkt. Allgemein wird angenommen, daß dies das schlimmste Erdbeben gewesen ist von allen, über die man in Chile nur jemals Nachricht erhalten hat; da aber die sehr heftigen nur nach langen Zwischenzeiten eintreten, so läßt sich dies nicht so leicht wissen. Auch würde faktisch ein

Concepción nach dem Erdbeben

noch viel schlimmerer Stoß keinen großen Unterschied gemacht haben, denn die Zerstörung war jetzt schon vollständig. Unzählige kleine Erzitterungen folgten dem großen Erdbeben; innerhalb der ersten zwölf Tage wurden nicht weniger als dreihundert gezählt.

Nachdem ich Concepción gesehen habe, kann ich nicht verstehen, wie die größere Zahl der Bewohner hat entkommen können. An vielen Stellen fielen die Häuser nach außen und bildeten dadurch auf der Mitte der Straße kleine Berge von Bausteinen und Schutt. Mr. Rouse, der englische Konsul, erzählte uns, daß er gerade beim Frühstück gesessen habe, als ihn das erste Zittern gewarnt habe und er hinausgelaufen sei. Er hatte kaum die Mitte des Hofes erreicht, als die eine Seite des Hauses donnernd herabgestürzt kam. Er behielt Geistesgegenwart genug, um sich zu erinnern, daß er sicher sein würde, wenn er auf die Höhe des einmal eingestürzten Haufens käme. Da er wegen der Bewegung des Bodens nicht imstande war, zu stehen, kroch er auf Händen und Füßen hinauf; kaum hatte er diese kleine Erhöhung erreicht, als die andere Seite des Hauses einstürzte, wobei die großen Balken dicht vor seinem Kopfe hinabflogen. Mit geblendeten Augen und mit ganz von Staub, der in dichten Wolken den Himmel verdunkelte, erfülltem Munde erreichte er endlich die Straße. Da Erdstoß auf Erdstoß in Zwischenräumen von wenigen Minuten folgte, wagte niemand, sich den zerfallenen Ruinen zu nähern; auch wußte niemand, ob seine teuersten Freunde und Verwandten nicht aus Mangel an Hilfe umkämen. Die, welche irgendwelche Besitztümer gerettet hatten, waren genötigt, beständig Wache zu halten; denn überall schlichen Diebe herum, bei jedem kleinen Erzittern des Bodens schlugen sie mit der einen Hand an ihre Brust und schrien »Misericordia« und stahlen mit der anderen von den Ruinen weg, was sie nur bekommen konnten. Die Strohdächer fielen auf die Feuer, und allerorten brachen Flammen hervor. Hunderte wußten, daß sie ruiniert seien, und wenige hatten Mittel genug, für den Tag sich Nahrung zu verschaffen.

Kurz nach dem Erdstoß sah man eine große Welle aus einer Entfernung von drei oder vier Meilen herankommen. In der Mitte der Bucht hatte sie glatte Umrisse, aber dem Ufer entlang warf sie Häuser und Bäume um, als sie mit unwiderstehlicher Kraft einherrollte. Am oberen Ende der Bucht stürzte sie in einer fürchterlichen Reihe weißer Brandung über, welche zu einer Höhe von 23 Fuß senkrecht über die höchste Springflutgrenze stieg. Ihre Gewalt muß ganz ungeheuer gewesen sein; denn in dem Fort war eine Kanone mit ihrer Lafette, die zu vier Tonnen Gewicht geschätzt wurde, fünfzehn Fuß weiter nach innen geschoben worden. Ein Schoner war in der Mitte der Ruinen, 200 Yards vom Strand, liegengelassen worden. Der ersten Welle folgten zwei andere, welche bei ihrem Zurückfließen eine ungeheure Masse schwimmender schiffbrüchiger Gegenstände mit fortführten. An einer Stelle der Bucht wurde ein Schiff hoch hinauf auf das Trockene geworfen, wieder flott gemacht, noch einmal an das Land geworfen und wiederum weggeführt. An einer anderen Stelle wurden zwei große, nahe beieinander vor Anker liegende Fahrzeuge umeinander herumgewirbelt: Ihre Ankertaue waren dreimal rund umeinander gewickelt: Trotzdem sie in einer Tiefe von 36 Fuß ankerten, waren sie doch einige Minuten auf dem Grunde gewesen. Die große Welle muß langsam vorgeschritten sein, denn die Bewohner von Talcahuano hatten Zeit, auf die Berge hinter der Stadt zu laufen; einige Matrosen ruderten in das Meer hinaus, sich mit Erfolg darauf verlassend, daß ihr Boot sicher über die Welle gleiten würde, wenn sie dieselbe erreichen könnten, ehe sie sich brach. Eine alte Frau lief mit einem vier oder fünf Jahre alten Knaben in ein Boot; es fand sich aber niemand, der es ruderte; infolgedessen wurde das Boot gegen einen Anker geschleudert und entzweigeschnitten; die alte Frau ertrank, das Kind wurde aber einige Stunden später, sich an das Wrack anklammernd, gefunden und gerettet. Tümpel von Salzwasser standen noch zwischen den Ruinen der Häuser, und Kinder, die sich aus alten Stühlen oder Tischen Boote machten, erschienen ebenso glücklich, als ihre Eltern elend waren. Es war indessen außerordentlich interessant, zu beobachten, um wie vieles tätiger und heiterer alles erschien, als man hätte erwarten können. Sehr richtig wurde bemerkt, daß, weil die Zerstörung ganz allgemein war, kein einzelnes Individuum sich mehr gedemütigt fühlen konnte als ein anderes oder seine Freunde im Verdacht der Kälte und Gleichgültigkeit, dieses betrübendste Resultat des Verlustes eines Vermögens, haben konnte. Mr. Rouse lebte mit einer großen Gesellschaft, welche er freundlich unter seinen Schutz nahm, die erste Woche in einem Garten unter einigen Apfelbäumen. Anfangs waren sie so heiter, als wären sie auf einem Picknick; aber bald danach brachte heftiger Regen viel Ungemach mit sich, denn sie waren absolut ohne Schutz.

Ich habe es gar nicht versucht, eine irgendwie detaillierte Beschreibung von dem Aussehen von Concepción zu geben; denn ich fühle, es ist vollständig unmöglich, die verschiedenartigen Gefühle, welche mich bewegten, auszudrücken. Mehrere der Offiziere besuchten es noch früher als ich; aber selbst ihre stärksten Ausdrücke konnten doch keine richtige Vorstellung von dieser Szene der Verwüstung geben. Es ist etwas ungemein Bitteres und Demütigendes, Werke, welche den Menschen so viel Zeit und Mühe gekostet haben, in einer Minute einstürzen zu sehen; und doch wurde das Mitgefühl für die Bewohner augenblicklich durch die Überraschung verbannt, einen Zustand der Dinge in einem Zeitmoment hervorgebracht zu sehen, den man gewöhnt war, der Tätigkeit einer Reihe von Jahrhunderten zuzuschreiben. Meiner Meinung nach haben wir, seit wir England verlassen haben, kaum irgendeinen anderen so tief anrührenden Anblick gehabt.

Die merkwürdigste Wirkung dieses Erdbebens war die dauernde Erhebung des Landes; wahrscheinlich würde es viel richtiger sein, hiervon als von der Ursache zu sprechen. Es läßt sich nicht daran zweifeln, daß das Land rings um den Meerbusen von Concepción zwei oder drei Fuß emporgehoben wurde. Auf der Insel Sta. Maria (ungefähr dreißig Meilen entfernt) war die Erhebung größer; an einer Stelle fand Kapitän Fitzroy Massen faulender Miesmuscheln noch an den Felsen haftend, zehn Fuß über dem Hochwasserstand, während vorher die Einwohner bei Springebben nach diesen Muscheln hatten tauchen müssen. Die Erhebung dieser Provinz ist besonders interessant, da sie der Schauplatz mehrerer anderer heftiger Erdbeben gewesen ist und da ungeheure Mengen von Meeresmuscheln sicher bis in eine Höhe von 600 und, wie ich glaube, von 1000 Fuß über das Land verstreut umherliegen. Es ist kaum daran zu zweifeln, daß diese bedeutende Erhebung durch aufeinanderfolgende Steigungen, wie die, welche das diesjährige Erdbeben begleitete, gleicherweise aber auch durch ein unmerkbar langsames Erheben bewirkt worden ist.

Die Insel Juan Fernandez, 360 Meilen nordöstlich, wurde zur Zeit des großen Stoßes am 20. heftig erschüttert, so daß die Bäume gegeneinanderschlugen und ein Vulkan dicht am Ufer unter Wasser zum Ausbruch kam: Diese Tatsachen sind deshalb merkwürdig, weil diese Insel während des Erdbebens von 1751 gleichfalls heftiger als andere Orte in gleicher Enfernung von Concepción betroffen wurde; dies scheint auf irgendeinen unterirdischen Zusammenhang zwischen diesen beiden Punkten hinzuweisen. Chiloé, ungefähr 340 Meilen südlich von Concepción, scheint heftiger erschüttert worden zu sein als der dazwischen liegende Bezirk von Valdivia, wo der Vulkan von Villarica in keiner Weise berührt war, während in der Cordillera gegenüber Chiloé zwei der dortigen Vulkane in dem nämlichen Augenblick in heftige Tätigkeit ausbrachen. Die Eruption dieser beiden und einiger benachbarter Vulkane hielt lange Zeit hindurch an; sie wurden dann zehn Monate später wiederum durch ein Erdbeben in Concepción beeinflußt. Einige Männer, welche nahe am Fuß eines dieser Vulkane Holz schlugen, nahmen den Stoß am 20. gar nicht wahr, obgleich die ganze umgebende Provinz damals erzitterte; wir haben daher hier den Fall, wo eine Eruption ein Erdbeben mildert und an seine Stelle tritt, wie es in Concepción der Fall gewesen sein würde, wenn nicht nach der Meinung der niederen Klassen der Vulkan von Antuco durch Zauberei geschlossen worden wäre. Fast drei Jahre später wurden Valdivia und Chiloé wiederum, und zwar heftiger als am 20., erschüttert, und eine Insel im Chonos-Archipel wurde dauernd mehr als acht Fuß emporgehoben. Es wird noch eine bessere Vorstellung von dem Maß dieser Erscheinungen geben, wenn ich annehme, sie hätten in entsprechenden Entfernungen voneinander in Europa stattgefunden – es würde denn hier das Land von der Nordsee bis zum mittelländischen Meer heftig erschüttert und in demselben Augenblick eine große Strecke der Ostküste von England, ebenso wie einige davor liegende Inseln dauernd erhoben worden sein; eine Reihe von Vulkanen an der Küste von Holland würden in Tätigkeit ausgebrochen sein, und auf dem Meeresgrund in der Nähe der Nordspitze von Irland würde eine Eruption stattgefunden haben; endlich würden die alten Abzugsöffnungen der Auvergne, des Cantal und Mont d'Or eine jede eine dunkle Rauchsäule himmelwärts aufgesandt haben und lange in heftigster Tätigkeit geblieben sein. Fast drei Jahre später würde Frankreich wiederum, von seiner Mitte bis zum Kanal, durch ein Erdbeben und im Mittelmeer eine Insel dauernd erhoben worden sein.

Der Raum, unter welchem hervor am 20. vulkanische Masse ausgeworfen wurde, ist in einer Richtung 720, in einer zweiten, zur ersten rechtwinklig, 400 Meilen lang: Aller Wahrscheinlichkeit nach liegt also hier ein unterirdischer Lava-See ausgebreitet von beinahe der doppelten Ausdehnung des Schwarzen Meeres. Nach der innigen und komplizierten Art, in welcher die hebenden und eruptiven Kräfte während dieser Reihe von Erscheinungen, wie gezeigt wurde, in Zusammenhang stehen, können wir ruhig schließen, daß die Kräfte, welche langsam und in kleinen Rucken Kontinente erheben, und die, welche in aufeinanderfolgenden Perioden vulkanische Massen zu offenen Mündungen auswerfen, identisch sind. Aus vielen Gründen glaube ich, daß die häufigen Erdbeben auf dieser Küstenstrecke eine Folge des Berstens der Schichten, welches notwendig der Spannung des Landes, wenn es gehoben wird, folgt, und ihrer Füllung mit flüssiger Gesteinsmasse sind. Dieses Bersten und Füllen würde, wenn es häufig genug wiederholt würde (und wir wissen, daß Erdbeben wiederholt dieselben Bezirke in gleicher Weise heimsuchen), eine Bergkette erzeugen – und die Insel Sta. Maria, welche dreimal so hoch als das umgebene Land emporgehoben wurde, scheint jetzt diesen Prozeß durchzumachen.

XV. Kapitel

Übergang über die Cordillera

17. März 1835. – Wir blieben drei Tage in Concepción und segelten dann nach Valparaiso. Da der Wind vom Norden wehte, erreichten wir die Mündung des Hafens von Concepción erst, als es dunkel war. Da wir dem Land nahe waren und ein Nebel herabfiel, ließen wir den Anker fallen. Unmittelbar darauf erschien ein großer amerikanischer Walfischfahrer dicht an unserer Seite, und wir hörten den Yankee seinen Leuten zufluchen, ruhig zu sein, während er nach der Brandung hinhorchte. Kapitän Fitzroy rief ihm in einer lauten, klaren Stimme zu, vor Anker zu gehen, wo er sei. Der arme Mann muß geglaubt haben, die Stimme käme vom Ufer, solch eine babylonische Verwirrung von Stimmen war sofort vom Schiff her zu hören. Jedermann schrie laut: »Laßt den Anker gehen, mehr Tau, rafft die Segel.« Es war das Lächerlichste, was ich je gehört habe. Wenn die Besatzung des Schiffs lauter Kapitäne gewesen wären und gar keine Matrosen dabei, es hätte kein größeres Durcheinander von Befehlen geben können. Wir fanden später heraus, daß der Steuermann stotterte; ich glaube, alle anderen versuchten ihm beim Befehlen zu helfen.

Am 11. ankerten wir in Valparaíso, und zwei Tage darauf brach ich auf, um über die Cordillera zu gehen. Ich ging zunächst nach Santiago, wo Mr. Caldcleugh mich sehr freundlich auf alle mögliche Weise bei den kleinen Vorbereitungen, die nötig waren, unterstützte. In diesem Teil von Chile führen zwei Pässe über die Anden nach Mendoza. Der eine, am häufigsten benutzte – nämlich der von Aconcagua oder Uspallata –, liegt etwas nach Norden, der andere, Portillo genannt, ist südlicher und näher, aber höher und gefährlicher.

18. März. – Wir brachen nach dem Portillo-Paß auf. Nachdem wir Santiago verlassen hatten, gingen wir über die weite verbrannte Ebene, auf welcher diese Stadt steht,

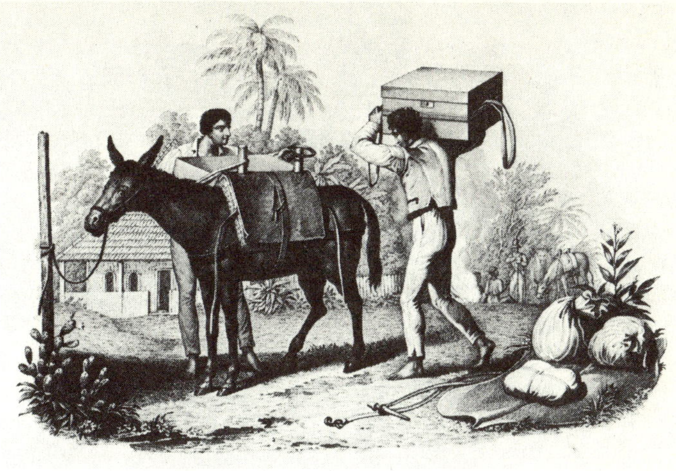

Das Beladen der Maultiere zur Reise

und kamen am Nachmittag am Maypu an, einem der Hauptflüsse von Chile. Das Tal wird an dem Punkt, wo es in die erste Cordillera hineinführt, auf jeder Seite von hohen, kahlen Bergen begrenzt; und obgleich es nicht breit ist, ist es doch sehr fruchtbar. Zahlreiche Bauernhäuser waren von Weingärten und Obstgärten mit Apfel-, Nektarinen- und Pfirsichbäumen umgeben, alle Zweige fast unter der Last der wundervollen reifen Früchte brechend. Am Abend passierten wir das Zollhaus, wo unser Gepäck untersucht wurde. Die Grenze von Chile ist besser durch die Cordillera bewacht als durch die Wässer des Meeres. Es gibt nur sehr wenig Täler, welche zu den Zentralketten hinführen, und an anderen Stellen sind die Berge für die Lasttiere vollständig unpassierbar. Die Zollbeamten waren sehr höflich, vielleicht wegen des Passes, den der Präsident der Republik mir gegeben hatte; ich kann aber nicht umhin, meine Bewunderung über die natürliche Höflichkeit beinahe jedes Chileners auszudrücken.

Des Nachts schliefen wir in einem Bauernhaus. Unsere Art und Weise zu reisen war wohltuend unabhängig. In den bewohnten Teilen kauften wir etwas Brennholz, mieteten

Weide für die Tiere und biwakierten in einem Winkel desselben Feldes mit ihnen. Wir führten einen eisernen Topf mit uns, kochten und aßen unser Abendessen unter einem wolkenlosen Himmel und kannten keine Sorge. Meine Begleiter waren Mariano Gonzales, welcher mich schon früher in Chile begleitet hatte, und ein Arriero mit seinen zehn Maultieren und einer Madrina. Die Madrina ist eine äußerst wichtige Persönlichkeit: Sie ist eine alte zuverlässige Stute mit einer kleinen Glocke um ihren Hals, und wo sie nur immer hingeht, die Maulesel folgen ihr wie gute Kinder. Jedes Tier trägt auf ebener Straße eine Last von 416 Pfund Gewicht, in einem bergigen Lande 100 Pfund weniger. Von unseren zehn Tieren waren sechs zum Reiten bestimmt und vier zum Lasttragen, und zwar jedes abwechselnd. Wir führten eine ziemliche Menge Nahrungsmittel mit uns für den Fall, daß wir eingeschneit würden, da die Jahreszeit, um den Portillo-Paß zu passieren, im ganzen spät war.

19. März. – Wir ritten heute bis zum letzten und daher höchsten Haus im Tal. Die Zahl der Bewohner wurde sehr gering; wo aber nur Wasser auf das Land gebracht werden konnte, war es sehr fruchtbar.

Die Flüsse, welche in diesen Tälern fließen, sollten vielmehr Bergströme genannt werden. Ihr Fall ist sehr bedeutend, und ihr Wasser ist schlammfarbig. Das Getöse, welches der Maypu machte, als er über die großen abgerundeten Fragmente hinabbrauste, glich dem des Meeres. Mitten in dem Geräusch des fallenden Wassers war der Lärm, welchen die Steine machten, als einer über den andern weggerollt wurde, selbst in der Entfernung deutlich hörbar. Dieses rasselnde Geräusch hört man Tag und Nacht.

In diesem Teil des Tales waren die Berge auf beiden Seiten von 3000 bis 6000 oder 8000 Fuß hoch, mit abgerundeten Umrissen und steilen kahlen Seiten. Die allgemeine Farbe des Steins war trübe purpurn und die Schichtung sehr deutlich. Wir begegneten während des Tages mehreren Rinderherden, welche Männer von den höheren Tälern in der Cordillera herabtrieben. Dies Zeichen des

»Die Flüsse in diesen Tälern sind vielmehr Bergströme«

herannahenden Winters beschleunigte unsere Schritte, und zwar mehr, als es für das Geologisieren bequem war. Das Haus, wo wir schliefen, lag am Fuß eines Berges, auf dessen Gipfel die Minen von S. Pedro de Nolasko waren.

20. – In dem Maße, wie wir das Tal hinaufstiegen, wurde die Vegetation mit Ausnahme einiger weniger hübscher Alpenblumen ausnehmend dürftig, und von Säugetieren, Vögeln oder Insekten war kaum eines zu sehen.

Als die Nacht herankam, erreichten wir eine eigentümliche beckenartige Ebene, genannt das Valle del Yeso. Sie wurde von weniger trockener Weide bedeckt, und wir hatten den angenehmen Blick auf eine Rinderherde mitten in den umgebenden steinigen Wüsten. Das Tal erhält seinen Namen Yeso nach einem großen Lager, ich sollte meinen, von mindestens 2000 Fuß Dicke, von weißem und an einigen Stellen völlig reinem Gips. Wir schliefen mit einer Anzahl Leute zusammen, welche damit beschäftigt waren, Maulesel mit dieser Substanz zu beladen, welche bei der Manufaktur von Wein benutzt wird. Wir brachen zeitig am Morgen (21.) auf und folgten dem Lauf des Flusses, welcher sehr klein geworden war, bis wir an den Fuß des Rükkens kamen, welcher die in den Stillen Ozean fließenden Wasser von denen trennt, die sich in den Atlantischen ergießen. Die Straße, welche bis dahin gut gewesen war und stetig, aber sehr allmählich angestiegen war, verwandelte sich jetzt in einen steilen Zickzackpfad den hohen Rücken hinauf, welcher die Republiken von Chile und Mendoza trennt.

Ungefähr um Mittag begannen wir die langweilige Besteigung des Peuquenes-Rückens und fühlten dabei zum ersten Male etwas Schwierigkeit beim Atmen. Die Maultiere blieben alle fünfzig Yards einmal stehen, und nach einer Ruhe von wenigen Sekunden brachen die armen gutwilligen Tiere von selbst wieder auf. Die Kurzatmigkeit infolge der verdünnten Atmosphäre wird von den Chilenern »Puna« genannt; in bezug auf ihren Ursprung haben sie die allerlächerlichsten Vorstellungen. Manche sagen, alle Wasser hier oben haben Puna, andere sagen: »Wo Schnee ist, da ist Puna«, und dies ist ohne Zweifel richtig. Die einzige Empfindung, die ich hatte, war ein unbedeutendes Gefühl von Enge um den Kopf und die Brust, wie das, welches man empfindet, wenn man ein warmes Zimmer verläßt und schnell in frostiges Wetter geht. Sicher ist, daß die Anstrengung des Gehens äußerst groß war, und das Atemholen wurde tief und mühsam: Man hat mir gesagt, daß in Potosí (ungefähr 13000 Fuß über dem Meeresspiegel) die Fremden nicht unter einem ganzen Jahr die Atmosphäre gänzlich gewöhnt werden.

Als wir in der Nähe des Gipfels waren, wurde der Wind, wie es gewöhnlich der Fall ist, stürmisch und äußerst kalt. Auf jeder Seite des Rückens hatten wir über breite Streifen ewigen Schnees zu gehen, welche jetzt bald mit einer frischen Schicht bedeckt werden sollten. Als wir den Kamm erreichten und rückwärts sahen, bot sich uns ein prachtvoller Anblick dar. Die Atmosphäre war glänzend klar, der Himmel intensiv blau, die tiefen Täler, die wilden zerklüfteten Formen, die Haufen von Ruinen, die sich im Verlauf der Jahrhunderte angesammelt hatten, die hellgefärbten Felsen, die scharf gegen die ruhigen Schneeberge abstanden – alles dies zusammen rief eine Szene hervor, die sich niemand hätte vorstellen können. Weder Pflanzen noch Vögel, mit Ausnahme weniger Kondore, welche um die höheren Zinnen herumschwebten, lenkten meine Aufmerksamkeit von der unbelebten Masse ab. Ich war glücklich, mich allein zu fühlen: Es war, als beobachtete man ein Gewitter oder hörte mit voller Orchesterbegleitung einen Chor aus dem »Messias«.

Nachdem wir die Peuquenes überschritten hatten, stiegen wir in ein bergiges Land unmittelbar zwischen den beiden Hauptgebirgszügen hinab und schlugen dann unser Nachtquartier auf. Wir befanden uns nun in der Republik Mendoza. Die Höhe war wahrscheinlich nicht unter 11000 Fuß, und die Vegetation war äußerst dürftig. Die Wurzel einer kleinen strauchartigen Pflanze diente als Feuerungsmaterial, sie gab aber nur ein elendes Feuer, und der Wind war durchdringend kalt. Da ich von meiner Tagesarbeit tüchtig ermüdet war, machte ich mir mein Bett so schnell ich konnte zurecht und ging schlafen. Ungefähr um Mitternacht bemerkte ich, daß der Himmel plötzlich bewölkt wurde: Ich weckte den Arriero, um zu wissen, ob wirklich Gefahr schlechten Wetters vorhanden wäre; er sagte aber, daß ohne Donner und Blitz keine Gefahr eines heftigen Schneesturmes drohe.

An dem Ort, an dem wir schliefen, kochte das Wasser wegen des verminderten Luftdrucks bei einer niedrigeren Temperatur als in einem weniger hoch gelegenen Lande. Die Kartoffeln waren daher, nachdem sie mehrere Stunden in dem kochenden Wasser geblieben waren, beinahe so hart wie vorher. Der Topf wurde die ganze Nacht hindurch beim Feuer gelassen und den nächsten Morgen wieder zum Kochen gebracht, und doch waren die Kartoffeln noch nicht gar. Ich erfuhr dies, als ich meine beiden Begleiter die Ursache dieses Falles erörtern hörte; sie waren zu dem einfachen Schlusse gekommen, »daß der verdammte Topf (welcher ein neuer war) keine Kartoffeln kochen wollte«.

22. März. – Nachdem wir unser kartoffelloses Frühstück gegessen hatten, gingen wir quer über den dazwischenliegenden Strich Landes zum Fuß der Portillo-Kette. Nun fing ein beschwerliches und langes Steigen an, ähnlich dem die Peuquenes hinauf. Auf beiden Seiten erhoben sich steile kegelförmige Berge von rotem Granit; in den Tälern lagen mehrere breite Felder ewigen Schnees. Diese gefrorenen Massen waren während des Tauens an einigen Stellen in Zinnen oder Säulen verwandelt worden, welche, da sie hoch und dicht beieinander standen, es dem mit Gepäck beladenen Maultier schwer machten, sie zu passieren. Auf einer dieser Säulen von Eis stand ein gefrorenes Pferd, wie auf einem Piedestal mit den Hinterbeinen gerade aufwärts in die Luft. Ich vermute, das Tier muß mit dem Kopf nach unten in ein Loch gefallen sein, als der Schnee noch zusammenhängend war, worauf dann später die umgebenden Teile durch Tauen entfernt wurden.

Der Paß erhält seinen Namen Portillo von einer engen Spalte oder Tür auf dem höchsten Kamm, durch welche die Straße hindurchgeht. Von diesem Punkt aus kann man an einem klaren Tag jene ungeheuren Ebenen sehen, welche sich ununterbrochen bis nach dem Atlantischen Ozean hin erstrecken. Wir stiegen hinab bis zur oberen Vegetationsgrenze und fanden gutes Nachtquartier im Schutze einiger großer Felsfragmente. Da kein Wind war, schliefen wir ganz gemütlich.

23. März. – Das Herniedersteigen auf der östlichen Seite der Cordillera ist viel kürzer und steiler als auf der Seite nach dem Stillen Ozean zu; mit anderen Worten, die Berge erheben sich viel plötzlicher von den Ebenen als von der alpinen Gegend von Chile. Ein horizontales, glänzend weißes Meer von Wolken breitete sich unter unseren Füßen aus und schnitt dadurch den Blick auf die Pampas ab. Wir traten bald in die Wolkenstreifen ein und kamen an diesem Tage nicht wieder aus ihnen heraus. Da wir um Mittag Weide für die Tiere und Gebüsch zu Feuerholz bei Los Arenales fanden, schlugen wir unser Nachtquartier auf. Es war dies in der Nähe der obersten Grenze der Gebüsche, und ich vermute, die Höhe betrug zwischen sieben- und achttausend Fuß.

24. März. – Um Mittag stiegen wir das Tal hinab und erreichten eine Hütte, wo ein Offizier und drei Soldaten postiert waren, um die Pässe zu untersuchen. Einer dieser Leute war ein Vollblut-Pampas-Indianer: Er wurde ziemlich zu demselben Zweck gehalten wie ein Bluthund, um die Spur irgendeiner Person zu verfolgen, welche entweder zu Fuß oder zu Pferd heimlich sich durchschleichen wollte. Vor einigen Jahren versuchte ein Reisender der Entdekkung dadurch zu entgehen, daß er einen langen Umweg über den benachbarten Berg machte. Da aber dieser Indianer zufällig über seine Spur gekommen war, verfolgte er sie den ganzen Tag über trockene und sehr steinige Berge, bis er endlich auf seine in einer Bergschrunde verborgene Beute stieß. Wir hörten hier, daß die silbernen Wolken, welche wir von der glänzenden Gegend oben beobachtet hatten, Ströme von Regen niedergegossen hatten. Von diesem Punkt aus erweiterte sich das Tal allmählich, und die Berge wurden hier bloße, vom Wasser abgewaschene Hügelchen, verglichen mit den Riesen hinter uns: Das Tal breitete sich dann in eine sanft absteigende Ebene aus, die mit niedrigen Bäumen und Gebüsch bedeckt war. Diese Schwelle, obschon sie eng erschien, muß doch nahezu zehn Meilen breit sein, ehe sie in die scheinbar ganz horizontalen Pampas übergeht. Wir kamen bei dem einzigen Haus in

dieser Gegend, der Estanzia von Chaquaio vorüber; und bei Sonnenuntergang machten wir an der ersten gemütlichen Ecke halt und biwakierten dort.

25. März. – Die Straße ging eine Zeitlang gerade nach Osten quer über niederes Moorland; wo sie dann in die trockene Ebene kam, wendete sie sich nach Norden, Mendoza zu. Die Entfernung beträgt zwei sehr lange Tagereisen. Unseren ersten Tagesmarsch nannte man vierzehn Stunden bis nach Estacado, und den zweiten siebzehn Stunden bis nach Luxan in der Nähe von Mendoza. Die ganze Entfernung geht der Weg über eine wüste Ebene mit nicht mehr als zwei oder drei Häusern.

Nach einer langweiligen Reise von zwei Tagen war es eine Erfrischung, in der Entfernung die Reihen von Pappeln und Weiden zu sehen, die um das Dorf und an dem Fluß von Luxan wuchsen. Kurz ehe wir an diesem Orte ankamen, bemerkten wir nach Süden zu eine zerrissene Wolke von einer dunklen, rotbraunen Färbung. Anfangs glaubten wir, daß es Rauch von irgendeinem großen Feuer auf der Ebene sei; aber bald sahen wir, daß es ein Schwarm Heuschrecken war. Sie flogen nach Norden zu, und unterstützt von einer leichten Brise, überholten sie uns mit einer Geschwindigkeit von zehn oder fünfzehn Meilen die Stunde. Die Hauptmasse erfüllte die Luft von einer Höhe von zwanzig Fuß bis zu der – wie es schien – von zwei- oder dreitausend über dem Boden; »und der Klang ihrer Flügel war wie das Geräusch von vielen Wagen und Pferden, die zur Schlacht zogen«; oder, wie ich vielleicht noch eher sagen sollte, wie eine starke Brise, die durch die Takelage eines Schiffs fährt. Der Himmel erschien, durch die Vorläufer des Schwarmes angesehen, wie ein Mezzotintostich. Die Hauptmasse war aber für das Licht undurchgänglich; sie waren indes nicht so dicht beieinander, daß sie nicht einem vorwärts und rückwärts bewegten Stock hätten ausweichen können. Wenn sie sich niederließen, waren sie zahlreicher als die Blätter auf dem Feld, und die Oberfläche wurde rötlich, anstatt grün zu bleiben: Hatte sich der Schwarm einmal niedergelassen, so flogen die Individuen in allen

Richtungen von einer Seite zur andern. Heuschrecken sind keine seltene Plage in diesem Lande: Bereits in diesem Jahr waren mehrere kleinere Schwärme vom Süden hergekommen, wo sie, wie es allem Anschein nach in allen übrigen Teilen der Welt der Fall ist, in den Wüsten sich entwickeln. Die armen Bauern versuchen vergeblich, durch Anzünden von Feuern, durch Schreien und durch Schwenken von Ästen den Angriff abzuschlagen.

Wir setzten über den Luxan, welcher ein Fluß von beträchtlicher Größe ist; doch ist sein Lauf nach der Meeresküste zu unvollständig bekannt: Es ist selbst zweifelhaft, ob er bei seinem Lauf über die Ebenen nicht verdampft oder verloren wird. Wir schliefen in dem Dorf Luxan, welches ein kleiner, von Gärten umgebener Ort und der südlichste kultivierte Distrikt in der Provinz Mendoza ist. Er ist fünf Stunden südlich von der Hauptstadt entfernt. In der Nacht hatte ich einen Anfall (denn es verdient kaum einen geringeren Namen) der großen schwarzen Wanze der Pampas. Es ist äußerst widerwärtig, weiche flügellose, ungefähr einen Zoll lange Insekten über seinen Körper kriechen zu fühlen. Ehe sie zu saugen beginnen, sind sie ganz dünn. Später werden sie aber rund und vom Blut aufgedunsen, und in diesem Zustand werden sie leicht zerdrückt. Eine solche Wanze, welche ich in Iquique fand (denn sie werden auch in Chile und in Peru gefunden), war äußerst leer. Wurde sie auf den Tisch gestellt, so streckte, obwohl Leute ringsherum waren, wenn ihm ein Finger dargeboten wurde, das kühne Insekt sofort seinen Rüssel hervor, machte einen Angriff und saugte, wenn es gestattet wurde, Blut. Die Wunde verursacht keinen Schmerz. Es war merkwürdig, den Körper des Insekts während des Saugens zu beobachten, da er sich in weniger als zehn Minuten von einer flachen Form wie eine Oblate zu einer förmlichen Kugel verwandelte. Diese eine Mahlzeit, für welche die Wanze einem unserer Offiziere Dank schuldig war, hielt sie ganze vier Monate fett.

27. März. – Wir ritten weiter nach Mendoza. Das Land war ähnlich wie in Chile. Diese Gegend hier ist wegen ihrer

Früchte berühmt, und sicher konnte man nichts sehen, was in einem besseren Zustand des Gedeihens wäre, als die Weinberge und die Obstgärten mit Feigen, Pfirsichen und Oliven. Wir kauften Wassermelonen beinahe zweimal so groß wie ein Mannskopf, äußerst kühl und aromatisch, das Stück für einen halben Penny, und für den Wert von drei Pence einen halben Schubkarren voll Pfirsiche.

Wir blieben den folgenden Tag in Mendoza. Die Wohlhabenheit des Ortes hat in den letzten Jahren sehr abgenommen. Die Bewohner sagen: »Es läßt sich hier sehr gut leben, aber sehr schlecht reich werden.« Die niedrigen Klassen haben die sorglose, faule Manier der Gauchos der Pampas; auch sind ihr Anzug, ihr Reitzeug und ihre Lebensweise nahezu dieselben. Auf mich machte die Stadt einen stupiden, verlassenen Eindruck. Weder die berühmte Alameda noch die Szenerie läßt sich mit der von Santiago vergleichen; aber für die, welche von Buenos Aires kommen und die abwechslungslosen Pampas überschritten haben, müssen die Blumen und Obstgärten entzückend erscheinen.

29. März. – Wir brachen zu unserer Rückkehr nach Chile auf, und zwar über den Uspallata-Paß, nördlich von Mendoza. Wir hatten über eine lange und äußerst sterile Traversia von fünfzehn Stunden zu reiten. Der Boden war stellenweise absolut kahl, an anderen Stellen von zahllosen zwergartigen, mit furchtbaren Stacheln bewaffneten Kakteen bedeckt, welche die Einwohner »kleine Löwen« nannten. Auch einige wenige niedrige Büsche finden sich. Obschon die Ebene nahezu dreitausend Fuß über dem Meere liegt, war die Sonne doch sehr mächtig; und die Hitze, ebenso wie die Wolken unfühlbaren feinen Staubes machten die Reise äußerst ermüdend. Unser Weg ging den Tag über nahezu der Cordillera parallel, näherte sich ihr aber allmählich. Vor Sonnenuntergang traten wir in eines der weiten Täler ein, welche sich nach der Ebene hin öffnen: Dieses verengte sich bald in eine Schlucht, in welcher etwas weiter hinauf das Haus der Villa Vicencio lag. Da wir den ganzen Tag lang, ohne einen Tropfen Wasser zu haben,

Villa Vicencio

geritten waren, waren sowohl unsere Maultiere als wir selbst sehr durstig, und wir sahen uns ängstlich nach dem Fluß um, welcher dieses Tal hinabfließt. Es war merkwürdig zu beobachten, wie allmählich das Wasser zum Vorschein kam: Auf der Ebene war das Flußbett ganz trocken; gradweise wurde es etwas feuchter; dann erschienen kleine Pfützen mit Wasser; diese verbanden sich dann untereinander; und an der Villa Vicencio fand sich ein netter kleiner Bach.

30. März. – Die einsame Hütte, welche den imponierenden Namen der Villa Vicencio trägt, ist von jedem Reisenden, der die Anden überschritten hat, erwähnt worden. Ich blieb die nächstfolgenden zwei Tage hier.

1. April. – Wir überschritten die Uspallata-Kette und schliefen die Nacht im Zollhaus – dem einzigen bewohnten Ort auf der Ebene.

Am nächsten Tag gingen wir über die Ebene und folgten dem Lauf desselben großen Bergstroms, welcher bei Luxan vorbeifließt. Am Abend des folgenden Tages erreichten wir den Rio de las Vacas, welcher für den bösesten Strom in der Cordillera zum Übersetzen angesehen wird. Da alle diese Flüsse einen reißenden und kurzen Lauf haben und durch das Schmelzen des Schnees gebildet werden, so macht die Tagesstunde einen beträchtlichen Unterschied in bezug auf ihre Masse. Am Abend ist der Strom schlammig und ganz voll, aber um den Anbruch des Tages wird er klarer und viel weniger stürmisch. Wir fanden, daß dies auch mit dem Rio de las Vacas der Fall war, und setzten am Morgen mit nur geringer Schwierigkeit über.

Im Laufe dieses Tages gingen wir über einige der bösesten Pässe der Cordillera; doch ist ihre Gefahr sehr übertrieben worden. Man hatte mir gesagt, daß, wenn ich etwa versuchte zu Fuß hinüberzugehen, ich schwindlig werden würde und daß kein Platz um abzusteigen vorhanden wäre; ich habe aber keine Stelle gefunden, wo nicht ein jeder hätte rückwärts darübergehen können oder an jeder Seite seines Maultiers noch hätte gehen können. Ich hatte einen der schlechten Pässe, Las Ánimas (die Seelen) genannt, passiert und erfuhr erst einen Tag später, daß dies eine jener fürchterlichen Gefahren sei. Ohne Zweifel finden sich viele Stellen, wo, wenn das Maultier straucheln sollte, der Reiter einen großen Abgrund hinuntergestürzt werden würde, aber dazu war wenig Aussicht vorhanden. Ich glaube wohl, daß im Frühjahr die Laderas oder Straßen sehr schlecht sind; aber nach dem, was ich gesehen habe, glaube ich, daß eine wirkliche Gefahr kaum vorhanden ist. Mit Lastmaultieren liegt der Fall vielleicht verschieden, denn die Lasten springen so weit vor, daß die Tiere, wenn sie gelegentlich gegeneinander oder gegen eine Felsspitze anrennen, ihr Gleichgewicht verlieren und in die Abgründe hinabgestoßen werden. Ich kann auch wohl glauben, daß bei einem Kreuzen der Flüsse die Schwierigkeit zuweilen sehr groß sein mag: In dieser Jahreszeit hatten wir nur geringe Mühe, im Sommer aber müssen sie sehr gefährlich sein. Ich habe nie gehört, daß ein Mensch ertrunken wäre, aber mit beladenen Maultieren passiert es häufig. Der Arriero veranlaßt dich, deinem Maultier die beste Stelle zu zeigen und ihm dann zu überlassen, hinüberzukommen, wie es will: Das Lastmaultier wählt aber, da es nicht geleitet wird, oft eine schlechte Stelle und wird häufig dabei verloren.

4. April. – Vom Rio de las Vacas nach der Puente del Incas, eine halbe Tagesreise. Da es hier Weide für die Maultiere gab, biwakierten wir hier die Nacht.

5. – Wir machten einen langen Tagesritt quer über den zentralen Rücken nach den Ojos del Agua, welche in der Nähe der untersten Casucha auf der Chilener Seite gelegen sind. Diese Casuchas sind kleine runde Türme mit einer Treppe außen, um auf die Diele der Zimmer zu gelangen, welche einige Fuß über dem Boden, wegen der Schneewehen, erhöht ist. Es sind deren acht, und unter der spanischen Regierung wurden sechs während des Winters mit einem ordentlichen Vorrat von Nahrung und Kohle versehen, und jeder Kurier hatte einen Hauptschlüssel. Jetzt dienen sie nur als Keller oder mehr noch als Gefängnisse. Auf einer kleinen Erhöhung stehend, passen sie indes ganz gut zu der umgebenden verlassenen Szenerie. Der Zickzackweg auf dem Cumbre oder der Wasserscheide war sehr steil und langweilig; seine Höhe beträgt 12454 Fuß. Der Wind auf dem Gipfel war außerordentlich kalt, aber es war unmöglich, doch nicht ein paar Minuten stehenzubleiben und wieder und immer wieder die Farbe des Himmels und die prachtvolle Durchsichtigkeit der Atmosphäre zu bewundern. Nach Westen lag ein schönes Chaos von Bergen, durch tiefe Schluchten geteilt. Meist fällt etwas Schnee schon vor dieser Zeit im Jahr, und es ist selbst vorgefallen, daß die Cordillera um diese Zeit schon dauernd verschlossen wurde: Wir waren aber noch äußerst glücklich. Der Himmel war Tag und Nacht wolkenlos mit Ausnahme weniger runder kleiner Massen von Dampf, welche über den höchsten Säulen schwebten. Ich habe oft diese kleinen Inselchen am Himmel gesehen, welche die Lage der Cordillera bezeichneten, wenn die weit entfernten Berge unter dem Horizont verborgen lagen.

6. April. – Am Morgen fanden wir, daß irgendein Dieb eines unserer Maultiere und die Glocke der Madrina gestohlen hatte; wir ritten daher zwei oder drei Meilen das

Tal hinab und blieben dort den ganzen Tag, in der Hoffnung, das Maultier wiederzuerlangen, welches, wie der Arriero glaubte, in irgendeiner Schlucht verborgen sei.

8. – Wir verließen das Tal des Aconcagua, durch welches wir hinabgestiegen waren, und erreichten am Abend ein Bauernhaus in der Nähe der Villa de Sta. Rosa. Die Fruchtbarkeit der Ebene war entzückend: Da der Herbst schon vorgeschritten war, fielen von vielen der Obstbäume die Blätter, und von den Arbeitern waren einige eifrig damit beschäftigt, Feigen und Pfirsiche auf den Dächern ihrer Hütten zu trocknen, während andere die Trauben in den Weinbergen sammelten. Es war eine hübsche Szene; ich vermißte aber jene nachdenkliche Stille, welche den Herbst in England in der Tat zum Abend des Jahres macht. Am 10. erreichten wir Santiago. Meine Expedition kostete mich nur vierundzwanzig Tage, und ich habe nie in einem gleichen Zeitraum mehr genossen. Wenige Tage später kehrte ich nach Valparaíso zurück.

XVI. Kapitel

Nördliches Chile und Peru

27. April. – Ich brach zu einer Tour nach Coquimbo auf und von da durch Guasco nach Copiapó, von wo Kapitän Fitzroy mir freundlich anbot, mich wieder mit der »Beagle« abzuholen. Die Entfernung in einer geraden Linie der Küste entlang nach Norden ist nur 420 Meilen, aber meine Art zu reisen machte den Weg sehr lang. Ich kaufte vier Pferde und zwei Maultiere, von denen die letzteren an abwechselnden Tagen das Gepäck trugen. Die sechs Tiere kosteten zusammen nur so viel wie fünfundzwanzig Pfund Sterling, und in Copiapó verkaufte ich sie wieder für dreiundzwanzig. Wir reisten in derselben unabhängigen Art wie früher, kochten uns unsere Mahlzeiten selbst und schliefen unter freiem Himmel. Als wir nach dem Viño del Mar ritten, hatte ich noch einen Abschiedsblick auf Valparaíso und bewunderte seine malerische Lage. Zu geologischen Zwecken machte ich noch einen Umweg von der Landstraße aus nach dem Fuß der Glocke von Quillota. Wir kamen durch einen an Gold reichen Bezirk bis in die Nähe von Limache, wo wir schliefen. Das Waschen nach Gold gewährt den Lebensunterhalt für die Einwohner zahlreicher, fast jedem kleinen Bache entlang verstreut liegender Hütten; aber wie alle, deren Verdienst unsicher ist, sind sie unordentlich in ihrer Lebensweise und infolgedessen arm.

28. April. – Am Nachmittag kamen wir bei einem Bauernhaus am Fuß des Glockenberges an. Die Bewohner waren Freisassen, was in Chile nicht sehr gebräuchlich ist. Sie erhielten sich von den Produkten eines Gartens und von ein wenig Feld, waren aber sehr arm. Es mangelt hier so an Kapital, daß die Leute genötigt sind, ihr Getreide zu verkaufen, während es noch grün auf dem Felde steht, um das Nötigste für das folgende Jahr zu kaufen. Infolgedessen war Weizen am Ort seiner Produktion teurer als in Valparaíso, wo die Händler leben.

2. Mai. – Die Straße lief beständig der Küste entlang. Die wenigen Bäume und Gebüsche, welche im zentralen Chile gemein sind, nahmen sehr schnell der Zahl nach ab und wurden durch eine hohe Pflanze ersetzt, die in ihrer Erscheinung in etwa einer Yucca glich.

3. Mai. – Von Quilimari nach Conchalee. Das Land wurde immer kahler. In den Tälern fand sich kaum hinreichendes Wasser für eine Bewässerung; und das zwischen ihnen liegende Land war vollständig kahl, so daß nicht einmal Ziegen auf ihm leben konnten. Im Frühjahr sprießt nach den Winterschauern eine dünne Weide rapid in die Höhe, und dann wird das Rindvieh von der Cordillera herabgetrieben, um hier eine kurze Zeit zu grasen.

4. Mai. – Da wir fanden, daß die Küstenstraße kein Interesse irgendwelcher Art darbot, wandten wir uns landeinwärts nach dem Bergbaudistrikt und dem Tal Illapel. Dies Tal ist, wie jedes andere in Chile, eben, breit und sehr fruchtbar: Es wird von beiden Seiten von kahlen felsigen Bergen begrenzt. Oberhalb der dem oberen Bewässerungsteich entsprechenden Linie ist alles braun wie auf der Landstraße, während alles Darunterliegende infolge der Beete von Alfalfa, einer Art Klee, so hellgrün wie Grünspan ist. Wir gingen weiter nach Los Hornos, einem andern Bergbaubezirk, wo der Hauptberg mit Löchern durchbohrt war wie ein großer Ameisenhaufen. Die chilenischen Bergleute sind in ihrer Lebensweise eine eigentümliche Rasse Menschen. Da sie wochenlang in den wüstesten Orten zusammenleben, von wo sie nur an Festtagen nach den Dörfern herabsteigen, gibt es keine Art von Exzessen oder Ausschweifungen, welche sie nicht darböten. Zuweilen gewinnen sie eine beträchtliche Summe und versuchen dann, wie Matrosen mit Prisengeldern, in wie kurzer Zeit sie es wieder verschwenden können. Sie trinken ganz ungeheuerlich, kaufen Massen von Zeugs und kehren nach zwei Tagen ohne einen Pfennig nach ihren elenden Arbeitsstätten zurück, wo sie schwerer als Lasttiere arbeiten. Diese Gedankenlosigkeit ist wie bei den Matrosen offenbar das Resultat einer ähnlichen Lebensweise. Ihre tägliche Nah-

rung wird ihnen verabfolgt, und sie erlangen nicht die Gewohnheit der Sorglichkeit; überdies wird sowohl die Versuchung als das Mittel, ihr nachzugeben, zu derselben Zeit in ihre Hand gelegt.

Der Anzug des chilenischen Bergmanns ist eigentümlich und im ganzen malerisch. Er trägt ein sehr langes Hemd von irgendeinem dunkelfarbigen wollenen Zeug mit einer Lederschürze. Das Ganze wird mit einem hellgefärbten Gurt um die Taille festgehalten. Seine Hosen sind sehr weit, und die kleine Mütze aus scharlachrotem Tuch ist so eng, daß sie dicht auf dem Kopfe schließt. Wir begegneten einem Trupp dieser Bergleute in vollem Anzug, die den Leichnam eines ihrer Genossen zum Begräbnis trugen. Nachdem die eine Partie ungefähr zweihundert Yards so schnell gelaufen war, als sie konnte, wurde sie von vier anderen abgelöst, welche zu Pferde vorausgeeilt waren. In dieser Weise gingen sie, einander durch wildes Geschrei anfeuernd, vorwärts. Die Szene stellte sich alles zusammengenommen als ein äußerst fremdartiges Begräbnis dar.

Wir reisten beständig in Zickzacklinien weiter nach Norden. Das Land war so dünn bevölkert und der Weg so undeutlich, daß wir oft Schwierigkeiten hatten, ihn zu finden. Am 12. hielt ich mich bei einigen Bergwerken auf. Das Erz wurde hier als ganz besonders gut betrachtet, und da es äußerst massig war, so glaubte man, das Bergwerk würde sich für ungefähr dreißig- oder vierzigtausend Dollars (das ist sechs- oder achttausend Pfund Sterling) verkaufen; doch hat es eine der englischen Gesellschaften für eine Unze Goldes (drei Pfund acht Schillinge) gekauft. Das Erz ist ein gelber Kupferkies, von dem man, wie ich bemerkt habe, vor der Ankunft der Engländer meinte, es enthalte nicht ein Körnchen Kupfer. Mit einem nahezu gleichen Verdienst, wie in dem eben angeführten Fall, wurden Haufen von Schlacken, in denen Unmassen kleiner Kügelchen von metallischem Kupfer eingeschlossen waren, gekauft, und doch machte die Gesellschaft mit allen diesen Vorteilen, wie es wohl bekannt ist, möglich, ungeheuere Summen Geldes zu verlieren. Die Torheit der größeren Zahl der

Angestellten und Aktieninhaber grenzte an Blödsinn: – Tausend Pfund per Jahr wurden in einigen Fällen darauf verwandt, die chilenischen Autoritäten festlich zu unterhalten; ganze Bibliotheken schön eingebundener geologischer Werke; Bergleute, die wegen besonderer, nicht in Chile zu findender Metalle hinübergebracht wurden, wie Zinn zum Beispiel; Kontrakte, die Bergleute mit Milch zu versorgen, in Teilen des Landes, wo es keine Kühe gab; Maschinen, wo sie unmöglich angewendet werden konnten – und hundert ähnliche Anordnungen bezeugten die Absurdität und gewähren noch bis auf den heutigen Tag den Eingeborenen großes Amüsement. Und doch läßt sich nicht daran zweifeln, daß dasselbe Kapital, gut in diesen Bergwerken angewendet, einen ungeheueren Gewinn gebracht haben würde: Ein zuverlässiger Geschäftsmann und ein praktischer Bergmann und Erzprüfer wären alles gewesen, was nötig war.

Kapitän Head hat die wunderbare Last beschrieben, welche die »Apires« aus den tiefsten Bergwerken herauftragen. Ich bekenne, ich hielt den Bericht für übertrieben, so daß ich froh war, Gelegenheit zu haben, eine dieser Lasten, welche ich durch Zufall auffand, zu wägen. Es bedurfte beträchtlicher Anstrengung meinerseits, sie, als ich direkt über ihr stand, vom Boden aufzuheben. Die Last wurde noch als untergewichtig angesehen, als sich herausstellte, daß sie hundertsiebenundneunzig Pfund wog. Der Apire hat diese achtzig Yards senkrecht heraufgeschafft, einen Teil des Wegs in einem steilen Gang, aber den größeren Teil auf in Pfosten eingeschnittenen Stufen, welche in einer Zickzacklinie zum Schacht hinaufführen. Den allgemeinen Regeln zufolge ist dem Apire nicht gestattet, zum Atemholen anzuhalten, ausgenommen das Bergwerk ist sechshundert Fuß tief. Das mittlere Gewicht einer Last wird auf etwas mehr als zweihundert Pfund geschätzt, und mir ist versichert worden, daß eine von dreihundert vom tiefsten Bergwerk einmal zum Versuch heraufgebracht worden ist! Damals brachten die Apires die gewöhnliche Last zwölfmal am Tag heraus, also 2400 Pfund aus achtzig

Yards Tiefe, und in den Zwischenzeiten waren sie beschäftigt, das Erz zu brechen und aufzulesen.

Diese Leute sind, Unglücksfälle ausgenommen, gesund und erscheinen heiter. Ihre Körper sind nicht sehr muskulös. Sie essen nur einmal wöchentlich Fleisch und niemals häufiger und auch dann nur das harte, trockene Charqui. Obwohl ich wußte, daß die Arbeit völlig freiwillig war, war es doch empörend, den Zustand zu sehen, in welchem sie die Öffnung des Schachtes erreichten. Ihre Körper vorgebeugt, sich mit den Armen auf die Stufen lehnend, die Beine gekrümmt, die Muskeln zitternd, ihr Gesicht und Brust von Schweiß strömend, die Nasenlöcher erweitert, die Mundwinkel gewaltsam zurückgezogen und das Ausstoßen des Atems äußerst beschwerlich. Jedesmal, wenn sie Atem einziehen, stoßen sie einen unartikulierten Laut, wie »ay ay«, aus, welches in einem, wie aus der Tiefe der Brust heraufsteigenden, aber wie der Ton einer Querpfeife gellen Laute endet. Nachdem sie zu dem Erzhaufen hingewankt waren, entleerten sie den Carpacho, sammelten in zwei oder drei Sekunden ihren Atem wieder, wischten sich den Schweiß von ihrer Stirn und stiegen dem Anschein nach ganz frisch in schnellen Schritten den Schacht hinab. Mir scheint dies ein wunderbares Beispiel von der Menge an Arbeit zu sein, welche auszuhalten die Gewohnheit einen Menschen befähigt.

14. Mai. – Wir kamen nach Coquimbo, wo wir einige Tage blieben. Die Stadt soll sechs- bis achttausend Einwohner haben. Am Morgen des 17. regnete es ein wenig, ungefähr fünf Stunden lang, das erste Mal in diesem Jahr. Die Landleute, welche in der Nähe der Küste, wo die Atmosphäre feuchter ist, Getreide anbauen, werden diesen ersten Schauer benutzen und die Erde umbrechen; nach einem zweiten Schauer werden sie den Samen aussäen, und sollte ein dritter Schauer fallen, werden sie im Frühjahr eine gute Ernte haben. Es war interessant, die Wirkung dieser geringen Menge von Feuchtigkeit zu beobachten. Zwölf Stunden danach sah der Boden so trocken wie immer aus; aber nach zehn Tagen waren die Berge mit grünen

Flecken leicht gefärbt; das Gras war verstreut in haarähnlichen, einen vollen Zoll langen Fasern aufgeschossen. Vor diesem Schauer war jeder Fleck der Oberfläche so kahl wie eine Landstraße.

Am Abend aßen Kapitän Fitzroy und ich selbst bei Mr. Edwards zu Mittag – einem hier lebenden Engländer, der allen, die Coquimbo besucht haben, wegen seiner Gastfreundschaft bekannt ist –, als ein heftiges Erdbeben eintrat. Ich hörte das vorausgehende Brausen, aber wegen des Geschreis der Damen, des Hin- und Herlaufens der Diener und wegen des Umstandes, daß mehrere der Herren nach der Tür zustürzten, konnte ich die Bewegung nicht unterscheiden. Einige der Frauen weinten später vor Schrecken, und einer der Herren sagte, er würde die ganze Nacht nicht imstande sein zu schlafen, oder, wenn er schliefe, würde er nur von einstürzenden Häusern träumen. Der Vater dieser Person hatte vor kurzem in Talcahuano sein ganzes Vermögen verloren, und er selbst war mit knapper Not dem entgangen, von einem herabstürzenden Dach in Valparaíso im Jahr 1822 erschlagen zu werden! Er erwähnte ein merkwürdiges Zusammentreffen, welches damals vorkam: Er spielte Karten, als ein Deutscher, einer von der Gesellschaft, aufstand und sagte, er würde in diesen Ländern niemals in einem Zimmer mit geschlossener Tür sitzen, da er, weil er dies getan habe, in Copiapó beinahe ums Leben gekommen wäre. Er öffnete die Tür, und kaum hatte er dies getan, als er ausrief: »Hier kommt es wieder«, und der berühmte Erdstoß begann. Die ganze Gesellschaft entkam. Die Gefahr bei einem Erdbeben liegt nicht in dem Zeitverlust beim Öffnen der Tür, sondern darin, daß die Tür durch die Bewegung der Wände festgekeilt werden kann.

21. Mai. – Ich brach in Begleitung des Don José Edwards nach dem Silberbergwerk von Arqueros auf und von da nach dem Tal von Coquimbo. Wir kamen durch ein bergiges Land und erreichten mit Einbruch der Nacht die Mr. Edwards gehörigen Bergwerke. Ich genoß meine Nachtruhe aus einem Grunde, welcher in England nicht völlig gewürdigt werden wird, nämlich die Abwesenheit von Flö-

hen! Die Zimmer in Coquimbo wimmeln von ihnen; aber hier in einer Höhe von nur drei- oder viertausend Fuß leben sie nicht: es kann kaum die unbedeutende Abnahme der Temperatur sein, sondern irgendeine andere Ursache muß diese lästigen Insekten an diesem Ort zerstören. Die Bergwerke befinden sich in einem schlechten Zustand, obschon sie früher ungefähr zweitausend Pfund Silber in einem Jahr ergaben. Es ist gesagt worden, daß »jemand mit einem Kupferbergwerk gewinnen wird, mit Silber kann er gewinnen, aber mit Gold wird er sicherlich verlieren«. Dies ist nicht richtig. Alle die großen Vermögen in Chile sind durch die Bergwerke der edleren Metalle gewonnen worden. Vor kurzer Zeit kehrte ein englischer Arzt von Copiapó nach England zurück und brachte die Ergebnisse eines Anteils an einem Silberbergwerk mit, welche sich ungefähr auf 24000 Pfund Sterling beliefen. Ohne Zweifel bietet die sorgfältige Bearbeitung eines Kupferbergwerkes einen sicheren Gewinn, während das andere ein Spiel ist oder vielmehr ein Los in der Lotterie. Die Eigentümer verlieren große Mengen reicher Erze; denn keine Vorsicht kann die Räuberei verhindern. Ich hörte einen Herrn mit einem andern wetten, daß einer seiner Leute ihn vor seinen Augen bestehlen würde. Wenn das Erz aus dem Bergwerk heraufgebracht wird, wird es in Stücke zerbrochen und das unnütze Gestein auf die Seite geworfen. Ein paar Bergleute, welche hiermit beschäftigt waren, hoben, wie durch einen Zufall, zwei Bruchstücke in demselben Augenblicke auf und riefen dann zum Scherz aus: »Wir wollen mal sehen, wer am weitesten rollen kann.« Der Eigentümer, der dabei stand und mit dem einen der Bergleute im Einverständnis war, wettete mit seinem Freunde um eine Zigarre. Der Bergmann merkte sich genau den Punkt unter dem Abfall, wo der Stein lag. Am Abend hob er ihn auf und brachte ihn zu seinem Herrn; es war eine reiche Masse von Silbererz; er setzte dazu: »Dies war der Stein, mit dem Sie durch das Weitrollen eine Zigarre gewonnen haben.«

23. Mai. – Wir stiegen in das fruchtbare Tal von Coquimbo hinab und folgten dessen Lauf, bis wir eine

Hazienda erreichten, welche einem Verwandten von Don José gehörte, wo wir den nächsten Tag blieben. Ich ritt dann eine Tagereise weiter, um mir das anzusehen, was man für versteinerte Muscheln und Bohnen erklärte, die letzteren stellten sich aber als kleine Quarzsteine heraus. Wir kamen durch mehrere kleine Dörfer, das Tal war sehr schön kultiviert und die ganze Szenerie sehr großartig. In allen Teilen des nördlichen Chile tragen die Obstbäume in einer beträchtlichen Höhe in der Nähe der Anden viel reichlicher Frucht als in dem niedriger gelegenen Lande. Die Feigen und Trauben dieses Bezirks sind ihrer Vortrefflichkeit wegen berühmt und werden in großer Ausdehnung angebaut. Am nächsten Tage kehrte ich zur Hazienda und von da zusammen mit Don José nach Coquimbo zurück.

2. Juni. – Wir brachen nach dem Tal Guasco auf und folgten der Küstenstraße, welche im allgemeinen für weniger wüst angesehen wird als die andere. Unser erster Tagesritt war bis zu einem einzelnen Haus, Yerba Buena, wo sich Weide für unsere Pferde fand. Der Regenschauer, von dem ich erwähnt habe, daß er ungefähr vor vierzehn Tagen gefallen sei, reichte nur ungefähr halbwegs bis nach Guasco; wir hatten daher im ersten Teil unserer Reise eine äußerst schwache Färbung von Grün, welche bald vollständig verschwand. Selbst wo sie am lebhaftesten war, war sie kaum hinreichend, um uns an den frischen Rasen und die knospenden Blumen des Frühjahrs in andern Ländern zu erinnern. Wenn man durch diese Wüsten reist, fühlt man sich wie ein in einem düsteren Hof eingeschlossener Gefangener, welcher sich sehnt, irgend etwas Grünes zu sehen und eine feuchte Atmosphäre zu riechen.

3. Juni. – Von Yerba Buena nach Carizal. Im ersten Teil des Tages durchschritten wir eine bergige, felsige Wüste und später eine lange, tiefe, sandige, mit zerbrochenen Seemuscheln bestreute Ebene. Es fand sich sehr wenig Wasser, und dies wenige war salzig: Die ganze Gegend von der Küste bis zur Cordillera ist eine unbewohnte Wüste. In Carizal fanden wir einige wenige Bauernhäuser, etwas Brackwasser und eine Spur von Landwirtschaft; aber wir

konnten nur mit Schwierigkeiten etwas Korn und Stroh für unsere Pferde kaufen.

4. Juni. – Von Carizal nach Sauce. Wir ritten weiter über wüste, von Guanako-Herden bewohnte Ebenen, kamen auch durch das Tal Chañeral, welches, obschon das fruchtbarste zwischen Guasco und Coquimbo, sehr eng ist und so wenig Getreide hervorbringt, daß wir keins für unsere Pferde kaufen konnten. In Sauce trafen wir einen sehr höflichen alten Herrn, der einem Kupferschmelzofen vorstand. Als besondere Gunst erlaubte er mir, zu hohem Preis einen Arm voll schmutziges Stroh zu kaufen, was alles war, was die armen Pferde nach ihrer langen Tagereise zum Abendbrot hatten. Jetzt sind nur wenige Schmelzöfen in irgendeinem Teil von Chile in Gang; man hält es für nutzbringender, wegen der äußersten Seltenheit von Brennholz und weil die chilenische Methode der Aufbereitung so ungeschickt ist, das Erz nach Swansea zu schicken. Am nächsten Tag überschritten wir einige Berge nach Freyrina im Tal von Guasco. Jede Tagereise weiter nördlich wurde die Vegetation dürftiger; selbst die großen leuchterartigen Kakteen waren hier durch eine viel kleinere Spezies vertreten.

Wir blieben zwei Tage in Freyrina. Im Tal von Guasco liegen vier kleine Städte. An der Mündung liegt der Hafen, ein völlig wüster Ort und ohne irgendwelches Wasser in der unmittelbaren Umgebung. Fünf Stunden höher liegt Freyrina, ein lang ausgedehntes Dorf mit verstreut liegenden, anständigen, weiß verputzten Häusern. Wiederum zehn Stunden höher hinauf liegt Ballenar; und oberhalb dieses Guasco alto, ein Gartendorf, welches wegen seiner getrockneten Früchte berühmt ist. An einem klaren Tag ist die Aussicht das Tal hinauf sehr schön; die gerade Öffnung schließt in der weiten Entfernung die schneebedeckte Cordillera; auf beiden Seiten verbinden sich unzählige, sich kreuzende Linien in einem schönen Duft. Der Vordergrund ist wegen der großen Zahl paralleler und stufenförmiger Terrassen eigentümlich; und der eingeschlossene Streifen grünen Tales mit seinem Weidengebüsch sticht auf beiden

Kakteenlandschaft – die Folge der Trockenheit

Seiten gegen die nackten Berge ab. Daß das umgebende Land äußerst dürr war, wird man leicht glauben, wenn man erfährt, daß während der letzten dreizehn Monate kein Regenschauer gefallen war. Die Bewohner hörten mit dem größten Neid von dem Regen in Coquimbo; nach dem Ansehen des Himmels machten sie sich Hoffnung auf ein gleiches glückliches Los, welche vierzehn Tage später auch in Erfüllung ging. Um diese Zeit war ich in Copiapó, und dort sprachen die Leute mit gleichem Neid von der Menge Regen in Guasco. Nach zwei oder drei sehr trockenen Jahren, während welcher ganzen Zeit vielleicht nicht mehr als ein Schauer fällt, folgt meistens ein regnerisches Jahr; und dies tut mehr Schaden als selbst die Trockenheit. Die Flüsse schwellen an und bedecken die schmalen Streifen Bodens, welche allein für die Landwirtschaft passend sind, mit Sand und Steinen. Auch schädigen die Überschwemmungen die Bewässerungsgräben. Vor drei Jahren sind hierdurch große Verwüstungen angerichtet worden.

8. Juni. – Wir ritten weiter nach Ballenar, welches seinen Namen von Ballenagh in Irland herleitet, dem Geburtsort der Familie O'Higgins, welche unter der spanischen Regie-

rung Präsidenten und Generäle in Chile stellte. Nachdem ich einen Tag in Ballenar zugebracht hatte, brach ich am zehnten nach dem oberen Teil des Tales von Copiapó auf. Wir ritten den ganzen Tag hindurch durch eine uninteressante Gegend. Am Abend kamen wir in ein Tal, in dem das Bett des Baches feucht war: Als wir demselben höher hinauf folgten, kamen wir an erträglich gutes Wasser. Während der Nacht fließt das Wasser, weil es nicht so schnell verdampft und aufgesaugt wird, eine Stunde weiter hinab als am Tag. Wir fanden reichlich Stöcke als Feuerholz, so daß es ein guter Platz für uns zum Biwakieren war; aber für die armen Tiere gab es auch nicht einen Mund voll zu fressen.

11. Juni. – Wir ritten, ohne uns aufzuhalten, zwölf Stunden lang, bis wir einen alten Schmelzofen erreichten, wo sich Wasser und Brennholz fanden; unsere Pferde hatten aber wiederum nichts zu fressen und waren in einen alten Hofraum eingeschlossen. Die Straße war bergig, und die Blicke in die Ferne waren interessant wegen der verschiedenen Färbungen der kahlen Berge. Es tat einem fast leid, die Sonne beständig über ein so nutzloses Land scheinen zu sehen; so prachtvolles Wetter hätte Felder und hübsche Gärten erfrischen sollen. Am nächsten Tag erreichten wir das Tal von Copiapó. Ich freute mich sehr darüber; denn die ganze Reise war eine beständige Quelle der Angst; es war äußerst unangenehm, während wir unsere Abendmahlzeit aßen, unsere Pferde die Pfosten, an die sie angebunden waren, benagen zu hören und doch kein Mittel zu wissen, ihren Hunger zu stillen. Allem Anschein nach waren indes die Tiere vollständig frisch, und niemand hätte sagen können, daß sie in den letzten fünfundfünfzig Stunden nichts gefressen hätten.

Vor der Entdeckung der berühmten Silberbergwerke von Chanuncillo war Copiapó im Zustand eines rapiden Verfalls; jetzt ist es aber in einem sehr blühenden Zustand, und die Stadt, welche durch ein Erdbeben vollständig über den Haufen geworfen war, ist wieder aufgebaut worden.

Die Täler von Guasco und Copiapó können als lange schmale Inseln betrachtet werden, die von dem übrigen

Chile, anstatt durch Salzwasser, durch Felsenwüsten getrennt werden. Nach Norden von diesen Tälern liegt noch ein anderes sehr elendes Tal, Paposo genannt, welches ungefähr zweihundert Seelen enthält, und dann breitet sich dort die wirkliche Wüste von Atacama aus – eine viel schlimmere Schranke als der stürmische Ozean. Nachdem ich wenige Tage in Potrero Seco geblieben war, ging ich das Tal weiter hinauf nach dem Haus des Don Benito Cruz, an welchen ich einen Empfehlungsbrief hatte. Ich fand ihn äußerst gastfreundschaftlich; es ist unmöglich, die Freundlichkeit, mit welcher in beinahe jedem Teil in Süd-Amerika Reisende aufgenommen werden, zu stark zu rühmen. Am nächsten Tag mietete ich einige Maultiere, um mich durch die Schlucht von Jolquero in die Zentral-Cordillera zu bringen. In der zweiten Nacht schien das Wetter einen Schnee- oder Regensturm anzukünden, und während wir in unsern Betten lagen, fühlten wir einen unbedeutenden Stoß eines Erdbebens.

Da ich wenig von Interesse in diesem Teil der Schlucht fand, wendeten wir unsere Schritte zurück nach dem Haus des Don Benito, wo ich zwei Tage blieb, um fossile Muscheln und Holz zu sammeln. Große, liegende, verkieselte Baumstämme waren außerordentlich zahlreich. Ich maß einen, welcher fünfzehn Fuß im Umfang hielt: Wie wunderbar ist es doch, daß jedes Atom der Holzsubstanz in diesen großen Zylindern so vollkommen entfernt und durch Kiesel ersetzt worden ist, daß jedes Gefäß und jede Pore erhalten ist! Diese Bäume lebten ungefähr zur Zeit unserer unteren Kreide; sie gehörten alle der Familie der Fichten an. Es war amüsant, die Einwohner die Natur der fossilen Muscheln, welche ich sammelte, beinahe in ähnlichen Ausdrücken erörtern zu hören, wie sie vor einem Jahrhundert in Europa gebräuchlich waren, nämlich, ob sie in diesem Zustande »von der Natur geboren« wären oder nicht. Meine geologische Untersuchung des Landes erzeugte meist eine bedeutende Überraschung unter den Chilenos. Es dauerte lange, ehe sie sich überzeugen konnten, daß ich nicht nach Bergwerken suchte. Dies war zuweilen störend:

die leichteste Art, ihnen meine Beschäftigung zu erklären, war, wie ich fand, sie zu fragen, woher es käme, daß sie nicht selbst in bezug auf Erdbeben und Vulkane neugierig wären? Warum manche Quellen heiß und andere kalt wären? Warum in Chile Berge vorhanden wären und in La Plata nicht ein Hügel? Diese einfachen Fragen befriedigten sofort die größere Zahl und brachten sie zum Schweigen; einige indessen (wie einige wenige in England, welche um ein Jahrhundert zurück sind) glaubten, daß alle derartigen Untersuchungen unnütz und gottlos wären und daß es vollständig genüge, zu wissen, daß Gott die Berge so gemacht habe.

Spät abends kam ein Fremder im Hause des Don Benito an und bat um Erlaubnis, dort zu schlafen: Er sagte, er sei siebzehn Tage lang in den Bergen umhergewandert, da er seinen Weg verloren habe. Er sei von Guasco aufgebrochen und habe, da er an die Reisen in der Cordillera gewöhnt sei, nicht erwartet, beim Verfolgen des Pfades nach Copiapó irgendwelche Schwierigkeit zu finden. Er sei aber bald in einem Labyrinth von Bergen verloren gewesen, aus dem man nicht hätte entschlüpfen können. Mehrere seiner Maultiere waren in Abgründe gefallen, und er war in großer Not gewesen. Seine hauptsächliche Schwierigkeit kam daher, daß er nicht wußte, wo er in dem tieferen Lande Wasser finden könne, so daß er genötigt war, immer am Rande der mittleren Bergkette sich zu halten.

Wir kehrten abwärts durch das Tal wieder zurück und erreichten am 22. die Stadt Copiapó. Der untere Teil des Tales ist breit und bildet eine schöne Ebene, wie das Tal von Quillota. Die Stadt nimmt eine beträchtliche Fläche ein, da jedes Haus einen Garten hat: Es ist aber ein ungemütlicher Ort, und die Wohnungen sind ärmlich eingerichtet. Jeder scheint nur das eine Ziel vor Augen zu haben, Geld zu machen und dann so schnell als möglich auszuwandern. Alle Einwohner stehen mehr oder weniger direkt mit Bergwerken in Beziehung; und Minen und Erze sind die einzigen Gegenstände der Unterhaltung. Bedürfnisse aller Art sind äußerst teuer, da die Entfernung von der Stadt bis zum Hafen achtzehn Stunden beträgt und der Landtransport sehr teuer ist. Ein Huhn kostet fünf oder sechs Schillinge; Fleisch ist nahezu so teuer wie in England; Brennholz oder vielmehr Stöcke werden auf Eseln von einer Entfernung von zwei oder drei Tagereisen von der Cordillera herabgebracht; und Miete für die Weide der Tiere beträgt einen Schilling pro Tag: Alles dies ist für Süd-Amerika ganz exorbitant.

26. Juni. – Ich mietete einen Führer und acht Maultiere, um mich auf einem anderen Wege als auf meiner letzten Expedition in die Cordillera zu bringen. Da das Land vollkommen wüst war, nahmen wir anderthalb Lasten mit geschnittenem Stroh vermischter Gerste mit. Ungefähr zwei Stunden oberhalb der Stadt zweigt sich ein breites, »despoblado« oder unbewohnt genanntes Tal von dem ab, durch welches wir gekommen waren.

Wir ritten noch nach Dunkelwerden weiter, bis wir eine Seitenschlucht mit einer kleinen Quelle, genannt Agua amarga, erreichten. Das Wasser verdiente seinen Namen, denn außer, daß es salzig war, war es widerwärtig faulig und bitter, so daß wir uns nicht dazu bringen konnten, Tee oder Maté zu trinken. Ich vermute, die Entfernung von dem Fluß Copiapó bis zu diesem Punkt betrug mindestens fünfundzwanzig oder dreißig englische Meilen; auf der ganzen Strecke fand sich nicht ein einziger Tropfen Wasser, so daß das Land im eigentlichsten Sinn den Namen einer Wüste verdiente. Und doch trafen wir ungefähr auf der Hälfte des Wegs einige alte indianische Häuser in der Nähe von Punta Gorda: ich bemerkte auch vor einigen der Täler, welche von dem Despoblado abzweigten, zwei Steinhaufen, etwas abseits gelegen und so gerichtet, daß sie in die Mündung dieser kleinen Täler hinwiesen. Meine Begleiter wußten nichts hierüber und beantworteten meine Fragen nur durch ihr unverwüstliches: »Quién sabe?«

Ich beobachtete Indianer-Ruinen in mehreren Teilen der Cordillera: Die vollkommensten, welche ich sah, waren die Ruinas de Tambillos im Uspallata-Paß. Kleine viereckige Räume waren dort in verschiendende Gruppen zusammengedrängt: Einige Türen standen noch; sie waren durch eine quere Steinplatte von nur drei Fuß Höhe gebildet. Diese Häuser müssen, als sie vollkommen waren, imstande gewesen sein, eine beträchtliche Zahl von Personen aufzunehmen. Die Überlieferung sagt, daß sie als Halteplätze für die Inkas benutzt wurden, wenn diese das Gebirge überschritten. Spuren von Indianer-Wohnungen sind in vielen andern Teilen entdeckt worden, wo es nicht wahrscheinlich erscheint, daß sie als bloße Ruheplätze benutzt wurden, wo aber doch das Land vollkommen unfähig zu irgendwelcher Art von Kultivierung ist, wie in der Nähe der Tambillos oder am Portillo-Paß, wo ich überall Ruinen gesehen habe. In der Schlucht von Jajuel in der Nähe von Aconcagua, wo kein Paß weiterführt, hörte ich von Überresten von Häusern in einer bedeutenden Höhe, wo es außerordentlich kalt und unfruchtbar ist. Zuerst bildete ich mir ein, daß diese Gebäude Zufluchtsstätten gewesen seien, welche die Indianer bei der ersten Ankunft der Spanier gebaut hätten; ich bin aber seitdem geneigt, an die Möglichkeit einer Veränderung des Klimas zu denken.

In diesem nördlichen Teil von Chile innerhalb der Cordillera sollen Indianer-Häuser, wie man sagt, besonders

Inka-Ruinen in den Bergen

zahlreich sein. Durch Graben zwischen den Ruinen werden Stücke wollener Stoffe, Instrumente von edlen Metallen und Maiskolben nicht selten entdeckt: Eine aus Achat gemachte Pfeilspitze von genau derselben Form, wie sie jetzt in Feuerland gebraucht werden, wurde mir gegeben. Mir ist bekannt, daß die peruanischen Indianer jetzt häufig äußerst hohe Berge und kahle Örtlichkeiten bewohnen; in Copiapó haben mir aber Männer, welche ihr ganzes Leben auf Reisen durch die Anden zugebracht haben, versichert, daß ich sehr viele Gebäude in so bedeutenden Höhen finden könne, daß sie beinahe an die Grenze des ewigen Schnees reichen, und zwar in Teilen, wo keine Pässe existieren und wo das Land absolut nichts hervorbringt und wo, was noch außerordentlicher ist, kein Wasser vorhanden ist. Nichtsdestoweniger ist es die Meinung der Leute im Lande (obschon sie der Umstand sehr in Verwirrung setzt), daß, nach dem Aussehen der Häuser, die Indianer dieselben als Aufenthaltsorte benutzt haben müssen. In diesem Teil bei Punta Gorda bestanden die Ruinen aus sieben oder acht kleinen viereckigen Zimmern, welche von einer ähnlichen Form wie die bei Tambillos, aber hauptsächlich aus Lehm erbaut waren, welchen in bezug auf seine Dauerhaftigkeit die jetzigen Einwohner weder hier noch in Peru nachahmen können. Sie standen auf dem auffallendsten und verteidigungslosesten Ort, auf der Sohle des flachen breiten Tales. Es fand sich kein Wasser näher als drei oder vier Stunden weit und dann nur in sehr geringer Menge und schlecht: Der Boden war absolut steril; ich suchte vergebens selbst nur nach einer Flechte, die am Felsen hing. Heutigentags könnte selbst mit Lasttieren ein Bergwerk, wenn es nicht sehr reich wäre, hier kaum mit Vorteil in Betrieb gehalten werden. Und doch suchten sich früher die Indianer diese Stelle als Aufenthaltsort aus! Wenn in jetziger Zeit zwei oder drei Regenschauer fielen anstatt eines, wie es jetzt der Fall ist, und zwar während ebenso vieler Jahre, so würde sich ein kleiner Wasserlauf wahrscheinlich in diesem großen Tale bilden; und dann würde durch Bewässerung (welche die Indianer früher so gut verstanden) der

Boden leicht hinreichend produktiv gemacht werden, um einige wenige Familien zu erhalten.

Ich habe überzeugende Beweise in Händen, daß dieser Teil des Kontinents von Süd-Amerika in der Nähe der Küste mindestens von 400 bis 500, an einigen Stellen von 1000 bis 1300 Fuß seit der Periode der jetzt lebenden Schalentiere erhoben worden ist; und weiter landeinwärts kann möglicherweise die Erhebung noch bedeutender gewesen sein. Da der eigentümlich dürre Charakter des Klimas offenbar eine Folge der Höhe der Cordillera ist, so können wir ziemlich sicher sein, daß vor den letzten Erhebungen die Atmosphäre nicht so vollkommen ihrer Feuchtigkeit beraubt worden sein kann, als es jetzt der Fall ist, und da die Erhebung allmählich eingetreten ist, so wird auch die Veränderung des Klimas allmählich gewesen sein. Nach dieser Ansicht von einer Veränderung des Klimas seit der Zeit, wo diese Häuser bewohnt wurden, müssen die Ruinen von einem äußerst hohen Alter sein; ich glaube aber nicht, daß ihre Erhaltung im Klima von Chile irgendwelche Schwierigkeit darbietet. Auch müssen wir nach dieser Ansicht (und dies ist vielleicht eine noch größere Schwierigkeit) annehmen, daß der Mensch Süd-Amerika schon eine ungeheuer lange Zeit bewohnt hat; insofern jede durch die Erhebung des Landes herbeigeführte Veränderung des Klimas äußerst allmählich gewesen sein muß. In Valparaíso hat innerhalb der letzten 220 Jahre die Erhebung etwas weniger als neunzehn Fuß betragen: In Lima ist ein Meeresstrand sicher von 80 bis 90 Fuß innerhalb der menschlichen oder Indianer-Periode erhoben worden. Aber derartige kleine Erhebungen können auf die Ablenkung der Feuchtigkeit führenden atmosphärischen Ströme nur geringen Einfluß gehabt haben.

Als ich in Lima war, unterhielt ich mich über diese Gegenstände mit Mr. Gill, einem Zivilingenieur, der viel von dem inneren Land gesehen hatte. Er sagte mir, daß eine Vermutung von einer Veränderung des Klimas ihm zuweilen durch den Kopf gegangen sei; daß er aber glaube, der größere Teil des jetzt einer Kultur unfähigen, aber mit

Indianer-Ruinen bedeckten Landes sei dadurch in diesen Zustand versetzt worden, daß die Wasserleitungen, welche die Indianer früher in einem so wunderbaren Maßstab bauten, durch Vernachlässigung und unterirdische Bewegungen beschädigt worden seien. Ich will hier erwähnen, daß die Peruaner ihre Bewässerungsströme in Tunneln durch Berge aus solidem Felsen hindurchführten. Mr. Gill erzählte mir, er sei berufsmäßig beschäftigt gewesen, einen solchen zu untersuchen; er fand den Gang niedrig, schmal, gekrümmt und nicht von gleichförmiger Breite, aber von sehr beträchtlicher Länge. Ist es nicht äußerst wunderbar, daß Menschen derartige Arbeiten unternommen haben ohne den Gebrauch von Eisen und Schießpulver! Mr. Gill erwähnte auch gegen mich einen äußerst interessanten und, soviel mir bekannt ist, vollkommen einzig dastehenden Fall, wo eine unterirdische Störung die Entwässerung eines Landes verändert hat. Als er von Casma nach Huarás (nicht sehr weit von Lima) reiste, fand er eine mit Ruinen und Zeichen alter Kultur bedeckte, aber jetzt vollkommen kahle und unfruchtbare Ebene. In ihrer Nähe fand sich das trockene Bett eines beträchtlichen Flusses, aus welchem früher das Wasser zur Bewässerung abgeleitet wurde. Im Ansehen des Flußbettes war nichts, was hätte andeuten können, daß der Fluß nicht wenige Jahre zuvor noch darin geflossen wäre; an einigen Stellen breiteten sich Sand und Kiesschichten aus; an anderen war der solide Felsen zu einem breiten Kanal ausgewaschen, welcher an einer Stelle ungefähr 40 Yards breit und 8 Fuß tief war. Es liegt ganz in der Natur der Sache, daß jemand, welcher dem Lauf eines Flusses aufwärts folgt, immer in einer größeren oder geringeren Neigung aufsteigen muß: Mr. Gill war daher sehr erstaunt, als er dem Bett dieses alten Flusses stromaufwärts folgte und plötzlich fand, daß er bergab ging. Er war der Ansicht, daß die Neigung nach abwärts ungefähr einen Fall von vierzig oder fünfzig Fuß betrug. Hier liegt ein ganz unzweideutiger Beweis dafür vor, daß ein Bergrücken quer durch das alte Strombett emporgehoben worden ist. Von diesem Moment an war der Lauf des Flusses gehemmt, und das Wasser mußte notwendig umkehren und einen neuen Kanal bilden. Ferner mußte von demselben Moment an die anstoßende Ebene ihren befruchtenden Strom verloren haben und eine Wüste geworden sein.

27. Juni. – Wir brachen zeitig am Morgen auf und erreichten um Mittag die Schlucht von Paypote, wo ein unbedeutender Wasserlauf mit etwas Pflanzenwuchs und selbst ein paar Algarroba-Bäume, eine Art von Mimosen, vorhanden waren. Da es Brennholz gab, war früher ein Schmelzofen hier errichtet worden: Wir fanden einen einzelnen Mann zu seiner Beaufsichtigung hier, dessen einzige Beschäftigung die Jagd auf Guanakos war. Des Nachts fror es stark; da wir aber genug Holz für unser Feuer hatten, hielten wir uns warm.

28. – Wir stiegen beständig an, und das Tal veränderte sich nun zu einer Schlucht. Den Tag über sahen wir mehrere Guanakos und die Spur der nahe verwandten Art, der Vicuñas: Dies letztere Tier ist in hohem Grade alpin in seiner Lebensweise; es steigt selten weit unter die Grenze des ewigen Schnees herunter und besucht daher selbst noch höhere und unfruchtbarere Lagen als das Guanako. Das einzige andere Tier, welches wir in einer ziemlichen Anzahl sahen, war ein kleiner Fuchs: Ich vermute, er lebt von Mäusen und anderen kleinen Nagetieren, welche, solange es überhaupt noch die mindeste Vegetation gibt, sich an sehr wüsten Orten in beträchtlicher Anzahl erhalten. In Patagonien wimmelt es von diesen kleinen Tieren selbst an den Rändern der Salinas, wo sich mit Ausnahme des Taus nirgends ein Tropfen Süßwasser findet. Nach den Eidechsen scheinen die Mäuse am ersten imstande zu sein, sich auf dem kleinsten und trockensten Stückchen Erde zu erhalten, selbst auf kleinen Inseln in der Mitte großer Ozeane.

Die Gegend zeigt auf allen Seiten Wüstenei, nur von einem klaren, wolkenlosen Himmel beleuchtet, und dadurch noch auffallender gemacht. Eine Zeitlang ist eine derartige Szenerie erhaben; diese Empfindung kann aber nicht anhalten, und dann wird es uninteressant. Wir biwakierten am Fuß der Primera Línea oder der ersten Wasserscheide. Die Flüsse auf der Ostseite fließen indes nicht in den Ozean, sondern in einen hochgelegenen Distrikt, in dessen Mitte auf diese Art ein kleiner See in der Höhe von vielleicht 10000 Fuß gebildet wird. Wo wir schliefen, fanden sich einige beträchtliche Haufen Schnee, sie blieben aber nicht das ganze Jahr liegen. In dieser Nacht blies ein förmlicher Sturm, und die Temperatur mußte beträchtlich unter dem Gefrierpunkt sein, denn Wasser in einem Gefäß wurde sehr bald zu einem Stück Eis. Kleidung schien durchaus für die Luft kein Hindernis zu sein. Ich litt sehr unter der Kälte, so daß ich nicht schlafen konnte und am andern Morgen mit ganz steifem Körper aufstand.

29. Juni. – Wir wanderten froh das Tal hinab nach unserem früheren Nachtquartier und von dort in die Nähe der Agua amarga. Am ersten Juli erreichten wir Copiapó.

Drei Tage später hörte ich von der Ankunft der »Beagle« im Hafen, achtzehn Stunden von der Stadt entfernt. Das Tal hinab ist nur sehr wenig Land kultiviert; seine weite Fläche trägt nur ein erbärmlich dürres Gras, welches selbst die Esel kaum fressen können. Der Hafen besteht aus einer Ansammlung miserabler kleiner Hütten, die am Fuß einer sterilen Ebene liegen. Da gegenwärtig der Fluß Wasser genug enthält, um das Meer zu erreichen, genießen die Einwohner den Vorteil, Süßwasser in einer Entfernung von anderthalb Meilen zu haben. Am Strand liegen große Haufen von Waren, und der kleine Ort hatte ein sehr lebendiges Ansehen. Am Abend sagte ich mit einem herzlichen Wunsche meinem Begleiter Mariano Gonzales, mit welchem ich so viele Stunden in Chile geritten war, Lebewohl. Am nächsten Morgen segelte die »Beagle« ab nach Iquique.

12. Juli. – Wir ankerten im Hafen von Iquique in 20° 12′ s. Br. an der Küste von Peru. Die Stadt enthält ungefähr tausend Einwohner und steht auf einer kleinen Ebene von Sand am Fuße einer großen, 2000 Fuß hohen, hier die Küste bildenden Felswand. Das Ganze ist vollkommen wüst. Ein leichter Regenschauer fällt nur einige Male in sehr viel Jahren. Das Ansehen des Ortes war äußerst

Abschied von der Cordillera

düster; der kleine Hafen mit seinen wenigen Fahrzeugen und der kleinen Gruppe elender Häuser schien von der trostlosen Landschaft überwältigt zu sein.

Die Bewohner leben wie die Leute an Bord eines Schiffes: Jedes Bedürfnis kommt von weit her. Wasser wird in Booten vom Pisagua ungefähr vierzig Meilen nördlich gebracht und wird zum Preis von neun Realen (4 s. 6 d.) das 18-Gallonen-Faß verkauft. Ich kaufte eine Weinflasche voll für 3 Pence. In gleicher Weise wird Brennholz und natürlich jedes Nahrungsmittel importiert. Am folgenden Morgen mietete ich mit Schwierigkeit um den Preis von vier Pfund Sterling zwei Maulesel und einen Führer, um mich nach den Salpeterwerken zu begeben. Diese erhalten gegenwärtig Iquique. Dies Salz wurde zuerst im Jahre 1830 exportiert: In einem Jahr wurde ein Betrag im Wert von hunderttausend Pfund Sterling nach Frankreich und England geschickt. Es wird hauptsächlich als Düngemittel und bei der Fabrikation der Salpetersäure gebraucht. Früher waren zwei außerordentlich reiche Silberminen hier in der Nähe, aber ihre Ausbeute ist jetzt sehr gering.

Unsere Ankunft an der Reede verursachte Beunruhigung. Peru war in einem Zustand von Anarchie; und da jede Partei eine Kontribution verlangt hatte, so war die arme Stadt von Iquique in großen Nöten, da sie glaubte, die schlimme Stunde hätte nun geschlagen. Die Leute hatten auch ihre häusliche Unruhe; kurze Zeit zuvor hatten drei französische Tischler während derselben Nacht die beiden Kirchen erbrochen und alles Silberzeug gestohlen: Einer der Räuber legte indessen später ein Geständnis ab, und das Silberzeug wurde wiedererlangt. Die Verbrecher wurden nach Arequipa geschickt, welches, obschon Hauptstadt dieser Provinz, doch zweihundert Stunden entfernt ist; die Regierung dort hielt es für ungut, so nützliche Arbeiter zu bestrafen, welche alle Arten von Möbeln machen konnten, und ließ sie frei. Da die Sachen so standen, wurden die Kirchen wieder erbrochen, aber diesmal wurde das Silberzeug nicht wiedererlangt. Die Einwohner wurden fürchterlich wütend, und da sie erklärten, daß niemand anders als Ketzer in dieser Weise »Gott den Allmächtigen verspeisen« könnten, gingen sie daran, ein paar Engländer zu foltern, mit der Absicht, sie später zu erschießen; endlich legten sich die Autoritäten ins Mittel, und der Friede wurde wiederhergestellt.

13. Juli. – Am Morgen brach ich nach dem Salpeterwerk auf, eine Entfernung von vierzehn Stunden. Nachdem wir die steilen Küstenberge durch einen sandigen Zickzackpfad erstiegen hatten, kamen wir sehr bald in Sicht der Bergwerke von Guantajaya und Santa Rosa. Diese beiden kleinen Dörfer liegen direkt an den Mündungen der Bergwerke, und da sie an die Berge angeschmiegt waren, hatten sie ein noch unnatürlicheres und öderes Ansehen als die Stadt Iquique. Wir erreichten das Salpeterwerk nicht vor Sonnenuntergang, nachdem wir den ganzen Tag quer über ein wellenförmiges Land, eine vollständige und absolute Wüste, geritten waren: Die Straße war mit den Knochen und den getrockneten Häuten der vielen Lasttiere überstreut, welche aus Erschöpfung unterwegs umgekommen waren. Mit Ausnahme des Kondors (Vultur aura), welcher

von Aas lebt, habe ich weder einen Vogel noch ein Säugetier, Reptil oder Insekt gesehen. An den Küstenbergen in der Höhe von ungefähr 2000 Fuß, wo während dieser Jahreszeit die Wolken meistens hängen, wuchsen nur wenige Kakteen in den Felsspalten. Dies war die erste echte Wüste, welche ich gesehen habe. Die Wirkung auf mich war nicht sehr eindrucksvoll; ich glaube aber, dies war eine Folge davon, daß ich allmählich an derartige Szenen gewöhnt worden war, wie ich von Valparaíso aus durch Coquimbo nach Copiapó geritten war. Das Aussehen des Landes war merkwürdig, weil es mit einer dicken Kruste gewöhnlichen Salzes und eines geschichteten salzführenden Alluviums bedeckt war, welches abgelagert worden zu sein scheint, als sich das Land langsam über das Niveau des Meeres erhob. Das Salz ist weiß, sehr hart und fest.

Des Nachts schliefen wir im Hause des Eigentümers von einer der Salpeterminen. Das Land ist hier so unproduktiv wie in der Nähe der Küste; man kann aber durch das Graben von Brunnen Wasser erhalten, welches allerdings einen etwas bitteren und brackigen Geschmack hat. Der Brunnen an diesem Haus war sechsunddreißig Yards tief. Da kaum Regen fällt, kann das Wasser offenbar nicht davon herrühren; wäre dies der Fall, so müßte es so salzig wie Mutterlauge sein, denn die ganze Umgegend ist mit verschiedenen salzigen Substanzen durchsetzt. Wir müssen daher schließen, daß es unter der Erde von der Cordillera her durchsikkert, obschon diese viele Stunden entfernt ist. In jener Richtung liegen einige wenige kleine Dörfer, wo die Bewohner, weil sie mehr Wasser haben, etwas Land bewässern und Heu ernten können, womit die Maultiere und Esel, die beim Fortschaffen des Salpeters verwendet werden, gefüttert werden. Das salpetersaure Natron wurde jetzt mit 14 Schillingen für 100 Pfund verkauft. Die hauptsächlichsten Kosten werden durch den Transport nach der Küste verursacht. Das Lager besteht aus einer harten, zwischen zwei und drei Fuß dicken Schicht des salpetersauren Salzes, dem wenig schwefelsaures Natron und eine ziemliche Menge gewöhnlichen Kochsalzes zugemischt ist. Es

Callao, der befestigte Hafenort von Lima

liegt dicht unter der Oberfläche und folgt in einer Länge von 150 Meilen dem Rand eines großen Beckens oder einer Ebene; nach den Umrissen derselben muß sie offenbar früher ein See oder wahrscheinlicher ein in das Land hineinreichender Meeresarm gewesen sein, wie man aus der Gegenwart von Jodsalzen in derselben Salzschicht schließen kann. Die Oberfläche der Ebene liegt 3300 Fuß über dem Stillen Ozean.

19. Juli. – Wir gingen in dem Meerbusen von Callao, dem Hafenort von Lima, der Hauptstadt von Peru, vor Anker. Wir blieben sechs Wochen lang hier, aber wegen des unruhigen Zustandes der öffentlichen Angelegenheiten sah ich nur sehr wenig vom Lande. Während unseres Aufenthalts war das Klima bei weitem nicht so entzückend, wie es gewöhnlich dargestellt wird. Eine trübe schwere Wolkenbank hing beständig über dem Land, so daß ich während der ersten sechzehn Tage nur ein einziges Mal einen Blick auf die Cordillera hinter Lima hatte.

Ich muß gestehen, das sehr wenige, was ich von Peru sah, hat mir nicht recht gefallen; indes soll im Sommer das Klima viel angenehmer sein. Zu allen Jahreszeiten leiden sowohl die Einwohner als die Fremden an heftigen Anfällen von Fiebern. Diese Krankheit ist an der ganzen Küste von Peru häufig, im Innern aber unbekannt. Die Fälle von Erkrankungen, welche aus Miasma* entstehen, erscheinen

* Giftige Ausdünstungen des Bodens

doch immer äußerst mysteriös. Die Ebene um die Vorstädte von Callao ist spärlich mit einem groben Gras bedeckt, und an einigen Stellen finden sich einige wenige Tümpel stehenden Wassers, obschon sie sehr klein sind. Das Miasma entsteht aller Wahrscheinlichkeit nach aus diesen: Denn die Stadt Arica war in ganz ähnlicher Lage, und ihre Gesundheit wurde durch das Entwässern einiger kleiner Tümpel bedeutend verbessert. Miasma wird nicht immer durch eine üppige Vegetation mit einem heißen Klima hervorgebracht, denn viele Teile von Brasilien, selbst wo Moräste und eine üppige Vegetation sich finden, sind viel gesünder als diese sterile Küste von Peru.

In allen ungesunden Ländern läuft man die größte Gefahr, wenn man am Ufer schläft. Ist dies wohl eine Folge des Zustandes des Körpers während des Schlafes oder eine Folge der größeren Menge von Miasma zu solchen Zeiten? Es scheint sicher zu sein, daß diejenigen, welche an Bord eines Schiffes bleiben, auch wenn es nur in kurzer Entfernung von der Küste vor Anker liegt, meist weniger leiden als diejenigen, welche am Ufer sind.

Kein Staat in Süd-Amerika hat seit der Unabhängigkeitserklärung mehr unter Anarchie gelitten als Peru. Zur Zeit unseres Besuches waren vier Oberhäupter unter Waffen im Kampf um die Obergewalt in der Regierung: Gelingt es einem, für eine kurze Zeit sehr mächtig zu werden, so verbinden sich die andern gegen ihn; aber kaum sind sie siegreich, treten sie wieder gegeneinander feindlich auf. Vor kurzem wurde beim Jahrestag der Unabhängigkeitserklärung eine Messe zelebriert, und der Präsident nahm das Sakrament: Während des Te Deum laudamus wurde, statt daß jedes Regiment die peruanische Flagge entfaltete, eine schwarze Fahne mit einem Totenkopf entrollt. Nun stelle man sich eine Regierung vor, unter welcher eine derartige Szene bei einer solchen Gelegenheit angeordnet werden kann, um ihren Entschluß auszudrücken, bis zum Tode zu kämpfen! Dieser Zustand der Dinge bestand unglücklicherweise gerade, als wir dort waren, so daß ich verhindert war, irgendwelche Exkursionen weit über die Grenzen der

Indianerin mit Kind

Stadt auszudehnen. Die kahle Insel San Lorenzo, welche den Hafen bildet, war beinahe der einzige Ort, wo man sicher spazierengehen konnte.

Callao ist ein schmutziger, schlecht gebauter, kleiner Hafenort; die Bewohner bieten sowohl hier als in Lima jede denkbare Schattierung einer Mischung von europäischem, Neger- und Indianer-Blut dar. Sie sind dem Anschein nach eine verderbte, trunkene Sorte Leute. Die Atmosphäre ist mit üblen Gerüchen beladen, und jener eigentümliche Geruch, welcher in beinahe jeder Stadt innerhalb der Tropen wahrgenommen werden kann, war hier sehr stark. Die Festung, welche Lord Cochranes langer Belagerung widerstand, hat ein imponierendes Ansehen. Während unseres Aufenthalts verkaufte aber der Präsident die messingnen Kanonen und schritt dazu, Teile der Festung zu schleifen. Der angeführte Grund war, daß er keine Offiziere habe, welchen er einen so wichtigen Posten anvertrauen könne. Er selbst hatte gute Gründe, so zu denken, da er die Präsidentschaft dadurch erlangt hatte, daß er revoltierte, während er dieselbe Festung kommandierte. Nachdem wir Süd-Amerika verlassen hatten, büßte er seine Schuld in der gewöhnlichen Weise, d. h. er wurde besiegt, gefangengenommen und erschossen.

Lima liegt auf einer Ebene in einem Tal, welches sich während des allmählichen Zurückweichens des Meeres gebildet hat. Es ist sieben Meilen von Callao entfernt und liegt fünfhundert Fuß höher; da aber die Neigung sehr allmählich ist, scheint die Straße absolut eben zu sein. Steile kahle Berge steigen wie Inseln aus der Ebene empor, welche durch gerade Lehmwände in große grüne Felder abgeteilt ist. In diesen wächst kaum ein Baum mit Ausnahme weniger Weiden und gelegentlich ein Haufen Bananen und Orangen. Die Stadt Lima ist jetzt in einem elenden Zustand von Verfall. Die Straßen sind beinahe nicht gepflastert, und Haufen von Schmutz sind nach allen Richtungen hin aufgehäuft, wo die schwarzen Gallinazos, zahm wie Hausgeflügel, Stücke von Aas aufpicken. Die Häuser haben meist ein oberes Stockwerk, welches wegen der Erdbeben aus mit Gips beworfenem Holzwerk gebaut ist. Einige der älteren Häuser aber, welche jetzt von mehreren Familien benutzt werden, sind ungeheuer groß und würden in der Flucht von Zimmern und Appartements mit den prächtigen Häusern in irgendwelcher Stadt rivalisieren. Lima, die Stadt der Könige, muß früher prachtvoll gewesen sein. Die außerordentliche Anzahl von Kirchen gibt ihr selbst heutigentags einen eigenartigen und auffallenden Charakter, besonders, wenn man sie aus einer kurzen Entfernung ansieht.

Eines Tages ging ich mit einigen Kaufleuten aus, um in der unmittelbaren Nähe der Stadt zu jagen. Unser Jagdvergnügen war sehr dürftig; ich hatte aber eine Gelegenheit, die Ruinen eines der alten Indianer-Dörfer zu sehen, mit seinem Erdhügel im Zentrum, ähnlich einem natürlichen Berge. Die Überreste von Häusern, Einfriedungen, Bewässerungskanälen und Begräbnishügeln, welche über diese Ebene verstreut lagen, müssen jedermann eine gute Vorstellung von dem Zustand und der Zahl der alten Bevölkerung geben. Betrachtet man ihr irdenes Geschirr, ihre wollenen Stoffe, ihre aus den härtesten Steinen geschnittenen Geräte von eleganten Formen, ihre kupfernen Werkzeuge, Schmuckgegenstände aus edlen Steinen, ihre Paläste und hydraulischen Werke, so ist es unmöglich, die beträchtlichen Fortschritte, die sie in den Künsten und der Kultur gemacht haben, nicht mit hoher Achtung zu betrachten. Die Huacas genannten Begräbnishügel sind in der Tat staunenerregend, obschon sie an einigen Stellen wie natürliche und modellierte Berge aussahen.

Es findet sich noch eine andere und sehr verschiedene Art von Ruinen, welche einiges Interesse darbieten, nämlich die des alten Callao, welches von dem großen Erdbeben von 1746 und seiner begleitenden Welle umgestürzt wurde. Die Zerstörung muß selbst noch vollständiger gewesen sein als in Talcahuano. Massen von Flußsteinen verbergen beinahe den Fuß der Mauern, und ungeheure Mengen von Ziegeln scheinen, wie Rollsteine, von den sich zurückziehenden Wellen umhergewirbelt worden zu sein. Es ist behauptet worden, daß während dieses denkwürdigen Erdstoßes das Land gesunken sei: Ich konnte indes keinen Beweis hierfür entdecken; doch scheint es durchaus nicht unwahrscheinlich zu sein, denn die Form der Küste muß sicherlich seit der Gründung der alten Stadt eine Veränderung erlitten haben, da niemand bei gesunden Sinnen den schmalen Zug von Flußsteinen absichtlich als Baugrund gewählt haben würde, auf welchem die Ruinen jetzt stehen.

XVII. KAPITEL

Der Galapagos-Archipel

15. September. – Es besteht dieser Archipel aus zehn Hauptinseln, von welchen fünf die andern an Größe übertreffen. Sie sind unter dem Äquator gelegen und zwischen fünf- und sechshundert Meilen nach Westen von der Küste von Amerika entfernt. Sie werden alle aus vulkanischen Gesteinen gebildet. Einige der die größeren Inseln überragenden Krater sind von ungeheurer Größe und erheben sich bis zu einer Höhe von drei- bis viertausend Fuß. Ihre Seiten sind mit unzähligen kleineren Öffnungen besetzt. Ich zögere kaum zu behaupten, daß es auf dem ganzen Archipel mindestens zweitausend Krater geben muß. Diese bestehen entweder aus Lava oder aus schön geschichtetem sandsteinartigem Tuff. Im letzteren Fall sind sie sehr schön symmetrisch; sie verdanken ihre Entstehung Ausbrüchen vulkanischen Schlamms ohne Lava: Es ist ein merkwürdiger Umstand, daß jeder einzelne der achtundzwanzig Tuff-Krater, welche untersucht wurden, die südliche Seite viel niedriger hatte als die anderen Seiten oder daß diese Seite ganz zusammengebrochen und entfernt war. Da allem Anschein nach diese Krater gebildet wurden, als die Inseln im Meer lagen, und da die Wellen des Passatwindes und die große Bewegung der offenen Südsee hier ihre Gewalt an den Südküsten aller Inseln vereinen, so läßt sich die merkwürdige Gleichförmigkeit in dem eingebrochenen Zustand der Krater, die aus weichem und nachgebendem Tuff bestehen, leicht erklären.

Dafür, daß diese Inseln direkt unter dem Äquator liegen, ist das Klima nicht übertrieben heiß; dies scheint hauptsächlich durch die niedrige Temperatur des umgebenden, von dem großen Süd-Polar-Strom hierher gebrachten Wassers verursacht zu werden. Mit Ausnahme eines sehr kurzen Teils des Jahres fällt nur sehr wenig Regen, und selbst während dieser Jahreszeit ist er unregelmäßig; die Wolken

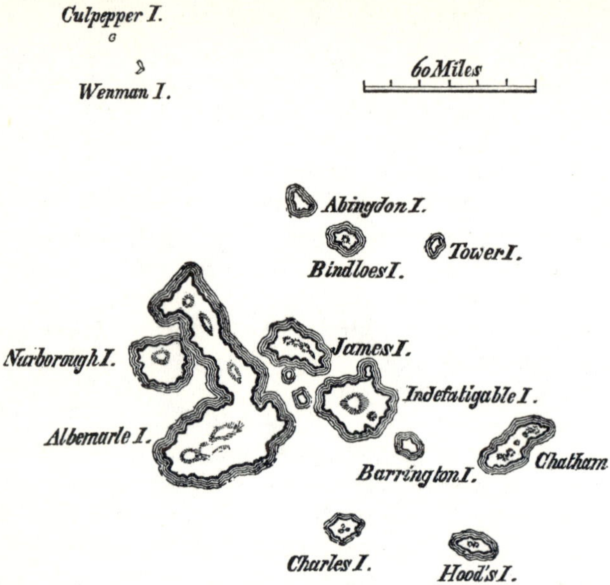

Die Galapagos-Inseln

hängen aber meist tief herab. Während daher die niedrigen Teile der Inseln sehr unfruchtbar sind, haben die obern Teile, in einer Höhe von 1000 Fuß und darüber, ein feuchtes Klima und eine ziemlich üppige Vegetation.

Am Morgen (des 17.) landeten wir auf der Chatham-Insel, welche gleich den andern mit einem milden, abgerundeten, hier und da durch Hügel (die Überreste früherer Krater) unterbrochenen Umriß aus dem Meer aufsteigt. Nichts konnte weniger einladend sein als die erste Erscheinung. Ein zerklüftetes Feld schwarzer basaltischer Lava, welche in die verschiedenartigst zerrissenen Wellen geworfen und von großen Spalten durchsetzt ist, wird überall von verkümmertem, sonnenverbranntem Buschholz bedeckt, welches nur wenige Zeichen von Leben gibt. Die trockene und ausgedorrte, von der Mittagssonne erhitzte Oberfläche gab der Luft ein eingeschlossenes und drückendes Gefühl, wie ein Ofen; wir bildeten uns selbst ein, daß die Gebüsche unangenehm röchen. Obschon ich mit vielem Fleiß versuchte, so viele Pflanzen als nur irgend möglich zu sammeln, erhielt ich doch nur sehr wenige; und derartig elend aussehende kleine Kräuter würden einer arktischen Flora viel besser anstehen als einer äquatorialen.

Die »Beagle« segelte um die Chatham-Insel herum und ging in mehreren Buchten vor Anker. Eine Nacht schlief ich am Ufer auf einem Teil der Insel, wo sich schwarze abgestutzte Kegel außerordentlich zahlreich fanden: Von einer kleinen Erhöhung aus zählte ich deren sechzig, und alle wurden von mehr oder weniger vollkommenen Kratern gekrönt. Die größere Zahl derselben bestand nur aus einem Ring zusammengekitteter Schlacken, und ihre Höhe über der Lava-Ebene betrug nicht mehr als von fünfzig bis hundert Fuß: Keiner der Krater war in der letzten Zeit tätig gewesen. Die ganze Oberfläche dieses Teils der Insel scheint von den unterirdischen Dämpfen wie ein Sieb durchlöchert worden zu sein: Hier und da ist die Lava, so lange sie weich war, in große Blasen aufgeworfen worden; an andern Stellen ist das Dach ähnlich gebildeter Höhlen eingestürzt und hat kreisförmige Gruben mit steilen Seitenwänden entblößt. Infolge ihrer regelmäßigen Form gaben die vielen Krater der Landschaft ein künstliches Ansehen, welches mich lebhaft an die Teile von Staffordshire erinnerte, wo die großen Eisenwerke am zahlreichsten sind. Der Tag war glühend heiß und das Kriechen über die rauhe Fläche und die verwirrten Dickichte sehr ermüdend; ich wurde aber durch die fremdartige zyklopische Szenerie reichlich belohnt. Wie ich dahinging, begegnete ich zwei großen Schildkröten, von denen jede mindestens zweihundert Pfund gewogen haben muß; die eine fraß ein Stück Kaktus, und als ich mich ihr näherte, starrte sie mich an und kroch langsam fort; die andere stieß ein tiefes Zischen aus und zog ihren Kopf ein. Diese ungeheuren Reptilien in dieser Umgebung von schwarzer Lava, blattlosen Sträuchern und großen Kakteen erschienen meiner Phantasie wie vorsintflutliche Tiere. Die wenigen, trübe gefärbten Vögel kümmerten sich um mich nicht mehr als die großen Schildkröten.

23. September. – Die »Beagle« ging weiter nach der Charles-Insel. Es ist dieser Archipel schon seit langer Zeit besucht worden, zuerst von den Flibustieren und später von den Walfischfängern; aber erst innerhalb der letzten sechs Jahre ist eine kleine Kolonie hier gegründet worden. Einwohner sind zwischen zwei- und dreihundert vorhanden: sie sind beinahe sämtlich farbige Leute, welche wegen politischer Verbrechen aus der Republik Ecuador, deren Hauptstadt Quito ist, verbannt worden sind. Die Niederlassung liegt ungefähr viereinhalb Meilen landeinwärts und in einer Höhe von wahrscheinlich 1000 Fuß. Im ersten Teil der Straße kamen wir durch blattlose Gebüsche wie auf der Chatham-Insel. Höher hinauf wurde das Gehölz nach und nach grüner; und sobald wir den Rücken der Insel überstiegen hatten, wurden wir von einer schönen südlichen Brise erfrischt, und das Auge ergötzte sich an einer grünen und gut gedeihenden Vegetation. In dieser oberen Region ist grobes Gras und Farnkraut üppig vorhanden. Die Häuser sind unregelmäßig über ein ebenes Stück Land verstreut, auf welchem Bataten und Bananen angebaut werden. Man wird sich kaum eine Vorstellung davon machen können, wie angenehm uns der Anblick schwarzen Schlamms war, nachdem wir so lange an den ausgedörrten Boden von Peru und dem nördlichen Chile gewöhnt gewesen waren. Obgleich sich die Einwohner über ihre Armut beklagen, so erlangen sie doch ohne viele Mühe ihre Subsistenzmittel. In den Wäldern finden sich viele wilde Schweine und Ziegen; der hauptsächlichste animale Nahrungsartikel wird aber von den Schildkröten dargeboten. Ihre Zahl ist natürlich auf dieser Insel beträchtlich reduziert worden; die Leute rechnen doch aber noch immer darauf, daß eine zweitägige Jagd ihnen für den Rest der Woche hinreichende Nahrung gibt. Es wird erzählt, daß früher einzelne Schiffe bis zu siebenhundert Schildkröten fortgeschafft haben, und daß vor einigen Jahren die Schiffsmannschaft einer Fregatte an einem Tag zweihundert Schildkröten zum Strand hinabgebracht habe.

29. September. – Wir passierten die Südwest-Spitze der

Albemarle-Insel und wurden am nächsten Tag zwischen dieser und der Narborough-Insel beinahe von einer Windstille befallen. Beide sind von ungeheuren Strömen nackter schwarzer Lava bedeckt, welche über den Rand der großen Kessel geflossen ist, wie Pech über den Rand der großen Töpfe, in denen es gekocht wird. Von diesen beiden Inseln ist bekannt, daß Eruptionen auf ihnen stattgefunden haben; und auf der Albemarle-Insel sahen wir einen kleinen Strahl Rauch vom Gipfel eines der großen Krater emporwirbeln. Am Abend ankerten wir in Banks Cove auf der Albemarle-Insel. Am nächsten Morgen ging ich zu einem Gang aus. Nach Süden von dem zerbrochenen Tuff-Krater, in welchem die »Beagle« vor Anker lag, war noch ein anderer wundervoll symmetrischer von elliptischer Form; seine längere Achse betrug knapp eine Meile und seine Tiefe ungefähr 500 Fuß. Auf seinem Grund fand sich ein seichter See, in dessen Mitte ein kleiner Krater ein Inselchen bildete. Der Tag war überwältigend heiß, und der See sah klar und blau aus: Ich eilte den Aschenabhang hinab und kostete, von Staub erstickt, eifrig das Wasser – zu meinem Bedauern fand ich es so salzig wie Sole.

Die Felsen an der Küste waren voll von großen schwarzen Eidechsen, zwischen drei und vier Fuß lang, und auf den Bergen war eine häßliche gelblich-braune Art gleicherweise gemein. Von dieser letzteren Art sahen wir viele, manche rannten in einer ungeschickten Art uns aus dem Wege, andere krochen nach ihren Löchern.

8. Oktober. – Wir kamen an der James-Insel an: Diese Insel, ebenso wie die Charles-Insel, wurde schon vor langer Zeit nach den englischen Königen aus dem Hause Stuart so genannt. Mr. Bynoe, ich und unsere Diener wurden hier für eine Woche gelassen, mit Vorräten und einem Zelt, während die »Beagle« nach Wasser ausging. Wir fanden hier eine Gesellschaft Spanier, welche von der Charles-Insel hierher geschickt worden waren, um Fische zu trocknen und Schildkrötenfleisch einzusalzen. Ungefähr sechs Meilen landeinwärts und in einer Höhe von 2000 Fuß war eine Hütte gebaut worden, in welcher zwei Männer lebten; ihre

Beschäftigung bestand im Fangen der Schildkröten, während die übrigen an der Küste Fische fingen. Ich besuchte diese Leute zweimal und schlief eine Nacht dort. Wie auf den anderen Inseln war die untere Region von beinahe blattlosen Sträuchern bedeckt; die Bäume erreichten hier aber eine bedeutendere Größe als irgendwo anders; mehrere maßen zwei Fuß, einige sogar zwei Fuß neun Zoll im Durchmesser. Die obere Region wird von den Wolken feucht erhalten und entwickelt daher eine grüne und wohlgedeihende Vegetation. Der Boden war so feucht, daß sich große Strecken fanden, die von einem groben Riedgras bedeckt waren; in diesem lebte eine große Zahl einer sehr kleinen Wasser-Ralle und brütete dort. Während wir in dieser oberen Gegend blieben, lebten wir ganz und gar von Schildkrötenfleisch; der Brustschild mit dem Fleisch daran geröstet (wie die Gauchos ihr »carne con cuero« bereiten) ist sehr gut; die jungen Schildkröten geben eine vorzügliche Suppe; im übrigen aber ist das Fleisch meinem Geschmack nach nur nichtssagend. Eines Tages begleiteten wir eine Gesellschaft jener Spanier in ihrem Walfischboot nach einer Salina oder einem See, von woher sie das Salz sich holen. Nach der Landung hatten wir einen sehr unebenen Weg über ein zerklüftetes Feld neuerer Lava, welche einen Tuff-Krater, in dessen Grund der Salzsee liegt, beinahe umgeben hatte. Das Wasser ist nur ungefähr drei oder vier Zoll tief und steht auf einer Schicht wundervoll kristallisierten weißen Salzes. Der See ist vollkommen kreisförmig und wird von einem Rand hellgrüner saftiger Pflanzen eingefaßt; die beinahe senkrecht abstürzenden Wände des Kraters sind mit Bäumen bekleidet, so daß die ganze Szenerie sowohl malerisch als merkwürdig war. Vor wenig Jahren haben die zu einem Robbenfänger gehörigen Matrosen ihren Kapitän an diesem stillen Ort ermordet; wir sahen seinen Schädel noch zwischen den Sträuchern liegen.

Während des größeren Teils unseres einwöchigen Aufenthalts war der Himmel wolkenlos; und wenn der Passatwind nur für eine Stunde aufhörte, so wurde die Hitze sehr drückend. An zwei Tagen stand das Thermometer innerhalb des Zelts mehrere Stunden lang auf 93°, in der freien Luft aber, im Wind und in der Sonne nur auf 85°. Der Sand war außerordentlich heiß; als das Thermometer in Sand von brauner Farbe gesteckt wurde, stieg es unmittelbar auf 137°; wie weit es darüber hinaus noch gestiegen sein würde, weiß ich nicht, denn es war nur bis dahin in Grade eingeteilt. Der schwarze Sand fühlte sich viel heißer an, so daß es selbst mit dicken Stiefeln unangenehm war, auf ihm zu gehen.

Die Naturgeschichte dieser Inseln ist in hohem Grade merkwürdig und verdient sehr wohl Aufmerksamkeit. Die meisten organischen Erzeugnisse sind einheimische Schöpfungen, die sich nirgendwo anders finden; es besteht sogar eine Verschiedenheit zwischen den Bewohnern der verschiedenen Inseln; doch zeigen alle eine ausgesprochene Verwandtschaft mit denen von Amerika, obschon sie von diesem Kontinent durch ein Stück offenen Meeres von 500 und 600 Meilen Breite getrennt sind. Der Archipel ist eine kleine Welt für sich oder vielmehr ein Amerika angehängter Satellit; von dort hat er einige verstreute Kolonisten herbezogen und den allgemeinen Charakter seiner einheimischen Erzeugnisse erhalten. Bedenkt man die unbedeutende Größe dieser Inseln, so fühlt man sich nur um so mehr über die Zahl ihrer einheimischen Geschöpfe und über ihr beschränktes Verbreitungsgebiet überrascht. Wenn man sieht, daß jede Höhe von einem Krater gekrönt wird und daß die Verbreitungsgrenzen der meisten Lavaströme noch ganz deutlich sind, so werden wir zu der Annahme geführt, daß sich innerhalb einer, geologisch genommen, rezenten Periode hier noch der Ozean ununterbrochen ausbreitete. Wir scheinen daher in beiden Beziehungen, sowohl im Raume als in der Zeit, jener großen Tatsache – jenem Geheimnis aller Geheimnisse –, dem ersten Erscheinen neuer lebender Wesen auf der Erde, näher gebracht zu werden.

Von Landsäugetieren findet sich nur eines, welches als einheimisch angesehen werden muß, nämlich eine Maus (Mus galapagoensis), und diese ist, soviel ich ermitteln konnte, auf die Chatham-Insel, die östlichste Insel der ganzen Gruppe, beschränkt. Auf der James-Insel kommt eine von der gemeinen Ratte verschiedene Art vor, da sie aber zu der altweltlichen Abteilung der Familie gehört und da diese Insel seit den letzten hundert Jahren öfters von Schiffen besucht worden ist, so kann ich kaum daran zweifeln, daß diese Ratte nur eine durch die neuen Verhältnisse des Klimas, der Nahrung und des Bodens, denen sie ausgesetzt gewesen ist, erzeugte Varietät ist. Obschon niemand ein Recht hat, ohne bestimmte Tatsachen zu spekulieren, so muß man doch selbst in bezug auf diese Maus der Chatham-Insel sich daran erinnern, daß es möglicherweise eine hier importierte amerikanische Art ist.

Von Landvögeln erhielt ich nur sechsundzwanzig Arten, alle dem Archipel eigentümlich und nirgends anderswo zu finden, mit Ausnahme eines lerchenartigen Finken von Nord-Amerika, welcher sich auf diesem Kontinent nördlich bis zum 54.° findet und gewöhnlich auf Moorboden vorkommt.

Von Wat- und Wasservögeln war ich nur imstande, elf Arten zu erhalten, und von diesen sind nur drei neue Spezies.

Ich will mich nun aber den Reptilien zuwenden, welche der Zoologie dieser Inseln den auffallendsten Charakterzug geben. Die Arten sind nicht zahlreich, aber die Zahl der Individuen einer jeden Spezies ist außerordentlich groß. Es finden sich eine kleine zu einer südamerikanischen Gattung gehörige Eidechse und zwei Spezies (und wahrscheinlich mehr) von Amblyrhynchus – einer auf die Galapagos-Inseln beschränkten Gattung. Von Seeschildkröten findet sich, wie ich glaube, mehr als eine Art; und von Landschildkröten gibt es, wie wir sogleich sehen werden, zwei oder drei Spezies oder Rassen. Kröten und Frösche gibt es keine dort; ich war hiervon überrascht, wenn ich bedachte, wie passend für diese Tiere die gemäßigten und feuchten Waldungen auf den Höhen zu sein schienen.

Ich will zuerst die Lebensweise der Schildkröte (Testudo nigra, früher indica genannt) beschreiben, welche schon so

Die Riesenschildkröten von Galapagos: »Einige wachsen bis zu einer ungeheuren Größe«

oft hier erwähnt wurde. Diese Tiere werden, wie ich glaube, auf sämtlichen Inseln des Archipels gefunden, sicherlich wenigstens auf der Mehrzahl derselben. Sie suchen mit Vorliebe die hoch gelegenen feuchten Teile auf, leben aber gleichfalls in den niedrigeren und dürren Distrikten. Ich habe schon nach der großen Zahl, welche an einem einzigen Tage gefangen wurde, gezeigt, wie außerordentlich zahlreich dieselben sein müssen. Einige wachsen bis zu einer ungeheuren Größe: Mr. Lawson, ein Engländer und Vize-Gouverneur der Kolonie, erzählte uns, daß er mehrere gesehen habe, die so groß waren, daß es sechs oder acht Mann bedurfte, um sie vom Boden aufzuheben, und daß einige bis zweihundert Pfund Fleisch geliefert hätten. Die alten Männchen sind die größten; die Weibchen wachsen nur selten zu einer so bedeutenden Größe heran: das Männchen kann vom Weibchen leicht durch die größere Länge des Schwanzes unterschieden werden. Die Schildkröten, welche auf denjenigen Inseln leben, die kein Wasser haben, oder in den niedrig gelegenen und trockenen Distrikten der andern, ernähren sich hauptsächlich mit den saftigen Kakteen. Diejenigen, welche die höheren und feuchten Gegenden aufsuchen, fressen die Blätter verschiedener Bäume, eine Art von Beeren, welche säuerlich und herb sind, und auch eine blaßgrüne, fadige Flechte, welche locken- oder zopfartig von den Baumzweigen herabhängt.

Die Schildkröte liebt das Wasser sehr, trinkt große Mengen und wühlt im Schlamm. Die größeren Inseln allein besitzen Quellen, und diese sind stets nach den zentraleren Teilen hin und in beträchtlicher Höhe gelegen. Die Schildkröten, welche die niedriger gelegenen Distrikte bewohnen, sind also, wenn sie durstig sind, genötigt, eine große Strecke weit zu wandern. Daher gehen von den Quellen breite und gut ausgetretene Pfade nach allen Richtungen hinab nach der Meeresküste; die Spanier entdeckten die Wasser bietenden Stellen zuerst dadurch, daß sie diese Pfade aufwärts verfolgten. Als ich auf der Chatham-Insel landete, konnte ich mir nicht vorstellen, welches Tier so methodisch auf sorgfältig gewähltem Wege wandere. Es war ein merkwürdiges Schauspiel, in der Nähe der Quellen viele dieser kolossalen Geschöpfe zu beobachten, wie die einen eifrig mit vorgestrecktem Hals vorwärts marschierten, während die andern, nachdem sie sich vollgetrunken hatten, wieder zurückkehrten. Wenn die Schildkröte an der Quelle ankommt, so taucht sie, ohne Rücksicht auf irgendwelche Zuschauer zu nehmen, ihren Kopf bis über die Augen ins Wasser und schluckt gierig, ungefähr zehnmal den Mund voll in einer Minute. Die Einwohner sagen, jedes Tier bleibe drei oder vier Tage in der Nähe des Wassers und kehre dann in das niedere Land zurück. Es ist indessen sicher, daß Schildkröten selbst auf denjenigen Inseln bestehen können, wo es kein anderes Wasser gibt als das, welches während einiger weniger Regentage im Jahre fällt.

Die Harnblase des Frosches dient als ein Reservoir für die Feuchtigkeit, deren das Tier zu seiner Existenz bedarf; dies scheint auch bei der Schildkröte der Fall zu sein. Einige Zeit nach einem Besuch der Quellen sind ihre Harnblasen von Flüssigkeit ausgedehnt, welche, wie man sagt, allmählich an Umfang abnimmt und weniger rein wird. Wenn die Einwohner in den tiefer gelegenen Teilen umhergehen und von Durst übermannt werden, so ziehen sie häufig aus diesem Umstand Vorteil und trinken den Inhalt der Blase, wenn diese voll ist: Ich sah, wie eine Schildkröte getötet wurde; die Flüssigkeit in der Blase war völlig hell und klar und hatte nur einen sehr unbedeutenden bitteren Geschmack. Die Einwohner trinken indessen immer zuerst das Wasser im Herzbeutel, welches als das beste beschrieben wird.

Wenn sich die Schildkröten nach einem bestimmten Punkt hin bewegen, so wandern sie Tag und Nacht und kommen an ihrem Reiseziel viel früher an, als man hätte erwarten sollen. Nach der Beobachtung gekennzeichneter Individuen sind die Einwohner der Ansicht, daß die Tiere eine Entfernung von ungefähr acht Meilen in zwei oder drei Tagen zurücklegen. Eine große Schildkröte, welche ich beobachtete, ging mit einer Geschwindigkeit von sechzig

Yards in zehn Minuten, das sind 360 Yards in einer Stunde oder vier Meilen in einem Tage – wobei wir eine kurze Zeit dem Tier zum Fressen unterwegs gestatten. Während der Brutzeit, wo Männchen und Weibchen zusammen leben, stößt das Männchen ein rauhes Brüllen oder Bellen aus, welches, wie man sagt, in einer Entfernung von über hundert Yards gehört werden kann. Das Weibchen braucht seine Stimme niemals und auch das Männchen nur zu den erwähnten Zeiten; wenn die Leute diesen Laut hören, wissen sie daher, daß zwei beisammen sind. Um die Zeit unseres Besuchs (Oktober) waren sie beim Eierlegen. Das Weibchen legt sie, wo der Boden sandig ist, zusammen und deckt sie wieder mit Sand zu; wo aber der Boden steinig ist, läßt es dieselben ganz unterschiedslos in jedes Loch fallen. Das Ei ist weiß und kugelig; eines, welches ich maß, hatte sieben und drei Achtel Zoll im Umfang, war daher größer als ein Hühnerei. Die jungen Schildkröten fallen, sobald sie ausgekrochen sind, in großer Zahl dem aasfressenden Bussard zur Beute. Die alten Tiere scheinen meist an den Folgen von Unglücksfällen zu sterben, so, wenn sie Abgründe hinabstürzen: Mindestens erzählten mir mehrere Einwohner, sie hätten niemals eines ohne irgendeine offenbare Ursache tot gefunden.

Die Einwohner glauben, daß diese Tiere absolut taub sind; sicher ist, daß sie es nicht hören, wenn jemand dicht hinter ihnen hergeht. Es unterhielt mich immer sehr, eines dieser großen Ungeheuer zu überholen, wenn es ruhig dahinging, zu sehen, wie es plötzlich im Augenblick, wo ich an ihm vorbeiging, seinen Kopf und seine Beine einzog und sich unter Ausstoßung eines tiefen Zischens mit einem schweren Ton auf die Erde fallen ließ, als sei es totgeschlagen. Ich stellte mich ihnen häufig auf den Rücken; wenn ich ihnen dann ein paar Schläge auf den hinteren Teil ihres Rückenschildes gab, standen sie auf und gingen weiter; – ich fand es aber sehr schwierig, das Gleichgewicht zu behalten. Das Fleisch der Tiere wird in ausgedehnter Weise verwendet, sowohl frisch als eingesalzen; aus ihrem Fett wird ein schönes klares Öl bereitet. Wenn eine Schildkröte gefangen wird, so macht der Mann in die Haut in der Nähe des Schwanzes einen Einschnitt, um in den Körper hineinsehen und beurteilen zu können, ob die Fettschicht unter dem Rückenschild dick ist. Ist dies nicht der Fall, so wird das Tier freigelassen; man sagt, es erhole sich ganz gut von dieser merkwürdigen Operation. Um sich der Schildkröten zu vergewissern, genügt es nicht, sie wie Seeschildkröten herumzudrehen, denn häufig sind sie imstande, wieder auf ihre Beine zu kommen.

Es läßt sich nur wenig daran zweifeln, daß diese Schildkröte ein eingeborener Bewohner der Galapagos-Inseln sei; sie wird auf allen oder nahezu allen Inseln gefunden, selbst auf einigen der kleineren, wo es kein Wasser gibt; wäre sie eine importierte Spezies, so würde dies wohl kaum der Fall gewesen sein bei einer so wenig besuchten Inselgruppe. Überdies fanden die alten Flibustier die Schildkröte in noch größerer Anzahl, als sie jetzt gefunden wird.

Die Gattung Amblyrhynchus, ein merkwürdiges Eidechsengeschlecht, ist auf diesen Archipel beschränkt: Es finden sich davon zwei Spezies, die einander in der allgemeinen Form ähnlich sind; die eine lebt auf dem Lande, die andere lebt im Wasser. Die letztere Art (A. cristatus) ist äußerst gemein auf allen Inseln der ganzen Gruppe und lebt ausschließlich auf dem steinigen Meeresstrand; sie findet sich niemals, wenigstens sah ich keine, auch nur zehn Yards landeinwärts. Es ist ein häßlich aussehendes Geschöpf von einer schmutzigschwarzen Färbung, dumm und träge in seinen Bewegungen. Die gewöhnliche Länge eines völlig erwachsenen Tieres ist ungefähr ein Yard, aber es gibt einige von vier Fuß Länge; ein großes Tier wog zwanzig Pfund; auf der Albemarle-Insel scheinen sie zu einer bedeutenderen Größe heranzuwachsen als anderswo. Ihr Schwanz ist an den Seiten abgeplattet, und alle vier Füße sind teilweise mit Schwimmhäuten versehen. Man sieht sie gelegentlich einige hundert Yards vom Ufer entfernt umherschwimmen. Ist diese Eidechse im Wasser, so schwimmt sie mit vollkommener Leichtigkeit und Schnelligkeit durch eine schlangenartige Bewegung ihres Körpers und seitlich abgeplatteten Schwanzes – die Beine bleiben bewegungslos und dicht zusammengefaltet an den Seiten. Ein Matrose an Bord versenkte eine, mit einem schweren Gewicht an ihren Körper gebunden, in der Absicht, sie auf diese Weise direkt zu töten; als er sie aber nach Verlauf einer Stunde mit der Schnur heraufzog, war sie vollständig lebendig. Ihre Gliedmaßen und starken Krallen sind wunderbar zum Kriechen über die rauhen und zerklüfteten Massen von Lava angepaßt, welche überall die Küste bilden. An solchen Stellen kann man oft eine Gruppe von sechs oder sieben dieser widerwärtigen Reptilien wenige Fuß über der Brandung auf den schwarzen Felsen mit ausgestreckten Beinen sich in der Sonne wärmen sehen.

Die Struktur ihres Schwanzes und ihrer Füße und die Tatsache, daß man sie aus freien Stücken hat ins Meer hin-

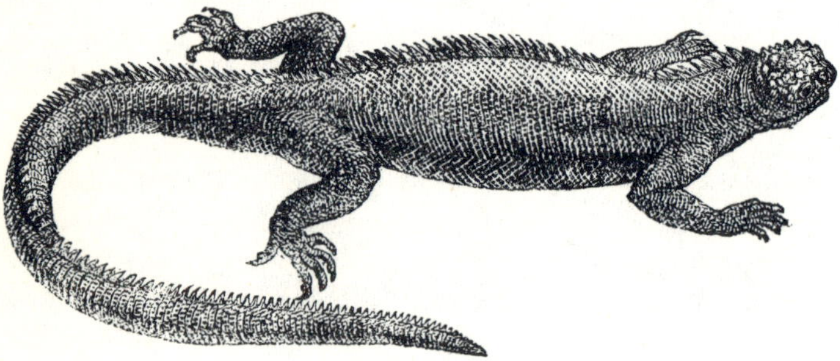

Amblyrhynchus cristatus

ausschwimmen sehen, beweisen absolut ihre aquatische Lebensweise; und doch findet sich eine in dieser Hinsicht fremdartige Anomalie: Wird sie nämlich erschreckt, so geht sie nicht ins Wasser. Es ist daher leicht, diese Eidechsen auf irgendeinen kleinen, ins Meer hinausragenden Vorsprung zu treiben, wo sie eher eine Person ihren Schwanz ergreifen lassen, als daß sie ins Wasser sprängen. Sie scheinen keinen Begriff davon zu haben, sich durch Beißen zu wehren. Ich warf eine dieser Eidechsen mehrere Male, so weit ich konnte, in einen tiefen, von der zurückgehenden Flut gelassenen Tümpel; sie kehrte aber ausnahmslos in einer geraden Linie zu dem Fleck zurück, wo ich stand. Sie schwamm dem Grunde nahe mit einer sehr graziösen und rapiden Bewegung und half sich gelegentlich über die unebenen Stellen mit ihren Füßen weiter. Sobald sie am Rande angekommen, aber noch unter Wasser war, versuchte sie sich in den Gebüschen von Seegras zu verbergen oder kroch in irgendeine Spalte. Sobald sie glaubte, die Gefahr sei vorüber, kroch sie heraus auf die trockenen Steine und watschelte fort, so schnell sie konnte. Ich fing dieselbe Eidechse mehrere Male dadurch, daß ich sie auf einen Vorsprung hinabtrieb; trotzdem konnte sie nichts dazu bestimmen, ins Wasser zu gehen; und sooft ich sie hineinwarf, kehrte sie in der oben beschriebenen Weise zurück. Diese scheinbare Dummheit läßt sich vielleicht durch den Umstand erklären, daß dies Reptil am Land keinen Feind hat, während es häufig den zahlreichen Haifischen zur Beute dienen muß. Daher wahrscheinlich nimmt es seine Zuflucht zum Land, wie auch der Fall liegen möge, da es von einem festgewurzelten und vererbten Instinkt zu dem Glauben gedrängt wird, daß das Land ein sicherer Ort für es sei.

Wir wollen uns nun zu der terrestrischen Art (A. Demarlii), mit einem runden Schwanz und Zehen ohne Schwimmhäute, wenden. Diese Eidechse ist auf den zentralen Teil des Archipels beschränkt, nämlich auf Albemarle-, James-, Barrington- und Indefatigable-Inseln. Nach Süden hin, auf der Charles-Insel, Hood- und Chatham-Insel, und nach Norden zu auf den Tower-, Bindloes- und Abingdon-Inseln habe ich weder von einer gehört noch selbst eine gesehen. Es möchte scheinen, als sei das Tier im Mittelpunkt des Archipels erschaffen und von da nur eine bestimmte Strecke weit verbreitet worden. Einige dieser Eidechsen bewohnen die hohen und feuchten Teile der Inseln; aber in den niedrigeren und sterilen Distrikten in der Nähe der Küste sind sie viel zahlreicher. Ich kann keinen eindringlicheren Beweis für ihre Mengen geben, als wenn ich anführe, daß wir, nachdem wir auf der James-Insel zurückgelassen worden waren, eine Zeitlang keine Stelle finden konnten, die frei von ihren Höhlen gewesen

Amblyrhynchus Demarlii

wäre und wo wir unser einziges Zelt hätten aufschlagen können. Wie ihre nächsten Verwandten, die marine Art, sind sie häßliche Tiere, unten von einer gelblich orangen, oben von einer bräunlich roten Färbung. Infolge ihres niedrigen Gesichtswinkels haben sie ein eigentümlich dummes Ansehen. Sie sind vielleicht von einer etwas geringeren Größe als die im Meer lebende Art; doch wogen mehrere derselben zwischen zehn und fünfzehn Pfund. In ihren Bewegungen sind sie faul und schlaff. Wenn sie nicht erschreckt sind, kriechen sie langsam vorwärts und ziehen dabei ihre Schwänze und ihre Bäuche auf dem Boden hin. Sie bleiben oft stehen und träumen eine oder zwei Minuten vor sich hin mit geschlossenen Augen und mit auf dem heißen Boden ausgestreckten Hinterbeinen.

Sie bewohnen Höhlen, welche sie zuweilen zwischen Bruchstücken von Lava, allgemeiner aber an ebenen Flecken des weichen sandsteinartigen Tuffs bauen. Die Höhlen scheinen nicht sehr tief zu sein und gehen unter einem sehr kleinen Winkel in den Boden hinein, so daß, wenn man über dieses Eidechsengehege geht, der Boden zum großen Ärger des ermüdeten Wanderers beständig nachgibt. Wenn sich dieses Tier seine Höhle gräbt, arbeitet es abwechselnd mit den entgegengesetzten Seiten des Körpers. Eine kurze Zeit lang scharrt das eine Vorderbein den Boden auf und wirft ihn dem Hinterbein zu, welches zweckmäßig so gestellt ist, daß es die Erde über die Mündung der Höhle hinausschafft. Ist diese Seite des Körpers ermüdet, so nimmt die andere die Arbeit auf, und so abwechselnd weiter. Ich beobachtete eine Eidechse lange Zeit bei ihrer Arbeit, bis der halbe Körper vergraben war; dann ging ich hinzu und zog sie am Schwanz heraus. Darüber war sie in hohem Grade erstaunt und drehte sich bald herum, um zu sehen, was denn vorginge; dabei stierte sie mir ins Gesicht, ganz als wollte sie sagen: »Was heißt dich denn mich am Schwanz ziehen?«

Sie fressen bei Tage und wandern nicht weit von ihren Gruben fort; werden sie erschreckt, so stürzen sie mit einem äußerst ungeschickten Gang auf dieselben zu. Ausgenommen wenn sie bergab rennen, können sie sich nicht sehr schnell bewegen, wie es scheint wegen der seitlichen Stellung ihrer Beine. Sie sind nicht furchtsam: Beobachtet man eines der Tiere aufmerksam, so ringelt es seinen Schwanz, erhebt sich auf seinen Vorderbeinen, nickt in einer schnellen Bewegung senkrecht mit dem Kopfe und versucht sehr wild auszusehen. In Wirklichkeit sind sie es aber durchaus nicht: Wenn man nur auf den Boden stampft, so lassen sie den Schwanz hängen und watscheln fort, so schnell sie nur können. Ich habe häufig bemerkt, daß kleine fliegenfressende Eidechsen, wenn sie irgend etwas beobachten, mit ihrem Kopfe in genau derselben Weise nicken; ich weiß aber nicht, zu welchem Zwecke sie dies tun. Wenn man diesen Amblyrhynchus mit einem Stock festhält und neckt, so beißt er heftig zu; ich habe aber viele beim Schwanz gefangen, und niemals haben sie versucht, mich zu beißen. Werden zwei auf die Erde gelegt und zusammengehalten, so kämpfen sie miteinander und beißen einander, bis Blut fließt.

Die Individuen (und deren ist eine große Zahl), welche die niedrigeren Teile des Landes bewohnen, können das ganze Jahr hindurch kaum einen Tropfen Wasser kosten; sie verzehren aber viel von den saftigen Kakteen, deren Zweige gelegentlich vom Wind abgebrochen werden. Ich warf ihnen mehrere Male ein Stück zu, wenn zwei oder drei von ihnen zusammen waren; da war es amüsant, zu sehen, wie sie versuchten, es zu ergreifen und in ihrem Mund wegzubringen, ebenso wie es viele hungrige Hunde mit einem Knochen machen würden. Sie fressen sehr bedächtig, kauen aber ihre Nahrung nicht.

Gekocht geben diese Eidechsen ein weißes Fleisch, welches diejenigen ganz gern haben, deren Magen sich über alle gewöhnlichen Vorurteile hinwegsetzt. Die Einwohner geben an, daß diejenigen, welche die oberen, feuchten Teile der Inseln bewohnen, Wasser trinken, daß aber die andern nicht, wie die Schildkröten, aus dem niedrigen sterilen Land hinaufwandern, um Wasser zu erlangen. Zur Zeit unseres Besuchs hatten die Weibchen zahlreiche große längliche Eier in ihren Körpern, welche sie in ihren Höhlen ablegen: Die Einwohner suchen diese als Nahrungsmittel.

Wie ich schon bemerkt habe, sind diese Inseln nicht so merkwürdig wegen der Zahl der Reptilien-Arten wie wegen der Zahl der Individuen; wenn wir uns der tüchtig ausgetretenen, von den Tausenden kolossaler Schildkröten gemachten Wege – der vielen Seeschildkröten, der großen Gehege des auf dem Lande lebenden Amblyrhynchus – und der zahlreichen Gruppen der sich auf den Felsen aller Inseln in der Sonne wärmenden marinen Art erinnern, so müssen wir zugeben, daß es wohl keinen anderen Teil der Welt gibt, wo diese Ordnung die pflanzenfressenden Säugetiere in einer so außerordentlichen Weise vertritt. Wenn der Geologe dies hört, wendet er sich wahrscheinlich in seiner Erinnerung zurück zu den sekundären Perioden, wo Eidechsen, einige pflanzenfressend, manche fleischfressend und von Dimensionen, die sie nur mit unseren jetzt existierenden Walen vergleichen lassen, auf dem Land und im Meer schwärmten. Es ist daher wohl seiner Beachtung wert, daß dieser Archipel, statt ein feuchtes Klima und eine üppige Vegetation zu besitzen, nicht anders denn als äußerst dürr und, für eine Äquatorialgegend, merkwürdig gemäßigt betrachtet werden kann.

Ich will nun aber den zoologischen Bericht beenden: Die fünfzehn Arten Seefische, welche ich hier bekam, sind sämtlich neue Arten; sie gehören zu zwölf weit verbreiteten Gattungen. Von Landschnecken sammelte ich sechzehn Arten, von denen alle, mit Ausnahme einer auf Tahiti gefundenen Art, diesem Archipel eigentümlich sind; eine einzige Süßwasserschnecke gehört noch Tahiti und Vandiemensland an.

Ich habe mir große Mühe mit dem Sammeln der Insekten gegeben, aber mit Ausnahme des Feuerlandes habe ich noch niemals ein in dieser Hinsicht so armes Land gesehen. Selbst in der oberen und feuchten Region habe ich nur sehr wenig erhalten. Von Käfern sammelte ich fünfundzwanzig Spezies. Mit Ausnahme einer holzfressenden Apate und eines oder wahrscheinlich zweier Wasserkäfer vom amerikanischen Kontinent sind sämtliche Spezies dem Anschein nach neu.

Die Botanik dieser Inselgruppe ist so interessant als ihre Zoologie. An Blütenpflanzen gibt es dort, soviel bis jetzt bekannt ist, 185 Spezies, von kryptogamen Pflanzen 40, was zusammen 225 Arten ergibt; von dieser Zahl war ich glücklich genug, 193 nach Hause zu bringen. Von den Blütenpflanzen sind 100 Spezies neu und wahrscheinlich auf diesen Archipel beschränkt.

Meiner Ansicht nach ist es überraschend, daß nicht mehr amerikanische Arten auf natürlichem Weg eingeführt worden sind, wenn man in Betracht zieht, daß die Entfernung von dem Kontinent nur zwischen 500 und 600 Meilen beträgt und daß Treibholz, Bambus, Schilf und die Nüsse einer Palme häufig an den südöstlichen Küsten an Land geworfen werden. Der Umstand, daß von 185 Blütenpflanzen 100 Arten neu sind, reicht meiner Meinung nach hin, aus dem Galapagos-Archipel eine besondere botanische Provinz zu bilden.

Noch habe ich den allermerkwürdigsten Zug der Naturgeschichte dieses Archipels nicht erwähnt; er besteht darin, daß von den verschiedenen Inseln in einer beträchtlichen Ausdehnung jede von einer verschiedenen Gruppe von Geschöpfen bewohnt wird. Meine Aufmerksamkeit wurde dadurch zuerst auf diese Tatsache gelenkt, daß der Vize-Gouverneur Lawson erklärte, die Schildkröten von den verschiedenen Inseln seien untereinander verschieden, und er könne mit Sicherheit sagen, von welcher Insel irgendeine hergebracht sei. Eine Zeitlang schenkte ich dieser Angabe nicht hinreichende Aufmerksamkeit, und ich hatte bereits zum Teil die Sammlungen von zwei der Inseln untereinander vermengt. Es wäre mir doch nicht im Traum eingefallen, daß ungefähr fünfzig oder sechzig Meilen voneinander entfernt liegende Inseln, aus genau denselben Gesteinen bestehend, in einem ganz ähnlichen Klima gelegen und nahezu zu derselben Höhe sich erhebend, verschiedene Bewohner haben sollten; wir werden aber sofort sehen, daß dies der Fall ist.

Die Bewohner der Inseln geben, wie ich gesagt habe, an, daß sie die Schildkröten von den verschiedenen Inseln unterscheiden können und daß die Tiere nicht bloß der Größe nach, sondern auch in anderen Punkten voneinander abweichen. Kapitän Porter hat die von der Charles-Insel und von der dieser nächstgelegenen, nämlich der Hood-Insel, beschrieben und erwähnt, daß ihre Schalen vorn dick und wie ein spanischer Sattel aufgebogen seien, während die Schildkröten von der James-Insel runder, schwärzer und, wenn gekocht, von besserem Geschmack seien. Die Exemplare, welche ich von drei Inseln mitbrachte, waren junge Tiere, und wahrscheinlich infolge dieses Umstandes konnte weder Mr. Gray noch ich selbst irgendwelche spezifische Unterschiede an ihnen finden. Ich habe bemerkt, daß die marine Art von Amblyrhynchus auf der Albemarle-Insel größer war als irgendwo anders; Mr. Bibron teilte mir mit, daß er zwei verschiedene wasserbewohnende Spezies dieser Gattung gesehen habe, so daß die verschiedenen Inseln wahrscheinlich ebensogut ihre repräsentativen Arten oder Rassen von Amblyrhynchus haben wie von der Schildkröte. Meine Aufmerksamkeit wurde zuerst auf das lebhafteste angeregt, als ich die zahlreichen von mir selbst wie von mehreren andern Gesellschaften an Bord geschossenen Exemplare der Spottdrosseln miteinander verglich, wobei sich zu meinem größten Erstaunen herausstellte, daß alle die von der Charles-Insel zu einer Spezies (Mimus trifasciatus), alle die von der Albemarle-Insel zu Mimus parvulus und alle die von der James- und Chatham-Insel (zwischen welchen als verbindende Glieder zwei andere Inseln liegen) zu M. melanotis gehörten.

Wenn wir uns der Flora zuwenden, so werden wir auch die Pflanzen der verschiedenen Inseln verschieden finden.

Wir haben hier die wahrhaft wunderbare Tatsache vor uns, daß auf der James-Insel von den dort gefundenen achtunddreißig Galapagos-Pflanzen oder solchen, die auf keinem anderen Fleck der Erde gefunden werden, dreißig ausschließlich auf diese eine Insel beschränkt sind, daß von den auf der Albemarle-Insel gefundenen sechsundzwanzig einheimischen Galapagos-Pflanzen zweiundzwanzig auf diese eine Insel beschränkt sind, d. h. man kennt bis jetzt nur vier, die noch auf andern Teilen des Archipels vorkommen.

Die Verbreitung der Bewohner dieses Archipels würde auch nicht annähernd so wunderbar sein, wenn beispielsweise die eine Insel eine Spottdrossel und eine zweite Insel irgendeine andere, davon ganz verschiedene Gattung hätte; – wenn die eine Insel ihre besondere Gattung von Eidechsen hätte und eine zweite eine andere verschiedene Gattung oder keine; – oder wenn die verschiedenen Inseln nicht von repräsentativen Spezies der nämlichen Gattungen von Pflanzen, sondern von ganz und gar verschiedenen Gattungen bewohnt würden, wie es auch in einer gewissen Ausdehnung der Fall ist; denn, um ein Beispiel anzuführen, ein großer beerentragender Baum der James-Insel hat auf der Charles-Insel keine repräsentative Art. Das, was mich mit Verwunderung erfüllt, ist gerade der Umstand, daß mehrere der Inseln ihre eigenen Spezies von Schildkröte, Spottdrossel, Finken und zahlreichen Pflanzen besitzen, während doch diese Arten dieselben allgemeinen Lebensgewohnheiten haben, analoge Örtlichkeiten bewohnen und ganz offenbar dieselben Stellen im Naturhaushalt des Archipels ausfüllen. Ich habe vorhin gesagt, daß die meisten Inseln in Sichtweite voneinander liegen: Ich will noch einzeln anführen, daß die Charles-Insel fünfzig Meilen vom nächsten Teil der Chatham-Insel und dreiunddreißig Meilen vom nächsten Punkt der Albemarle-Insel entfernt liegt. Die Chatham-Insel ist sechzig Meilen weit vom nächsten Teil der James-Insel, zwischen beiden liegen aber zwei kleine Inseln, welche ich nicht besucht habe. Die James-Insel ist nur zehn Meilen vom nächsten Punkt der Albemarle-Insel entfernt; die beiden Punkte aber, wo die Sammlungen veranstaltet wurden, liegen zweiunddreißig Meilen auseinander. Ich muß wiederholen, daß weder die Natur des Bodens noch die Erhebung des Landes, noch der allgemeine Charakter der vergesellschafteten Lebewesen, daher auch ebensowenig ihre Einwirkung aufeinander, auf den verschiedenen Inseln sehr verschieden sein können. Wenn es irgendeine bemerkbare Differenz im Klima gibt, so muß sie zwischen dem Klima der windwärts gelegenen Inseln (nämlich die Charles- und Chatham-Insel) und dem Klima der vom Winde abgelegenen bestehen; es scheint aber keine Verschiedenheit in den Naturerzeugnissen dieser beiden Hälften des Archipels zu existieren.

Überblickt man die hier mitgeteilten Tatsachen, so ist man über den Betrag an schöpferischer Kraft, wenn ein derartiger Ausdruck gestattet ist, erstaunt, der sich auf diesen kleinen, nackten und felsigen Inseln entfaltet hat; und noch mehr über deren verschiedenartige, aber analoge Wirkung auf so nahe beieinander gelegenen Punkten. Ich habe oben gesagt, daß der Galapagos-Archipel ein Amerika angehängter Satellit genannt werden könnte; man sollte ihn aber lieber eine Satelliten-Gruppe nennen, deren einzelne Glieder physikalisch einander ähnlich, organisch verschieden, aber aufs innigste miteinander und in einem ausgesprochenen, wenn schon viel geringeren Grade mit dem großen amerikanischen Kontinent verwandt sind.

XVIII. KAPITEL

Tahiti und Neu-Seeland

20. Oktober. – Da die Aufnahme des Galapagos-Archipels beendet war, steuerten wir auf Tahiti zu und begannen unsere lange Fahrt von 3200 Meilen. Im Lauf weniger Tage kamen wir aus dem trüben und wolkigen Bezirk des Ozeans heraus, welcher sich während des Winters von der Küste von Süd-Amerika an weit hinaus erstreckt. Wir erfreuten uns nun hellen und klaren Wetters, während wir sehr angenehm mit einer Geschwindigkeit von 150 oder 160 Meilen pro Tag vor dem beständigen Passatwind hinfuhren. Die Temperatur ist in diesem zentraleren Teil des Stillen Ozeans höher als in der Nähe der amerikanischen Küste. Das Thermometer in der hinteren Kajüte stand Tag und Nacht zwischen 80° und 83°, was ein sehr angenehmes Gefühl ist; bei einem Grad oder zweien mehr wird die Hitze drückend. Wir kamen durch den Archipel der Niedrigen oder Gefährlichen Inseln und sahen mehrere der merkwürdigsten Ringe von Korallen-Land, gerade über den Wasserspiegel hervorragend, welche Lagunen-Inseln genannt worden sind. Ein langer und glänzend weißer Strand wird von einem Saum grüner Vegetation gekrönt; nach beiden Seiten verschmälert sich der Streifen in der Entfernung und sinkt unter den Horizont. Von der Mastspitze aus sieht man eine weite Fläche glatten Wassers innerhalb des Rings. Diese niedrigen hohlen Korallen-Inseln stehen in gar keinem Verhältnis zu dem ungeheuren Ozean, aus dem sie sich ganz plötzlich erheben; und es erscheint wunderbar, daß solche schwachen Eindringlinge nicht von den mächtigen und nie ermüdenden Wellen jenes großen, fälschlich »Stillen« genannten, Ozeans überwältigt werden.

15. November. – Bei Tagesanbruch war Tahiti, eine Insel, welche dem in dem Stillen Ozean Reisenden für alle Zeiten klassisch bleiben muß, in Sicht. In der Entfernung

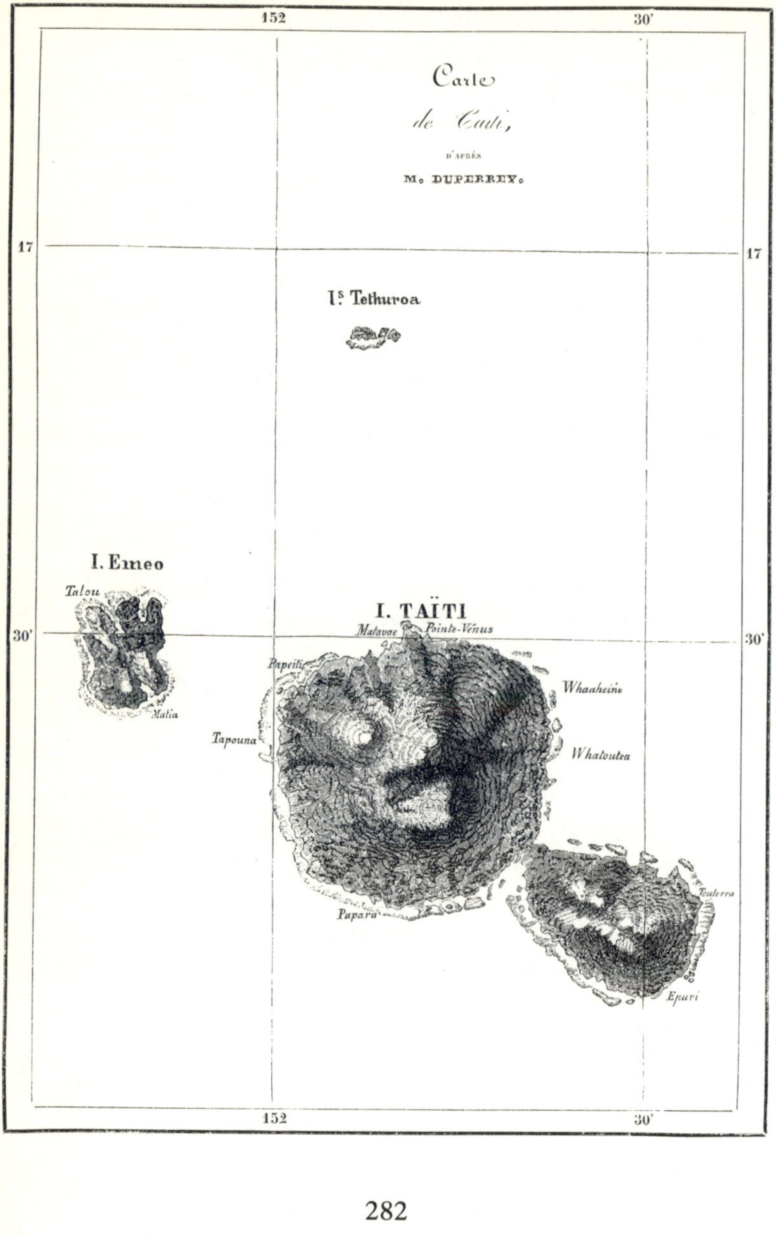

Carte
de Taïti,
d'après
M. DUPERREY.
152
30'
17
17
Is Tethuroa
I. Emeo
Talou
Matia
I. TAÏTI
Matavae
Pointe-Vénus
30'
30'
Papeiti
Whaaheine
Tapouna
Whatoutea
Papara
Touterra
Epuri
152
30'

war ihre Erscheinung nicht anziehend. Die üppige Vegetation der niedriggelegenen Teile konnte noch nicht gesehen werden, und wie die Wolken vorüberrollten, zeigten sich die wildesten und am steilsten abstürzenden Gipfel nach der Mitte der Insel zu. Sobald wir in Matavai-Bai vor Anker gegangen waren, wurden wir von Canoes umgeben. Es war dies unser Sonntag, aber der Montag von Tahiti: wäre das Umgekehrte der Fall gewesen, hätten wir nicht einen einzigen Besuch erhalten; denn dem Befehl, am Sabbat nicht ein einziges Canoe ins Meer zu lassen, wird streng gehorcht. Nach dem Mittagessen gingen wir an Land, um all das Entzücken zu genießen, welches die ersten Eindrücke eines neuen Landes hervorrufen, und dies neue Land war noch dazu das reizende Tahiti. Eine Menge von Männern, Frauen und Kindern hatte sich auf dem denkwürdigen Point Venus versammelt, bereit, uns mit Lachen und heiteren Gesichtern zu empfangen. Sie geleiteten uns nach dem Haus von Mr. Wilson, dem Missionar des Distrikts, welcher uns unterwegs begegnete und sehr freundschaftlich empfing. Nachdem wir eine kurze Zeit in seinem Hause gesessen hatten, trennten wir uns, um umherzuwandern, kehrten aber am Abend wieder dorthin zurück.

Das der Kultivierung fähige Land ist kaum an irgendeiner Stelle mehr als ein Saum von niedrigem Boden, der sich ringsum am Fuß der Berge angesammelt hat und welcher vor den Wellen des Ozeans durch ein Korallenriff beschützt wird, das die ganze Küste umgibt. Innerhalb dieses Riffes ist eine weite Fläche ruhigen Wassers, wie die eines Sees, gelegen, wo die Canoes der Eingeborenen sich mit völliger Sicherheit bewegen und wo Schiffe vor Anker gehen können. Das untere Land, welches bis zu dem aus Korallensand gebildeten Strand hinabreicht, ist von den allerschönsten Erzeugnissen der zwischen den Wendekreisen gelegenen Gegenden bedeckt. In der Mitte von Bananen-, Orangen-, Kokosnuß- und Brotfrucht-Bäumen sind Stellen abgeräumt, wo Yams, süße Bataten, Zuckerrohr und Ananas angebaut werden. Selbst das Gesträuch wird von einem wichtigen Fruchtbaum gebildet, nämlich der Guava, welche ihrer ungeheuren Menge wegen so schädlich wie ein Unkraut geworden ist. In Brasilien habe ich oft die verschiedenartige Schönheit der Bananen-, Palmen- und Orangenbäume in ihrem einander hebenden Kontrast bewundert; hier haben wir noch den Brotfruchtbaum, der durch seine großen glänzenden und tief fingerförmig geteilten Blätter so in die Augen fällt. Es ist wunderbar, ganze Haine von Bäumen zu sehen, welche ihre Zweige mit der Lebenskraft einer englischen Eiche ausbreiten und mit großen und äußerst nahrhaften Früchten beladen sind. Wie selten es auch immer sein mag, daß die Nützlichkeit eines Gegenstandes das Vergnügen beim Erblicken desselben erklären kann, was den Fall dieser herrlichen Haine betrifft, so macht die Kenntnis von ihrer großen Produktivität ohne Zweifel einen Teil des Gefühls der Bewunderung aus. Die kleinen gewundenen Pfade, alle wegen des umgebenden Schattens kühl, führten zu den verstreut liegenden Häusern; die Besitzer derselben gaben uns überall eine herzliche und äußerst gastliche Aufnahme.

Mir gefiel nichts so sehr wie die Einwohner. Im Ausdruck ihres Gesichts liegt eine Milde, welche sofort die Idee eines Wilden verbannt, und eine Intelligenz, welche deutlich zeigt, daß sie auf dem Weg der Zivilisation fortschreiten. Die gemeinen Leute haben beim Arbeiten den oberen Teil ihrer Körper vollkommen nackt; und dann zeigen sich die Tahitianer gerade zu ihrem Vorteil. Sie sind alle sehr groß, breitschultrig, athletisch und gut proportioniert. Man hat die Bemerkung gemacht, daß es nur einer geringen Gewöhnung bedürfe, um eine dunkle Haut dem Auge eines Europäers angenehmer und natürlicher zu machen als seine eigene Farbe. Wenn sich ein weißer Mann neben einem Tahitianer badete, so erschien er wie eine durch die Kunst des Gärtners gebleichte Pflanze verglichen mit einer schön dunkelgrünen, welche kräftig auf dem offenen Feld wächst. Die meisten Männer sind tätowiert, und die Verzierungen folgen den Krümmungen der Körperlinien in einer so graziösen Weise, daß sie eine sehr elegante Wirkung hervorbringen. Ein sehr häufiges, in seinen Details wech-

Tahitianer

selndes Muster ist in etwa der Laubkrone eines Palmbaumes ähnlich. Es entspringt von der Mittellinie des Rückens und schlängelt sich graziös um beide Seiten des Körpers. Der sich mir aufdrängende Vergleich mag etwas phantastisch erscheinen, aber mir kam es vor, als sei der Rumpf eines in dieser Weise verzierten Mannes wie der Stamm eines edlen Baumes, welchen eine zarte Schlingpflanze umgebe.

Bei vielen der älteren Leute sind die Füße mit kleinen Figuren bedeckt, die so angeordnet sind, daß sie einer Socke ähnlich sind. Indessen ist diese Mode zum Teil vorüber, und andere sind an ihre Stelle getreten. Obgleich die Mode durchaus nicht unveränderlich ist, so muß doch jedes Individuum mit der leben, welche zur Zeit seiner Jugend herrschte. Auf diese Weise trägt ein alter Mann für immer den Stempel seiner Zeit auf seinem Körper und kann nicht das Ansehen eines jungen Dandy annehmen. Die Frauen sind in derselben Weise tätowiert wie die Männer und sehr gewöhnlich auch an ihren Fingern. Eine sehr schlecht kleidende Mode herrscht jetzt ganz allgemein: nämlich, sich das Haar vom oberen Teil des Kopfs in einer kreisförmigen Weise rasieren zu lassen, so daß nur außen ein Ring stehenbleibt. Die Missionare haben die Leute zu überreden versucht, diese Gewohnheit aufzugeben; es heißt aber: »Es ist so Mode«, und diese Antwort genügt ebensogut in Tahiti wie in Paris. In bezug auf die persönliche Erscheinung der Frauen war ich sehr enttäuscht; sie stehen den Männern in allen Beziehungen bei weitem nach. Die Gewohnheit, eine weiße oder scharlachrote Blüte am hinteren Teil des Kopfes oder in einem kleinen Loch in jedem Ohr zu tragen, ist hübsch. Auch wird ein Kranz von gewebten Kokosnuß-Blättern als ein Schirm für die Augen getragen. Die Frauen scheinen irgend etwas, was sie gut kleidet, selbst noch mehr zu bedürfen als die Männer.

Beinahe alle Eingeborenen verstehen ein wenig Englisch – d. h. sie kennen die Namen der gewöhnlichsten Gegenstände; und mit Hilfe dieses Umstands in Verbindung mit Zeichen konnte eine Art lahmer Konversation unterhalten werden. Als wir am Abend zum Boot zurückkehrten, blieben wir stehen, um Zeuge einer allerliebsten Szene zu sein. Eine Menge Kinder spielten auf dem Strand und hatten Freudenfeuer angezündet, welche das ruhige Meer und die umgebenden Bäume beleuchteten; andere standen im Kreis und sangen. Wir setzten uns auf den Sand und teilten ihre Gesellschaft. Die Gesänge waren aus dem Stegreif und bezogen sich, wie ich glaube, auf unsere Ankunft: Ein kleines Mädchen sang eine Zeile, welche die übrigen, einen sehr hübschen Chor bildend, mehrstimmig aufnahmen.

17. November. – In unserem Logbuch wird dieser Tag als Dienstag der 17., statt Montag der 16. gerechnet, und zwar infolge unserer insoweit erfolgreichen Jagd der Sonne. Vor dem Frühstück war unser Schiff von einer Flottille von Canoes eingefaßt; und als den Eingeborenen gestattet wor-

den war, an Bord zu kommen, können es meiner Meinung nach nicht weniger als zweihundert gewesen sein. Sämtliche Leute an Bord waren der Ansicht, daß es schwierig gewesen sein würde, aus irgendeiner andern Nation eine gleiche Anzahl auszulesen, welche so wenig Unruhe gemacht hätte. Alle brachten sie etwas zum Verkauf; Muscheln und Schneckenhäuser waren die hauptsächlichsten Handelsartikel. Die Tahitianer sehen jetzt vollständig den Wert des Geldes ein und ziehen es alten Kleidern und andern Gegenständen vor. Doch setzen sie die verschiedenen Münzen mit englischen und spanischen Bezeichnungen in Verwirrung, und sie halten daher die kleinen Silbermünzen niemals für sicher, bis sie dieselben in Dollars umgewechselt haben. Einige der Häuptlinge haben ganz beträchtliche Summen Geldes angehäuft. Vor nicht langer Zeit bot ein Häuptling 800 Dollar (ungefähr 160 Pfund Sterling) für ein kleines Fahrzeug, und häufig kaufen sie Schaluppen und Pferde im Preise von 50 bis 100 Dollar.

Nach dem Frühstück ging ich an Land und den nächsten Abhang bis zu einer Höhe von zwischen zwei- und dreitausend Fuß hinauf. Die äußeren Berge sind glatt und kegelförmig, aber steil, und die alten vulkanischen Gesteine, aus denen sie gebildet sind, sind von vielen tiefen Schluchten zerschnitten, welche von den mittleren durchbrochenen Teilen der Insel aus bis nach der Küste hinreichen.

Von dem höchsten Punkt, welchen ich erreichte, hatte ich einen guten Blick auf die entfernte Insel Eimeo, welche demselben Herrscher untersteht wie Tahiti. Auf den hohen und zerklüfteten Bergspitzen waren weiße Wolken aufgetürmt, welche in dem blauen Himmel ebenso eine Insel bildeten, wie Eimeo selbst eine solche im blauen Ozean war. Die Insel ist mit Ausnahme einer einzigen engen Pforte vollständig von einem Riff umgeben. Von dieser Entfernung aus war nur eine schmale, aber scharf begrenzte glänzend weiße Linie da zu sehen, wo die Wellen zuerst den Korallenwänden begegneten. Die Berge erhoben sich ganz plötzlich aus der spiegelglatten Fläche der Lagune, welche von dieser schmalen weißen Linie einge-

Eimeo

schlossen wird; außerhalb der letzteren waren die auf- und abschwellenden Wässer des Ozeans von dunkler Färbung. Als ich am Abend von dem Berg herabstieg, kam ein Mann, dem ich durch irgendein unbedeutendes Geschenk eine Freude gemacht hatte, und brachte mir warme geröstete Bananen, eine Ananas und Kokosnüsse. Wenn man unter einer brennenden Sonne gegangen ist, kenne ich nichts Erfrischenderes als die Milch einer frischen Kokosnuß. Ananas sind hier in solcher Masse da, daß sie die Leute in derselben verschwenderischen Weise essen wie wir etwa Rüben. Sie sind von ausgezeichnetem Geschmack – vielleicht selbst noch besser als die in England kultivierten, und ich glaube, dies ist das größte Kompliment, welches man irgendeiner Frucht machen kann. Ehe wir an Bord gingen, machte Mr. Wilson dem Mann, der mir eine so passende Aufmerksamkeit erwiesen hatte, um meinetwillen verständlich, daß ich wünschte, er und noch ein zweiter Mann sollten mich auf einer kurzen Exkursion in die Berge begleiten.

18. November. – Am Morgen kam ich zeitig an Land und brachte einige Vorräte in einem Sack und zwei Decken für mich selbst und den Diener mit. Diese wurden an die beiden Enden einer langen Stange gebunden, welche abwechselnd von meinen Tahitianern auf den Schultern getragen wurde. Die Leute sind gewöhnt, in dieser Weise einen ganzen Tag lang selbst bis zu fünfzig Pfund an jedem Ende ihrer Stangen zu tragen. Ich sagte meinen Führern, daß sie sich mit Nahrung und Kleidung versehen sollten; sie

erwiderten mir aber, daß es in den Bergen genug Nahrung gebe und daß ihre eigene Haut völlig genügende Bedeckung sei. Unser Marsch ging in das Tal Tia-auru, durch welches ein Fluß bei Point Venus herab in die See fließt. Dies ist einer der Hauptströme der Insel; seine Quelle liegt am Fuß der höchsten zentralen Spitzen, welche bis zu einer Höhe von ungefähr 7000 Fuß ansteigen. Die ganze Insel ist so bergig, daß der einzige Weg, in das Innere einzudringen, der ist, die Täler aufwärts zu verfolgen. Unsere Straße führte uns anfangs durch Gehölz, welches auf jeder Seite den Fluß einfaßte; die Durchblicke auf die hohen zentralen Piks, gleichsam wie durch Baumgänge gesehen, hier und da eine wallende Kokos-Palme auf der einen Seite, waren äußerst malerisch. Das Tal begann bald eng zu werden und die Seiten sich hoch und steil zu erheben. Nachdem wir drei bis vier Stunden marschiert waren, sahen wir, daß die Breite der Schlucht kaum die des Flußbettes übertraf. Auf jeder Seite waren die Wände beinahe senkrecht; aber infolge der weichen Beschaffenheit der vulkanischen Schichten sprangen Bäume und ein üppiger Pflanzenwuchs

»Das Tal begann bald eng zu werden . . .«

aus jedem Rand vor. Diese Abgründe müssen einige tausend Fuß hoch gewesen sein; das Ganze bildete eine Bergschlucht, bei weitem großartiger als irgend etwas, was ich bis dahin gesehen hatte. Bis die Mittagssonne senkrecht über der Schlucht stand, war die Luft kühl und feucht; dann aber wurde sie drückend und schwül. Im Schatten eines Felsvorsprungs unter einer Fassade säulenförmiger Lava aßen wir unser Mittagsbrot. Meine Führer hatten bereits ein Gericht kleiner Fische und Süßwasser-Garnelen besorgt. Sie führten ein kleines, auf einen Reifen gespanntes Netz mit sich, und wo das Wasser tief war und Strudel bildete, tauchten sie und folgten, wie die Ottern die Augen offen behaltend, den Fischen in ihre Höhlen und Winkel und fingen sie auf diese Weise.

Ein wenig höher hinauf teilte sich der Fluß in drei kleine Bäche. Die beiden nördlichen waren unzugänglich wegen einer Reihe von Wasserfällen, welche von dem zerklüfteten zentralen Gipfel herabkamen; der andere war allem Anschein nach in gleicher Weise unzugänglich; wir machten es indes möglich, ihn auf einem ganz außerordentlichen Wege aufwärts zu verfolgen. Die Seitenhänge der Täler waren hier nahezu senkrecht; wie es aber häufig bei geschichteten Felsarten der Fall ist, so sprangen schmale Leisten vor, welche dicht mit wilden Bananen, lilienartigen Pflanzen und anderen üppig gedeihenden Erzeugnissen der Tropen bedeckt waren. Die Tahitianer hatten, als sie beim Suchen nach Früchten auf diesen Vorsprüngen herumgeklettert waren, einen Pfad entdeckt, auf dem der ganze Abgrund erklettert werden konnte. Das erste Stück, vom Tal aus aufzusteigen, war sehr gefährlich, denn es war notwendig, eine steil aufgerichtete Fläche nackten Felsens mit Hilfe von Stricken, welche wir mit uns geführt hatten, hinaufzukommen. Wie irgend jemand hat entdecken können, daß dieser furchtbare Ort der einzige Punkt war, von dem die Seite des Berges zugänglich war, kann ich mir nicht vorstellen. Wir gingen dann vorsichtig einem der Vorsprünge entlang weiter, bis wir an einen der drei Bäche kamen. Dieser Vorsprung bildete eine flache Stelle, über welche ein wunderschöner, einige hundert Fuß hoher Wasserfall hinabstürzte; darunter ergoß eine andere hohe Kaskade das Wasser in den Hauptfluß unten im Tal. Von diesem kühlen und schattigen Versteck machten wir einen Bogen, um den überhängenden Wasserfall zu vermeiden. Wie früher folgten wir kleinen vorspringenden Felsrändern, wobei die Gefahr des Wegs zum Teil durch die Dichtheit der Vegetation verhüllt wurde. Beim Übergang von einem Felsrand zum anderen gingen wir über eine senkrechte Felswand hin. Einer der Tahitianer, ein schöner lebendiger Mann, lehnte einen Baumstamm an diesen, erkletterte ihn und erreichte dann mit Hilfe kleiner Schrunden den Gipfel. Er befestigte dann die Taue an einem vorspringenden Punkt und ließ sie herab, um zuerst unseren Hund und unser Gepäck hinaufzubringen; dann kletterten wir selbst hinauf. Unterhalb des Vorsprungs, auf welchen der abgestorbene Baumstamm gestellt wurde, muß der Abgrund fünf- oder sechshundert Fuß tief gewesen sein; und wäre diese Tiefe nicht zum Teil durch die überhängenden Farnkräuter und Lilien verborgen worden, so wäre es mir im Kopfe schwindlig geworden und nichts hätte mich bestimmen können, den Versuch zu machen. Wir stiegen beständig weiter hinauf, zuweilen Vorsprüngen, zuweilen messerschneidenartigen Graten entlang, wobei wir zu jeder Seite einen tiefen Abgrund hatten. In der Cordillera habe ich Berge in einem weit großartigeren Maßstab gesehen; was aber Steilheit und Schroffheit betrifft, so läßt sich durchaus nichts mit diesen Bergen hier vergleichen. Am Abend erreichten wir eine kleine ebene Stelle an den Ufern desselben Baches, welchem wir beständig gefolgt waren und welcher in einer Reihe von Wasserfällen hinabfließt: Hier biwakierten wir für die Nacht. Auf jeder Seite der Schlucht fanden sich große Flächen mit der Berg-Banane bewachsen, die mit reifen Früchten bedeckt war. Viele dieser Pflanzen waren zwanzig bis fünfundzwanzig Fuß hoch und drei bis vier Fuß im Umfang. Mittels Streifen von Rinde anstatt der Stricke, der Bambus-Stämme anstatt der Balken und des großen Bananen-Blattes anstatt des Dachstrohs bauten uns die

Tahitianer in ein paar Minuten ein ausgezeichnetes Haus; von verwelkten Blättern machten sie uns ein Bett zurecht.

Sie schritten dann dazu, ein Feuer anzuzünden und unsere Abendmahlzeit zu kochen. Feuer verschafften sie sich dadurch, daß sie einen stumpf zugespitzten Stock in einer in einem andern Stock gemachten Vertiefung reiben, als wenn sie beabsichtigten, die Vertiefung zu vergrößern, bis denn endlich durch die Reibung der Staub entzündet wird. Ein eigentümlich weißes und sehr leichtes Holz wird allein zu diesem Zweck benutzt; es ist dasselbe Holz, welches auch die Stangen gibt, um Lasten daran zu tragen, ebenso wie die Stangen an ihren Canoes. In wenigen Sekunden war das Feuer erzeugt: Für jemand, der die Kunst nicht versteht, bedarf es aber, wie ich fand, der größten Anstrengung; zu meinem großen Stolze gelang es mir aber doch zuletzt, den Staub zu entzünden. Der Gaucho in den Pampas bedient sich einer anderen Methode: Er nimmt einen elastischen, ungefähr achtzehn Zoll langen Stab, drückt das eine Ende an seine Brust, das andere zugespitzte Ende in ein Loch in einem Stück Holz und dreht nun den krummgebogenen Teil rapid herum wie den Zentrumbohrer eines Tischlers. Nachdem die Tahitianer ein kleines Feuer von Holzstäben gemacht hatten, legten sie an die zwanzig Steine, so groß wie Kricketbälle, auf das brennende Holz. In ungefähr zehn Minuten war das Holz verbrannt und die Steine heiß. Vorher schon hatten die Leute in kleine Stückchen von Blättern Stücke Rindfleisch, Fische, reife und unreife Bananen und die Spitzen des wilden Arum eingewickelt. Diese grünen Paketchen wurden nun zwischen zwei Schichten heißer Steine gelegt und das Ganze mit Erde bedeckt, so daß kein Rauch oder Dampf entweichen konnte. In ungefähr einer halben Stunde war alles auf das köstlichste fertiggekocht. Die grünen Paketchen wurden nun auf ein Tischtuch von Bananen-Blättern gelegt; aus einer Kokos-Schale tranken wir das kalte Wasser des Baches, und so genossen wir freudig unser ländliches Mahl.

Ehe wir uns zum Schlafen niederlegten, fiel der ältere Tahitianer auf seine Knie und sprach mit geschlossenen

Augen ein langes Gebet in seiner Muttersprache. Er betete, wie es ein Christ tun soll, mit geziemender Andacht und ohne Furcht, lächerlich zu werden.

Bei unseren Mahlzeiten rührte keiner der Leute das Essen an, ohne zuvor ein kurzes Tischgebet zu sagen. Diejenigen Reisenden, welche glauben, daß ein Tahitianer nur betet, wenn die Augen des Missionars auf ihn gerichtet sind, hätten jene Nacht mit uns am Bergesabhang zubringen sollen. Vor Morgenanbruch regnete es sehr stark; aber das gute Dach mit den Bananen-Blättern hielt uns trocken.

19. November. – Mit Tagesanbruch bereiteten meine Freunde, nach Verrichtung ihrer Morgengebete, in derselben Art und Weise wie am vergangenen Abend ein ausgezeichnetes Frühstück. Sie selbst nahmen auch reichlich daran teil; in der Tat habe ich niemals einen Menschen auch nur annähernd so viel essen sehen. Ich vermute, daß so ungeheuer geräumige Mägen die Folge davon sein müssen, daß ein großer Teil ihrer Nahrung aus Früchten und Gemüsen besteht, welche nur eine vergleichsweise geringe Menge eigentlicher Nahrung enthalten. Unwissentlich war ich, wie ich später erfuhr, die Veranlassung, daß meine beiden Begleiter eines ihrer eigenen Gesetze und Bestimmungen überschritten: Ich hatte eine Flasche Branntwein mitgenommen, von welcher mir Bescheid zu tun sie nicht abschlagen konnten; sooft sie aber ein wenig davon tranken, legten sie ihre Finger an den Mund und sprachen das Wort »Missionar« aus. Obschon der Gebrauch der Ava* vor ungefähr zwei Jahren verboten worden war, verbreitete sich doch nach der Einführung von Branntwein die Trunksucht außerordentlich. Die Missionare vermochten es über ein paar tüchtige Männer, welche einsahen, daß ihr Vaterland mit reißender Schnelligkeit dem Ruin entgegenging, sich mit ihnen zu einer Mäßigkeitsgesellschaft zu verbinden. Aus gesundem Menschenverstand oder aus Scham ließen sich zuletzt alle Häuptlinge und die Königin überreden,

* Pflanze (Piper methysticum), deren Blätter die Tahitianer wegen ihrer berauschenden Wirkung kauten (Anm. d. Hrsg.)

beizutreten. Sofort wurde ein Gesetz erlassen, daß es nicht erlaubt sei, Spirituosen auf die Insel einzuführen, und daß derjenige, welcher den verbotenen Artikel verkaufte, und der, welcher ihn kaufte, mit einer Geldstrafe belegt würde. Mit bemerkenswertem Gerechtigkeitssinn wurde eine Frist bestimmt, um den Verkauf des einmal vorhandenen Vorrates zu gestatten, ehe das Gesetz in Kraft trat. Als dies aber eintrat, wurde eine allgemeine Haussuchung vorgenommen, wo selbst die Häuser der Missionare nicht verschont wurden; und alle gefundene Ava (so nennen die Eingeborenen alle hitzigen Spirituosen) wurde auf die Erde gegossen. Wenn man über die Wirkungen der Unmäßigkeit auf die Eingeborenen von Nord- und Süd-Amerika nachdenkt, so glaube ich wohl, daß jeder, der es mit dem Gedeihen von Tahiti wohlmeint, den Missionaren einen nicht geringen Dank schuldig ist.

Nach dem Frühstück setzten wir unsere Reise fort. Da mein Zweck nur der war, ein wenig von der Szenerie des Inneren der Insel zu sehen, so kehrten wir auf einem anderen Weg zurück, welcher uns weiter unten in das Haupttal hinunterführte. Eine Strecke lang wanden wir uns auf einem äußerst verwickelten Pfade den Abhang des Berges entlang, welcher das Tal bilden half. In den wenigen steilen Partien kamen wir durch ausgedehnte Haine der wilden Banane. Die Tahitianer mit ihren nackten tätowierten Körpern, ihren mit Blumen geschmückten Köpfen, und in dem dunklen Schatten dieser Haine gesehen, würden ein schönes Bild des irgendein Urland bewohnenden Menschen abgegeben haben. Bei unserem Abstieg folgten wir der Richtung der Grate; diese waren außerordentlich schmal und eine beträchtliche Strecke lang so steil wie eine Leiter.

Die äußerste Sorgfalt, welche notwendig war, jeden Schritt im Gleichgewicht aufzusetzen, machte den Marsch sehr ermüdend. Ich konnte nicht aufhören, diese Schluchten und Abgründe zu bewundern; überblickte man das Land von einem dieser schmalen Rücken, so war der Standpunkt so klein, daß die Wirkung nahezu dieselbe gewesen sein muß, als sähe man von einem Ballon aus auf das

Land. Bei diesem Hinabsteigen hatten wir nur einmal Veranlassung, die Taue zu gebrauchen: an der Stelle, wo wir wieder in das Haupttal eintraten. Wir schliefen unter demselben Vorsprung der Felsen, wo wir am Tag vorher unser Mittagsbrot verzehrt hatten: Die Nacht war schön, aber wegen der Tiefe und Enge der Schlucht äußerst dunkel.

Ehe ich dieses Land wirklich gesehen hatte, war es mir schwer, zwei Tatsachen zu verstehen: daß nämlich nach den mörderischen Schlachten früherer Zeiten die Überlebenden von der besiegten Partei sich in die Gebirge zurückzogen, wo dann eine Handvoll Leute einer großen Menge widerstehen konnte. Sicherlich hätte an der Stelle, wo mein Tahitianer den alten Baumstamm anlehnte, ein halbes Dutzend Männer leicht Tausende zurückschlagen können. Die zweite Tatsache ist, daß es nach der Einführung des Christentums wilde Leute gegeben hat, welche in den Bergen lebten und deren verborgene Aufenthaltsorte den zivilisierten Einwohnern unbekannt waren.

20. November. – Am Morgen brachen wir zeitig auf und erreichten Matavai um Mittag. Unterwegs begegneten wir einer großen Gesellschaft nobel aussehender athletischer Männer, welche nach wilden Bananen ausgingen. Ich fand, daß unser Schiff wegen der Schwierigkeit, Wasser zu erhalten, nach dem Hafen von Papawa gesegelt war, nach welchem Orte ich sofort ging. Es ist dies ein sehr schöner Ort. Die Bucht wird von Riffen umgeben, und das Wasser ist so glatt wie auf einem See. Der kultivierte Boden mit seinen wundervollen Erzeugnissen und mit den verstreut liegenden Hütten reicht bis dicht an den Rand des Wassers hinab.

Nach den verschiedenartigen Berichten, welche ich gelesen hatte, ehe wir diese Inseln selbst erreichten, war ich sehr begierig, mir nach meinen eigenen Beobachtungen ein Urteil über ihren moralischen Zustand zu bilden, obgleich ein solches Urteil notwendigerweise sehr unvollkommen sein muß. Die ersten Eindrücke hängen überall und zu allen Zeiten von den vorher erhaltenen Vorstellungen ab. Die Vorstellungen, die ich mir gebildet hatte, hatte ich aus Ellis'

»Polynesischen Untersuchungen« geschöpft, ein bewundernswertes und äußerst interessantes Buch, das aber natürlich alles von einem sehr günstigen Gesichtspunkt aus betrachtet; ferner aus Beecheys Reise und aus Kotzebues Reise, welcher ein entschiedener Gegner des ganzen missionierenden Systems ist. Wer diese drei Schilderungen miteinander vergleicht, wird sich, wie ich glaube, einen ganz erträglich richtigen Begriff von dem gegenwärtigen Zustand von Tahiti bilden können. Einer der Eindrücke, welchen ich aus den Erzählungen der beiden letztgenannten Autoren erhalten hatte, war ganz entschieden falsch, daß nämlich die Tahitianer eine düstere, trübe gestimmte Rasse geworden wären und in Furcht vor den Missionaren lebten.

Im ganzen scheinen mir Moral und Religiosität der Einwohner alle Anerkennung zu verdienen. Es gibt viele Leute, welche sowohl die Missionare als ihr ganzes System und die dadurch hervorgebrachten Wirkungen angreifen. Derartige Schwätzer vergleichen niemals den gegenwärtigen Zustand der Insel mit dem vor nur zwanzig Jahren, nicht einmal mit dem Europa von heutzutage; sie vergleichen ihn nur mit dem hohen Maßstab der evangelischen Vollkommenheit. Sie erwarten, daß den Missionaren gelinge, was nicht einmal den Aposteln selbst gelungen ist. Um soviel, als der Zustand des Volks hinter diesem hohen Maßstab zurückbleibt, soviel Tadel empfängt der Missionar, anstatt das dankbar anzuerkennen, was er geleistet hat. Sie vergessen oder wollen sich nicht daran erinnern, daß Menschenopfer und die Allgewalt einer götzendienerischen Priesterschaft – ein System der Liederlichkeit, wie es in allen Teilen der Welt ohne Parallele dasteht, Kindesmord als Folge dieses Systems, blutige Kriege, wo die Sieger weder Frauen noch Kinder schonten –, daß alles dies beseitigt und abgetan ist und daß Unredlichkeit, Unmäßigkeit und Ausschweifung durch die Einführung des Christentums bedeutend eingeschränkt worden sind. Diese Sachen zu vergessen, ist für einen Reisenden niedrige Undankbarkeit, denn sollte er zufällig als Schiffbrüchiger an irgendeine unbekannte Küste geworfen werden, so wird er äußerst inbrünstig flehen, daß die Lehren der Missionare sich doch so weit erstreckt haben möchten.

Was die Moral betrifft, so ist häufig gesagt worden, daß die Tugend der Frauen Anlaß zu Einwänden gebe. Ehe sie aber zu streng getadelt werden, dürfte es sich wohl der Mühe lohnen, die von Kapitän Cook beschriebenen Szenen ins Gedächtnis zurückzurufen, bei welchen die Großmütter und Mütter der gegenwärtig lebenden Rasse eine Rolle gespielt haben. Diejenigen, welche am strengsten urteilen,

Tahitianische Mädchen

sollten doch bedenken, welch großer Teil der Moral der Frauen in Europa eine Folge des schon frühzeitig den Töchtern von ihren Müttern eingeprägten Systems und der Vorschriften der Religion ist. Es ist aber ganz unnütz, gegen solche Schwätzer mit Gründen anzukämpfen; ich glaube, daß sie – darüber enttäuscht, das Feld der zügellosen Ausschweifung nicht mehr so offen wie früher zu finden – eine Moral nicht anerkennen wollen, welche sie selbst nicht auszuüben wünschen, oder eine Religion, welche sie, wenn sie sie nicht geradezu verachten, doch unterschätzen.

22. November, Sonntag. – Der Hafen von Papiéte, wo die Königin residiert, kann als die Hauptstadt der Insel angesehen werden; es ist auch der Sitz der Regierung und der hauptsächliche Stapelplatz für den Schiffsverkehr. Kapitän Fitzroy führte heute einen Teil der Mannschaft dorthin, um den Gottesdienst zu feiern, zuerst in Tahitianer Sprache, dann englisch. Mr. Pritchard, der leitende Missionar auf der Insel, vollzog den Gottesdienst.

Ungefähr vor zwei Jahren wurde ein kleines Schiff, welches unter englischer Flagge fuhr, von einigen Einwohnern der Niedrigen Inseln, welche damals unter der Herrschaft der Königin von Tahiti standen, ausgeplündert. Man war der Ansicht, daß die Übeltäter zu diesem Akt durch einige von Ihrer Majestät erlassene Gesetze gereizt worden seien. Die englische Regierung forderte Genugtuung; dem wurde nachgegeben, und man kam überein, am vergangenen ersten September eine Summe von nahezu dreitausend Dollar zu zahlen. Der Commodore in Lima beauftragte Kapitän Fitzroy, betreffs dieser Schuld Erkundigungen anzustellen und Genugtuung zu verlangen, im Falle sie noch nicht bezahlt wäre. Kapitän Fitzroy bat infolgedessen um eine Audienz bei der Königin Pomarre, welche seitdem durch die ihr von den Franzosen zugefügte schlechte Behandlung berühmt geworden ist. Ferner wurde ein Parlament abgehalten, um die Frage zu erörtern; zu diesem waren die vornehmsten Häuptlinge der Insel und die Königin versammelt. Wie es sich ergab, war das Geld nicht bezahlt worden; die dafür angeführten Gründe waren vielleicht ziemlich zweideutig; im übrigen kann ich gar nicht stark genug ausdrücken, wie allgemein unser Erstaunen über den äußerst gesunden Menschenverstand, die Mäßigung, Offenheit und sofortige Entschließung waren, welche von allen Seiten dargeboten wurden. Ich glaube, wir verließen alle die Versammlung mit einer sehr verschiedenen Meinung von den Indianern von der, die wir beim Eintritt hatten.

Königin
Pomarre

Die Häuptlinge und das Volk beschlossen zu subskribieren und die fehlende Summe zu vervollständigen; Kapitän Fitzroy hob hervor, daß es ja hart sei, ihr Privateigentum zu opfern für die Verbrechen weit weg wohnender Inselbewohner. Sie erwiderten, daß sie ihm für seine Nachsichtigkeit dankten, daß aber Pomarre ihre Königin sei und sie entschlossen seien, ihr in dieser schwierigen Lage zu helfen. Dieser Beschluß und seine prompte Ausführung – denn zeitig am nächsten Morgen wurde ein Buch ausgelegt – gaben dieser sehr merkwürdigen Szene von Loyalität und anständiger Gesinnung einen vollkommen würdigen Abschluß.

Als die Diskussion geschlossen war, benutzten mehrere Häuptlinge die Gelegenheit, Kapitän Fitzroy viele Fragen über internationale Gebräuche und Gesetze vorzulegen, welche sich auf die Behandlung von Schiffen und von Fremden bezogen. Über manche Punkte wurde, sobald man zu einem Entschluß gekommen war, auf dem Fleck wörtlich ein Gesetz erlassen. Dieses Tahitianer Parlament dauerte mehrere Stunden; als es vorüber war, lud Kapitän Fitzroy die Königin Pomarre ein, der »Beagle« einen Besuch zu machen.

25. November. – Am Abend wurden vier Boote zum Abholen Ihrer Majestät abgeschickt; das Schiff wurde mit Flaggen geschmückt und die Rahen bei ihrer Ankunft mit Leuten bemannt. Sie wurde von den meisten der Häuptlinge begleitet. Das Benehmen aller war sehr ordentlich; sie bettelten um nichts und waren über Kapitän Fitzroys Geschenke sehr erfreut. Die Königin ist eine große, plumpe Frau, ohne irgendwelche Schönheit, Grazie oder Würde. Sie hat nur eine einzige königliche Eigentümlichkeit: nämlich eine vollkommene Unbeweglichkeit des Ausdrucks unter allen Umständen, und noch dazu eines ziemlich mürrischen. Die Raketen wurden am meisten bewundert; und ein tiefes »Oh!« konnte nach jeder Explosion vom Ufer her rings um die ganze Bucht gehört werden. Auch die Gesänge der Matrosen wurden sehr bewundert, und die Königin sagte von einem der lärmendsten, sie glaubte doch, daß dies keine Hymne sein könne! Die königliche Gesellschaft kehrte nicht eher als bis nach Mitternacht an Land zurück.

26. November. – Am Abend schlugen wir mit einer leichten Landbrise den Kurs nach Neu-Seeland ein, und als die Sonne unterging, hatten wir einen Abschiedsblick auf die Berge von Tahiti – der Insel, welcher jeder Reisende seinen Tribut der Bewunderung gezollt.

19. Dezember. – Am Abend sahen wir Neu-Seeland in der Ferne. Wir können nun annehmen, daß wir den Stillen Ozean nahezu durchkreuzt haben. Man muß über diesen großen Ozean gesegelt sein, um seine ungeheure Ausdehnung zu begreifen. Indem man sich Woche auf Woche schnell vorwärtsbewegt, sieht man nichts als denselben blauen, unendlich tiefen Ozean. Selbst innerhalb der Archipele sind die Inseln nur Punkte und sehr weit voneinander entfernt. Gewöhnt, auf Landkarten zu blicken, die nach

einem kleinen Maßstab gezeichnet sind, wo Punkte, Schattierungen und Namen dicht zusammengedrängt sind, erhalten wir kein richtiges Urteil darüber, wie unendlich klein das Verhältnis des Landes zum Wasser in dieser ungeheuren Ausdehnung ist. Der Meridian der Antipoden war gleichfalls bereits überschritten; und nun machte es uns glücklich, uns sagen zu können, daß jede weitere Wegstunde uns England eine Stunde näher brachte. Diese Antipoden rufen uns alte Erinnerungen an kindische Zweifel und Wunder ins Gedächtnis zurück. Ein mehrere Tage anhaltender Sturm hat uns noch kürzlich reichlich Muße gegeben, die künftigen Stationen auf unserer langen Heimfahrt auszurechnen und das Ende der Reise ernstlich herbeizuwünschen.

21. Dezember. – Früh am Morgen kamen wir in die Insel-Bai; da aber, als wir in der Nähe der Mündung waren, eine Windstille eintrat, die mehrere Stunden anhielt, erreichten wir den Ankerplatz nicht eher als um die Mitte des Tages. Das Land ist bergig mit einer glatten Umrißlinie und von zahlreichen, von der Bai ausgehenden Meeresarmen tief eingeschnitten. Die Oberfläche sieht von der Ferne so aus, als würde sie von dichtem, grobem Weidegrund bedeckt; in Wahrheit ist es aber nichts anderes als Farnkraut. Auf den entfernteren Bergen, ebenso in Teilen der Täler, findet sich eine ziemliche Menge Waldland. Die allgemeine Färbung der Landschaft ist nicht ein helles Grün; sie ist der Landschaft eine kurze Strecke südlich von Concepcion in Chile ähnlich. An mehreren Stellen des Meerbusens liegen kleine Dörfer mit verstreut stehenden, viereckigen, nett aussehenden Häusern bis dicht herab an den Rand des Wassers. Drei Walfischfahrer lagen vor Anker, und dann und wann einmal kreuzte ein Canoe von Ufer zu Ufer; mit diesen Ausnahmen herrschte der Ausdruck äußerster Stille weit und breit. Nur ein einziges Canoe kam an die Seite unseres Schiffes. Dies, wie der Anblick der ganzen Szene, bot einen merkwürdigen und nicht sehr angenehmen Kontrast gegen das freudige und stürmische Willkommen auf Tahiti.

Die Insel-Bai in Nord-Neu-Seeland

Am Nachmittag gingen wir an Land und zu einer der größeren Häusergruppen, welche kaum schon den Namen eines Dorfes verdient. Ihr Name ist Pahia: Sie ist der Wohnort der Missionare, und es finden sich keine Eingeborenen hier mit Ausnahme der Dienstleute und Arbeiter. In der Umgebung der Insel-Bai beläuft sich die Zahl der Engländer auf zwei- bis dreihundert. Alle die Landhäuser, von denen viele weiß getüncht sind und sehr nett aussehen, sind Eigentum der Engländer. Die Hütten der Eingeborenen sind so äußerst winzig und elend, daß sie kaum von der Entfernung aus gesehen werden können. Es war außerordentlich wohltuend, in Pahia in den Gärten vor den Häusern englische Blumen zu sehen; es waren da Rosen in mehreren Arten vorhanden, Geißblatt, Jasmin, Lack und ganze Hecken von duftenden Feldrosen.

22. Dezember. – Am Morgen ging ich zu einem Spaziergang aus; ich merkte aber bald, daß das Land sehr unzugänglich war. Alle Berge waren dicht mit hohem Farnkraut bedeckt, mit welchem vereint sich noch ein niedriges, wie

eine Zypresse wachsendes Gebüsch vorfand. Ich versuchte dann, am Strand hinzugehen; aber obgleich ich es nach beiden Seiten hin versuchte, wurde mein Weg doch bald durch Salzwasserbuchten oder tiefe Bäche gehemmt. Mich überraschte es sehr, als ich fand, daß beinahe jeder Berg, den ich bestieg, in einer früheren Zeit einmal mehr oder weniger stark befestigt gewesen war. Die Gipfel waren in Stufen oder aufeinanderfolgende Terrassen geschnitten und häufig durch tiefe Gräben beschützt worden. Ich bemerkte später, daß die wichtigeren Berge landeinwärts in gleicher Weise eine künstlich veränderte Kontur erkennen ließen. Dies sind die »Pas«, welche Kapitän Cook so häufig unter dem Namen »Hippah« erwähnt hat; die Verschiedenheit des Klangs ist nur eine Folge davon, daß im letzten Falle der Artikel vorgesetzt ist.

Daß die Pas früher viel benutzt worden sind, ging deutlich aus den Haufen von Muscheln und aus den Gruben hervor, in welchen, wie mir mitgeteilt wurde, die süßen Bataten als Reserve-Vorrat aufbewahrt zu werden pflegten. Da sich auf diesen Bergen kein Wasser findet, können die Verteidiger nicht an eine lange Belagerung gedacht haben, sondern nur an einen in Eile ausgeführten Überfall zum Plündern, gegen welchen die aufeinanderfolgenden Terrassen einen guten Schutz geboten haben werden. Die allgemeine Einführung der Schußwaffen hat das ganze System des Kriegführens verändert; eine exponierte Stellung auf dem Gipfel eines Berges ist jetzt schlimmer als nutzlos. Infolge hiervon werden daher heutzutage die Pas auf einem ebenen Stück Bodens gebaut. Sie bestehen aus einer doppelten Palisadenreihe von dicken und hohen Pfosten, welche in einer Zickzacklinie gestellt sind, so daß jeder Teil derselben von der Seite gedeckt werden kann. Innerhalb der Palisadenreihen wird ein Erdhügel aufgeworfen, hinter welchem die Verteidiger in Sicherheit ausruhen oder über welchen sie ihre Schußwaffen brauchen können. In der Höhe des Bodens führen zuweilen kleine Bogengänge durch diese Brustwehr, durch welche die Verteidiger nach den Palisaden hinauskriechen können, um die Feinde zu reko-

Zerstörter Pa

gnoszieren. Der Missionar Mr. Williams, welcher mir dies mitteilte, fügte noch hinzu, daß er in einem der Pas Querwände oder Strebepfeiler bemerkt habe, welche von der inneren oder gedeckten Seite des Erdwalls nach innen vorsprangen. Als er den Häuptling nach dem Nutzen derselben gefragt habe, habe er erwidert, daß, wenn zwei oder drei seiner Leute erschossen wären, die Nachbarn dann ihre Leichen nicht sehen und daher nicht entmutigt würden.

Diese Pas werden von den Neu-Seeländern für sehr vollkommene Verteidigungsmittel angesehen, denn die angreifende Truppenmacht ist niemals so gut diszipliniert, daß sie in geschlossener Masse auf die Palisaden eindringen, sie niederhauen und sich dadurch den Eintritt verschaffen kann. Wenn ein Stamm einen Krieg unternimmt, so kann der Häuptling nicht dem einen Trupp befehlen, hierhin, einem anderen, dorthin zu gehen; jeder einzelne Mann kämpft vielmehr in der Manier, die ihm am besten zusagt; und für jedes einzelne Individuum muß die getrennte Annäherung an die Palisadenreihen eines von Feuerwaffen verteidigten Pas als sicherer Tod erscheinen. Ich möchte glauben, daß es in keinem anderen Teil der Welt eine noch kriegerischere Rasse von Eingeborenen geben könne, als die Neu-Seeländer sind. Dies wird sehr schlagend durch ihr Benehmen erläutert, als sie zuerst ein Schiff sahen, wie es Kapitän Cook geschildert hat: Die Tatsache, daß sie ganze Ladungen von Steinen nach einem so großen und ihnen neuen Gegenstand schleuderten, sowie ihre Herausforderung: »Kommt nur an Land und wir werden euch alle totschlagen und fressen«, zeigt ganz ungemeine Kühnheit. Dieser kriegerische Geist tritt in vielen ihrer Gewohnheiten deutlich hervor, selbst in ihren unbedeutendsten Handlungen. Wenn ein Neu-Seeländer, wenn auch nur im Scherz, geschlagen wird, so muß der Schlag zurückgegeben werden.

Infolge des Fortschritts der Zivilisation werden heutzutage viel weniger Kriege geführt, mit Ausnahme einiger der im Süden lebenden Stämme. Ich hörte eine charakteristische Anekdote davon erzählen, was sich vor einiger Zeit im Süden zugetragen hatte. Ein Missionar fand einen Häuptling und seinen Stamm mit den Vorbereitungen zum Krieg beschäftigt – ihre Flinten waren geputzt und glänzten, ihre Munition war fertiggestellt. Er sprach lange Zeit mit ihnen über die Nutzlosigkeit des Krieges und über die geringfügige Provokation, die als Vorwand für denselben genommen wurde. Der Häuptling war von seiner Rede sichtlich erschüttert und schien im Zweifel zu sein, was zu tun sei; endlich fiel ihm ein, daß ein Faß von seinem Schießpulver sich in einem schlechten Zustand befände und sich nicht länger halten würde. Dies wurde als ein unwiderleglicher Beweis für die Notwendigkeit, den Krieg zu erklären, vorgebracht: So vieles gutes Schießpulver unbenutzt verderben zu lassen, davon konnte gar keine Rede sein, und dies entschied die Sache.

Am Abend ging ich mit Kapitän Fitzroy und Mr. Baker, einem Missionar, um Kororadika einen Besuch zu machen: Wir gingen im Dorfe umher, sahen viele Leute und unterhielten uns mit vielen Männern, Frauen und Kindern. Betrachtet man den Neu-Seeländer, so vergleicht man ihn natürlich mit dem Tahitianer: Beide gehören ja zu derselben Familie von Menschen. Der Vergleich fällt indessen sehr zuungunsten des Neu-Seeländers aus. Er mag vielleicht an Energie überlegen sein; in jeder anderen Beziehung indessen ist sein Charakter von einer niedrigeren Art. Ein Blick auf die Ausdrucksweisen beider drängt sofort die Überzeugung auf, daß der eine ein Wilder, der andere ein zivilisierter Mensch ist. Man würde vergeblich auf ganz Neu-Seeland eine Person suchen mit dem Gesicht und dem Ausdruck des alten Tahiti-Häuptlings Utamme. Ohne Zweifel gibt die außerordentliche Art und Weise, wie hier das Tätowieren geübt wird, ihren Gesichtern einen unangenehmen Ausdruck. Die komplizierten, aber symmetrischen Figuren, welche hier das ganze Gesicht bedecken, verwirren und leiten ein ungewöhntes Auge irre: Überdies ist es wohl wahrscheinlich, daß die tiefen Einschnitte dadurch, daß sie das Spiel der Muskeln zerstören, dem Gesicht das Ansehen starrer Unbeugsamkeit verleihen. Außerdem aber haben sie einen Blick im Auge, welcher nichts

Eingeborene von Neu-Seeland

anderes als Verschlagenheit und Wildheit andeuten kann. Ihre Gestalten sind groß und massig, aber in der Eleganz der Erscheinung nicht mit der der arbeitenden Klassen von Tahiti zu vergleichen.

Sowohl ihre Person selbst als ihre Häuser sind unflätig schmutzig und widerwärtig: die Idee, entweder ihren Körper oder ihre Kleidung zu waschen, scheint ihnen niemals in den Sinn zu kommen. Ich sah einen Häuptling, der ein Hemd anhatte, das vom Schmutz schwarz und filzig war; und als er gefragt wurde, woher es käme, daß es so schmutzig wäre, antwortete er mit Überraschung: »Seht Ihr denn nicht, daß es ein altes ist?« Manche von den Männern haben Hemden; der gewöhnliche Anzug besteht aber in einer oder zwei großen wollenen Decken, die meist vor Schmutz schwarz sind und in einer sehr unbequemen und plumpen Weise über ihre Schultern geworfen werden. Einige wenige der bedeutendsten Häuptlinge haben anständige Anzüge von englischem Zeug; diese werden aber nur bei großen Gelegenheiten getragen.

23. Dezember. – An einem Waimate genannten Ort, ungefähr fünfzehn Meilen von der Insel-Bucht und halbwegs zwischen der östlichen und westlichen Küste, haben die Missionare etwas Land zu landwirtschaftlichen Zwecken gekauft. Ich war an Mr. W. Williams empfohlen worden, welcher, als ich den Wunsch aussprach, jenes Land zu sehen, mich einlud, ihn dort zu besuchen. Mr. Bushby, der englische Resident, bot mir an, mich in seinem Boote durch eine kleine Bucht zu bringen, wo ich einen hübschen Wasserfall sehen und wodurch mein Weg abgekürzt würde. Er besorgte mir gleichfalls einen Führer. Als er einen benachbarten Häuptling bat, ihm einen Mann zu empfehlen, erbot sich der Häuptling selbst mitzugehen; seine Unwissenheit vom Wert des Geldes war aber so vollkommen, daß er zuerst fragte, wieviel Pfund ich ihm geben würde; später war er aber mit zwei Dollar ganz zufrieden. Als ich dem Häuptling ein sehr kleines Bündel zeigte, das ich getragen zu haben wünschte, wurde es für ihn eine absolute Notwendigkeit, einen Sklaven mitzunehmen. Diese Gefühle des

Stolzes fangen jetzt an zu verschwinden; früher würde aber ein Mann von Einfluß eher gestorben sein, als daß er sich der Entwürdigung ausgesetzt hätte, auch nur die kleinste Last zu tragen. Mein Begleiter war ein heller lebendiger Mann, mit einer schmutzigen Decke angetan und mit einem vollkommen tätowierten Gesicht. Er war früher ein großer Krieger gewesen. Er schien mit Mr. Bushby auf sehr vertrautem Fuß zu stehen; aber verschiedene Male haben sie sich heftig gezankt. Mr. Bushby bemerkte gegen mich, daß ein wenig ruhiger Ironie häufig jeden dieser Eingeborenen in ihren allerlärmendsten Momenten zum Schweigen brächte. So war dieser Häuptling zu Mr. Bushby gekommen und hatte in einer renommierenden Art und Weise gesagt: »Ein großer Häuptling, ein großer Mann, ein Freund von mir ist zu Besuch gekommen. Ihr müßt ihm etwas Gutes zu essen, einige schöne Geschenke geben usw.« Mr. Bushby ließ ihn zu Ende reden und gab ihm dann ruhig eine Antwort, etwa wie: »Was kann euer Sklave sonst noch für euch tun?« Der Mann wird dann augenblicklich mit einem komischen Ausdruck sein Bramarbasieren aufgeben.

Vor einiger Zeit hatte Mr. Bushby einen weit ernsteren Angriff auszuhalten. Ein Häuptling und ein Trupp Männer versuchten mitten in der Nacht in das Haus einzubrechen; da sie fanden, daß dies nicht so leicht war, fingen sie flottweg mit ihren Flinten zu feuern an. Mr. Bushby wurde leicht verwundet; endlich wurden aber die Räuber fortgetrieben. Kurze Zeit nachher wurde entdeckt, wer der Täter gewesen war; und eine allgemeine Versammlung der Häuptlinge wurde einberufen, die Sache in Betracht zu ziehen. Es wurde von den Neu-Seeländern für sehr nichtswürdig gehalten, insofern es ein nächtlicher Angriff war und Mr. Bushby krank im Hause lag: Es gereicht ihnen sehr zur Ehre, daß dieser letztere Umstand in allen Fällen als schützend angesehen wird. Die Häuptlinge kamen darin überein, daß das Land des Übeltäters für den König von England konfisziert würde. Die ganze Prozedur indessen, in dieser Weise einen Häuptling zu verurteilen und zu bestrafen, war ganz und gar ohne Vorbild gewesen. Überdies verlor der Übeltäter in der Achtung seiner Gleichgestellten seinen Rang; und dies hielten die Engländer für bedeutungsvoller als die Konfiskation seines Landes.

Als das Boot abstieß, stieg noch ein zweiter Häuptling in dasselbe, welcher nur das Amüsement einer Bootsfahrt die kleine Bucht hinauf und herab genießen wollte. Ich habe niemals einen fürchterlicheren und wilderen Ausdruck gesehen, als ihn dieser Mann hatte. Es fiel mir sofort ein, daß ich irgendwo ein Bild von ihm gesehen haben müßte; man findet es in Retzschs Umrißzeichnungen zu Schillers »Gang nach dem Eisenhammer«, wo die zwei Männer den Robert ergreifen und in den Ofen werfen. Es ist der Mann, dessen Arm auf Roberts Brust liegt. Die Physiognomie hatte hier recht; dieser Häuptling war ein notorischer Mörder gewesen und war noch obendrein ein Erzfeigling. Von dem Punkt aus, wo wir landeten, begleitete mich Mr. Bushby noch ein paar hundert Yards auf meinem Weg. Ich konnte nicht umhin, die kaltblütige Unverschämtheit des alten grauen Schurken zu bewundern, den wir im Boot zurückließen und der Mr. Bushby nachrief: »Bleibt nicht lange aus, ich werde müde, hier zu warten.«

Wir begannen nun unseren Marsch. Unser Weg führte uns einen gut betretenen Pfad entlang, der auf beiden Seiten von dem hohen Farnkraut eingefaßt war, das das Land bedeckt. Nachdem wir ein paar Meilen gewandert waren, kamen wir zu einem kleinen ländlichen Dorf, wo einige wenige Hütten zusammenstanden und ein paar Stücke Bodens mit Kartoffeln bepflanzt waren. Die Einführung der Kartoffel ist eine der wesentlichsten Wohltaten für das Land gewesen; sie wird jetzt viel mehr verwandt als irgendeine einheimische Pflanze. Neu-Seeland hat einen großen natürlichen Vorteil: nämlich den, daß die Eingeborenen niemals Hungers sterben können. Das ganze Land ist mit Farnen bedeckt, und die Wurzeln dieser Pflanze, wenn sie auch nicht sehr wohlschmeckend sind, enthalten doch vielen Nährstoff. Ein Eingeborener kann stets davon leben, ebenso von den Schalentieren, welche an allen Teilen der

Meeresküste in Masse vorhanden sind. Die Dörfer sind hauptsächlich durch die Plattformen auffallend, welche auf vier Pfosten stehen, zehn oder zwölf Fuß über den Boden erhoben sind und auf welchen die Erzeugnisse der Felder gegen alle Zufälle gesichert werden.

Als wir uns einer der Hütten näherten, unterhielt es mich sehr, die Zeremonie des Reibens oder, wie es richtiger genannt werden sollte, des Drückens der Nasen in gehöriger Form ausführen zu sehen. Sobald wir uns näherten, fingen die Frauen an, irgend etwas in einem äußerst wehmütig klingenden Ton zu äußern. Dann kauerten sie sich nieder und hielten ihre Gesichter in die Höhe. Mein Begleiter stand neben ihnen, brachte bei einer nach der andern seine Nasenwurzel rechtwinklig auf die ihrige und fing nun zu drücken an. Dies dauerte im ganzen etwas länger als ein herzliches Schütteln der Hände bei uns; und ebenso wie wir die Stärke des Druckes beim Handgeben verschieden sein lassen, so machen sie es auch beim Nasendrücken. Während des ganzen Hergangs ließen sie ein leises gemütliches Grunzen vernehmen, beinahe in derselben Weise, wie es zwei Schweine tun, wenn sie sich aneinander reiben. Ich bemerkte, daß der Sklave mit jedem, dem er begegnete, einen Nasendruck austauschte, ganz ohne Unterschied, ob er es vor oder nach seinem Herrn, dem Häuptling, tat. Obschon unter diesen Wilden der Häuptling absolute Gewalt über Leben und Tod seines Sklaven hat, so besteht doch ein vollständiger Mangel an Zeremonien zwischen ihnen. Wo die Zivilisation bis zu einem gewissen Punkt vorgeschritten ist, treten bald auch gewisse Formalitäten im Umgang zwischen den verschiedenen Stufen der Gesellschaft auf. So war früher auf Tahiti jedermann gezwungen, sich in Gegenwart des Königs bis auf die Taille zu entblößen.

Nachdem die Zeremonie des Nasendrückens mit allen Anwesenden gehörigermaßen vollzogen war, setzten wir uns im Kreis vor einer der Hütten nieder und ruhten uns ungefähr eine halbe Stunde lang aus. Alle Hütten haben nahezu dieselbe Form und dieselben Dimensionen, und sie stimmen sämtlich darin überein, daß sie ganz unflätig

Nasenreiben

schmutzig sind. Sie sind einem Kuhstall ähnlich, der an einem Ende offen ist; eine kurze Strecke weit nach innen aber haben sie eine Scheidewand, mit einem viereckigen Loch darin, welche ein kleines düstres Zimmer abscheidet. Darin bewahren die Eingeborenen ihr ganzes Besitztum; und wenn das Wetter kalt ist, schlafen sie auch darin. Sie essen indessen in dem offenen vorderen Teile und bringen auch sonst ihre Zeit hier zu. Nachdem meine Führer ihre Pfeifen zu Ende geraucht hatten, setzten wir unsern Marsch fort. Der Weg führte wieder durch ein ganz gleiches wellenförmiges Land, das ganz und gar gleichförmig mit Farnkraut bedeckt war. Zu unsrer rechten Hand hatten wir einen schlangenartig sich windenden Fluß, dessen Ufer mit Bäumen eingefaßt waren; hier und da auf den Bergabhängen lag ein Holzklotz. Die ganze Szenerie bot trotz ihrer grünen Färbung im ganzen ein desolates Aussehen dar.

Der Boden ist vulkanisch; an mehreren Stellen kamen wir über schlackige Lava, und auf mehreren der näher gelegenen Berge konnten deutlich die Formen der Krater unterschieden werden. Obgleich die Szenerie nirgends schön und nur gelegentlich einmal hübsch zu nennen war, so genoß ich doch freudig meinen Marsch. Ich würde ihn noch mehr genossen haben, hätte mein Begleiter, der Häuptling, nicht eine außerordentliche Unterhaltungsfähigkeit entwickelt. Ich wußte nur drei Worte, »gut«, »schlecht« und »ja«, und damit beantwortete ich seine sämtlichen Bemerkungen, ohne natürlich davon, was er sprach, auch nur ein einziges Wort verstanden zu haben. Dies genügte indessen vollständig: Ich war ein guter Zuhörer, eine angenehme Person, und so hörte er denn nicht einen Augenblick auf, mit mir zu sprechen.

Endlich erreichten wir Waimate. Nachdem ich so viele Meilen eines unbewohnten, nutzlos liegenden Landes gewandert war, war das plötzliche Erscheinen eines englischen Farmhauses und seiner gut gepflegten Felder, welches alles wie durch einen Zauberstab hierher geschafft worden war, äußerst angenehm. Da Mr. Williams nicht zu Hause war, fand ich im Haus des Mr. Davies ein herzliches Willkommen. Nachdem ich in Gesellschaft seiner Familie Tee mit ihm getrunken hatte, machten wir einen Spaziergang über seine Farm. In Waimate sind drei große Häuser, wo die Missionare, die Herren Williams, Davies und Clarke wohnen; in der Nähe von ihnen stehen die Hütten der eingeborenen Arbeiter. Auf einem sich leicht erhebenden Stück Landes dicht dabei waren schöne Felder von Gerste und Weizen in voller Frucht; und an einer anderen Stelle fanden sich Felder mit Kartoffeln und Klee. Ich will aber gar nicht versuchen, alles zu beschreiben, was ich hier gesehen habe; es fanden sich da große Gärten mit allen Früchten und Gemüsen, welche England erzeugt, und auch viele, welche einem wärmeren Klima angehören. Beispielsweise will ich nur anführen: Spargel, Schminkbohnen, Gurken, Rhabarber, Äpfel, Birnen, Feigen, Pfirsiche, Aprikosen, Weintrauben, Oliven, Stachelbeeren, Johannisbeeren, Hopfen, Ginster zu Hecken und englische Eichen; ebenso viele Arten von Blumen. Um den Meierhof herum lagen Ställe, eine Dreschtenne mit einer Kornreinigungsmaschine, eine Schmiedewerkstatt und auf dem Boden Pflüge und andere Geräte: In der Mitte fanden sich in glücklicher Mischung Schweine und Geflügel, was alles gemütlich nebeneinander lag, wie auf einem englischen Farmhof. In der Entfernung von einigen hundert Yards, wo das Wasser eines kleinen Rinnsals in einen Teich aufgedämmt war, stand eine große dauerhafte Mühle.

Dies ist alles außerordentlich überraschend, wenn man bedenkt, daß hier vor fünf Jahren nichts anderes als Farnkraut gedieh. Der Unterricht der Missionare ist hier Stab des Zauberers gewesen. Das Haus ist von Neu-Seeländern gebaut worden, die Fenster sind von ihnen eingefügt, die Felder wurden von ihnen gepflügt, selbst die Bäume sind von ihnen gepfropft worden. In der Mühle sah man einen Neu-Seeländer, welcher wie sein Bruder Müller in England ganz weiß von Mehl bestäubt war. Wenn ich die ganze Szene übersah, so erschien sie mir völlig wunderbar. Es lag nicht bloß darin, daß England mir lebendig vor die Seele gebracht wurde, obschon, als die Nacht hereinbrach, die heimischen Laute, die Getreidefelder, das draußen liegende, wellige Land mit seinen Bäumen leicht mit unserem Vaterlande zu verwechseln gewesen wäre; es war auch nicht das triumphierende Gefühl, zu sehen, was Engländer hervorbringen könnten: Es waren vielmehr die durch alles dies angeregten hohen Erwartungen von den künftigen Fortschritten dieser schönen Insel.

Mehrere von den Missionaren aus der Sklaverei befreite junge Männer waren auf der Farm beschäftigt. Sie waren mit einem Hemd, einer Jacke und mit Hosen bekleidet und hatten ein ganz anständiges Ansehen. Nach einer unbedeutenden Anekdote zu urteilen, sollte ich meinen, daß sie ehrlich seien. Als wir durch die Felder spazierengingen, kam ein junger Arbeiter zu Mr. Davies und gab ihm ein Messer und einen Nagelbohrer mit der Angabe, er habe beides auf der Straße gefunden und wisse nicht, wem es gehöre. Diese jungen Männer und Knaben sahen sehr heiter und aufgeräumt aus. Eine noch entschiedenere und angenehme Veränderung war bei den jungen Frauenzimmern zu bemerken, welche in den Häusern als Dienerinnen tätig waren. Ihr reinliches, ordentliches und gesundes Ansehen, was an das der englischen Milchmädchen erinnerte, bildete einen wunderbaren Kontrast mit der Erscheinung der Frauen in den schmutzigen Hütten von Kororadika. Die Frauen der Missionare versuchten sie zu überreden, sich nicht tätowieren zu lassen; als aber ein berühmter Operateur aus dem Süden angekommen war, sagten sie: »Wir müssen wirklich, wenn auch nur einige wenige Linien auf unseren Lippen haben; sonst werden, wenn wir alt werden, unsere Lippen zusammenschrumpfen, und dann werden wir sehr häßlich aussehen.« Es wird jetzt auch nicht nahezu so viel tätowiert wie früher. Da aber ein Unterscheidungszeichen zwischen dem Häuptling und dem Sklaven darin liegt, wird es wahrscheinlich noch lange ausgeübt werden. Jeder beliebige Zug wird in einer kurzen Zeit schon so gewohnheitsgemäß, daß mir die Missionare sagten, selbst in ihren Augen sehe ein glattes, nicht tätowiertes Gesicht niedrig und nicht wie das eines Neu-Seeländer Gentleman aus.

24. Dezember. – Am Morgen wurden in der Sprache der Eingeborenen vor der ganzen Familie Gebete gelesen. Nach dem Frühstück ging ich durch die Gärten und die Farm. Es war dies ein Markttag, wo die Eingeborenen der umgebenden Weiler ihre Kartoffeln, ihren Mais oder ihre Schweine bringen, um sie gegen wollene Decken, Tabak und zuweilen, auf das Zureden der Missionare, gegen Seife auszutauschen.

Kurze Zeit vor Tisch gingen die Herren Williams und Davies in einen Teil des nahegelegenen Waldes, um mir die berühmte Kauri-Tanne zu zeigen. Diese Bäume sind besonders merkwürdig wegen ihrer glatten zylindrischen Stämme, welche sich zu einer Höhe von sechzig und selbst neunzig Fuß erheben, mit einem nahezu gleichen Durchmesser und ohne einen einzigen Zweig abzugeben. Der Wald bestand hier beinahe ganz allein aus den Kauri-Bäumen; und die größten Bäume standen in die Höhe wie riesenhafte Säulen von Holz. Das Bauholz dieser Kauri-

Bäume ist das wertvollste Erzeugnis der Inseln; überdies quillt eine Quantität Harz aus der Rinde hervor, welches zu einem Penny das Pfund an die Amerikaner verkauft wird; doch war sein Nutzen damals noch unbekannt.

Nachdem wir von unserem angenehmen Spaziergang nach Hause zurückgekehrt waren, aß ich mit Herrn Williams zu Mittag; dann wurde mir ein Pferd geliehen, und ich kehrte damit nach der Insel-Bucht zurück. Ich verabschiedete mich von den Missionaren mit herzlichem Dank für ihr freundliches Willkommen und mit den Gefühlen hoher Achtung vor ihrem gentleman-gleichen, praktischen und biederen Charakter. Ich glaube, man würde nur schwer eine Anzahl Männer finden, welche für die hohe Aufgabe, welche sie erfüllen, besser geeignet wären.

Christtag. – In einigen wenigen Tagen werden vier Jahre vollendet sein, seitdem wir England verlassen haben. Unseren ersten Christtag feierten wir in Plymouth, den zweiten in St. Martins Cove in der Nähe des Kap Hoorn, den dritten in Port Desire in Patagonien, den vierten vor Anker in einem wilden Hafen an der Halbinsel von Tres Montes, den fünften hier; den nächsten werden wir, wie ich zur Vorsehung vertraue, in England erleben. Wir besuchten den Gottesdienst in der Kapelle von Pahia; ein Teil desselben wurde englisch gelesen, ein Teil in der Sprache der Eingeborenen. Während wir in Neu-Seeland waren, hörten wir von keinem neuerdings vorgekommenen Falle von Kannibalismus; Mr. Stokes fand aber angekohlte menschliche Knochen rund um eine Feuerstätte auf einer kleinen Insel in der Nähe des Ankerplatzes; es können aber diese Überbleibsel eines gemütlichen Banketts schon mehrere Jahre dort gelegen haben. Es ist wahrscheinlich, daß sich der moralische Zustand der eingeborenen Bevölkerung äußerst schnell verbesserte.

26. Dezember. – Mr. Bushby erbot sich, Mr. Sulivan und mich in seinem Boot einige Meilen den Fluß hinauf nach Cawa-Cawa zu bringen, und schlug vor, später nach dem Dorfe Waiomio zu gehen, wo sich einige merkwürdige

Felsen finden. Indem wir einen der Arme der Bucht hinauffuhren, konnten wir die angenehme Ruderpartie genießen, bis wir an ein Dorf kamen, über welches hinaus das Boot nicht weiterfahren konnte. Von diesem Ort an erbot sich freiwillig ein Häuptling und ein Trupp Männer, mit uns nach Waiomio zu gehen, eine Entfernung von vier Meilen. Der Häuptling war zu jener Zeit ziemlich berüchtigt, da er vor kurzem erst eine seiner Frauen und einen Sklaven wegen Ehebruchs gehenkt hatte. Als einer der Missionare ihm darüber Vorwürfe machte, schien er sehr überrascht und sagte, er glaubte ganz genau die englische Methode befolgt zu haben. Nachdem wir dieses Dorf verlassen hatten, setzten wir nach einem anderen über, welches am Abhang eines Berges in geringer Entfernung gelegen war. Die Tochter eines Häuptlings, welcher noch Heide war, war vor fünf Tagen gestorben. Die Hütte, in welcher sie gestorben war, war bis auf den Grund niedergebrannt worden: Ihr zwischen zwei kleine Canoes eingeschlossener Leichnam war aufrecht auf den Boden gestellt und durch eine Einzäunung geschützt, welche hölzerne Bildnisse ihrer Götter trug; das Ganze war hellrot angestrichen, so daß es von weitem her sichtbar war. Ihr Rock war an dem Sarg befestigt, und ihr Haar war abgeschnitten und ihr zu Füßen gelegt worden. Die Verwandten der Familie hatten sich das Fleisch von den Armen, Körpern und Gesichtern gerissen, so daß sie mit geronnenem Blute bedeckt waren; die alten Weiber sahen schrecklich schmutzig, widerwärtig aus. Am folgenden Tag besuchten einige von den Offizieren nochmals den Ort und fanden, daß die Weiber noch immer heulten und sich zerfleischten.

Wir setzten unseren Marsch fort und erreichten bald Waiomio. Hier finden sich einige merkwürdige Massen von Kalkstein, welche in Ruinen liegenden Schlössern ähnlich sind. Diese Felsen haben lange als Begräbnisplätze gedient und werden infolge davon für zu heilig gehalten, als daß man sich ihnen nähern dürfte. Einer der jungen Leute indessen rief aus: »Laßt uns alle tapfer sein!«, und lief voraus; als sie aber ungefähr hundert Yards davon waren, überlegte sich die ganze Gesellschaft die Sache doch anders und blieb plötzlich stehen. Mit vollkommener Gleichgültigkeit ließen sie uns indessen den ganzen Ort untersuchen. Wir hatten dann einen sehr angenehmen Marsch zum Boote zurück, erreichten das Schiff aber erst spätabends.

30. Dezember. – Am Nachmittag hatten wir unseren Bug zur Insel-Bucht hinausgewendet, auf dem Wege nach Sydney. Ich glaube, wir waren alle froh, Neu-Seeland zu verlassen. Es ist kein angenehmer Ort. Unter den Eingeborenen fehlt jene reizende Einfalt des Gemüts, welche sich auf Tahiti findet; und der größere Teil der Engländer besteht aus der wahren Hefe der Gesellschaft. Auch ist das Land an und für sich nicht anziehend. Ich finde beim Blick in die hier verlebte Zeit nur einen leuchtenden Punkt, und das ist Waimate mit seinen christlichen Bewohnern.

Pa auf einer Felsklippe

XIX. KAPITEL

Australien

12. Januar 1836. – Früh am Morgen brachte uns eine leichte Brise an den Eingang von Port Jackson. Ein einsamer Leuchtturm aus weißem Stein erinnerte uns allein daran, daß wir in der Nähe einer großen bevölkerten Stadt seien. Ist man in den Hafen eingelaufen, so zeigt er sich als schön und geräumig, mit einer riff-förmigen Küste von horizontal geschichtetem Sandstein. Das nahezu ebene Land ist mit einzeln stehenden strauchartigen Bäumen bedeckt, die den Fluch der Unfruchtbarkeit andeuten. Kommt man weiter landeinwärts, so wird die Landschaft besser: Schöne Villen und nette Landshäuser sind hie und da dem Strande entlang verstreut. In der Entfernung zeigten uns steinerne, zwei oder drei Stockwerk hohe Häuser und am Rand einer Hügelreihe stehende Windmühlen an, daß

Der Eingang von Port Jackson

wir nun in der Nachbarschaft der Hauptstadt Australiens waren.

Endlich warfen wir in der Bucht von Sydney Anker. Wir fanden das kleine Wasserbecken von vielen großen Schiffen besetzt und von großen Lagerhäusern umgeben. Am Abend ging ich durch die Stadt und kehrte voll Bewunderung zurück. Es ist ein äußerst großartiges Zeugnis für die Kraft der britischen Nation. Hier haben zwanzig Jahre in einem viel weniger versprechenden Land viele Male mehr getan, als eine gleiche Zahl von Jahrhunderten in Süd-Amerika bewirkt hat. Mein erstes Gefühl war, daß ich mir gratulierte, als Engländer geboren zu sein. Nachdem ich später etwas mehr von der Stadt gesehen hatte, sank freilich meine Bewunderung etwas, und demungeachtet ist es immerhin eine schöne Stadt. Die Straßen sind regelmäßig, breit, reinlich und in ausgezeichneter Ordnung gehalten; die Häuser sind von einer gehörigen Größe und die Läden gut ausgerüstet. Die Stadt kann ganz richtig mit den großen Vorstädten verglichen werden, welche sich von London aus und von einigen wenigen anderen großen Städten in England in das Land hinein erstrecken; aber selbst nicht in der Nähe von London oder Birmingham zeigt sich ein solch rapides Wachstum. Die Anzahl großer Häuser und anderer Gebäude, die eben vollendet worden waren, war in der Tat überraschend; nichtsdestoweniger beklagte sich doch jedermann über die hohen Mietpreise und über die Schwierigkeiten, sich ein Haus zu verschaffen.

Ich mietete einen Mann und zwei Pferde, um mich nach Bathurst zu begeben, einem ungefähr hundertzwanzig Meilen im Innern gelegenen Dorfe, dem Mittelpunkt eines großen ländlichen Bezirks. Auf diese Weise hoffte ich, eine allgemeine Vorstellung von dem Ansehen des Landes zu erhalten. Am Morgen des 16. Januar brach ich zu meiner Exkursion auf. Die erste Station brachte uns bis Paramatta, einer kleinen Landstadt, der Bedeutung nach Sydney sehr nahestehend. In jeder Beziehung trat eine große Ähnlichkeit mit England hervor: Vielleicht waren nur hier die Bierhäuser noch zahlreicher. Die Truppen von Menschen in

Eisenketten oder die Haufen von Sträflingen, welche hier irgendein Vergehen begangen hatten, sahen am wenigsten englisch aus: Sie arbeiteten in Ketten unter der Aufsicht von Wachen mit geladenen Gewehren. Das Vermögen, welches die Regierung besitzt, mittels Zwangsarbeit sofort gute Straßen durch das Land zu legen, ist, wie ich glaube, eine der hauptsächlichsten Ursachen des früh schon eintretenden Wohlstandes dieser Kolonie gewesen. Ich schlief die Nacht in einem sehr komfortablen Gasthaus in Emu-Ferry, fünfunddreißig Meilen von Sydney in der Nähe des Fußes der Blauen Berge. Es finden sich viele massive Häuser und gute Landwohnungen über die Landschaft verstreut; obschon aber beträchtliche Stücke Lands unter Kultur stehen, bleibt doch der größere Teil noch so, wie er bei seiner ersten Entdeckung war.

Die äußerste Gleichförmigkeit des Pflanzenwuchses ist der merkwürdigste Zug im landschaftlichen Bild von Neu-Süd-Wales. Überall finden wir ein offenes Holzland, den Boden zum Teil mit einer äußerst dünnen Weide bedeckt mit nur sehr geringem Anflug von Grün. Die Bäume gehören nahezu sämtlich zu einer Familie, und das Laub ist dürftig und von einem eigentümlich blaß-grünen Farbton ohne irgendwelchen Glanz. Daher sehen die Waldungen hell und schattenlos aus. Die größere Anzahl der Bäume, mit Ausnahme einiger der blauen Gummibäume, erreichen keine bedeutende Größe; sie wachsen aber immerhin hoch und ziemlich gerade und stehen in gehöriger Entfernung voneinander. Die Rinde von einigen Eukalyptus-Arten fällt jährlich ab oder hängt in langen Streifen abgestorben herab, welche dann vom Wind umhergeweht werden und den Wäldern ein trauriges und unordentliches Ansehen geben. Ich kann mir keinen vollständigeren Kontrast vorstellen, als zwischen den Wäldern von Valdivia oder Chiloë und den Waldungen von Australien.

Bei Sonnenuntergang begegneten wir einer Gesellschaft von etwa zwanzig der schwarzen Eingeborenen, von denen jeder in ihrer herkömmlichen Art und Weise ein Bündel von Speeren und anderen Waffen trugen. Dadurch, daß ich

Eingeborener Australiens

einem der anführenden jungen Männer einen Schilling gab, wurden sie leicht aufgehalten und warfen dann zu meiner Unterhaltung die Speere. Sie waren alle teilweise bekleidet, und mehrere konnten ein wenig Englisch sprechen; ihre Gesichter waren freundlich und angenehm, und sie schienen bei weitem nicht so gänzlich herabgekommene Wesen zu sein, als welche sie gewöhnlich dargestellt werden. In ihren eigenen Künsten sind sie bewundernswert. Eine Mütze wurde in dreißig Yards Entfernung aufgestellt, und sie schossen mit dem Wurfstock einen Speer durch sie hindurch mit der Geschwindigkeit eines Pfeils, der vom Bogen eines geübten Bogenschützen abgesendet wird. Beim Verfolgen der Fährte von Tieren oder Menschen zeigen sie einen wunderbaren Scharfsinn, und ich sah aus mehreren ihrer Bemerkungen beträchtliche Schärfe des Verstandes herausleuchten. Sie wollen indes nicht den Boden kultivieren oder Häuser bauen oder seßhaft bleiben oder sich auch nur die Mühe geben, eine Schafherde zu besorgen, wenn sie ihnen gegeben wird. Im ganzen scheinen sie mir einige Grade höher zu stehen in der Zivilisation als die Feuerländer.

Es ist sehr merkwürdig, in dieser Weise mitten in einem zivilisierten Volk eine Gruppe harmloser Wilder zu sehen, die umherwandert, ohne zu wissen, wo sie die Nacht schlafen wird, und welche ihren Lebensunterhalt durch das Jagen in den Wäldern sich verschafft. Wie die Weißen allmählich vorgerückt sind, haben sie sich über das mehreren Stämmen gehörende Land verbreitet. Obgleich diese hierdurch von einer gleichen Bevölkerung eingeschlossen werden, halten sie doch ihre alten Unterscheidungsmerkmale aufrecht und führen zuweilen sogar Krieg miteinander. Bei einer derartigen Begegnung, welche vor kurzem stattfand, wählten sich die beiden Parteien, äußerst merkwürdig genug, die Mitte des Dorfes von Bathurst zum Schlachtfelde. Dies war der besiegten Partei zum Nutzen, denn die fliehenden Krieger nahmen ihre Zuflucht in den Baracken der Ansiedler.

Die Zahl der Eingeborenen nimmt reißend ab. Auf meinem ganzen Ritt sah ich mit Ausnahme einiger von Engländern aufgezogener Knaben nur noch eine einzige andere Partie. Diese Abnahme muß ohne Zweifel zum Teil eine Folge der Einführung von Spirituosen, von europäischen Krankheiten (denn selbst die milderen Formen derselben, wie z. B. die Masern, treten hier äußerst zerstörend auf) und zum Teil von der allmählichen Ausrottung der wild lebenden Tiere sein. Man gibt an, daß eine große Anzahl ihrer Kinder ausnahmslos in sehr früher Kindheit infolge des Einflusses ihres wandernden Lebens zugrunde gehen; und da die Schwierigkeit, sich Nahrung zu verschaffen, zunimmt, so muß die Gewohnheit herumzuwandern sich verbreiten, und daher wird die Bevölkerung ohne irgendwelche auffallende Sterblichkeit infolge von Hungersnöten in einer Weise reduziert, welche äußerst plötzlich erscheint im Vergleich mit dem, was in zivilisierten Ländern auftritt, wo der Vater, wenn er auch durch Übernahme von mehr Arbeit sich selbst schadet, doch nicht seine Nachkommen zerstört.

Außer diesen offenbaren Ursachen der Zerstörung scheint ganz allgemein irgendein anderer geheimnisvoller Einfluß tätig zu sein. Wo nur immer der Europäer seinen Fuß hingesetzt hat, scheint der Tod den Eingeborenen zu verfolgen. Wir können auf die großen Flächen von Amerika, nach Polynesien, dem Vorgebirge der Guten Hoffnung und Australien blicken: Wir finden dasselbe Resultat. Auch ist es nicht der weiße Mensch allein, welcher in dieser Weise zerstörend auftritt: Die polynesische oder malayische Bevölkerung hat in Teilen des Ostindischen Archipels in dieser Weise die dunkelfarbige eingeborene Bevölkerung vor sich her getrieben. Die Varietäten des Menschen scheinen aufeinander in derselben Weise einzuwirken wie verschiedene Spezies von Tieren – die stärkere unterdrückt immer die schwächere. Es war sehr niederschlagend, in Neu-Seeland die schönen energischen Eingeborenen sagen zu hören, daß sie wohl wüßten, das Land wäre dazu bestimmt, von ihren Kindern auf andere überzugehen. Jedermann hat von der unerklärlichen Abnahme der Bevölkerung auf der schönen und gesunden Insel von Tahiti seit den Tagen von Kapitän Cooks Reisen gehört, obschon wir in diesem Falle hätten erwarten können, daß sie zugenommen haben würde. Der Kindermord, welcher früher bis zu einem außerordentlichen Grade herrschte, hat aufgehört; Ausschweifung ist in einem bedeutenden Grade unterdrückt worden, und die mörderischen Kriege sind weniger häufig gewesen.

17. Januar. – Zeitig am Morgen überschritten wir den Nepean in einer Fähre. Obgleich der Fluß an dieser Stelle sowohl breit als tief war, hatte er doch nur eine sehr kleine Menge fließenden Wassers. Nachdem wir auf der gegenüberliegenden Seite ein niedrig gelegenes Stück Land überschritten hatten, erreichten wir den Fuß der Blauen Berge. Die Erhebung ist nicht steil, da die Straße mit sehr viel Sorgfalt an der Seite eines Sandsteinriffes eingeschnitten

ist. Auf dem Gipfel breitet sich eine beinahe horizontale Ebene aus, welche, unmerklich nach Westen aufsteigend, zuletzt eine Höhe von mehr als 3000 Fuß erreicht. Nach einer so großartigen Bezeichnung wie »die Blauen Berge« und nach ihrer absoluten Erhebung hatte ich erwartet, eine kühne Bergkette quer das Land durchsetzen zu sehen; aber anstatt dessen bot eine langsam sich erhebende Ebene nur einen unbeträchtlichen Hintergrund für das niedrig gelegene Land in der Nähe der Küste dar. Von dieser ersten Erhebung aus war die Aussicht auf das ausgedehnte Waldland nach Osten hin sehr überraschend, und die Bäume in der Umgebung erhoben sich zu kühnen und hohen Formen. Befindet man sich aber einmal auf der Sandsteinebene, so wird die Szenerie äußerst eintönig: Jede Seite der Straße ist von strauchartigen Bäumen der nirgends fehlenden Familie der Eukalypten eingefaßt, und mit Ausnahme von zwei oder drei kleinen Gasthäusern finden sich keine Häuser und kein kultiviertes Land; überdies ist die Straße sehr einsam. Der am häufigsten gesehene Gegenstand ist ein Ochsenwagen, der mit Haufen von Wollballen beladen ist.

In der Mitte des Tages fütterten wir unsere Pferde in einem kleinen Gasthaus, genannt das Weatherboard. Das Land liegt hier 2800 Fuß über dem Meeresspiegel.

Am Abend erreichten wir Blackheath. Das Sandstein-Plateau hat hier die Höhe von 3400 Fuß erreicht und wird, wie früher, von demselben strauchartigen Holz bedeckt. Von der Straße aus hatten wir gelegentlich Einblicke in ein tiefes Tal; aber wegen der Steilheit und der Tiefe seiner Seiten war der Boden kaum jemals zu sehen. Blackheath ist ein sehr komfortables Gasthaus, welches ein alter Soldat hält und das mich an die kleinen Gasthäuser in Nord-Wales erinnerte.

18. Januar. – Bald nachdem wir Blackheath verlassen hatten, stiegen wir von dem Sandstein-Plateau durch den Paß des Victoria-Berges hinunter. Um diesen Paß herzustellen, ist eine ungeheure Menge von Felsen durchschnitten worden; der ganze Plan und die Art seiner Ausführung verdient, irgendeinem Straßenbau in England an die Seite

gestellt zu werden. Wir betraten nun ein Land, welches nahezu 1000 Fuß weniger hoch war und aus Granit bestand. Mit der Änderung des Gesteins besserte sich auch der Pflanzenwuchs: Die Bäume wurden schöner, standen auch weiter voneinander, und das Weideland zwischen ihnen war ein wenig grüner und auch reichlicher. Bei Hassans Walls verließ ich die Landstraße und machte einen kurzen Abstecher nach einer Farm mit Namen Walerawang, an deren Vorsteher ich von dem Besitzer in Sydney einen Empfehlungsbrief hatte. Mr. Browne hatte die Freundlichkeit, mich aufzufordern, den folgenden Tag noch

Sträflingsarbeiter

dort zu bleiben, was ich mit viel Vergnügen tat. Dieser Ort bietet ein Beispiel einer jener großen Schaf-Farmen der Kolonie. In diesem Fall waren aber Rinder und Pferde im ganzen zahlreicher als gewöhnlich, weil einige der Täler sumpfig waren und eine größere Weide boten. Zwei oder drei ebene Stellen in der Nähe des Hauses waren gerodet und mit Getreide bepflanzt worden, welches die Erntearbeiter jetzt schnitten: Es wird aber nicht mehr Weizen gesät, als zum jährlichen Unterhalt der auf der Niederlassung beschäftigten Arbeiter notwendig ist. Die gewöhnliche Zahl der zugeteilten Sträflingsarbeiter ist hier ungefähr vierzig; zu der gegenwärtigen Zeit waren aber im ganzen mehr da. Obschon die Farm Vorräte von allem Notwendigen hatte, war doch ein offenbarer Mangel an Komfort zu bemerken, und es lebte nicht eine einzige Frau hier. Der Sonnenuntergang nach einem schönen Tag wirft gewöhnlich einen Schein von glücklicher Zufriedenheit auf jede ländliche Szene. Aber hier in diesem einsamen Farmhaus ließen die glänzendsten Farbtöne auf den umgebenden Waldungen mich nicht vergessen, daß vierzig abgehärtete, verworfene Männer ihre tägliche Arbeit, wie die Sklaven in Afrika, beendeten, ohne jedoch das heilige Gefühl des Mitleids mit ihnen wachzurufen.

Zeitig am nächsten Morgen hatte Mr. Archer, der Mitvorsteher der Farm, die Freundlichkeit, mich auf eine Känguruh-Jagd mitzunehmen. Wir ritten den größeren Teil des Tags in einem fort, hatten aber eine sehr schlechte Jagd, da wir nicht ein einziges Känguruh und nicht einmal einen wilden Hund sahen. Die Windspiele verfolgten eine Känguruh-Ratte in einen hohlen Baum, aus welchem wir sie herauszogen. Sie ist so groß wie ein Kaninchen, aber mit der Figur des Känguruh. Noch vor wenigen Jahren schwärmten in diesem Teil des Landes wilde Tiere; jetzt aber ist der Emu bis auf eine weite Entfernung hin zurückgetrieben und das Känguruh selten geworden. Für beide ist das englische Windspiel sehr verderblich. Es mag vielleicht noch lange dauern, ehe diese Tiere vollständig ausgerottet sind, aber ihr Schicksal ist bestimmt. Die Eingeborenen sind stets begierig, sich Hunde von den Farmhäusern zu borgen. Der Gebrauch derselben, der Abfall, wenn ein Tier getötet wird, und etwas Milch von den Kühen sind die Friedensgaben des Ansiedlers, welche sich immer weiter und weiter in das Innere hineinverbreiten. Der gedankenlose Eingeborene, durch diese nichts bedeutenden Vorteile geblendet, ist von der Annäherung des weißen Mannes entzückt, welcher dazu bestimmt zu sein scheint, das Land seiner Kinder zu erben.

Wenn wir auch eine armselige Jagdausbeute hatten, so erfreuten wir uns doch an dem angenehmen Ritte. Das

Holzland ist meist so offen, daß ein Reiter bequem durch dasselbe galoppieren kann. Es wird von einigen wenigen Tälern mit ebenen Sohlen durchschnitten, welche grün und von Bäumen frei sind. In diesen Wäldern finden sich nicht viele Vögel; indes sah ich einige große Herden des weißen Kakadu in einem Kornfeld fressend und einige wenige sehr schöne Papageien; Krähen, unsern Dohlen ähnlich, waren nicht selten, ebenso ein anderer Vogel, der der Elster glich.

20. Januar. – Ich hatte einen langen Tagesritt nach Bathurst. Ehe wir auf die große Landstraße kamen, verfolgten wir einen einfachen Fußpfad durch den Wald, und das Land war mit Ausnahme weniger Ansiedlerhütten sehr einsam. Wir empfanden an diesem Tag den scirocco-ähnlichen Wind von Australien, welcher von den versengten Wüsten des Innern herkommt. Staubwolken wurden in allen Richtungen hergetrieben, und der Wind fühlte sich an, als käme er über Feuer her. Ich hörte später, daß das Thermometer im Freien auf 119 Grad und im geschlossenen Zimmer auf 96 Grad gestanden hatte. Am Nachmittag kamen wir in Sicht der Niederungen von Bathurst: Diese wellenförmigen, aber beinahe ganz platten Ebenen sind in diesem Lande sehr merkwürdig, da ihnen absolut jeder Baum fehlt. Sie tragen nur eine dünne braune Weide. Wir ritten einige Meilen über diese Landschaft und erreichten dann die Stadt Bathurst, die in der Mitte einer Vertiefung lag, die man entweder ein sehr breites Tal oder eine schmale Ebene nennen könnte. Man hatte mir in Sydney gesagt, keine zu schlechte Meinung von Australien mir zu bilden, wenn ich es nur von der Straße aus beurteilte, und auch keine zu gute nach dem Urteil von Bathurst; was diese letztere Beziehung betrifft, so fühlte ich mich auch nicht im mindesten versucht, hier in meinem Urteil befangen zu werden. Es muß allerdings zugegeben werden, daß das Jahr ein außerordentlich trockenes gewesen war, und die Landschaft bot kein günstiges Ansehen, obschon ich wohl versichern kann, daß es vor zwei oder drei Monaten unvergleichlich schlechter gewesen sein mag. Das Geheimnis, weshalb der Wohlstand von Bathurst so reizend zunimmt,

liegt darin, daß das braune Weideland, welches dem Auge des Fremden so elend vorkommt, ausgezeichnet zur Weide für Schafe ist. Die Stadt liegt in einer Höhe von 2200 Fuß über dem Meeresspiegel an dem Ufer des Macquarie: Dies ist einer der in das ungeheuer große und kaum bekannte Innere fließenden Flüsse. Die Linie der Wasserscheide, welche die Inland-Flüsse von denen, die nach der Küste abfallen, trennt, hat eine Höhe von ungefähr 3000 Fuß und läuft in einer nordsüdlichen Richtung in einer Entfernung von 80 bis 100 Meilen von der Küste. Der Macquarie erscheint auf der Landkarte als ein ganz respektabler Fluß, und es ist der größte von denen, welche diesen Teil der Wasserscheide entwässern; und doch fand ich zu meiner großen Überraschung, daß er aus einer bloßen Reihe von Teichen bestand, die durch beinahe ganz trockene Stellen voneinander getrennt waren. Meist fließt ein kleiner Bach zwischen ihnen, und zuweilen treten sehr hohe und stürmische Überschwemmungen ein. So dürftig dieser Bezirk in seiner ganzen Ausdehnung mit Wasser versorgt ist, so wird es doch noch weiter landeinwärts immer dürftiger.

22. Januar. – Ich trat meine Rückreise an und schlug eine neue, »Lockyer's Line« genannte Straße ein, welche durch ein im ganzen bergigeres und malerischeres Land führt. Dies war ein langer Tagesritt, und das Haus, wo ich zu übernachten wünschte, lag eine Strecke weit von der Straße ab und war nicht leicht zu finden. Die Farm, wo ich die Nacht zugebracht, war im Besitz zweier junger Männer, die erst vor kurzem herausgekommen waren und nun das Leben von Ansiedlern begannen. Der gänzliche Mangel von beinahe jedem Komfort war nicht sehr anziehend; aber künftiger und sicherer Wohlstand lag vor ihren Blicken und nicht einmal sehr weit entfernt.

Am nächsten Tag kamen wir durch große Striche Landes, welche in Flammen standen. Noch vor Mittag kamen wir auf unsere frühere Straße und bestiegen den Victoria-Berg. Ich schlief in Weatherboard. Auf der Straße nach Sydney brachte ich einen sehr angenehmen Abend mit Kapitän King in Dunheved zu; und in dieser Weise beschloß ich meinen kleinen Ausflug in die Kolonie von Neu-Süd-Wales.

Ehe ich hierher kam, waren die drei Dinge, die mich am meisten interessierten, einmal der Zustand der Gesellschaft unter den höheren Klassen, dann die Lage der Sträflinge und endlich der Grad von Anziehung, welcher hinreichte, Leute zum Auswandern zu bewegen. Natürlich ist nach einem so kurzen Besuch jemandes Ansicht kaum irgend etwas wert; es ist aber ebenso schwer, sich gar keine Ansicht zu bilden, wie sich ein richtiges Urteil zu machen. Nach dem, was ich hörte, und zwar mehr, als nach dem, was ich sah, war ich im ganzen über den Zustand der Gesellschaft enttäuscht. Die ganze Gemeinde ist beinahe über jeden Gegenstand in feindselige Parteien geteilt. Von denjenigen, welche ihrer Lebensstellung nach die besten sein sollten, leben viele in so offener Ausschweifung, daß anständige Leute nicht mit ihnen umgehen können. Zwischen den Kindern der Reichgewordenen, Freigelassenen und der freien Ansiedler herrscht eine große Eifersucht; die ersteren betrachten gern anständige Menschen als Gefahr für ihre Stellung. Die ganze Bevölkerung, arm und reich, denkt nur daran, Reichtum zu erlangen: In den höheren Klassen bilden Wolle und Schafweide das beständige Thema der Konversation. Für das komfortable Leben einer Familie bieten sich viele ernstliche Hindernisse dar, von welchen vielleicht das hauptsächlichste das ist, daß man von Sträflingen als Dienstleuten umgeben ist. Wie durchaus widerwärtig für jedes Gefühl ist es, sich von einem Menschen bedienen lassen zu müssen, der vielleicht den Tag vorher auf unsere eigene Anzeige hin wegen eines kleinen Vergehens gepeitscht worden ist: Die weiblichen Dienstleute sind natürlich viel schlechter, daher lernen Kinder die gemeinsten Ausdrücke, und man kann von Glück sagen, wenn sie sich nicht in gleicher Weise gemeine Ideen aneignen.

Andererseits bringt das Kapital, das jemand in der Hand hat, ohne irgendwelche Mühe seinerseits, dreifach soviel Zinsen, als es in England tun würde, und mit einiger Sorgfalt wird er sicher reich. Die Luxusartikel des Lebens sind in Menge vorhanden und nur wenig teurer als in England, und die meisten Nahrungsgegenstände sind billiger. Das Klima ist prachtvoll und vollkommen gesund; aber nach meiner Ansicht gehen seine Reize durch das durchaus nicht einladende Ansehen des Landes verloren. Die Ansiedler haben darin einen großen Vorteil, daß sie schon Nutzen von ihren Söhnen ziehen können, wenn sie sehr jung sind. Im Alter von sechzehn bis zwanzig übernehmen sie häufig die Obhut über entfernt liegende Vorwerke. Meine Meinung geht dahin, daß nichts als dringendste Notwendigkeit mich veranlassen könnte, dorthin auszuwandern.

Der zunehmende Wohlstand und die künftigen Aussichten dieser Kolonie sind für mich, der ich diese Sachen nicht verstehe, sehr verwirrend. Die beiden wesentlichen Exportartikel sind Wolle und Walfischtran, und für beide Erzeugnisse gibt es doch eine Grenze. Das Land ist für Kanäle gänzlich unpassend; daher kann der Punkt nicht sehr weit entfernt sein, an dem die Kosten für den Landtransport der Wolle höher sein werden als die Erlöse für das Scheren und Pflegen der Schafe. Die Weide ist überall so dünn, daß die Ansiedler bereits weit in das Innere vorgedrungen sind; überdies wird das Land weiter landeinwärts äußerst arm. Ackerbau kann wegen der Zeiten der Dürre niemals in ausgedehntem Maßstab Erfolg haben. Soweit ich daher sehen kann, muß Australien an letzter Stelle sich darauf verlassen, daß es der Handelsmittelpunkt für die südliche Hemisphäre wird, und vielleicht auch auf seine künftigen Fabriken. Da es Kohlen besitzt, so hat es immer die bewegende Kraft in Händen. Da sich das bewohnbare Land der Küste entlang hinzieht und die Bewohner englischer Abstammung sind, wird es wohl sicher der Wohnort einer seefahrenden Nation. Ich bildete mir früher ein, daß Australien sich erheben und eine ebenso großartige und mächtige Nation werden würde wie Nord-Amerika. Jetzt scheint mir aber doch eine derartige künftige Größe sehr problematisch zu sein.

Was die Lage der Sträflinge betrifft, so hatte ich noch weniger Gelegenheit selbst zu urteilen als in bezug auf die anderen Punkte. Die erste Frage ist die, ob ihre Lage überhaupt die einer Strafe ist: Und da wird wohl niemand behaupten mögen, daß es eine sehr schwere Strafe ist. Ich vermute indes, daß dies von sehr geringer Bedeutung ist, so lange der Transport hierher ein Gegenstand der Furcht für die Verbrecher zu Hause ist. Für die körperlichen Bedürfnisse der Sträflinge ist erträglich gut gesorgt. Ihre Aussicht auf künftige Freiheit ist nicht sehr entfernt und nach einer guten Aufführung ganz sicher. Ein Erlaubnisschein (ticket of leave), welcher, so lange sich der Mann von Verdacht ebenso wie von Verbrechen freihält, ihn innerhalb eines bestimmten Distriktes frei macht, wird ihm nach gutem Betragen gegeben, und zwar nach Ablauf von soviel Jahren, als zur Länge seiner Strafzeit im Verhältnis stehen; und doch glaube ich, bei alledem und besonders, wenn man die vorhergehende Gefangenschaft und die elende Überfahrt mit in Betracht zieht, daß die Jahre der zugeteilten Arbeit nur mit Unzufriedenheit und unglücklichen Gefühlen vorübergehen. Wie ein intelligenter Mann bemerkte, kennen die Sträflinge kein Vergnügen über die bloße Sinnlichkeit hinaus, und mit dieser werden sie nicht befriedigt. Was das Schamgefühl betrifft, so scheint eine derartige Empfindung unbekannt zu sein, und hiervon habe ich selbst mehrere eigentümliche Beweise miterlebt. Der schlimmste Zug in dem ganzen Fall ist der, daß, obschon etwas existiert, was man eine gesetzliche Reform nennen könnte, doch davon gar keine Rede zu sein scheint, daß irgendeine moralische Reform eintritt. Im ganzen also ist, wenn man Australien als einen Bestrafungsort betrachtet, der Zweck kaum erreicht; betrachtet man die Deportation als ein wirkliches System der Reform, so hat dies fehlgeschlagen, wie vielleicht jeder andere Plan es auch tun würde. Aber als ein Mittel, die Menschen äußerlich anständig zu machen, Vagabunden, die in der einen Hemisphäre völlig nutzlos sind, in tätige Bürger in einer andern umzuwandeln und dadurch ein neues, glänzendes Land entstehen zu lassen, einen großen Zivilisationsmittelpunkt – da hat es Erfolg gehabt.

Hobart Town

30. Januar. – Die »Beagle« segelte nach Hobart Town in Van-Diemensland. Am 5. Februar, nach einer Überfahrt von sechs Tagen, deren erster Teil schön, der letzte kalt und stürmisch war, kamen wir in die Mündung der Sturm-Bai: Das Wetter rechtfertigte diesen schaudervollen Namen. Spät am Abend ankerten wir in der netten kleinen Bucht, an deren Ufer die Hauptstadt von Tasmanien liegt. Der erste Anblick stand dem von Sydney bedeutend nach. Das letztere kann eine große Stadt genannt werden, dies hier nur ein Städtchen. Es steht am Fuß des Wellington-Berges, welcher 3100 Fuß hoch, aber von geringer Schönheit ist. Aus dieser Quelle indes erhält die Stadt einen guten Vorrat von Wasser. Rund um die Bucht liegen einige schöne Lagerhäuser und auf der einen Seite eine kleine Festung. Wenn man von den spanischen Kolonien kommt, wo eine so prachtvolle Sorgfalt im allgemeinen auf die Befestigungen verwendet wird, erscheinen die Verteidigungsmittel in diesen Kolonien hier sehr verächtlich. Vergleicht man die Stadt mit Sydney, so wird man hauptsäch-

lich durch die vergleichsweise geringe Zahl von größeren Häusern überrascht, die entweder gebaut oder im Bau begriffen sind. Nach der Volkszählung von 1835 hat Hobart Town 13826 Einwohner und das ganze Tasmanien 36505.

Sämtliche Ureinwohner sind auf eine Insel in der Bass-Straße gebracht worden, so daß Van-Diemensland den großen Vorteil genießt, frei von einer eingeborenen Bevölkerung zu sein. Dieser äußerst grausame Schritt scheint völlig unvermeidlich gewesen zu sein und das einzige Mittel, einer fürchterlichen Kette von Räubereien, Brandstiftungen und Ermordungen, welche die Schwarzen begangen, ein Ende zu setzen; Verbrechen, welche früher oder später damit geendet haben würden, daß die Schwarzen gänzlich ausgerottet worden wären. Ich fürchte, es besteht kein Zweifel, daß dieses ganze Übel darin seinen Ursprung hatte, daß einige unserer Landsleute sich ganz schmählich betragen haben. Dreißig Jahre sind eine kurze Periode, um auch den letzten Ureinwohner von seiner Mutter-Insel verbannt zu haben, von einer Insel, die fast so groß ist wie Irland! Obgleich eine große Zahl von Eingeborenen in den Gefechten, welche mit Zwischenräumen mehrere Jahre hindurch stattfanden, erschossen und zu Gefangenen gemacht wurde, so scheint sie doch nichts von unserer überwältigenden Kraft überzeugt zu haben, bis die ganze Insel im Jahre 1830 unter das Standrecht gestellt und gleichzeitig durch öffentlichen Aufruf die ganze Bevölkerung aufgefordert wurde, bei dem großen Versuch, die eingeborene Rasse ganz und gar in Sicherheit zu bringen, die Regierung zu unterstützen. Der dabei befolgte Plan war dem bei den großen Jagden in Indien befolgten ähnlich: Es wurde eine quer durch die Insel reichende Kette gebildet mit der Absicht, die Eingeborenen auf Tasmans Halbinsel in die Enge zu treiben. Der Versuch schlug fehl. Die Eingeborenen hatten ihre Hunde angebunden und sich während einer Nacht durch unsere Vorpostenlinien durchgeschlichen. Dies ist durchaus nicht überraschend, wenn man ihre geübten Sinne und die gewöhnliche Art und Weise, wilde

Frau von Van-Diemensland

Tiere zu beschleichen, in Betracht zieht. Mir ist versichert worden, daß sie sich auf beinahe nackter Erde verbergen können. Die dunkelfarbigen Körper werden dabei leicht für die angeschwärzten Holzklötze genommen, welche über das ganze Land verstreut sind. Die Eingeborenen, welche diese Art von Kriegführung wohl verstanden, waren in fürchterlicher Unruhe, denn sie erkannten sofort die Gewalt und die Zahl der Weißen; kurze Zeit danach kam ein aus dreizehn Mann bestehender Trupp, welcher zu zwei Stämmen gehörte, und übergab sich in Verzweiflung den Weißen im vollen Bewußtsein des ganz schutzlosen Zustandes. Später wurde durch die unerschrockenen Bemühungen des Mr. Robinson, eines tätigen, wohlwollenden Mannes, welcher in eigener Person furchtlos die feindlichsten Eingeborenen besuchte, die ganze Bevölkerung veranlaßt, in ähnlicher Weise zu handeln. Sie wurden dann nach einer Insel gebracht, wo sie mit Nahrung und Kleidung versorgt wurden. Man sagt, daß sich zur Zeit der Deportation im Jahre 1835 die Zahl der Eingeborenen auf 210 belief. Im Jahre 1842, d. h. also nach Verlauf von sieben Jahren, zählte man nur noch vierundfünfzig Individuen, und während eine jede Familie im Innern von Neu-Süd-Wales, die nicht durch die Berührung mit den Weißen infiziert worden war, eine Menge Kinder hatte, hatten die auf der Flinders-Insel während acht Jahren nur eine Zunahme von vierzehn Kindern.

Die »Beagle« blieb hier zehn Tage, und während dieser Zeit machte ich mehrere angenehme kleine Ausflüge. Das Klima ist hier feuchter als in Neu-Süd-Wales, und daher ist das Land fruchtbarer; der Ackerbau blüht, die angebauten Felder sehen gut aus, und in den Gärten sind Mengen von gut gedeihendem Gemüse und von Fruchtbäumen. Einige der an wohlgeschützten Stellen stehenden Farmhäuser hatten ein sehr anziehendes Aussehen. Der allgemeine Anblick der Vegetation ist der von Australien ähnlich; vielleicht ist er ein wenig grüner und anheimelnder, wie auch die Weide zwischen den Bäumen im ganzen etwas reichlicher ist. Eines Tages machte ich einen langen Spaziergang auf der der Stadt gegenüberliegenden Seite der Bucht; an einem anderen Tag bestieg ich den Mount Wellington. Ich nahm einen Führer mit mir, denn bei einem ersten Versuch verirrte ich mich wegen der Dichte des Waldes. Unser Führer war indes ein dummer Kerl und führte uns nach der südlichen und feuchten Seite des Berges, wo die Vegetation sehr üppig war und von wo aus die Besteigung wegen der Anzahl verfaulter Baumstämme beinahe ebenso mühsam und beschwerlich war wie die auf einem Berge im Feuerland oder in Chiloé. Es kostete uns fünfeinhalb Stunden strengen Kletterns, ehe wir den Gipfel erreichten. An vielen Stellen wuchs Eukalyptus zu einer bedeutenden Größe und bildete einen noblen Wald. In einigen der feuchtesten Schluchten gediehen Baumfarne in einer ganz außerordentlichen Art und Weise; ich sah einen, welcher bis zu der

Basis der Wedel wenigstens zwanzig Fuß hoch gewesen sein muß und der im Umfang genau sechs Fuß maß. Der Gipfel des Berges ist breit und flach und wird von ungeheuren eckigen Massen nackten Grünsteins gebildet. Seine Erhebung beträgt 3100 Fuß über dem Meeresspiegel. Der Tag war prachtvoll klar, und wir genossen eine weit ausgedehnte Aussicht. Nach Norden zu erschien das Land wie eine Masse bewaldeter Berge von ungefähr derselben Höhe wie der, auf dem wir standen, und mit einer ebenso sanften Kontur: Nach Süden lag das vielfach durchbrochene Land und das Wasser, welches viele verwickelte Buchten bildete, deutlich wie eine Landkarte vor uns. Nachdem wir einige Stunden auf dem Gipfel geblieben waren, fanden wir einen besseren Weg zum Hinabsteigen, erreichten aber die »Beagle« nicht vor acht Uhr abends nach einem Tag harter Arbeit.

7. Februar. – Die »Beagle« segelte von Tasmanien ab und erreichte am sechsten des folgenden Monats King George Sound, welcher an der südwestlichen Ecke von

King George Sound

Australien liegt. Wir blieben hier acht Tage und haben während unserer ganzen Reise keine langweiligere und uninteressantere Zeit verlebt. Das Land sieht, von einer Erhöhung aus angesehen, wie eine bewaldete Ebene aus, hie und da mit abgerundeten und zum Teil nackten Bergen. Eines Tages ging ich mit einer Gesellschaft aus, in der Hoffnung, eine Känguruh-Jagd zu sehen, und marschierte eine ziemliche Anzahl von Meilen durch das Land. Überall fanden wir den Boden sandig und arm. Er trug entweder eine grobe Vegetation von dünnem niedrigem Buschwerk und drahtartigem Gras oder einen Wald von verkümmerten Bäumen. Die Szenerie glich der auf den hohen Sandsteinplateaus der Blauen Berge.

Ein großer Stamm von Eingeborenen, die weißen Kakadu-Leute genannt, machten zufällig der Niederlassung einen Besuch, solange wir dort waren. Diese Leute wurden durch das Anerbieten von ein paar Faß Reis und Zucker überredet, eine große Corrobery oder Tanzgesellschaft abzuhalten. Sobald es dunkel war, wurden kleine Feuer angezündet, und die Leute fingen ihre Toilette zu machen an, welche darin bestand, daß sie sich in Flecken und Streifen weiß malten. Sobald alles fertig war, wurden große Feuer in beständiger Glut erhalten, um welche her-

Corrobery

um die Frauen und Kinder als Zuschauer sich versammelten. Die Kakadu-Leute bildeten zwei verschiedene Parteien und tanzten meist sich einander beantwortend. Der Tanz bestand darin, daß sie entweder nach der Seite oder nach Indianerart hintereinander auf einen freien Fleck liefen und den Boden, wie sie zusammen marschierten, mit großer Gewalt stampften. Ihre schweren Fußtritte wurden durch eine Art von Grunzen, durch das Zusammenschlagen ihrer Keulen und Speere und von verschiedenen anderen Gestikulationen begleitet, wie von dem Ausstrecken ihrer Arme und dem Winden ihrer Körper. Es war eine außerordentlich rohe, barbarische Szene und nach unserer Idee ohne irgendwelchen Sinn; wir beobachteten aber, daß die schwarzen Frauen und Kinder es mit dem größten Vergnügen verfolgten. Vielleicht stellten ursprünglich derartige Tänze gewisse Handlungen, wie z. B. Kriege oder Siege, vor; da war ein Tanz, welcher der Emu-Tanz genannt wurde, bei welchem jedermann seinen Arm in einer eigentümlich gebogenen Art wie den Hals jenes Vogels ausstreckte. Bei einem anderen Tanz ahmte ein Mann die Bewegung eines in den Wäldern grasenden Känguruhs nach, während ein anderer herankroch und nun darstellte, wie er es mit dem Speer treffe. Wenn beide Gruppen sich zum Tanz vereinigten, zitterte der Boden unter der Schwere ihrer Tritte, und die Luft erklang von ihrem wilden Geschrei. Alle schienen sehr aufgeräumt zu sein, und die Gruppen beinahe nackter Figuren, im Schein der glänzenden Feuer betrachtet, die sich alle in einer widrigen Harmonie bewegten, boten eine vollkommene Darstellung eines Festes unter den niedrigsten Barbaren dar. Auf Feuerland haben wir viele merkwürdige Szenen des Lebens der Wilden gesehen, aber ich glaube, niemals eine, wo die Eingeborenen so aufgeräumt und so guter Laune waren. Nachdem der Tanz vorüber war, bildete die ganze Gesellschaft einen großen Kreis auf der Erde, und zum Entzücken aller wurde nun der gekochte Reis und Zucker verteilt.

Nach mehreren langweiligen Aufenthalten infolge von schlechtem Wetter waren wir am 14. März froh, unseren

Bug zur Ausfahrt aus dem King George Sound und zur Fahrt nach der Keeling-Insel zu richten. Lebewohl, Australien, du bist ein aufblühendes Kind und wirst zweifellos einmal eine große Fürstin des Südens sein: Du bist aber zu groß und ehrgeizig zur Liebe und noch nicht groß genug zum Respekt. Ich verlasse deine Ufer ohne Kummer und ohne Bedauern.

Die Kakadu-Leute vom King George Sound

XX. KAPITEL

Die Keeling- oder Kokos-Inseln

1. April. – Wir kamen in Sicht der Keeling- oder Kokos-Inseln, welche im Indischen Ozean gelegen und ungefähr sechshundert Meilen von der Küste Sumatras entfernt sind. Es sind dies Lagunen-Inseln (oder Atolle) der Korallenformation und denjenigen im Archipel der Niedrigen Inseln ähnlich, an welchen wir nahe vorübergekommen sind. Als sich das Schiff im Kanal am Eingang befand, kam uns Mr. Liesk, ein hier wohnender Engländer, in seinem Boot entgegen. Die Geschichte der Bewohner dieses Orts ist, in so wenig Worten als möglich erzählt, die folgende: Vor ungefähr neun Jahren brachte ein Mr. Hare, ein unwürdiger Charakter, eine Anzahl malaiischer Sklaven vom Indischen Archipel, welche jetzt mit Einschluß der Kinder sich auf mehr als hundert belaufen. Kurze Zeit nachher kam Kapitän Ross, welcher diese Inseln vorher schon in seinem Kauffahrteischiff besucht hatte, von England hier an und brachte seine Familie und sein Besitztum mit, um sich hier niederzulassen. Zusammen mit ihm kam Mr. Liesk, welcher auf seinem Schiff Steuermann gewesen war. Die malaiischen Sklaven liefen nun bald von der kleinen Insel, auf welcher sich Mr. Hare niedergelassen hatte, davon und stießen zur Gesellschaft des Kapitän Ross. Infolge hiervon war Mr. Hare schließlich genötigt, den Ort zu verlassen.

Die Malaien befinden sich jetzt nominell im Zustand der Freiheit, und dies ist auch sicher der Fall, soweit es ihre persönliche Behandlung betrifft; in den meisten anderen Beziehungen werden sie aber als Sklaven betrachtet. Infolge ihres mißvergnügten Zustands, des wiederholten Fortschaffens von Insel zu Insel, und vielleicht auch infolge einer etwas nachlässigen Verwaltung hat sich die Lage der Leute nicht gerade sehr verbessert. Die Insel hat kein Haussäugetier mit Ausnahme des Schweines, und das hauptsächlichste vegetabilische Erzeugnis ist die Kokos-

Nuß. Der ganze Wohlstand der Insel hängt von diesem Baum ab; die einzigen Exportartikel sind Öl aus den Nüssen und die Nüsse selbst, welche nach Singapur und Mauritius gebracht werden; dort werden sie vor allem, nachdem sie geröstet sind, zum Anfertigen stark gepfefferter indischer Gerichte, »currys«, benutzt. Auch die Schweine, welche sehr fett sind, leben beinahe ausschließlich von der Kokos-Nuß, ebenso die Enten und Hühner. Selbst eine kolossale Landkrabbe ist von der Natur mit den Mitteln versehen worden, dieses äußerst nützliche Produkt zu öffnen und zu fressen.

Von dem ringförmigen Riff der Lagunen-Insel ragen im größeren Teil seiner Länge linienförmige Inselchen empor. Auf der nördlichen Seite findet sich eine Öffnung im Riff, durch welche die Fahrzeuge nach dem Ankerplatz im Innern des Riffs gelangen können. Als wir hineinkamen, war die Szene sehr merkwürdig und im ganzen hübsch; es hängt indessen ihre Schönheit gänzlich vom Glanz der umgebenden Farben ab. Das seichte klare und dunkle Wasser der Lagune erscheint, wenn es von der senkrecht darüberstehenden Sonne erleuchtet wird, von einem äußerst lebhaften Grün. Diese mehrere Meilen breite, glänzende Fläche wird auf allen Seiten entweder durch eine Linie schneeweißer Brandungswellen von den dunklen wogenden Wassern des Ozeans oder durch Streifen Landes, welche von den Kokos-Palmen gekrönt werden, vom blauen Gewölbe des Himmels getrennt. Wie eine weiße Wolke hier und da in wohltuender Weise gegen den azurnen Himmel absticht, so machen auch in der Lagune Streifen von lebenden Korallen das smaragdgrüne Wasser dunkel.

Am nächsten Morgen, nachdem wir vor Anker gegangen waren, ging ich auf der Direktions-Insel an Land. Der Streifen trockenen Landes ist nur wenige hundert Yards breit; auf der Seite nach der Lagune findet sich ein weißer kalkiger Strand, dessen Ausstrahlung unter diesem schwülen Klima sehr drückend war; an der äußeren Küste diente eine solide breite Bank von Korallengestein dazu, die Gewalt des offenen Meeres zu brechen. Ausgenommen in der Nähe der Lagune, wo etwas Land vorhanden ist, besteht das Land gänzlich aus abgerundeten Fragmenten von Korallen. In einem so lockeren, trockenen steinigen Boden konnte nur das Klima der tropischen Regionen einen kräftigen Pflanzenwuchs erzeugen. Auf einigen der kleineren Inselchen konnte man nichts Eleganteres sehen als die Art und Weise, in welcher die jungen und die vollkommen erwachsenen Kokos-Palmen, ohne einander in der symmetrischen Entwicklung zu stören, zu einem Wald verbunden waren. Ein Strand von blendend weißem Sand umsäumte diese feenhaften Orte.

Ich will nun eine Skizze der Naturgeschichte dieser Inseln geben, welche gerade wegen ihrer Dürftigkeit besonders interessant ist. Auf den ersten Blick scheint der Kokosnußbaum den ganzen Wald zu bilden; es sind indessen noch fünf oder sechs andere Bäume vorhanden. Einer derselben wächst zu einer bedeutenden Größe heran, ist aber wegen der Weichheit seines Holzes nutzlos; eine andere Art gibt ausgezeichnetes Holz für den Schiffbau. Außer diesen Bäumen ist die Anzahl der Pflanzen außerordentlich beschränkt und besteht nur aus unbedeutenden Kräutern. In die obige schließe ich das Zuckerrohr, die Banane, einige andere Gemüsepflanzen, Fruchtbäume und importierte Grasarten nicht mit ein. Da die Insel gänzlich aus Korallen besteht und es eine Zeit gegeben haben muß, wo sie nichts als vom Wasser überflutete Riffe war, so müssen alle ihre Landerzeugnisse als Samen oder ganze Pflanzen durch die Wellen des Meeres dahin transportiert worden sein.

Das Verzeichnis der Landtiere ist noch ärmer als das der Pflanzen. Einige der kleinen Inseln werden von Ratten bewohnt, welche mit einem hier gestrandeten Schiff von der Insel Mauritius eingeführt wurden. Es finden sich keine eigentlichen Landvögel: denn eine Bekassine und eine Ralle gehören, obgleich sie ganz und gar in dem trockenen Kräuterich leben, doch zur Ordnung der Wat-Vögel. Vögel aus dieser Ordnung sollen auf mehreren der kleinen Niedrigen Inseln im Stillen Ozean vorkommen. Auf Ascension, wo sich kein Landvogel findet, wurde in der Nähe des Gipfels des Berges eine Ralle geschossen, welche offenbar nur ein vereinzelter Findling war. Auf Tristan d'Acunha, wo es nur zwei Landvögel gibt, findet sich ein Wasserhuhn. Nach diesen Tatsachen glaube ich, daß die Wat-Vögel mit ihren zahllosen mit Schwimmfüßen versehenen Arten allgemein die ersten Ansiedler auf kleinen, isolierten Inseln sind.

Von Reptilien sah ich nur eine kleine Eidechse; an Insekten fanden sich dreizehn Arten. Unter diesen war nur ein einziger Käfer. Eine kleine Ameise kroch zu Tausenden unter den lockeren trockenen Korallenblöcken umher und war das einzige echte Insekt, welches in Menge vorhanden war. Obschon hiernach die Erzeugnisse des Landes dürftig sind, so wird, wenn wir unseren Blick auf die umgebenden Wasser des Meeres werfen, die Zahl organischer Wesen allerdings unendlich.

Die langen Streifen Landes, welche die linienförmigen Inseln bilden, sind nur so hoch emporgehoben worden, wie der Wellenschlag Bruchstücke von Korallen aufwerfen und der Wind kalkigen Sand anhäufen kann. Die solide Wand von Korallenfelsen an der Außenseite bricht durch ihre Breite die erste Heftigkeit der Wellen, welche sonst in einem Tag diese ganzen Inselchen mit allen ihren Erzeugnissen hinwegwaschen würden. Es scheinen hier der Ozean und das Festland miteinander um die Herrschaft zu kämpfen: Obgleich schon die Terra firma Fuß gefaßt hat, glauben doch die Bewohner der Gewässer, mindestens ebenso begründete Ansprüche zu haben. Überall trifft man auf Einsiedlerkrebse, welche auf ihrem Rücken die auf dem nächsten Strand gestohlene Schale tragen. Über unseren Köpfen sitzen zahlreiche Tölpel, Fregattvögel und Seeschwalben auf den Bäumen, und wegen der vielen Nester und dem Geruch der Atmosphäre könnte man die Waldung einen Meer-Krähenstand nennen. Die Tölpel stieren einen, auf ihren rohen Nestern sitzend, mit einem dummen, aber ärgerlichen Ausdruck an. Sie sind, wie ihr Name es ausdrückt, dumme kleine Geschöpfe. Aber ein reizender kleiner Vogel ist hier: eine kleine, schneeweiße Seeschwalbe,

Korallenriff eines Keeling-Atolls

welche ruhig in der Entfernung von wenigen Fuß über einem schwebt und mit einem großen schwarzen Auge in ruhiger Neugierde den Ausdruck des Betreffenden prüft. Es gehört nur wenig Einbildung dazu, um sich vorzustellen, daß ein so leichter und zarter Körper von irgendeinem wandernden feenartigen Geiste bewohnt wird.

Sonntag, 3. April. – Nach dem Gottesdienst begleitete ich Kapitän Fitzroy nach der Niederlassung, welche in der Entfernung von einigen Meilen an dem mit hohen Kokosnuß-Bäumen dicht bedeckten Vorsprung einer kleinen Insel gelegen ist. Kapitän Ross und Mr. Liesk leben in einem großen, scheunenartigen, an beiden Enden offenen Haus, welches mit Matten aus geflochtener Rinde ausgekleidet ist. Die Häuser der Malaien sind entlang der Küste der Lagune aufgestellt. Der ganze Ort hatte ein desolates Aussehen, denn es fanden sich keine Gärten hier, welche als Zeichen von Sorgfalt und Kultur hätten gelten können. Die Eingeborenen gehören verschiedenen Inseln des Ostindischen Archipels an, sprechen aber sämtlich eine und dieselbe Sprache: Wir sahen Einwohner von Borneo, Celebes, Java und Sumatra. Der Färbung nach sind sie den Tahitianern ähnlich, von denen sie auch in der Bildung der Gesichtszüge nicht sehr verschieden sind. Einige von den Frauen bieten indes ein gut Teil chinesischen Charakters dar. Ich hatte sowohl den allgemeinen Ausdruck ihres Gesichts als auch den Klang ihrer Stimmen sehr gern. Sie schienen arm zu sein, und ihren Häusern fehlten alle

Möbel; nach der Wohlbeleibtheit ihrer Kinder zu urteilen, geben aber offenbar Kokos-Nüsse und Schildkröten gar keine schlechte Nahrung ab.

Auf dieser Insel befinden sich die Brunnen, von denen Schiffe Wasser erhalten. Auf den ersten Blick scheint es ein nicht wenig merkwürdiger Umstand zu sein, daß das Süßwasser mit den Gezeiten des Meeres ebbt und flutet; und man hat sich vorgestellt, daß der Sand die Kraft habe, das Salz vom Wasser zurückzuhalten. Der komprimierte Sand oder das poröse Korallengestein wird vom Salzwasser wie ein Schwamm durchdrungen; der Regen aber, welcher auf die Oberfläche fällt, muß bis auf das Niveau des umgebenden Meeres sinken und sich dort sammeln, wo er ein gleiches Volumen von Salzwasser verdrängt. So wie das Wasser in dem tieferen Teil der großen schwammartigen Korallen-Masse mit den Gezeiten steigt und sinkt, ebenso wird es auch das Wasser in der Nähe der Oberfläche tun; und wenn die Masse kompakt genug ist, um eine Beimengung zu verhindern, wird es auch süß bleiben; wo aber das Land aus größeren losen Korallen-Blöcken besteht, mit offenen Zwischenräumen, so wird, wenn ein Brunnen gegraben wird, das Wasser brackig sein, was ich selbst beobachtet habe.

Nach dem Mittagessen blieben wir noch dort, um ein merkwürdiges, halb abergläubisches Schauspiel zu sehen, das die malaiischen Frauen aufführten. Ein großer, in Gewänder gekleideter hölzerner Löffel, welchen sie nach dem Grab eines verstorbenen Mannes gebracht hatten, soll, wie sie vorgeben, mit dem Eintritt des Vollmondes inspiriert werden und tanzen und umherspringen. Nach den gehörigen Vorbereitungen fiel der von zwei Frauen gehaltene Löffel in Konvulsionen und tanzte ganz ordentlich im Takt zu dem Gesang der umgebenden Kinder und Frauen. Es war ein äußerst läppischer Anblick; Mr. Liesk behauptete aber, daß viele der Malaien an seine spiritistischen Bewegungen glauben. Der Tanz begann nicht eher, als bis der Mond aufgegangen war; es war wohl der Mühe wert gewesen, zu bleiben und seine strahlende Scheibe ruhig zwischen den langen Ästen der Kokos-Palmen durchscheinen zu sehen, als diese sich in der leichten Abendbrise hin und her wiegten. Diese Szenen aus den Tropengegenden sind so entzückend, daß sie beinahe jenen andern, uns noch teureren in der Heimat gleichkommen, an denen wir mit den wertvollsten Empfindungen unseres Gemüts hängen.

Am nächsten Tag beschäftigte ich mich damit, den sehr interessanten und doch einfachen Bau und die Entstehungsweise dieser Inseln zu untersuchen. Da das Meer ganz ungewöhnlich glatt und ruhig war, watete ich über die äußere Fläche von abgestorbenem Gestein so weit, wie die lebenden Berge von Korallen heraufreichten, an denen sich der Ozean bricht. In einigen der Rinnen und Höhlungen waren wunderschöne grüne und anders gefärbte Fische; auch waren sowohl die Formen als die Färbung vieler der Zoophyten ganz wunderbar. Es ist wohl zu entschuldigen, wenn man über die unendliche Zahl organischer Wesen, von denen das Meer der Tropen, dieser an Leben so verschwenderisch reichen Gegenden, schwärmt, in Enthusiasmus gerät; und doch muß ich offen bekennen, ich glaube, daß diejenigen Naturforscher, welche in bekannten Ausdrücken die untermeerischen Grotten, mit tausend Schönheiten geschmückt, beschrieben haben, sich doch zu einer im ganzen übertriebenen Sprache haben hinreißen lassen.

6. April. – Ich begleitete Kapitän Fitzroy zu einer Insel am oberen Ende der Lagune: Der fahrbare Weg war außerordentlich verwickelt und wand sich zwischen Feldern sehr zart verästelter Korallen hindurch. Wir sahen mehrere Schildkröten, und es waren gerade zwei Boote damit beschäftigt, sie zu fangen. Ein Mann steht auf dem Bug des Bootes in Bereitschaft und stürzt sich durch das Wasser auf den Rücken der Schildkröte; dann hängt er sich mit beiden Händen fest an der Schale am Nacken des Tieres an und läßt sich mit herumtragen, bis das Tier erschöpft ist und gefangen wird. Es war ein durchaus interessanter Anblick, diese Jagd zu beobachten, wie die beiden Boote umherkreuzten und die Männer sich kopfüber ins Wasser stürzten, um ihre Beute zu ergreifen.

Als wir am oberen Ende der Lagune angekommen waren, überschritten wir eine schmale Insel und fanden eine große Brandungswoge, die sich an der Küste vor dem Wind brach. Ich kann kaum die Ursache angeben, aber für mich liegt in diesen Außenküsten der Lagunen-Inseln etwas ungemein Großartiges. Es liegt eine große Einfachheit in dem barrenartigen Strande, der Einfassung mit grünem Buschwerk und hohen Kokos-Palmen, der festen Ebene von abgestorbenem Korallen-Gestein, welches hier und da mit großen losen Fragmenten überstreut ist, und der Linie wütender, sich brechender Wellen, welche nach beiden Seiten hin fortrollen. Der seine Wasser über das breite Riff schüttende Ozean scheint ein unbesiegbarer, unendlich mächtiger Feind zu sein; und doch sehen wir, wie ihm widerstanden, ja wie er besiegt wird, und zwar mit Mitteln, welche auf den ersten Blick äußerst schwach und unwirksam erscheinen. Es ist nicht etwa der Fall, daß der Ozean das Korallen-Gestein schont; die großen über das Riff verstreuten und auf dem Strand aufgehäuften Fragmente sprechen nur zu deutlich für die nimmer nachlassende Gewalt der Wellen. Auch werden keine Zeiten der Ruhe gegönnt. Die lange, durch die sanfte, aber stetige Wirkung der immer in derselben Richtung über eine große Fläche wehenden Passatwinde verursachte Brandung erzeugt Wellen, die in ihrer Gewalt beinahe denen gleichkommen, die in den gemäßigten Zonen während eines Sturmes entstehen und nimmer zu wüten aufhören. Man kann unmöglich diese Wellen erblicken, ohne die Überzeugung zu empfinden, daß jede Insel, und wäre sie aus dem härtesten Gestein gebaut, doch endlich nachgeben muß und durch eine so unwiderstehliche Gewalt zerstört werden wird. Und doch bleiben diese niedrigen, unbedeutenden Korallen-Inselchen siegreich bestehen: Denn hier beteiligt sich als Gegner noch eine andere Macht am Kampfe. Die organischen Kräfte scheiden die Atome von kohlensaurem Kalk aus den schäumenden Wellen und verbinden sie zu einem symmetrischen Gebilde. Mag der Orkan Tausende ungeheurer Bruchstücke losreißen: Was hat das zu bedeuten gegenüber der sich häufenden Arbeit von Myriaden kleiner Architekten, welche Tag und Nacht, jahraus, jahrein bei der Arbeit sind? Wir sehen hier, wie der weiche gallertartige Körper eines Polypen durch die Wirksamkeit der Gesetze des Lebens die große mechanische Kraft der Wellen eines Ozeans besiegt, denen weder menschliche Kunst noch die unbelebten Werke der Natur widerstehen können.

Während eines anderen Tages besuchte ich West Island, auf welchem der Pflanzenwuchs vielleicht noch üppiger war als auf irgendeiner anderen Insel. Die Kokos-Palmen wachsen meist einzeln; hier aber gediehen die jungen unter ihren schlanken Eltern und bildeten mit ihren langen gekrümmten Wedeln die schattigsten Haine. Nur diejenigen, die es versucht haben, wissen, wie entzückend es ist, in einem solchen Schatten zu sitzen und die angenehme kühle Flüssigkeit der Kokos-Nuß zu trinken.

Ich habe früher eine Krabbe erwähnt, welche von Kokos-Nüssen lebt: Sie ist auf allen Stellen des trockenen Landes sehr gemein und wächst zu einer ungeheuren Größe heran. Das vordere Fußpaar endet in sehr starken und schweren Scheren, das letzte Paar ist mit schwächeren und viel schmäleren ausgerüstet. Auf den ersten Blick möchte man es für ganz unmöglich halten, daß eine Krabbe eine starke, mit der äußeren Haut noch bedeckte Kokos-Nuß öffnen könne; Mr. Liesk versichert mir aber, daß er es wiederholt gesehen habe. Die Krabbe beginnt damit, die äußere Haut Faser für Faser abzuziehen, wobei sie allemal bei dem Ende beginnt, unter welchem sich die drei Keimlöcher befinden; ist dies vollendet, fängt die Krabbe mit ihren schweren Klauen auf eines der Keimlöcher zu hämmern an, bis sich eine Öffnung gebildet hat. Dann dreht sie ihren Körper herum und zieht mit Hilfe ihrer hinteren, schmäleren Scheren die weiße, eiweißhaltige Substanz heraus. Ich glaube, dies ist eins der merkwürdigsten Beispiele von Instinkt, von dem ich je gehört habe, gleicherweise aber auch ein äußerst merkwürdiges Beispiel von Anpassung zwischen zwei anscheinend so weit im Naturhaushalt voneinander stehenden Gegenständen wie eine Krabbe und eine Kokos-Palme. Die Krabbe ist ein Tagtier in bezug auf ihre Lebensweise; man sagt aber, daß sie in jeder Nacht dem Meer einen Besuch mache, ohne Zweifel zum Zwecke, ihre Kiemen anzufeuchten. Auch die Jungen kriechen an der Küste aus und leben eine Zeitlang hier. Diese Krabben bewohnen tiefe Löcher, welche sie unter den Wurzeln der Bäume graben und wo sie ganz überraschende Mengen von den abgezupften Fasern der Kokos-Nuß anhäufen, auf denen sie wie auf einem Bett liegen. Sie sind sehr gut zu essen; überdies findet sich unter dem Schwanz der größeren eine bedeutende Masse von Fett, das, geschmolzen, zuweilen bis zu einer Quartflasche voll klaren Öls gibt.

Kapitän Moresby teilt mir mit, daß diese Krabbe die Chagos-Inseln und die Seychellen bewohne. Sie war früher auf Mauritius äußerst häufig; jetzt finden sich aber nur einige kleine Exemplare dort. Um die ganz wunderbare Stärke der Scheren des vorderen Fußpaares zu zeigen, will ich noch erwähnen, daß Kapitän Moresby eine solche Krabbe in eine starke Blechbüchse, in welcher Zwieback gewesen war, eingesperrt und den Deckel mit Draht befestigt hatte; die Krabbe bog aber die Ränder nieder und entschlüpfte. Beim Niederbiegen der Ränder hatte sie faktisch zahlreiche kleine Löcher durch das Blech gestoßen.

12. April. – Am Morgen wendeten wir das Schiff aus der Lagune hinaus zur Fahrt nach Île de France. Ich freue mich sehr, daß wir diese Insel besucht haben: Derartige Bildungen nehmen sicherlich eine hohe Stellung unter den wunderbaren Gegenständen dieser Welt ein. Kapitän Fitzroy fand mit einer Schnur von 7200 Fuß Länge in einer Entfernung von nur 2200 Yards vom Ufer keinen Grund; diese Insel bildet also einen hohen unterseeischen Berg, dessen Seitenabhänge selbst noch steriler sind als die des steilsten vulkanischen Kegels. Der untertassenförmige Gipfel ist beinahe zehn Meilen im Durchmesser; und jedes einzelne Atom in diesem ungeheuren Haufen, von dem kleinsten Stückchen bis zu den größten Felsbruchstücken, trägt den Stempel davon, daß es einer organischen Anordnung

gefolgt ist, und doch ist die Insel noch klein, verglichen mit vielen anderen Lagunen-Inseln. Wir sind überrascht, wenn uns Reisende von den ungeheuren Dimensionen der Pyramiden und anderer großer Ruinen erzählen; wie völlig nichtssagend sind aber die größten derselben, wenn man sie mit diesen steinernen Bergen vergleicht, welche durch die Tätigkeit verschiedenartiger sehr kleiner und zarter Tiere aufgehäuft worden sind! Dies ist ein Wunder, welches nicht sogleich auf den ersten Blick unser körperliches Auge frappiert, umso mehr aber nach Überlegung unser geistiges.

XXI. KAPITEL

Von Mauritius nach England

29. April. – Am Morgen fuhren wir um das nördliche Ende von Mauritius oder Île de France herum. Von diesem Gesichtspunkt aus erfüllte die Insel die durch die vielen wohlbekannten Beschreibungen ihrer wundervollen Szenerie gemachten Erwartungen. Die sanft sich erhebende Ebene, mit Pampelmusen, mit zwischenliegenden Häusern und durch die großen hellgrünen Zuckerfelder gefärbt, bildete den Vordergrund. Das glänzende Grün war um so merkwürdiger, weil es eine Farbe ist, welche meist nur aus einer sehr kurzen Entfernung auffällig ist. Nach der Mitte der Insel zu erhoben sich bewaldete Berge aus dieser hochkultivierten Ebene; ihre Gipfel sind, wie es so häufig mit alten vulkanischen Felsen der Fall ist, in die schärfsten Spitzen zerklüftet. Massen weißer Wolken hatten sich um diese Zinnen gesammelt, als wollten sie damit dem Auge des Fremden noch mehr Gefälliges bieten. Die ganze Insel mit ihrem leicht abfallenden Rand und ihren mittleren Bergen war mit dem Ausdruck der vollkommensten Eleganz geschmückt.

Ich brachte den größeren Teil des folgenden Tages damit zu, in der Stadt umherzugehen und verschiedene Leute zu besuchen. Die Stadt ist von einer beträchtlichen Größe und soll, wie man sagt, 20000 Einwohner haben; die Straßen sind sehr reinlich und regelmäßig. Obgleich die Insel so viele Jahre schon unter englischer Regierung gestanden hat, ist doch der allgemeine Charakter des Ortes gänzlich französisch: Engländer reden mit ihren Dienstleuten französisch, und die Läden sind sämtlich französisch; ich sollte in der Tat fast meinen, daß Calais und Boulogne viel mehr anglisiert wären. Es findet sich ein hübsches kleines Theater dort, in welchem Opern aufgeführt werden. Wir waren auch überrascht, große Buchhändlerläden mit wohlassortierten Regalen zu sehen; Musik und Lesematerial zeugten

Port Louis auf Mauritius

für unsere Annäherung an die alte Welt der Zivilisation, denn in Wahrheit sind sowohl Australien als Amerika neue Welten.

Die verschiedenen in den Straßen umhergehenden Menschenrassen bieten das interessanteste Schauspiel in Port Louis dar. Verbrecher aus Ost-Indien sind für Lebenszeit hierher verbannt; gegenwärtig sind ungefähr achthundert hier und werden bei verschiedenen öffentlichen Arbeiten beschäftigt. Ehe ich diese Leute gesehen hatte, hatte ich keine Idee davon, daß die Bewohner von Indien so nobel aussehende Leute wären. Ihre Haut ist außerordentlich dunkel, und viele der älteren Männer hatten große Schnurrbärte und Vollbärte von schneeweißer Farbe. Dies in Verbindung mit dem Feuer in ihrem Ausdruck gab ihnen ein imponierendes Aussehen. Die größere Zahl derselben war wegen Mords und der schlimmsten Verbrechen verbannt worden. Andere aus Ursachen, welche kaum als moralische Fehler angesehen werden können, wie z. B. daß sie aus abergläubischen Motiven den englischen Gesetzen nicht gehorcht hatten. Diese Leute sind im allgemeinen ruhig und führen sich gut auf; wegen ihres äußeren Auftretens, ihrer Reinlichkeit und ihrer pflichttreuen Beobachtung ihrer fremdartigen religiösen Gebräuche kann man sie unmöglich mit demselben Auge ansehen wie unsere elenden Sträflinge in Neu-Süd-Wales.

1. Mai. Sonntag. – Ich machte einen gemütlichen Spaziergang entlang der Seeküste nach dem Norden der Stadt. Die Ebene ist in diesem Teil vollständig unkultiviert. Sie besteht aus einem Feld schwarzer Lava, deren Unregelmäßigkeiten durch grobes Gras oder Gebüsch (letzteres besteht hauptsächlich aus Mimosen) ausgeglichen sind. Die Szenerie kann als Mischung zwischen der von Galapagos und der von Tahiti beschrieben werden. Es ist eine sehr angenehme Gegend, sie hat aber weder die Reize von Tahiti noch die Großartigkeit von Brasilien. Am nächsten Tag bestieg ich La Pouce, einen wegen eines daumenartigen Vorsprungs so genannten Berg, welcher sich dicht hinter der Stadt zu einer Höhe von 2600 Fuß erhebt. Die Mitte der Insel besteht aus einem großen Plateau, welches von alten zerklüfteten basaltischen Bergen umgeben wird, deren Schichten nach dem Meere hin fallen. Das aus vergleichsweise neuen Lavaströmen gebildete Zentralplateau ist von einer ovalen Form und in der Richtung seiner kürzeren Achse dreizehn geographische Meilen lang.

Von unserem erhabenen Standpunkt aus genossen wir eine ausgezeichnete Aussicht über die Insel, das Land scheint auf dieser Seite sehr gut kultiviert zu sein; es ist in Felder geteilt und dicht mit Farmhäusern besetzt. Man versicherte mir indes, daß von dem ganzen Land nicht mehr als die Hälfte in einem produktiven Zustand sich befinde; wenn dies der Fall ist, so wird die Insel, wenn man den jetzigen bedeutenden Export von Zucker in Betracht zieht, in einer späteren Zeit, wenn sie dicht bevölkert ist, von großem Wert sein. Seitdem England sie in Besitz genommen hat, einem Zeitraum von nur fünfundzwanzig Jahren, soll sich der Export von Zucker, wie man sagt, fünfundsiebenzigfach vermehrt haben. Eine wichtige Ursache ihres Wohlstandes ist der ausgezeichnete Zustand ihrer Straßen. Auf der benachbarten Insel Bourbon, welche noch unter französischer Herrschaft steht, befinden sich die Straßen noch immer in demselben miserablen Zustand, wie sie hier in Mauritius noch vor wenigen Jahren waren. Obgleich die französischen Bewohner durch den vermehrten Wohlstand der Insel bedeutend gewonnen haben müssen, so ist die englische Herrschaft doch durchaus nicht populär.

3. Mai. – Am Abend lud Kapitän Lloyd, der Vorstand der ganzen Vermessung und welcher wegen seiner Untersuchung des Isthmus von Panama so bekannt ist, Mr. Stokes und mich nach seinem Landhaus ein, welches am Rand von Wilhelm-Plains und ungefähr sechs Meilen vom Hafen gelegen ist. Wir blieben an diesem entzückenden Ort zwei Tage lang; da wir nahezu achthundert Fuß über dem Meeresspiegel waren, war die Luft kühl und frisch, und nach jeder Seite hatten wir reizvolle Spaziergänge. Dichtbei war eine großartige Schlucht durch die leicht geneigten Lavaströme, welche von dem mittleren Plateau herabgeflossen waren, bis zu einer Tiefe von ungefähr fünfhundert Fuß ausgearbeitet worden.

5. Mai. – Kapitän Lloyd nahm uns mit nach der Rivière noire, welche mehrere Meilen nach Süden zu liegt, um mir Gelegenheit zu geben, einige Gesteine mit emporgehobenen Korallen zu untersuchen. Wir kamen durch anmutige Gärten und schöne, mitten zwischen Lavablöcken wachsende Zuckerfelder. Die Straßen waren von Mimosenhekken eingefaßt, und in der Nähe vieler Häuser waren Alleen von Mango-Bäumen. Einige der Ansichten, wo die pikförmig zugespitzten Berge und die kultivierten Farmen zu sehen waren, waren äußerst malerisch, und wir waren beständig in Versuchung, auszurufen, wie angenehm würde es sein, sein Leben in solchen ruhigen Orten verbringen zu können! Kapitän Lloyd besaß einen Elefanten und schickte ihn den halben Weg mit uns, damit wir einen Ritt nach echt indianischer Mode genießen könnten. Der Umstand, welcher mich am meisten überraschte, war sein ruhiger, geräuschloser Tritt. Dieser Elefant ist gegenwärtig der einzige auf der Insel; aber man erzählt sich, daß man bereits nach anderen geschickt habe.

9. Mai. – Wir segelten aus Port Louis ab, hatten einen Zwischenaufenthalt am Kap der Guten Hoffnung und kamen am 8. Juli auf der Höhe von St. Helena an. Diese Insel, deren wenig versprechender Anblick so oft beschrieben worden ist, steigt ganz plötzlich wie ein ungeheures schwarzes Schloß aus dem Ozean auf. In der Nähe der Stadt füllen, als hätte man die Verteidigungsmittel der Natur vervollständigen wollen, kleine Forts und Kanonen jede Spalte in dem zerklüfteten Felsen aus. Die Stadt zieht sich ein flaches und schmales Tal hinauf, die Häuser sehen anständig aus, und zwischen ihnen sind sehr wenig grüne Bäume. Als wir dem Ankerplatz nahe kamen, bot sich ein sehr auffallender Blick dar, nämlich ein unregelmäßiges, auf die Spitze eines hohen Berges gestelltes und, von einigen wenigen verstreuten Fichtenbäumen umgebenes, kühnes, sich gegen den Himmel abhebendes Schloß.

Der Hafen von Jamestown, St. Helena

Napoleons Grab

Am nächsten Tag erhielt ich eine Wohnung innerhalb einer Steinwurfweite von Napoleons Grab*: Es war eine ganz prächtige zentrale Lage, von wo aus ich nach allen Richtungen Exkursionen machen konnte. Während der vier Tage, die ich hier blieb, wanderte ich vom Morgen bis zur Nacht über die Insel und untersuchte ihre geologische Geschichte. Meine Wohnung lag in einer Höhe von ungefähr 2000 Fuß. Hier war das Wetter kalt und stürmisch mit beständigen Regenschauern, und alle Minuten war die ganze Landschaft in dicke Wolken gehüllt.

Betrachtet man die Insel von einem erhöhten Punkt aus, so ist der erste Umstand, welcher auffällt, die Zahl der Straßen und Festungen. Die auf öffentliche Arbeiten ver-

---

* Nach den ganzen Bänden von Beredsamkeit, welche über diesen Gegenstand bereits gefüllt worden sind, ist es gefährlich, das Grab auch nur zu erwähnen. Ein moderner Reisender überhäuft in zwölf Zeilen die arme kleine Insel mit den folgenden Titeln: Sie ist ein Grab, ein Grabmal, eine Pyramide, ein Gottesacker, ein Grabdenkmal, eine Katakombe, ein Sarkophag, ein Minarett und ein Mausoleum!

wendete Mühe scheint, wenn man den Charakter der Insel als Gefängnis vergißt, ganz außer allem Verhältnis zu ihrer Größe oder ihrem Wert zu stehen. Es findet sich so wenig ebenes oder nutzbares Land, daß es überraschend erscheint, wie so viele Leute, ungefähr fünftausend, hier leben können. Die niederen Klassen oder die freigelassenen Sklaven sind, wie ich glaube, äußerst arm, sie beklagen sich über Mangel an Arbeit. Durch die Verringerung der Zahl öffentlicher Angestellter – wegen des Umstands, daß die Insel von der Ostinischen Gesellschaft aufgegeben worden ist – und infolge der daran sich knüpfenden Auswanderung vieler der reicheren Leute wird die Armut wahrscheinlich zunehmen. Die hauptsächlichste Nahrung der arbeitenden Klasse ist Reis mit ein wenig gesalzenem Fleisch. Da keiner dieser Artikel ein Erzeugnis der Insel selbst ist, sondern mit Geld gekauft werden muß, so liegen die niedrigen Lohnsätze schwer auf den armen Leuten. Jetzt, wo die Leute mit Freiheit gesegnet sind, ein Recht, welches sie, wie ich glaube, ganz ordentlich würdigen, erscheint es wahrscheinlich, daß ihre Anzahl sich schnell vermehren wird: Ist dies aber der Fall, war wird dann aus dem kleinen Staat von St. Helena?

Mein Führer war ein ältlicher Mann, der als Knabe ein Ziegenhirt gewesen war und jeden Schritt zwischen den Felsen kannte. Er war von einer vielmals gekreuzten Rasse und hatte, obwohl er eine dunkle Haut besaß, doch nicht den unangenehmen Ausdruck eines Mulatten. Er war ein sehr höflicher, ruhiger alter Mann, und so scheint der Charakter der größeren Zahl der niederen Klasse zu sein. Es war für meine Ohren fremdartig, einen nahezu weißen und anständig gekleideten Mann mit Gleichgültigkeit von den Zeiten sprechen zu hören, wo er ein Sklave war. Mit diesem meinem Begleiter, welcher unsere Mahlzeiten und ein Horn mit Wasser trug, welches letztere notwendig ist, da alles Wasser in den niedrig gelegenen Tälern salzig ist, machte ich jeden Tag lange Spaziergänge.

Unterhalb der oberen und zentralen Vegetationszone sind die wilden Täler vollständig desolat und unbewohnt.

Hier boten sich dem Geologen Szenen von großem Interesse dar, die sowohl aufeinanderfolgende Veränderungen als schwere Störungen zeigen. Meinen Ansichten zufolge hat St. Helena schon seit einer sehr entfernten Zeit als Insel bestanden: Einige undeutliche Zeugnisse für die Erhebung des Landes bestehen indes noch immer. Ich glaube, daß die zentralen und höchsten Piks Teile des Randes eines großen Kraters bilden, dessen südliche Hälfte von den Wellen des Ozeans gänzlich entfernt worden ist. Auf den höheren Stellen der Insel kommen beträchtliche Mengen einer Muschel, die lange Zeit für eine marine Art gehalten worden, in dem Boden eingebettet vor. Sie stellt sich als eine Cochlogena heraus oder eine Landschnecke von einer sehr eigentümlichen Form. Mit ihr fand ich sechs andere Arten und an einer anderen Stelle noch eine achte Spezies. Es ist merkwürdig, daß keine von ihnen jetzt lebend gefunden wird. Ihr Aussterben ist wahrscheinlich durch die gänzliche Zerstörung der Wälder und den dadurch veranlaßten Verlust von Nahrung und Schutz verursacht worden, welche während des ersten Teiles des vorigen Jahrhunderts eintraten.

Die Geschichte der Veränderungen, welche die emporgehobenen Ebenen von Longwood und Deadwood erlitten haben, ist äußerst merkwürdig. Beide Ebenen waren, wie erzählt wird, in früherer Zeit mit Wald bedeckt und wurden daher als der »Große Wald« bezeichnet. Noch im Jahre 1716 waren viele Bäume vorhanden, aber 1724 waren die alten Bäume meist schon umgestürzt, und da man den Ziegen und Schweinen gestattet hatte, frei herumzuschweifen, so waren alle jungen Bäume getötet worden. Es scheint auch nach den offiziellen Berichten, als wäre auf die Bäume ganz unerwartet einige Jahre später ein starres Gras gefolgt, welches sich über die ganze Fläche verbreitete. Die Ausdehnung der wahrscheinlich in einer frühen Zeit mit Wald bedeckten Fläche wird auf nicht weniger als zweitausend Acres geschätzt; heutigentags ist kaum ein einzelner Baum dort zu finden. Es wird auch angegeben, daß im Jahr 1709 noch Mengen von abgestorbenen Bäumen in

Sandy Bay gewesen seien. Dieser Ort ist jetzt so vollkommen wüst, daß nichts als ein so gut bezeugter Bericht mich hätte glauben lassen, daß Bäume dort hätten wachsen können.

So entfernt von jedem Kontinent, in der Mitte eines großen Ozeans gelegen und eine ganz einzige Flora besitzend, erregt St. Helena unsere Neugierde. Die acht Landschnekken, wenn sie auch jetzt ausgestorben sind, und eine lebende Art von Succinea sind eigentümliche, nirgendwo anders gefundene Spezies. Vögel und Insekten sind, wie sich hätte erwarten lassen, sehr gering an Zahl. Ich glaube geradezu, daß sämtliche Vögel während der letzten Jahre eingeführt worden sind. Rebhühner und Fasane sind in ziemlicher Menge vorhanden: Die Insel ist viel zu englisch, um nicht ganz strengen Jagdgesetzen unterworfen zu sein. Man hat mir ein derartigen Verordnungen gebrachtes Opfer erzählt, welches ungerechter ist als irgendeins, von denen ich in England gehört habe. Die armen Leute pflegten früher eine Pflanze zu verbrennen, welche an den Küstenfelsen wächst, und das aus ihrer Asche gewonnene Soda zu exportieren; es wurde aber ein Befehl erlassen, welcher diesen Brauch verbot, und zwar wurde als Ursache angeführt, daß die Rebhühner sonst nicht wüßten, wo sie zu nisten hätten.

Ich genoß meine Spaziergänge durch die Felsen und Berge von St. Helena so sehr, daß ich es beinahe bedauerte, als ich am Morgen des 14. nach der Stadt hinabging. Noch vor Mittag war ich an Bord, und die »Beagle« setzte ihre Segel.

Am 19. Juli erreichten wir Ascension. Die, welche eine vulkanische Insel schon gesehen haben, die unter einem dürren Klima gelegen ist, werden sich sofort ein Bild von der äußeren Erscheinung von Ascension machen können. Sie werden sich glatte konische Berge von einer glänzend roten Farbe vorstellen, die Gipfel meist abgestutzt und einzeln aus einer horizontalen Ebene schwarzer zerklüfteter Lava sich erhebend. Ein besonderer Berg in der Mitte der Insel

Ascension

scheint der Vater der kleineren Kegel zu sein. Er wird der »Grüne Berg« genannt. Der Name rührt von der äußerst zarten Spur jener Farbe her, welche um diese Zeit des Jahres vom Ankerplatz aus kaum zu erkennen ist. Um die ganze Szenerie zu vervollständigen, will ich nur erwähnen, wie die schwarzen Felsen an der Küste von einer wilden stürmischen See gepeitscht werden.

Die Niederlassung ist in der Nähe des Strandes; sie besteht aus mehreren, unregelmäßig gestellten, aber aus weißen behauenen Steinen ziemlich gut gebauten Häusern und Baracken. Die einzigen Einwohner sind Seesoldaten und einige von Sklavenschiffen befreite Neger, welche von der Regierung bezahlt und mit Nahrung versorgt werden. Es findet sich nicht eine einzige Privatperson auf der Insel. Viele der Seesoldaten scheinen mit ihrer Lage sehr zufrieden zu sein. Sie halten es für besser, ihre einundzwanzig Jahre auf dem Lande zu dienen, was es auch immer für ein Land sein mag, als an Bord eines Schiffes, und in dieser

Hinsicht würde ich, wenn ich ein Seesoldat wäre, äußerst gern mit ihnen übereinstimmen.

Am nächsten Morgen bestieg ich den Grünen Berg, 2840 Fuß hoch, und ging dann quer über die Insel nach dem windabgelegenen Punkt. Ein guter Fahrweg führt von der Niederlassung an der Küste zu den in der Nähe des Gipfels der zentralen Berge gelegenen Häusern, Gärten und Feldern. An der Straße entlang finden sich Meilensteine und gleichfalls auch Zisternen, wo jeder durstige Vorübergehende gutes Wasser trinken kann. Eine ähnliche Sorgfalt zeigt sich in jedem anderen Teil der Niederlassung, besonders in der Pflege der Brunnen, so daß nicht ein einziger Tropfen Wasser verlorengeht. Die ganze Insel kann man mit einem kolossalen, in der brillantesten Ordnung gehaltenen Schiff vergleichen. Als ich die tätige Betriebsamkeit bewunderte, welche mit solchen Mitteln solche Wirkungen hatte hervorbringen können, konnte ich nicht umhin, es doch auch zu bedauern, daß diese Tätigkeit auf einen so ärmlichen und unbedeutenden Zweck verwendet wird. Mr. Lesson hat sehr richtig bemerkt, daß die englische Nation allein auf den Gedanken kommen konnte, die Insel Ascension zu einem produktiven Punkt zu machen, jedes andere Volk würde dieselbe als eine bloße Festung im Ozean betrachtet haben.

In der Nähe dieser Küste wächst nichts; landeinwärts trifft man gelegentlich einmal eine grüne Rizinuspflanze und einige wenige Heuschrecken, echte Freunde der Wüste. Etwas Gras ist über die Oberfläche der zentralen erhobenen Gegenden verstreut, und das Ganze gleicht sehr den schlechtesten Teilen der Waliser Berge. So dürftig aber auch die Weide erscheinen mag, ungefähr sechshundert Schafe, viele Ziegen und einige wenige Kühe und Pferde gedeihen ganz gut bei ihr. Von eingeborenen Tieren sind Landkrabben und Ratten in großer Anzahl überall vorhanden. Ob die Ratte wirklich eingeboren ist, dürfte wohl zu bezweifeln sein. Ich glaube, daß diese Ratten (ebenso wie die gemeine Maus, welche hier auch verwildert ist) importiert worden sind und wie auf den Galapagos infolge der

Einwirkung der neuen Bedingungen, denen sie ausgesetzt worden sind, variiert haben. Eingeborene Vögel gibt es keine. Aber das Perlhuhn, welches von den Kapverdischen Inseln importiert worden ist, ist äußerst zahlreich, und auch das gemeine Huhn ist verwildert. Katzen, welche ursprünglich ausgesetzt worden sind, um die Ratten und Mäuse zu vernichten, haben sich so vermehrt, daß sie eine große Plage geworden sind. Die Insel ist gänzlich ohne Bäume, ein Punkt, worin sie, wie in allen anderen, St. Helena außerordentlich nachsteht.

Eine meiner Exkursionen führte mich nach der südwestlichen Spitze der Insel. Der Tag war klar und warm, und ich sah die Insel nicht gerade in Schönheit lächeln, sondern eher vor nackter Häßlichkeit strahlen. Die Lavaströme sind mit kleinen Hügeln bedeckt und in einem Grade zerklüftet, welcher, geologisch gesprochen, nicht leicht zu erklären ist. Die dazwischenliegenden Spalten sind durch Schichten von Bimsstein, Asche und vulkanischem Tuff ausgefüllt. Als ich um dieses Ende der Insel zur See herumfuhr, konnte ich mir nicht vorstellen, was die weißen Flecke wären, mit welchen die ganze Ebene besetzt war; ich fand nun, daß es Seevögel waren, die voller Vertrauen hier schliefen, so daß man selbst in der Mitte des Tages hinaufgehen und sie ergreifen konnte. Diese Vögel waren die einzigen lebendigen Geschöpfe, die ich während des ganzen Tages gesehen habe. Am Strand kam eine große Brandung, die sich, obgleich die Brise sehr gering war, an den Lavafelsen brach.

Nachdem wir Ascension verlassen hatten, segelten wir nach Bahia an der Küste von Brasilien, um die chronometrischen Messungen rings um die Erde zu vervollständigen. Wir kamen hier am 1. August an und blieben vier Tage dort, während welcher ich mehrere lange Spaziergänge machte. Ich freute mich sehr, zu finden, daß sich mein Entzücken an tropischer Szenerie nicht vermindert hatte.

Das Land kann als eine horizontale Ebene von ungefähr dreihundert Fuß Erhebung beschrieben werden, welche überall in flachsohlige Täler ausgewaschen worden ist. Diese Bildung ist in einem granitischen Lande merkwürdig, ist aber in allen weicheren Formationen beinahe ganz allgemein, aus denen Ebenen gewöhnlich gebildet sind. Die ganze Oberfläche wird von verschiedenen Arten stattlicher Bäume bedeckt, zwischen denen Flecken von kultiviertem Boden verstreut liegen, auf welchen sich Häuser, Klöster und Kapellen erheben. Man muß sich daran erinnern, daß innerhalb der Tropen die wilde Üppigkeit der Natur selbst nicht in der Nähe größerer Städte verlorengeht, denn der natürliche Pflanzenwuchs der Hecken und Berghänge überwältigt in seiner malerischen Wirkung die künstlichen Arbeiten des Menschen. Es gibt daher nur wenige Flecke, wo der hellrote Boden einen starken Kontrast gegen das ganz allgemein grüne Kleid darbietet. Von den Rändern der Ebene aus hat man weite Ausblicke entweder auf den Ozean oder auf den großen Meerbusen mit seinen niedrig bewaldeten Ufern, auf welchem zahlreiche Boote oder Canoes ihre weißen Segel zeigen. Ich will noch hinzufügen, daß die Häuser und besonders die geweihten Gebäude in einem eigentümlichen und im ganzen phantastischen architektonischen Stil gebaut sind. Sie sind alle geweißt, so daß sie, wenn sie von der glänzenden Sonne des Mittags beleuchtet sind und gegen das blasse Blau des Himmels am Horizont betrachtet werden, mehr wie Schatten als wie wirkliche Gebäude heraustreten.

Wenn die Sonne ihre größte Hitze erreicht hat, dann verhüllt das dichte prachtvolle Laub der Mango-Bäume den Boden mit dem dunkelsten Schatten, während die oberen Zweige durch den Überfluß von Licht im glänzendsten Grün erscheinen. In gemäßigten Zonen liegt der Fall sehr verschieden; die Vegetation ist dort nicht so dunkel und nicht so reich, und daher geben die Strahlen der untergehenden Sonne, mit einer roten, purpunen oder hellgelben Abtönung gefärbt, diesen Klimazonen ihre Schönheit.

Ging ich ruhig den schattigen Pfad entlang und bewunderte ich jede sich mir nacheinander darbietende Aussicht, so wünschte ich wohl Worte zu finden, meine Gedanken ausdrücken zu können. Eigenschaftswort nach Eigenschaftswort wurde hervorgesucht und für zu schwach befunden, denen, welche die tropischen Gegenden nicht besucht haben, das Gefühl von Entzücken beibringen zu können, welches der Geist hier empfindet. Das Land ist ein großes, wildes, unordentlich gehaltenes, üppiges Gewächshaus, das die Natur für sich errichtet hat, wovon aber der Mensch Besitz ergriffen und das er mit freundlichen Häusern und planvoll angelegten Gärten bedeckt hat. Wie groß wird bei jedem Bewunderer der Natur die Sehnsucht sein, wenn es möglich wäre, die Szenerie eines anderen Planeten zu erblicken, und doch kann man sagen, daß für jedermann in Europa in der Entfernung von nur wenigen Graden die Wunder einer anderen Welt geöffnet sind. Auf meinem letzten Spaziergang blieb ich immer und immer wieder stehen, um diese Schönheiten anzustarren und mir in meinem Geiste für immer einen Eindruck festzuhalten, von dem ich wußte, daß er früher oder später einmal verblassen müsse. Die Form des Orangenbaumes, der Kokos-Palme, der Palme, des Mango-Baumes, des Baumfarn, der Banane wird klar und deutlich getrennt bleiben; aber die tausend Schönheiten, welche alle diese zu einer vollkommenen Szene vereinigen, müssen verbleichen. Und doch werden sie wie ein in der Kindheit gehörtes Märchen ein Gemälde von zwar undeutlichen, aber außerordentlich schönen Bildern zurücklassen.

6. August – Am Nachmittag wandten wir uns seewärts hinaus in der Absicht, einen direkten Weg nach den Kapverdischen Inseln einzuschlagen. Ungünstiger Wind hielt uns indessen zurück, und am 12. liefen wir Pernambuco an, eine große Stadt an der Küste von Brasilien auf 8° s. Br. Wir gingen außerhalb des Riffs vor Anker, aber nach einer kurzen Zeit kam ein Lotse an Bord und brachte uns in den inneren Hafen, wo wir dicht an der Stadt uns vor Anker legten.

Pernambuco ist auf einigen schmalen und niedrigen Sandbänken erbaut, welche durch seichte Kanäle von Seewasser voneinander getrennt sind. Die drei Teile der Stadt

Überschwemmte Wälder

sind untereinander durch zwei lange auf hölzerne Pfeiler gebaute Brücken verbunden. Die Stadt ist durchaus widerwärtig. Die Straßen sind schmal, schlecht gepflastert und schmutzig. Die Häuser hoch und düster. Die Zeit der heftigen Regengüsse war kaum zu Ende. Daher war das umgebende Land, welches sich kaum über den Meeresspiegel erhebt, mit Wasser überschwemmt. Alle meine Versuche, größere Spaziergänge zu machen, schlugen daher fehl.

Das platte sumpfige Land, auf welchem Pernambuco steht, wird in der Entfernung von wenigen Meilen von einem Halbkreis niedriger Berge oder vielmehr vom Rand eines vielleicht zweihundert Fuß hohen Landes umgeben. Die alte Stadt Olinda steht auf dem einen Ende dieses Rückens. Eines Tages nahm ich ein Canoe und fuhr einen der Kanäle hinauf, um diese Stadt zu besuchen. Wegen ihrer Lage fand ich, daß die alte Stadt sowohl besser roch als auch reinlicher war als Pernambuco. Der Kanal, durch welchen wir nach Olinda hin- und zurückfuhren, war an beiden Seiten von Mangroven eingefaßt, welche wie ein Miniaturwald aus den fettigen Schlammbänken emporsprangen. Die hellgrüne Färbung dieser Büsche erinnerte mich immer an das üppige Gras auf einem Gottesacker: beides wird durch faulige Ausdünstung ernährt; das eine erinnert an den bereits eingetretenen Tod und das andere nur zu häufig an den bevorstehenden.

Der merkwürdigste Gegenstand, den ich in der Umgebung der Stadt sah, war das Riff, welches den Hafen bildet. Ich bezweifle, ob in der ganzen Welt irgendein anderer natürlicher Bau ein so künstliches Aussehen hat. Es läuft in einer Länge von mehreren Meilen in einer absoluten geraden Linie parallel mit dem Ufer und nicht weit davon entfernt. Es variiert in seiner Breite von dreißig bis sechzig Yards, und seine Oberfläche ist eben und glatt. Zur Flutzeit brechen die Wellen über es hinweg. Zur Ebbezeit ist sein Gipfel trocken, und dann kann man es irrtümlicherweise für einen von Zyklopen errichteten Wellenbrecher halten. An dieser Küste werfen die Meeresströmungen gern vor dem Lande lange Spitzen und Bänke lockeren Sandes auf, und auf einer derselben steht ein Teil der Stadt Pernambuco.

Am 19. August verließen wir zum letzten Mal die Küste von Brasilien. Ich danke Gott, daß ich nie wieder ein Sklavenland zu besuchen haben werde. Bis auf den heutigen Tag ruft mir, wenn ich ein fernes Schreien höre, dasselbe mit peinlicher Lebendigkeit meine Empfindungen zurück, die ich beim Vorübergehen an einem Haus in Pernambuco hatte, als ich das allererbarmungswürdigste Stöhnen hörte und mir dasselbe doch nicht anders als so erklären konnte, daß irgendein armer Sklave gemartert wurde, während ich doch wußte, daß ich so machtlos wie ein Kind war, auch nur dagegen zu protestieren. Ich vermutete, daß dieses Stöhnen von einem gemarterten Sklaven herrührte, da mir in einem anderen Falle ausdrücklich gesagt wurde, daß dies der Fall sei. In der Nähe von Rio de Janeiro lebte ich einer alten Dame gegenüber, welche sich Schrauben hielt, um die Finger ihrer weiblichen Sklaven zu quetschen. Ich habe mich in einem Haus aufgehalten, wo ein junger, zum Hausstand gehöriger Mulatte täglich und stündlich gescholten, geschlagen und verfolgt wurde in einem Maße, daß selbst der Mut des niedrigsten Tieres gebrochen worden wäre. Ich habe gesehen, wie ein kleiner Junge, sechs oder sieben Jahre alt, dreimal mit einer Reitpeitsche, ehe ich dazwischentreten konnte, über seinen nackten bloßen Kopf geschlagen wurde, weil er mir ein Glas Wasser gereicht hatte, das nicht ganz rein war; ich sah, wie sein Vater bei einem bloßen Blick aus dem Auge seines Herrn zitterte.

Züchtigung der Sklaven

Diese letzten Grausamkeiten habe ich als Zeuge in einer spanischen Kolonie miterlebt, in welcher, wie allgemein gesagt wird, die Sklaven noch besser behandelt werden als von den Portugiesen, Engländern oder anderen europäischen Nationen. Ich habe in Rio de Janeiro gesehen, wie ein kraftvoller Jüngling sich fürchtete, einen zum Schein nach seinem Gesicht geführten Schlag zu parieren. Ich war gegenwärtig, als ein mild denkender Mann im Begriff war, die Männer, Frauen und Kinder von einer großen Anzahl von Familien, die lange Zeit zusammengelebt hatten, voneinander zu trennen. Viele niederschlagende Grausamkeiten, von denen ich authentisch gehört habe, will ich noch nicht einmal erwähnen; auch würde ich die oben erwähnten widerwärtigen Einzelheiten nicht erwähnt haben, wären mir nicht mehrere Leute begegnet, welche von der konstitutionellen Heiterkeit des Negers so geblendet waren, daß sie von der Sklaverei als von einem erträglichen Übel sprachen. Derartige Leute haben meist Häuser der oberen Klasse besucht, wo die Haus-Sklaven gewöhnlich gut behandelt werden; und sie haben nicht, wie ich, unter den niederen Klassen gelebt. Derartige Forscher erkundigen sich bei den Sklaven nach ihrem Zustand; sie vergessen, daß der Sklave sehr dumm sein muß, welcher nicht berechnet, was es für Folgen haben könnte, wenn seine Antwort das Ohr seines Herrn erreichte.

Man hat angeführt, daß das eigene Interesse eine exzessive Grausamkeit verhindere; als wenn dieses eigene Interesse unsere Haustiere irgendwie schützte, welche doch noch viel weniger die Wahrscheinlichkeit bieten, die Wut ihrer wilden Gebieter zu erregen als herabgekommene Sklaven. Es ist dies ein Argument, gegen welches schon vor langer Zeit mit einem edlen Gefühl und unter Anführung auffallender, in die Augen springender Beispiele der berühmte Humboldt protestiert hat. Es ist oft versucht worden, die Sklaverei durch den Vergleich des Zustandes der Sklaven mit dem unserer armen Landsleute zu bemänteln: Sollte das Elend unserer Armen nicht durch die Gesetze der Natur, sondern durch unsere Einrichtungen verursacht worden sein, so ist unsere Sünde schon groß; wie dies aber in Beziehung zur Sklaverei gebracht werden kann, sehe ich nicht ein; ebensogut könnte man den Gebrauch der Daumenschrauben in einem Lande dadurch verteidigen, daß man zeigt, daß die Menschen in einem anderen Land an irgendeiner Krankheit zu leiden gehabt haben. Diejenigen, welche den Sklavenbesitzer mit zarter Rücksicht betrachten und den Sklaven mit einem kalten Herzen, scheinen sich niemals in die Lage des letzteren versetzt zu haben; was für eine traurige Aussicht mit nicht einmal einer Hoffnung einer möglichen Veränderung eröffnet sich hier! Man male sich doch nur einmal selbst die Möglichkeit, die beständig über den armen Leuten schwebt, aus, daß Frauen und Kinder – diejenigen Gegenstände, welche die Natur selbst den Sklaven drängt, sein eigen zu nennen – von ihm gerissen und wie soviel Stück Vieh an den ersten besten Bieter verkauft werden! Und diese Handlungen werden von Leuten ausgeführt und verteidigt, welche bekennen, ihren Nächsten wie sich selbst zu lieben, welche an Gott glauben und welche beten, daß sein Wille auf Erden geschehe! Es macht unser Blut aufwallen und doch unser Herz erzittern, wenn wir bedenken, daß wir Engländer und unsere amerikanischen Nachkommen mit ihrem übermütigen Geschrei nach Freiheit so schuldbeladen sind: Es ist indes ein Trost, sich sagen zu können, daß wir wenigstens ein größeres Opfer, als jemals von einer Nation, gebracht haben, um unsere Sünde gutzumachen.

Am letzten August ankerten wir zum zweiten Mal in Porto Praya im Kapverdischen Archipel; von dort gingen wir weiter nach den Azoren, wo wir sechs Tage blieben. Am 2. Oktober erreichten wir die Küste von England, und in Falmouth verließ ich die »Beagle«, nachdem ich beinahe fünf Jahre an Bord des guten kleinen Schiffes gelebt hatte.

Nachdem denn nun unsere Reise zu ihrem Abschluß gekommen ist, will ich einen kurzen Rückblick über die Vorteile und Nachteile, über die Leiden und Freuden unserer Weltumsegelung zusammenstellen. Wenn mich jemand, ehe er eine große Reise unternimmt, um meinen Rat fragte, so würde meine Antwort davon abhängen, ob er einen ausgesprochenen Geschmack für irgendeinen Zweig der Erkenntnis besäße, welcher durch ein solches Mittel gefördert werden könnte. Ohne Zweifel gewährt es eine große Befriedigung, verschiedene Länder und die vielen Menschenrassen zu sehen, aber das während dieser Zeit genossene Vergnügen wiegt die Übelstände nicht auf. Es ist nötig, nach irgendwelcher Ernte, wie fern dieselbe auch sein mag, blicken zu können, wo man gewisse Früchte ernten, irgend etwas Gutes bewirken kann.

Viele von den Entbehrungen, denen man sich dadurch aussetzt, liegen auf der Hand; so der Mangel des Umgangs mit allen alten Freunden, die Unmöglichkeit, alle die Plätze, mit denen jede teure Erinnerung so innig zusammenhängt, erblicken zu können. Indes werden diese Verluste teilweise ersetzt durch das unerschöpfliche Entzücken, den lange gewünschten Tag der Rückkehr sich im Geiste ausmalen zu können. Andere Verluste, wenn sie auch anfangs nicht gefühlt werden, stellen sich nach einer gewissen Zeit sehr schmerzlich heraus: diese sind der Mangel an Raum, an Abgeschlossenheit, an Ruhe, das abmattende Gefühl beständiger Eile, die Entbehrung kleiner Gegenstände des Komforts, der Mangel an häuslicher Gesellschaft und selbst an Musik und den anderen Vergnügungen unserer Phantasie. Wenn derartige unbedeutende Sachen erwähnt werden, so geht offenbar daraus hervor, daß die wirklichen Trübsale eines Lebens auf dem Meere, ausgenommen die etwaigen Unglücksfälle zu Ende sind. Die kurze Zeit von nur sechzig Jahren hat einen erstaunlichen Unterschied in der Leichtigkeit der Schiffahrt in entfernte Gegenden hervorgebracht. Selbst in der Zeit von Cook setzte sich ein Mann, welcher seinen Herd wegen derartiger Expeditionen verließ, bitteren Entbehrungen aus. Jetzt kann eine Jacht, mit allem Luxus des bequemsten Lebens ausgestattet, die Erde umsegeln. Außer den ungeheuren Verbesserungen an Schiffen und den Hilfsquellen der Schiffahrt ist jetzt die ganze westliche Küste von Amerika geöffnet, und Australien ist die Metropole eines emporblühenden Kontinents geworden. Wie verschieden sind jetzt die Umstände für einen Mann, der am heutigen Tage im Stillen Ozean Schiffbruch erleidet, gegen das, was sie zur Zeit Cooks waren! Seit seiner Reise ist eine ganze Hemisphäre der zivilisierten Welt hinzugefügt worden.

Leidet jemand stark an der Seekrankheit, so soll er das sehr ernstlich bei dem Abwägen seines Entschlusses bedenken. Ich spreche aus Erfahrung: Es ist kein leicht zu behandelndes, in einer Woche beseitigtes Übel. Hat er auf der anderen Seite Vergnügen an der Schiffstaktik, so wird er sicher ein reiches Feld nach seinem Geschmack vor sich finden. Er soll aber im Auge behalten, welch großer Teil der Zeit während einer langen Seereise auf dem Wasser zugebracht wird im Vergleich mit den Tagen in den Hafenorten. Und welches sind die gerühmten Herrlichkeiten des grenzenlosen Ozeans? Eine langweilige Wüste, eine Wüste von Wasser, wie es der Araber nennt. Ohne Zweifel gibt es einige entzückende Szenen. Eine Mondscheinnacht mit dem klaren Himmel und dem dunkel glänzenden Meer, die weißen Segel von dem weichen Hauch eines sanft wehenden Passatwindes gefüllt; eine Windstille, wo die auf- und abschwellende Fläche des Meeres wie ein Spiegel poliert erscheint und alles, mit Ausnahme des gelegentlichen Anschlagens der Segel, ruhig ist. Es ist ganz gut, einmal eine Bö mit ihren sich erhebenden Wirbeln und ihrer steigenden Wut oder einen schweren Sturm und berghohe Wellen zu erblicken. Ich muß indes bekennen, daß sich meine Einbildungskraft etwas noch Großartigeres, noch Schrecklicheres in dem auf seine Höhe gekommenen Sturm ausgemalt hatte. Es ist ein unvergleichlich schönerer Anblick, ihn am Lande zu beobachten, wo die wogenden Bäume, der wilde Flug der Vögel, die dunklen Schatten und die grellen Lichter, das Rauschen der Regenströme, alles dies den Kampf der entfesselten Elemente bezeugt. Auf dem Meer fliegen der Albatros und der kleine Sturmvogel, als wenn der Sturm ihr eigentliches Element wäre. Das

Wasser hebt sich und sinkt wieder, als wenn es seine gewöhnliche Aufgabe erfülle, und allein das Schiff und seine Bewohner scheinen Gegenstände der Wut zu sein. An einer einsamen und vom Wetter hart mitgenommenen Küste ist die Szene allerdings verschieden; doch sind unsere Empfindungen da mehr die des Entsetzens als die eines wilden Entzückens.

Unter den Bildern, welche sich tief in meine Erinnerung eingeprägt haben, übertreffen keine an Großartigkeit die von den Händen des Menschen noch nicht berührten Wälder, mögen es nun die von Brasilien sein, wo die Kraft des Lebens vorherrschend ist, oder diejenigen des Feuerlandes, wo Tod und Auflösung herrschen. Beide sind Tempel, die mit den großartigen Erzeugnissen des Gottes der Natur erfüllt sind – niemand kann in diesen Einsamkeiten stehen, ohne dabei zu fühlen, daß im Menschen noch etwas mehr existiert als der bloße Atem seines Körpers.

Von den Szenerien der Natur sind denn endlich die Aussichten von hohen Bergen, obschon sicher in einem Sinne nicht schön, doch sehr merkwürdig. Wenn man von dem höchsten Kamm der Cordillera hinabblickt, so füllt sich der Geist, ohne durch minutiöse Einzelheiten gestört zu werden, mit dem Eindruck der staunenerregenden Dimensionen der umgebenden Massen.

Von individuellen Gegenständen erregt vielleicht nichts so großes Erstaunen, wie der erste Anblick eines Barbaren in seinem eingeborenen Erdwinkel, eines Menschen in seinem niedrigsten und wildesten Zustand. Der Geist eilt zurück über vergangene Jahrhunderte und fragt dann, könnten wohl unsere Vorfahren Menschen gewesen sein wie diese, Menschen, deren Zeichen und Ausdrücke uns weniger verständlich sind als die der domestizierten Tiere, Menschen, welche nicht den Instinkt dieser Tiere besitzen und sich doch auch nicht des Besitzes menschlicher Vernunft oder wenigstens irgendeiner Kunstfertigkeit, die eine Folge dieses Vermögens ist, rühmen zu können schienen? Ich glaube nicht, daß es möglich ist, die Verschiedenheit zwischen einem wilden und einem zahmen

»Nichts übertrifft die Großartigkeit der Wälder«

Tier zu beschreiben oder zu malen; und ein Teil des Interesses beim Anblick eines Wilden ist dasselbe, welches einen jeden wohl dazu treiben wird, den Löwen in der Wüste, den Tiger seine Beute im Dschungel zerreißen oder das Rhinozeros über die wilden Ebenen von Afrika wandern sehen zu wollen.

Es ist gesagt worden, daß die Liebe zur Jagd ein eingeborenes Entzücken im Menschen ist, ein Überbleibsel einer instinktiven Leidenschaft. Ist dies der Fall, so bin ich auch sicher, daß das Vergnügen, in der freien Luft zu leben, mit dem Himmel als Dach über sich und dem Boden als Tisch, ein Teil derselben Empfindung ist: es kehrt hier der Wilde zu seinen wilden Gewohnheiten zurück.

Es gibt noch andere Quellen des Entzückens auf einer langen Seereise, welche von einer verständlicheren Art sind. Die Erdkarte hört auf, ein unbeschriebenes Blatt zu sein, sie wird ein Gemälde voll der verschiedenartigsten und belebtesten Bilder. Jeder Teil erhält seine richtigen Dimensionen: Kontinente werden nicht so wie Inseln, oder Inseln nicht mehr wie bloße Flecke betrachtet, welche aber in Wahrheit größer sind als viele Königreiche in Europa. Afrika oder Nord- und Süd-Amerika sind wohlklingende und leicht auszusprechende Namen; aber erst, wenn man wochenlang kleine Strecken ihrer Küsten entlanggesegelt ist, wird man durch und durch überzeugt, was für ungeheure Räume auf unserer ungeheuren Erde diese Namen umfassen.

Sieht man den gegenwärtigen Zustand, so ist es unmöglich, nicht mit großen Erwartungen auf den künftigen Fortschritt beinahe einer ganzen Hemisphäre zu blicken.

In diesem Teil der Erde erhebt sich jetzt Australien oder hat sich, wie man in der Tat wohl sagen kann, Australien zu einem großen Mittelpunkt der Zivilisation erhoben, welcher in nicht allzu ferner Zeit als eine Königin über die südliche Erdhalbkugel herrschen wird. Es ist unmöglich für einen Engländer, diese entfernte Kolonie ohne das Gefühl von Stolz und großer Befriedigung zu erblicken.

Ich habe die Reise mit zu tief empfundenem Entzücken gemacht, als daß ich nicht jedem Naturforscher empfehlen könnte (obschon er nicht erwarten darf, so glücklich mit seinen Reisegenossen zu sein, wie ich es gewesen bin), unter allen Umständen die Gelegenheit zu ergreifen und aufzubrechen, womöglich zu Landreisen, und ist es nicht anders möglich, zu einer langen Seefahrt. Er mag versichert sein, daß er keine Schwierigkeiten oder Gefahren, ausgenommen in seltenen Fällen, finden wird, die auch nur nahezu so schlimm wären, als er vorher es sich vorstellt. Von einem moralischen Gesichtspunkt aus sollte die Wirkung die sein, daß eine Reise ihn eine gutmütige Geduld, Freiheit von Selbstsucht, die Gewohnheit, für sich selbst zu handeln und aus jedem Vorkommen das Beste für sich zu gewinnen, lehrt. Mit einem Wort, er müßte sich die charakteristischen Eigenschaften der Matrosen aneignen. Das Reisen müßte ihn auch Mißtrauen lehren; gleichzeitig wird er aber entdecken, wie viele wahrhaft mildherzige Leute es gibt, mit welchen er niemals vorher irgendeine Verbindung gehabt hat oder mit denen er wiederum niemals irgendeine weitere Verbindung haben wird und welche doch bereit sind, ihm auf die uneigennützigste Weise Beistand zu leisten.

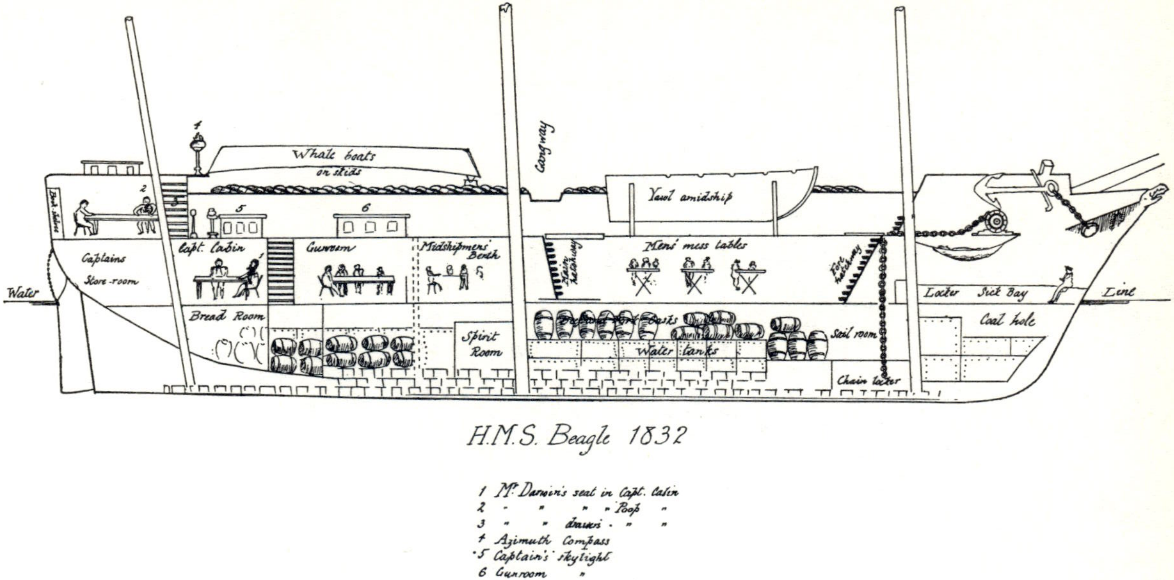

Die »Beagle« im Querschnitt

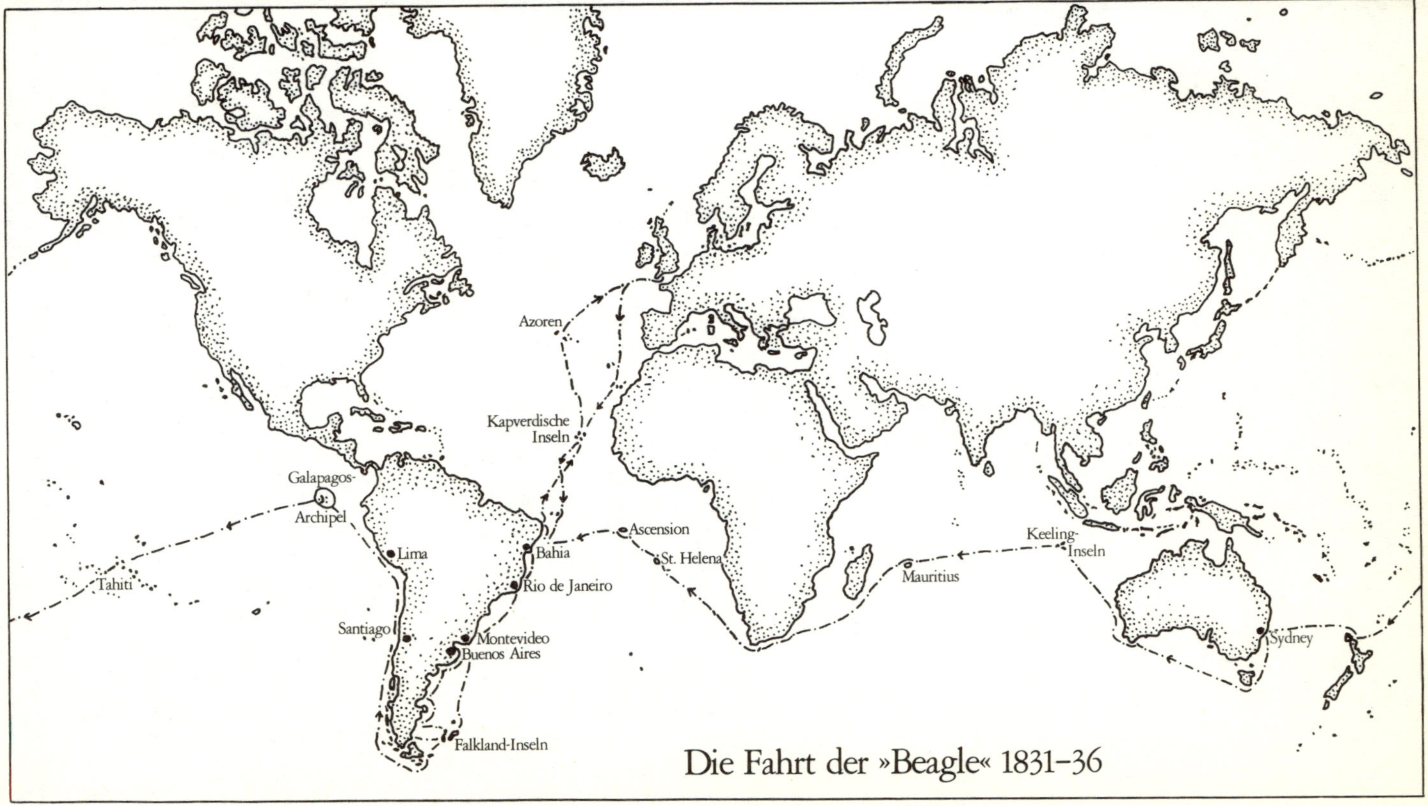

Die Fahrt der »Beagle« 1831–36

Maße und Gewichte

Umrechnung von Fahrenheit-
in Celsius-Grade

Die Temperaturangaben in Fahrenheit (F) können nach der folgenden Formel in Celsius-Grade (C) umgerechnet werden:

$$C = \frac{5}{9} (F - 32)$$

Danach ergeben sich folgende Werte (z. T. gerundet):

F	C	F	C
30	–1,1	75	23,9
32	0	80	26,7
35	1,6	85	29,5
40	4,5	90	32,2
45	7,2	95	35
50	10	100	37,8
55	12,7	105	40,5
60	15,5	110	43,3
65	18,3	115	46,1
70	21,1	120	48,9

1 engl. Seemeile = 1,853 km
1 engl. Landmeile (= 5280 Fuß) = 1,609 km
1 Yard (= 3 Fuß) = 0,914 m
1 Fuß (= 12 Zoll) = 30,48 cm
1 Zoll = 2,54 cm
1 Knoten = 1 Seemeile pro Stunde
1 Acre (= 4840 Quadrat-Yards) = 40,467 Ar
1 engl. Pfund = 0,45 kg

Bildnachweis

Brehm, Alfred Edmund: Illustrirtes Thierleben. 10 Bde., Hildburghausen 1864–69: 21, 28, 131, 267, 274 – Darwin, Charles: A diary of the voyage of H. M. S. Beagle. Edited from the MS by Nora Barlow. Cambridge 1933: 2, 72, 378 – Darwin, Charles: Journal of Researches into the Natural History and Geology of the countries visited during the voyage of HMS Beagle round the world. London 1890: 65 – Darwin, Charles: Reise eines Naturforschers um die Welt. Stuttgart 1875: 260, 272, 344 – Delessert, Eugène: Voyages dans les deux océans 1844 à 1847. Paris 1848: 23, 163, 171, 282, 288, 289, 297, 299, 325, 337 – Dumont d'Urville, Jules Sébastien César: Voyage pittoresque autour du monde. 2 Bde., Paris 1835: 128, 135, 146, 302, 304, 306, 311, 317, 318, 332, 336, 339, 355, 356, 360 – Dumont d'Urville/d'Orbigny/Eyriès/Jacobs: Histoire générale des voyages. 3 Bde., Paris 1859: 17, 35, 89, 105, 173, 181, 352 – Fitzroy, Robert (Hrsg.): Narrative of the Surveying Voyages of His Majesty's Ships Adventure and Beagle Between the Years 1826 and 1836 . . . 3 Bde., London 1839: 138, 154, 210 – Flinders, Matthew: A Voyage to Terra Australis . . . in the years 1801, 1802, and 1803. 2 Bde., Atlas, London 1814 (Reprint 1966): Nachsatz – Keller-Leuzinger, Franz: Vom Amazonas und Madeira. Stuttgart 1874: 29, 31, 365, 373 – Miers, John: Travels in Chile and La Plata. 2 Bde., London 1826: 39, 40, 121, 184, 227 – d'Orbigny, Alcide: Voyage dans l'amérique méridionale. 9 Bde., Paris 1835–46: 45, 47, 53, 95, 109, 120, 165, 175, 180, 219, 245, 254 – Peron, François Auguste: Voyage de découvertes aux terres australes pendant les années 1800–1804. 2 Bde., Atlas, Paris 1807–16: 321, 334 – Poeppig, Eduard: Reise in Chile, Peru und auf dem Amazonenstrom während der Jahre 1827–1832. 2 Bde., Atlas, Leipzig 1835–36: 251 – Rugendas, Moritz: Das Merkwürdigste aus der malerischen Reise in Brasilien. Schaffhausen 1836: 14, 22, 26, 367 – Spix, Johann Baptist und Martius, Carl Friedrich Phillip von: Reise in Brasilien in den Jahren 1817–1820. München 1823–31 (Reprint Stuttgart 1967): Vorsatz – Tschudi, Joh. Jak. von: Reisen durch Südamerika. 5 Bde., Leipzig 1866–69: 25, 107, 205, 240 256 – Waterton, Charles: Wanderings in South America . . . in the years 1812, 1816, 1820 and 1824 . . . London 1836: 15, 60, 195 – Wied-Neuwied, Maximilian Prinz zu: Reise nach Brasilien. 2 Bde., Atlas, Frankfurt/Main 1820–21: 19, 27, 99, 217.

Die Karte auf S. 377 zeichnete Gregor Tintze.